本书得到北京市社会科学基金项目"农民工流动子女社会文化融合的人类学研究——对北京市农民工子女教育活动的田野调查"（13SHB004）田野调查的资助
本书得到国家社科基金项目"农民工随迁子女文化融合教育的人类学研究"（15BSH062）田野调查的资助
本书得到首都师范大学教育学院的出版资助

随迁子女的教育景观

基于"在场"的人类学观察

樊秀丽 等著

中国社会科学出版社

图书在版编目(CIP)数据

随迁子女的教育景观：基于"在场"的人类学观察／樊秀丽等著．—北京：中国社会科学出版社，2021.11
ISBN 978-7-5203-9036-1

Ⅰ.①随… Ⅱ.①樊… Ⅲ.①外来劳动力—职工子女—教育—研究—中国 Ⅳ.①G527.1

中国版本图书馆CIP数据核字（2021）第179905号

出 版 人	赵剑英
责任编辑	王莎莎
责任校对	张爱华
责任印制	张雪娇

出　　版	中国社会科学出版社
社　　址	北京鼓楼西大街甲158号
邮　　编	100720
网　　址	http://www.csspw.cn
发 行 部	010-84083685
门 市 部	010-84029450
经　　销	新华书店及其他书店
印刷装订	环球东方（北京）印务有限公司
版　　次	2021年11月第1版
印　　次	2021年11月第1次印刷
开　　本	710×1000 1/16
印　　张	26.5
插　　页	2
字　　数	417千字
定　　价	158.00元

凡购买中国社会科学出版社图书，如有质量问题请与本社营销中心联系调换
电话：010-84083683
版权所有　侵权必究

序 一

庄孔韶

　　樊秀丽教授团队一直关注中国农民工随迁子女的研究，关心他们的生活与社会文化融合，以及教育的机会与平等问题。七八年前，她开始带领大学生深入随迁子女的学校、家庭与社区，调查他们的迁出迁入背景、文化差异与社会政策。数年间深度探讨随迁子女的文化融合教育过程，全面调查研究了以随迁子女为中心的经济、社会、文化与政策，以及思考如何改善随迁子女的生存状况，获得了重要的联合研究成果。

　　师生团队在田野调查中看到城市中的流动儿童不像他们父辈那样眷恋乡土，而"同城不同待遇"又使他们缺乏对城市的认同感和归属感；在学校的课堂生活中，流动儿童相对本地城市儿童则处于"边缘化"。无疑，这种学校内外的文化区隔必定影响流动儿童的身心健康，难以呈现和谐环境。尽管一部分流动儿童在学业表现上已经可以与城市儿童并驾齐驱，然而家庭的力量始终无法与政策的力量抗衡，因此未来的政策走向直接影响随迁子女的文化融合及他们的前程问题。

　　为此，樊秀丽团队从微观到宏观，描述与诠释随迁子女在接受教育过程中面临的困境，提出了相应的改善建议。特别是这本书主张的文化融合教育理念，在他们的数篇论文中，分别采纳了不同视角的分析、结论与建议。例如针对文化区隔问题的关怀的意义得到重视。即中小学教师直接面对这些随迁子女的关怀态度与行为，直接涉及公平正义的维护与帮助。同时，也要促进随迁子女反观自我，努力上进。具体在教学生活中，还需要培育人类学的生命观，让孩子们从心底明了生活在地球上的动物、植物还有人类都是平等的生命个体，同样，来自五湖四海的同学们也是不问来路，人人平等。当然，本书主张的抗逆力的教育人类学原理，实际上适于一切青少年，只不过随迁子女的生活逆境频出，更应该得到关注，这里家庭与学校合作的导向主要是协助摆脱随迁子女的学习与生活困境。因篇幅所限，不一一列举每篇论文的学术特点。从主编的缘起与论文编排，已经可以看到这个团队分工合作的思路，既是他们的人类学观察与研究路径，又是社会、文化与教育改善的公益与行动图示，为我国随迁子女的教育问题提供了重要的人类学学理与建议。

应该肯定的是，首都师范大学教育学院实行的本科生导师制具有推广的意义。原本的导师制主要是在研究生、博士生范围，而樊秀丽团队的老师们花了很多心血直接指导本科生，我们已经看到了学生们的写作收获，甚至是感激性的师生反馈。关键是这些具有人类学素养的老师们能够一下子抓住随迁子女的研究要点，对培养本科生的初期的学术悟性有很大帮助。在导师制下，每周一次的师生座谈会，还可以在互动中收获丰富的学术思路与情感支持。这是一个值得介绍的研究团队，这本书就是导师制下卓有成就的师生联合论著，它告诉大学生们如何参与选题和找到研究路径，以及学术如何联系应用性与公益性。

2021 年 5 月 5 日于北京

序二 "田野"中的陪伴、关怀与科学

蔡 春

自樊秀丽教授到首都师范大学教育学院任教伊始，我们便对教育人类学学科建设寄予了厚望。十多年之后，樊秀丽教授给出了一份让学院、学术界都颇为动容的答卷：首都师范大学的教育人类学研究朝气蓬勃、方兴未艾！看着眼前沉甸甸的一摞摞田野笔记和厚重的书稿，我的内心感慨万千，这是一位教授深度"陪伴"我们的本科生、一直"在场"的成果。教育是一种情感联结，无论是樊秀丽教授及其团队的研究内容，还是研究过程本身，都强有力地印证了这一点。

随迁子女是我国城市化进程中一个重要的群体，其教育诉求也是全面提升教育现代化水平必须解决的难题。我国政府早在21世纪初就明确提出了"随迁子女义务教育由流入地政府负责"的政策要求，但是，对于观照人的精神、情感、价值的教育来说，从机会公平、起点公平到过程和结果的公平，还需要一个长期的过程。秉持着严格科学的研究精神与态度，樊秀丽教授指导一批受其学术与人格吸引的本科生、硕士生连续数年从事田野调查，深度调研北京市多个区随迁子女的受教育问题，关怀从"身份融合"到"文化融合"的过程中随迁子女的精神世界，完成了上百万字的田野笔记，为教育学专业培养了一批批优秀的本科毕业生，这种"陪伴"和"在场"成了全院教师的表率。在这个过程中，教育人类学学科发展逐步走向成熟，运用民族志、口述史等方法，在欠发达地区教育发展、少数民族地区教育改革、城市多元群体受教育问题等领域产生了较大的影响。

建设教育强国是中华民族伟大复兴的基础工程。建成社会主义现代化强国、实现中华民族伟大复兴，对高等教育的需要，对科学知识和优秀人才的需要，比以往任何时候都更为迫切。本科生是高素质专门人才培养的最大群体，本科教育也是提高高等教育质量的最重要基础。首都师范大学教育学院教育学专业始建于1987年，于2019年入选国家级一流本科专业建设点，是全国首批进入该序列的专业之一，学院一直高度重视人才培养。基于如上的判断和认识，我们几乎在十几年前就开始探索本科生导师制，将人才培养置于首要位置，秉承"大师引领"的价值理念，不断推动本科生导师制的完善，形成了具有引领示范作用的人才培养机制。随着一代代教育学人的成长，我们欣喜地看到，本科导师对培养学生创新精神、培育进取意识、提高研究能力发挥了极重要的作用，也形成了教学相长的师生共同体。

为深入贯彻落实"学生中心、产出导向"的精神，进一步拓展优秀成果的专业影响力，学院决定出版一批优秀学生作业集，樊秀丽教授团队的成果被首先纳入考虑范围。在多方努力下，本书顺利完成编辑与审稿。全书共包含7篇学生研究成果，分别来自教育学专业2015—2020届本科生的毕业论文，凝结了学生们数年如一日辛苦调研的成果，全部论文均获评院系优秀毕业论文。

本著作是教育学专业系列优秀成果之一，未来陆续还将有更多课程的优秀成果出版。我们会将此系列成果送给每一位教育学专业本科生，激励其以此为榜样积极参与到研究之中。学生的成果可能还有些稚嫩，但作为"教育学者"研究的起点，是难得宝贵的经验。也希望所有读者不吝赐教，进一步帮助我们提高人才培养质量。

2021年5月15日

目　录

缘　起 ………………………………………………… 樊秀丽（1）

流动中的区隔
　　——北京市流动儿童文化融合现状研究 ………… 吕　芊（4）

生活教育视野下的文化融合
　　——基于北京市古二分学校的田野调查 ………… 王正阳（51）

小学教师关怀行为
　　——基于北京市古二分学校的田野调查 ………… 满益慧（122）

场域视野下随迁子女习惯培养的研究
　　——基于对北京市小武基校区的田野调查 ……… 王红燕（186）

家校沟通中随迁子女家长角色扮演困境研究
　　——基于对北京市安小的田野调查 ……………… 张宗倩（232）

抗逆力视角下的随迁子女家校合作研究
　　——基于北京市利民学校的田野调查 …………… 吴玉楠（288）

望子成才
　　——基于对随迁子女家庭教育实践的田野调查 … 蔡　艳（357）

守望成长 ……………………………………………… 樊秀丽（406）

缘 起

樊秀丽

我国人口流动中举家迁移已经常态化,当前,人口流动的模式已进入以核心家庭为单位迁移的新阶段,新生代流动人口家庭的"核心化"趋势尤其明显。据2016年流动人口动态监测数据显示,近90%的已婚新生代流动人口是夫妻双方一起流动的。其中,与配偶、子女举家迁移的约占61%。因而,随迁子女①跟随其父母进入流入地城市,在流入地接受义务教育,随之而来浮现出各种问题。随迁子女的受教育问题是整个国家社会极力关注的,关系着整个社会的和谐稳定,关系着国家的长治久安。国家和地方政府对此给予了高度的重视,并出台了一系列的相关政策,以保证随迁子女能够在流入地获得受教育机会,进而接受公平且有质量的义务教育。

教育是一项系统工程,社会教育、学校教育以及家庭教育,三者相辅相成。除学校教育外,家庭教育和社会教育同样是孩子成长过程中极其重要的组成部分,其对随迁子女的健康成长,所起的作用是无法替代的。

自2013年6月至今,樊秀丽研究团队相继受北京市社会科学基金项目"农民工流动子女社会文化融合的人类学研究——对北京市农民工子女教育活动的田野调查"(13SHB004)以及国家社科基金项目"农民工随迁子女文化融合教育的人类学研究"(15BSH062)委托,带领首都师范大学教

---

① 特指外来务工人员子女,户籍登记在外省(区、市)、本省外县(区)的乡村,随务工父母到流入地的城区、镇区(同住)并接受义务教育的适龄儿童少年。因为在不同的政策文本中有的使用"流动人口子女""流动儿童""随迁子女"等概念,编者对这几个概念遵从其原文不加区分使用。

育学院本科生进入北京市接收随迁子女的公办小学和民办公助小学，进行长期的田野研究。研究团队致力于走向"教育真实"，回到教育的生活世界和文化背景中，在微观层面挖掘随迁子女在学校场域、家庭场域以及社会活动中的真实状况，了解他们在受教育过程中所发生的点点滴滴；在宏观层面清晰国家与地方针对随迁子女受教育与农民工户籍转型等政策语境，把握随迁子女接受教育的真实宏观政策背景。基于以上田野工作，研究团队力图从点到面，从微观到宏观，细致描述与全面诠释随迁子女在接受教育过程中面临的困境，在此基础上提出相应的改善路径。研究随迁子女的文化融合教育，可为我国随迁子女的教育工作提供一定的借鉴作用。

本书采用的是人类学的田野调查方法。7位本科生同学先后对北京市的四所接受随迁子女的学校进行了长达近两年的参与式观察，并对四所学校的校长、相关老师、随迁子女及其家长进行访谈。她们深入随迁子女的学校、家庭，以同学习、同劳动、同吃饭的方式，参与到随迁子女的教育与生活环境中，获得鲜活生动的第一手资料，积累田野笔记230万余字，产出7篇优秀学士论文。在此期间，编者每周都要批阅指导她们的田野笔记和访谈记录，并对教育现场形成初步分析。在编者指导下，同学们根据各自收集到的资料、聚焦感兴趣点，撰写学士毕业论文。

首都师范大学教育学院实行的本科生导师制，对本科生的成长发展产生了很大的推动作用。尤其体现在以科研促进学生研究经验的积累与学术兴趣的培养方面。学生能够真正进入课题组，进入田野，在田野实践操作中学习基础理论和研究方法，提高学生的动手能力和科研能力。学生在为期近两年的田野研究工作中，感受"在场"的真实场景，学会与研究对象交往，学会对问题敏感——对田野资料收集过程中的敏感。在参与式观察过程中，学会保持自己不偏不倚的研究者态度，保持研究信念，在田野中不涉及自己的语言或行为；学会独立思考的能力，能够在实践中再次反思学习过的知识。导师制下，除带领本科生参与课题之外，学生进入师门参加每周一次的"席米纳"（seminar），相互学习交流，可以获得更广阔的视野、更丰富的资源，以及更多的情感支持。

本书的结构示意图，如图1所示：

本书基于"在场"的教育景观的田野观察，以社会、学校、家庭为在场载体，重点研究了随迁子女接受教育当前所面临的一些迫切问题：在社

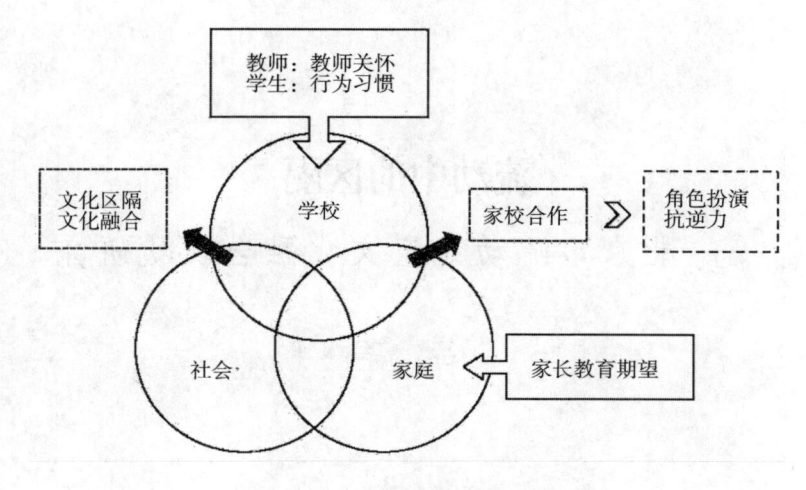

图 1　本书结构示意图

会与学校层面，探究由流动所带来的整个随迁子女群体的文化区隔与融合问题；在学校场域中，针对学校最重要的两个主体"教师"与"学生"，重点探究了在随迁子女群体中小学教师的关怀行为和学生行为习惯培养的问题；此外，通过深入随迁子女家庭的调查，探究了在家校合作层面，当前随迁子女群体在家校合作中家长的角色扮演困境和家庭抗逆力等问题；另外，"读书考学""望子成才、望女成凤"是中国家长最传统的教育期待，对常年处于流动中的随迁子女家长来说，更是最真切的教育期待，对她们真实故事的描写研究可以让我们在他们的故事中反观自我，更加珍惜当前来之不易的上学机会，以期在全社会形成一种"惜学、乐学、好学"的积极氛围。

流动中的区隔
——北京市流动儿童文化融合现状研究

吕 莘

提要：20世纪90年代后期，我国城市化、工业化的进程进一步加快，在北京等一线城市中，随着"家庭化"的人口流动，流动儿童在流动人口所占比例明显提高。然而，流动儿童不像他们父辈那样眷恋乡土，长时间的城市生活使他们多数已不适应农村的生活，有些孩子甚至对家乡没有基本的认知。他们不像父辈一样，将来能够叶落归根，他们只能生活在城市。在城市的生活中，"同城不同待遇"使流动儿童缺乏对城市的认同感和归属感；在学校的课堂生活中，流动儿童与本地城市儿童之间的文化差异也使他们成为"被边缘化"的群体。流动儿童在学校场域中遭遇的文化区隔现状不仅影响流动儿童身心发展、学校教育工作的开展，更牵涉社会和谐稳定的重要因素。

本文研究旨在了解流动儿童群体在公立学校现阶段文化区隔现状，采用人类学的田野调查方法，以北京市古二分学校二年级（1）班的22名学生为研究对象，进行长期的田野研究。本文分为五个部分：

第一部分为无法摆脱的制度文化区隔，笔者从入学政策、升学政策两方面描述制度对于流动儿童的影响及影响下身份区隔的形成；

第二部分为无可奈何的物质文化区隔，从流动儿童家庭经济条件和居住空间对流动儿童校外活动的影响；

第三部分为无形存在的精神文化区隔，通过流动儿童自身与城市儿童文化差异的描述、强势学校文化的相遇、脱节的家庭文化三者来描述文化区隔下流动儿童的生存现状；

第四部分为携带流动烙印的特例，描述文化区隔现状下少数逃出区隔困境的特例，阐释流动儿童在学校的学业表现受家庭经济资本和文化资本的影响；

第五部分对全文进行分析、总结。

本文主要得出以下结论：

第一，流动儿童现阶段的文化区隔有三个方面：制度文化区隔、物质文化区隔、精神文化区隔。三者集中体现在学校场域当中。对于大部分流动儿童来说，地理位置的移动并不意味着心灵的移动。

第二，流动儿童所遭受文化区隔并非与其户籍身份一一对应，流动儿童家庭所有的经济资本和文化资本往往是其孩子在学校区隔生活环境下的突破口。

第三，在文化区隔现状下，优越的家庭资本有助于一部分流动儿童在学业表现上与城市儿童并驾齐驱，然而家庭的力量始终无法与政策的力量抗衡，未来的政策走向直接影响流动儿童的文化融合问题。

关键词：文化区隔；流动儿童；经济资本；文化资本

导 论

一 研究背景与问题提出

20世纪90年代后期,我国城市化、工业化的进程进一步加快,在北京、上海等一线城市中,随着"家庭化"的人口流动,流动儿童在流动人口年龄变动中所占比例明显提高。根据第六次全国人口普查数据,2010年北京市常住外来人口为704.5万人,其中,6—14岁的外来学龄儿童为24.9万人,占常住外来人口的3.5%。全市常住人口中,6—14岁学龄儿童为88.8万人,外来学龄儿童占全市学龄儿童的28%。与2000年人口普查相比,全市学龄儿童减少41万人,外来学龄儿童增加13.4万多人,外来学龄儿童在全市学龄儿童中的比重上升19.1个百分点[①]。

流动儿童不像他们父辈那样眷恋乡土,长时间在城市生活,他们多数已不适应农村的生活,有些孩子甚至对家乡没有基本的认知。他们也不像父辈一样,将来能够叶落归根,他们只能生活在城市,但"同城不同待遇"使这些孩子们缺乏对城市的认同感和归属感。在学校的课堂生活中,流动儿童与本地城市儿童之间的文化差异也使他们成为"被边缘化"的群体,在这样的情况下,了解流动儿童的文化区隔状况就成了值得关注的问题:北京市流动儿童文化区隔现状如何、这种现状呈现出什么样的特征、这种现状的形成背后存在什么样的影响因素等。

二 研究意义

对于办齐入学手续接受义务教育的流动儿童来说,表面上他们享有与北京本地生源相同的教育资源,然而在实际的教育过程当中,由于城乡之间、地域之间、家长的教育背景和生活方式的差异,流动儿童在教育过程中正面临着文化区隔这一突出问题。流动儿童、本地学生、学校教师在学校场域相遇的过程中,由于显著差异带来的区隔现象成了影响流动儿童身

---

① 北京市第六次人口普查办公室:北京市外来学龄儿童情况分析,2001年7月4日,http://www.bjstats.gov.cn/rkpc_6/pcsj/201107/t20110704_205616.htm。

心发展、学校教育工作的开展、社会和谐稳定的重要因素。流动儿童主体通过一定的渠道，获得进入公立学校与本地学生享有平等教育入学机会，实现了主体在空间意义上的转移，但这一群体能否顺畅地适应城市生活并实现文化融合是中国城市化进程中主要的文化任务，而学校所开展的教育实践，则是实现这一文化融合的最基本方法。因此，了解这一群体在公立学校现阶段的文化区隔现状，对促进流动儿童的文化融合，使学生、学校能得到更好发展，具有现实意义。

三 概念界定

（一）流动儿童

与流动儿童类似的称呼有很多："进城务工人员随迁子女""农民工子女"等。其中，本研究聚焦所在田野点关注的研究对象，根据流动人口出生地为标准的划分方式，将本研究中的"流动儿童"定义为：流入地出生和成长的"二代流动人口群体"（详情请见"研究对象"部分）。流动儿童与北京本地儿童就读于城市学校，与城市学生、城市的教师都有着亲密的接触——当然不可避免地有着一定程度上的文化隔阂和冲突。需要注意的是，流动儿童、进城务工人员随迁子女①两者的关系为包含与被包含。

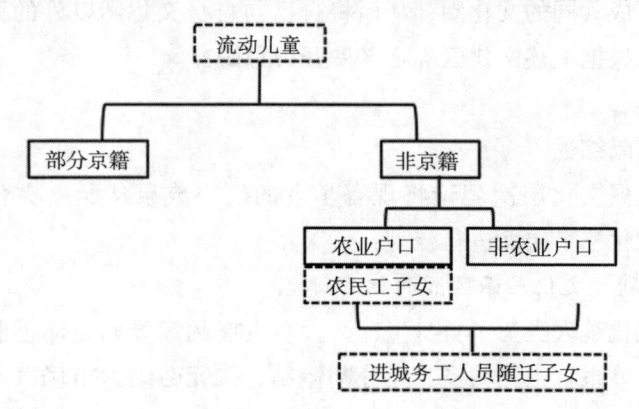

图 1-1　易混淆概念关系示意图（吕莘绘制）

---

① 进城务工人员随迁子女是指户籍登记地在外省（区、市）、本省外县（区）的乡村，随父母到输入地的城区、镇区（同住）并在校接受教育的适龄儿童少年。因此户籍登记地在城市的"流动儿童"并未被包含其中，因此实际流动儿童数量要高于进城务工人员随迁子女。

流动儿童的概念大于进城务工人员随迁子女。由于一些政策的表述和指向并不面向所有的流动儿童，只针对部分即进城务工人员随迁子女。为了真实严谨的表述政策制定者的意图，本文将不进行概念的转换，在一些章节的叙述中（主要集中在"第一章：无法摆脱的制度文化区隔"），笔者将直接采用"进城务工人员随迁子女"的概念进行叙述。（流动儿童与农民工子女两者的关系也是如此，在此不赘述，参见图1-1）

（二）文化区隔

"区隔"源于法语La Distinction，英文译为distinction，意指区别、差别。布迪厄在其著作《区隔：趣味判断的社会批判》一书中将"区隔"定义为"必然趣味和自由趣味的对立所导致的社会阶层的分化"[①]。人们对事物不同的看法、追求、评判标准，使其对美学的判断分化成了对立的方面，最终形成了社会意义上的区隔。张鹏等学者将文化区隔定义为："人们对媒介的选择其本质是对文化符号的选择，选择的过程中体现着自身在社会阶层结构中的位置，是对自身身份符号的一种文化自觉。文化的区隔使得各个阶层进一步局限于自身固定的社会角色认同"[②]，从而导致阶层文化的进一步分化，社会各阶层间的流动受阻。社会阶层的分化使得处于社会结构金字塔不同位置的人们具有不同的文化特质，具有相同文化特质的人们又会形成共同的文化圈，从而将自己与自身文化圈以外的群体进行区隔。本研究根据上述文化区隔定义展开田野研究。

四 文献综述

笔者根据文化层次理论将现有学者的研究成果从制度文化、物质文化、精神文化三个层面进行梳理：

（一）制度文化层面区隔的相关研究

制度文化是人类为了自身生存、社会发展的需要而主动创制出来的有组织的规范体系。中国城乡二元分割体制、二元劳动力市场以及教育体制的分化都是制度性区隔的重要表现形式。熊辉将制度性区隔划分为户籍制

[①] Bourdieu, P., *Distinction*: *A Social Critique of the Judgement of Taste*, London: Routledge and Kegan Paul, 1984.

[②] 张鹏、杜广强：《试论辽宁阶层文化特质及其重构》，《大连海事大学学报》（社会科学版）2010年第3期，第92页。

度区隔、经济制度区隔和社会污名化的策略等三个方面①。对于市场体制的区隔现有的研究多关注于劳动力市场的隔离。谢桂华分析了劳动力市场中的区隔，指出劳动力市场中存在着一种"基于系统性歧视或者更精确地说雇佣者歧视的区隔"②。王海英认为教育文化体制的区隔也是制度区隔的一个重要组成部分："教育从来不是一个自主性很强的场域，它不是成为统治阶层来控制民众的'安全阀'，就是成为统治阶层用来推卸的'替罪羊'。"③ 周宗伟以寓言龟兔赛跑为比喻，指出教育空间中存在的区隔的重要方面，即城乡教育差异，认为教育体系更多地倾向于使用本身就占有优势的一方的标准体系，使得劣势方更无可能获胜④。

（二）物质文化层面区隔的相关研究

物质文化，是指为了满足人类生存和发展需要所创造的物质产品及其所表现的文化，包括饮食、服饰、建筑、交通、生产工具以及乡村、城市等，是文化要素或者文化景观的物质表现方面。在物质文化层面方面，学者们主要从消费的角度切入对区隔现象进行了相关研究：邢虹文对电视文化与社会分化进行了研究，指出媒介通过信息传递塑造社会结构，建构社会区隔⑤。人们对文化产品的消费也是对符号的消费，除商品的使用价值外，其象征的阶层身份意义，也越来越受到消费者重视。张殿元的研究指出："通过人们的消费习惯及消费方式可以看出人们所处于的社会阶层，而广告文化就是对这种阶层区隔分化再生产的一种手段。"⑥ 刘素敏等认为，广告通过这种符号差异化策略，对商品进行赋值，使消费者进行认同，在差异与区分中进行社会区隔，从而对消费者的身份进行了重新建构⑦。孙

---

① 熊辉：《农民工：区隔、边缘化与市民化》，《湖北师范学院学报》（哲学社会科学版）2008年第5期，第90—94页。

② 谢桂华：《市场转型与下岗工人》，《社会学研究》2006年第1期，第22—54页。

③ 王海英：《打破区隔和边界走向对话和融通——教育学科分类的社会学反思》，《教育理论与实践》2004年第17期，第9—12页。

④ 周宗伟：《文化区隔与教育公平——寓言〈龟兔赛跑〉的教育隐喻》，《当代教育科学》2007年第2期，第14—22页。

⑤ 邢虹文：《文化的区隔：电视文化与社会分化》，《社会》2004年第8期，第4—6页。

⑥ 张殿元：《阶层区隔：广告传播的社会学批判》，《山西大学学报》（哲学社会科学版）2005年第6期，第101—106页。

⑦ 刘素敏、王健：《自我认同与社会区隔：当代广告的差异化策略》，《吉林艺术学院报》2007年第5期，第27—30页。

慧英从手机文化入手,研究认为拥有手机的类型体现着人们的消费选择,体现着这一消费类型群体的阶层身份,因而通过对手机文化的研究可以发现手机消费对人们身份区隔的影响①。另外,曹国新对旅游的分析也指出旅游活动本身就是旅游者与他人区隔的表现形式②。

值得注意的是,朱海龙提出,由于互联网技术的发展,信息在网络空间中经过编码既消灭了地域、时间的区隔,他们以即时的方式迅速地在凝聚的空间中实现共享;同时更重要的是它也消灭了阶层、组织、财富、学历、地位等社会标识,网络社会空间中的社会区隔被虚化③。物质文化层面由于经济资本差异产生的区隔在网络虚拟的社会中被大大削弱。关于虚拟空间存在的文化区隔研究,主要针对网民在线参与过程中存在的分化。

(三)精神文化层面区隔的相关研究

精神文化是人类在从事物质文化基础生产上产生的一种人类所特有的意识形态,是人类各种意识观念形态的集合。精神文化层面上的区隔主要体现在文化、心理认同上的区隔。在这方面,有相当多的学者对农民工这一群体所遭遇的区隔现状做出了理论上的阐述:

1. 农民工群体在城市生活中存在身份区隔

农民工群体作为工业化、城市化发展的主要贡献群体之一,在身份认同上多倾向于农民身份的认同。徐平研究发现农民工市民化过程中往往因为其身份标识遭遇到了来自经济层面、权利层面和城市文化层面的排斥,这些排斥带给农民工群体的偏见和歧视,使其被区隔于市民群体之外④,严重制约了农民工群体的市民化过程。江立华表示城市的排斥力不仅源自市民的文化和心理阻隔,而且源自社会结构的隔离⑤。王朝明认为,农民工在城市处于边缘化的状态,农民工的生活状态、思想言行与主流社会发

---

① 孙慧英:《手机文化与社会区隔》,《兰州学刊》2008年第11期,第172—175页。
② 曹国新:《社会区隔:旅游活动的文化社会学本质——一种基于布迪厄文化资本理论的解读》,《思想战线》2005年第2期,第123—127页。
③ 朱海龙:《场域、动员和行动:网络社会政治参与研究》,博士学位论文,上海大学,2011年,第6—7页。
④ 徐平:《社会排斥与农民工市民化的制度分析》,硕士学位论文,西北师范大学,2010年,第4页。
⑤ 江立华:《城市性与农民工的城市适应》,《社会科学研究》2003年第5期,第92页。

生了疏离甚至对抗①。

农民工子女在学校的认同、教育问题及其身份区隔也引起了学者们的关注。刘艳的研究指出农民工子女在学校的文化认同存在困难②。马菱则以上海市闵行区为例分析了目前农民工子女的教育问题，并指出农民工子女先赋性文化资本和习得性文化资本的缺乏影响了农民工子女的教育历程③。

2. 农民工群体在城市生活中存在人际交往区隔

郭星华等发现，民工潮下大量的农民工群体还是更依赖于传统的社会网络，并未在偌大的移居城市里建立起与城市居民间的社会网络④。因此，朱力在研究论证了农民工和城市居民交往过程中存在着"内倾性"和"表层性"的特征：内倾性指他们交往的对象指向为同乡和从其他地区来的农村人，表层性指与城市居民交往过程中更多的只涉及业缘关系，而没有情感上的交流⑤。由于文化适应力弱，农民工囿于习惯性的同乡交往而不愿意主动地突破这一交往圈，客观上形成了自我隔离的状况⑥。

李运庆分析了农民工子女的人际交往区隔，指出农民工子女的身份区隔的结果容易造成身份认同现象的产生，并在一定程度上形塑了其社会地位⑦。李培林认为亲缘、地缘的社会网络是乡土社会的产物和社会理性化过程的障碍⑧。

基于前人的研究成果，本研究旨在通过用区隔理论从制度文化、物质文化、精神文化三个层面对研究对象在学校场域中的区隔现状进行系统地描述与分析。

---

① 王朝明：《城市化：农民工边缘性贫困的路径与治理分析》，《社会科学研究》2005 年第 3 期，第 119 页。

② 刘艳：《学校场域中农民工子女的文化认同》，《内蒙古师范大学学报》（教育科学版）2007 年第 4 期，第 19 页。

③ 马菱：《进城农民工子女家庭文化资本研究》，硕士学位论文，华东师范大学，2010 年，第 6 页。

④ 郭星华、储卉娟：《从乡村到都市：融入与隔离——关于民工与城市居民社会距离的实证研究》，《江海学刊》2004 年第 3 期，第 91—98 页。

⑤ 朱力：《论农民工阶层的城市适应》，《江海学刊》2002 年第 6 期，第 82—88 页。

⑥ 朱力：《群体性偏见与歧视——农民工与市民的磨擦性互动》，《江海学刊》2001 年第 6 期，第 48—53 页。

⑦ 李运庆：《区隔与认同：农民工子弟的人际交往现状研究——以南京市一所民工子弟学校为例》，《青年研究》2006 年第 5 期，第 20—27 页。

⑧ 李培林：《流动民工的社会网络和社会地位》，《社会学研究》1996 年第 4 期，第 42—52 页。

五 研究过程

（一）研究对象

本研究以北京市石景山区古二分学校（以下简称：古二分）2013级1班22名流动儿童为主要研究对象。古二分创办于2013年9月，是一所公办性质的学校，隶属古城教育集团。作为一所新建学校，古二分2013年9月起正式开课，截至2015年3月已有两届学生共计148人，一年级两个班，二年级三个班，孩子的年龄在6—8岁，生源相对多元。其中非京籍学生57人，占全校学生的38.5%。2014年9月入学的一年级京籍片区内学生占到90%，借读生10%，2013年9月入学的二年级京籍片区内生源占到50%，非京籍生源占50%。根据以往文献中所提供的二代流动人口识别框架[①]，笔者结合研究实际和中国国情，在此基础上总结界定"流动儿童"，确定研究对象界定示意图（参见图1-2）中，红色虚线框住的部分是研究关注的流入城市的流动儿童。

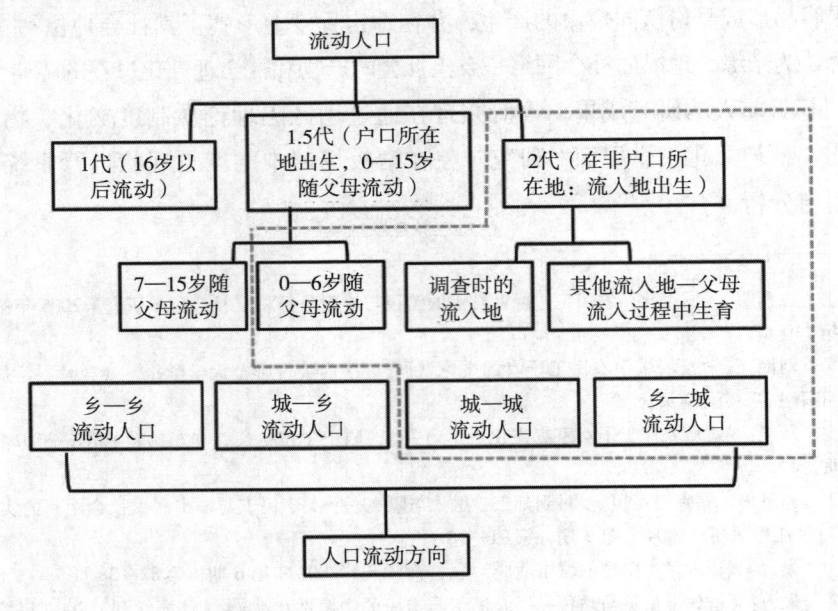

图1-2 研究对象界定示意图（吕莘绘制）

---

① 国家卫生和计划生育委员会流动人口司：《中国流动人口发展报告（2014）》，中国人口出版社2014年，第101页。

笔者田野调查所在班级班主任老师2013年9月入职古二分,来自贵州,曾在贵阳最好的小学任教7年,有一个两岁的儿子。2013级1班共有学生26人,其中京籍学生15人,非京籍学生11人。根据研究对象的界定,班里面除了4名同学户口与父母籍贯完全与北京吻合外,其他22名学生都属于研究对象范围之内(参见表1-1)。

表1-1 学生背景一览 (吕莘制作)

姓名	户口所在地	爸爸籍贯	妈妈籍贯
羽羽	北京	北京	北京
默默	北京	北京	北京
婧婧	北京	北京	北京
旭旭	北京	北京	北京
珈珈	北京	北京	四川
紫紫	北京	北京	云南
梓梓	北京	北京	河北
睿睿	北京	北京	河北
尘尘	北京	北京	江西
景景	北京	北京	山东
鑫鑫	北京	北京	河北
浩浩	北京	江苏	北京
艺艺	北京	江苏	北京
丹丹	北京	河北	北京
绍绍	北京	江苏	北京
皙皙	河北	北京	河北
宇宇	江西	江西	江西
烨烨	贵州	贵州	贵州
真真	湖北	湖北	吉林
依依	河北	河北	河北
家家	河北	河北	河北
傲傲	湖北	山东	湖北

续表

姓名	户口所在地	爸爸籍贯	妈妈籍贯
萱萱	湖北	湖北	湖北
政政	黑龙江	黑龙江	黑龙江
重重	甘肃	甘肃	甘肃
成成	河北	河北	河北

(二) 研究内容

笔者自 2013 年 10 月起固定、阶段性地参与到古二分 2013 级 1 班[①]师生的生活学习当中，长期重点观察其中流动儿童的日常和非日常活动，与学校的师生进行多方面的交流，以期详尽地描摹出古二分 2013 级 1 班流动儿童的文化区隔现状，流动儿童在学校中的融合遇到了什么样的困难和挑战，影响其实现融合的因素有哪些，背后存在的问题是什么，尝试从人类学的相关理论对了解到的现状进行分析。

(三) 研究方法

研究主要采用人类学的田野调查方法，具体通过参与观察和访谈对研究对象进行长期的田野调查。

1. 参与式观察

以人类学田野调查的方法，笔者每周 1—2 次前往调查点进行参与式观察，通过全天参与到师生们的生活与学习当中，以获取丰富的、真实的第一手资料。

2. 访谈

笔者通过对校长、班主任、副班主任等任课教师的多次正式、非正式访谈来深入了解学校相关的教育理念、管理方法、教师教学，通过对学生的多次非正式访谈来了解学生的内心世界以及一些客观情况。

(四) 研究进程

1. 文献研究

2013 年 10 月至今，收集有关进城务工人员随迁子女的相关文献，在进行文献资料的梳理研究的同时进行田野调查和田野报告的写作。

---

① 2013 年 9 月为一年级（1）班，2014 年 9 月升至二年级（1）班。

2. 田野调查

第一阶段：2013 年 10 月 15 日—2013 年 12 月 24 日（每周一次）。

从 2013 年 10 月开始，笔者每周一次前往古二分进行田野调查，参与到一年级（1）班的生活学习当中去。在经历了一个角色变化和适应过程后，笔者逐步获得了学校师生们的信任，与他们建立了良好的关系。在田野调查的过程中，笔者记录了每次观察到的信息，初步积累了田野笔记，形成田野报告。

第二阶段：2014 年 2 月 21 日—2014 年 6 月 20 日（每周一次）。

这二阶段，笔者仍旧对古二分进行田野调查，并不断聚焦，结合相关区隔的文献不断查阅，更深层次观察描摹了随迁子女的教育现状。

第三阶段：2014 年 9 月 1 日—2015 年 1 月 13 日（每周两次）。

在这一阶段，笔者除了继续之前的田野调查，增加了调查的频率和次数之外，更多参与到了学校的日程活动当中：如参与教师例会、家长会、课外实践活动、元旦嘉年华；同时也在古二分对笔者这一年来的研究成果进行了初步的汇报，进一步增进了和学校之间的联系。

第四阶段：2015 年 3 月 4 日—2015 年 5 月 26 日（每周一次）。

笔者将继续在古二分进行后期的田野调查研究工作，根据论文写作进度完善和充实已有的田野调查资料。

第一章　无法摆脱的制度文化区隔

清楚地记得第一次去做田野调查的时候,我问班主任要了全班孩子的名单,小小的纸片上是 26 个稚嫩孩子的名字,每个名字的字里行间都流露着各自家庭对他们的期盼、祝福和爱。

唯一不同的是,一些孩子的名字背后有班主任用红笔格外标注着的几个字:"流动儿童"。只是因为这四个字,这些同样在操场上奔跑打闹的孩子们将开启不同的人生闯关模式。

而像这样的孩子,在全国各地还有很多。流动人口 6—15 岁子女随同父母流动的比例在 2013 年达到 62.5%,比 2011 年上升了 5.2 个百分点①。

户口不在入学所在地,这对这些孩子来说究竟意味着什么?

一　入学政策的驱逐

王蓓是在北京的一名普通外地家长。2014 年 9 月 3 日上午,她前往区教委时,还有几十名家长聚集于此,其中一人在门前摆出板凳,孩子坐着看书、写作业。她说:"我和丈夫来北京 12 年,孩子在这里出生、长大。现在就两条路,一条失学,一条留守。"②

这一切要追溯到 20 世纪 80 年代,随着改革开放政策的提出,农民工成为改革开放进程中出现并迅速成长起来的新型劳动大军。随着外出打工的人口规模不断壮大,这一群体成为推动中国经济发展和社会结构变革的巨大力量。与此同时,随着流动人口呈现出"家庭化"的流动趋势,随迁子女受教育问题慢慢进入了人们的视野。1995 年 1 月 21 日,记者李建平在《中国教育报》上发表《流动的孩子哪儿上学——流动人

---

① 国家卫生和计划生育委员会流动人口司:《中国流动人口发展报告(2014)》,中国人口出版社 2014 年版,第 210 页。

② 搜狐教育:《随迁子女在京遭上学难　多数孩子独自返乡读书》,2015 年 2 月 26 日,http://learning.sohu.com/20150226/n409166478.shtml。

口子女教育探讨》，引起了社会各界对于流动儿童教育的关注①。由于1986年政府在制定和颁布《中华人民共和国义务教育法》时还未出现全国大规模的人口迁移现象，所以当时规定义务教育以户籍人口为依据，实行"地方负责、分级管理"的地方负责制。进城务工人员随迁子女离开户籍所在地，便离开了流出地政府的负责范围，但同时又并不纳入流入地的管辖范围内，一时间，进城务工人员随迁子女的义务教育问题便处在政策的空白地带。

1996年，国家教育委员会制定发布了《城镇流动人口中适龄儿童、少年就学办法》②，规定随迁子女可以以"借读"的方式在非户籍所在地接受义务教育，这在一定程度上打破了原本《中华人民共和国义务教育法》中必须在户籍地接受义务教育的限制，使流动儿童在流入地接受义务教育成为可能。

2001年，国务院颁布了《关于基础教育改革和发展的决定》，提出要重视解决流动人口子女接受义务教育的问题，以流入地政府管理为主，以全日制公办中小学为主（简称"两为主"），采取多种形式保障流动人口子女接受义务教育的权利。这一政策为之后保障进城务工人员随迁子女的义务教育和后续政策的展开奠定了政策基调，此后各个城市围绕"两为主"的原则展开了自己的摸索之路。

根据北京市教委非本市户籍学龄人口入学的要求，需要由街道社区审核"五证"③并开具在京就读证明。然而2014年随着北京市对"五证"及各区县对其他各项要求的加强，让家长们强烈地感受到非京籍入学的困难。

    河北人白露在石景山区做加工窗帘的生意，前几年白露哥哥的

---

① 张立忠：《城市流动儿童的社会整合及其对策》，《南方农村》2007年第1期，第44—47页。

② "流入地人民政府要为流动儿童创造条件，提供接受义务教育的机会""流动儿童应以在流入地全日制中小学借读为主"。

③ "五证"包括：1. 适龄儿童父母或其他法定监护人本人在京务工就业证明；2. 在京实际住所居住证明；3. 全家户口簿；4. 在京暂住证；5. 户籍所在地街道办事处或乡镇人民政府出具的在当地没有监护条件的证明等相关材料。

孩子在北京借读时,"拿着暂住证、居委会开的居住证明就办下了借读证,然后去学校报到了"。到了去年(2013),石景山区要求提供户口所在地无人监护证明,今年(2014)年后,白露跑了老家好几趟,她说:"办下无人监护证明和流动人口婚育证,才办好借读证。"但4月28日石景山区出台了新政策,白露还是卡了壳,借读证白办了。她拿不出"五证"中的在京实际住所居住证明。白露在石景山租房,按照规定,她需要提供租房合同、房主身份证原件、房产证原件及复印件。"但包括我在内的很多人都是从'二房东'转租的,房东哪肯轻易把房产证给你?""外地人在北京上学太苦了。5月中旬就要出考核结果,实在不行我只能全家回老家了",白露说。①

在北京市石景山区,截至2014年秋季开学,石景山区义务教育阶段在校生共33158人,其中随迁子女达到17348人,占高达52.3%的比例。正是因为这样一个庞大的数字,随迁子女享受与本地人同样待遇的权利被人口限制政策绑架,迟迟不能实现。2014年6月,北京市教委发布《随迁子女入学有关情况的说明》,当年入学季第三次重申随迁子女"五证"不全不予入学的要求②。

截至2014年5月27日,学龄人口信息采集截止前夕,参加信息采集、获得小学入学资格的非京籍儿童仅有5.8274万人,较上年减少了1.6万多人。更有一些常住的"外地"家庭在"中考"等环节碰壁③。

二 升学政策的两难

2012年,一个名叫占海特的小姑娘因为户口被卷入了随迁子女争取异地高考权利的风口浪尖。

---

① 21世纪经济报道:《北京打工者质疑非京籍上学需五证:是不是故意卡人》,2014年5月14日,http://www.ceweekly.cn/2014/0514/83046.shtml.

② 新京报:《北京重申随迁子女入学须"五证"齐全》,2014年6月29日,http://epaper.bjnews.com.cn/html/2014—06/29/content_520811.htm?div=—1.

③ 搜狐教育:《随迁子女在京遭上学难 多数孩子独自返乡读书》,2015年2月26日,http://learning.sohu.com/20150226/n409166478.shtml.

时间倒退8年。2004年3月,随着财政部通知的下发①,进城务工人员随迁子女进入公办学校就读的障碍不断被扫除,截至2013年年底,全国进入公办学校就学的进城务工人员随迁子女比例达80.4%,以公办校为主接收随迁子女就学格局基本形成②。然而,由于随迁子女升学考试工作涉及就业、住房、社保、公共服务、人口管理等诸多方面③,异地中、高考的制度却迟迟没有向随迁子女完全开放。

占海特,1997年出生于珠海,2001年随父母移居上海。占海特在小学毕业时因成绩优异考上私立新竹园中学。作为班上唯一的随迁子女,占海特并不知道她因外地户籍无法在沪中考。直到一天,好心的班主任私下提醒占海特:"你要比别人更努力呀。"

占海特满腹疑惑地追问父母。望着满脸失望的女儿,父亲占全喜心如刀绞。

最终,因无上海户籍且不符合上海10类参加高考人员条件,占海特放弃选择在上海考中专、职业技术学校或返回原籍中考这两条路,主动辍学在家。2012年6月,占海特开始在微博上高调争取外地户籍学生的异地高考权利,与沪籍人士就异地高考"约辩",于是就有了2012年10月25日上海大沽路"约辩"事件④。

在那时,2001年当年允许随迁子女在流入地接受义务教育的"两为主"政策已经实施了11年,以至于当年跟随大量城市流动人口和进城务工农民工在异地学习的孩子在流入地参加高考的问题日益迫切。根据2013年颁布的《进城务工人员随迁子女接受义务教育后在京参加升学考试工作方案》,2013年符合相关条件的随迁子女可以参加中等职业学校考试及录取;2014年符合相关条件的随迁子女可以参加高等职业学校考试录取。但

---

① 对在城市中小学就学的农民工子女,其负担的学校收费项目和标准要与当地学生一致,除按照国家有关规定收取杂费、学费、住宿费和课本费外,一律不得收取借读费、择校费用。

② 新华网:《全国超八成随迁子女就读公办校》2014年2月21日,http://news.xinhuanet.com/edu/2014—02/21/c_ 126169921. htm。

③ 中央政府门户网站:《北京市进城务工人员随迁子女升学考试方案公布》,2013年1月4日, http://www.gov.cn/fwxx/wy/2013—01/04/content_ 2304364. htm。

④ 百度百科:占海特,2012年12月12日,http://baike.baidu.com/view/9705243. htm。

是大学本科的考试录取部分还没有计划放开①。

随迁子女的身份限制住了孩子们升学的可能性,"要不要读书""读到什么时候""去哪读书"成了摆在随迁子女父母面前的问题。

三 身份区隔的形成

户籍制度下入学政策与升学政策的双重压力给随迁子女贴上了标签,把他们与在一个学校共同学习生活的小伙伴们硬生生在未来的道路上隔离开来,自然而然由于制度政策的不同,成了一个被差别对待的群体,造成了身份区隔。

> 在工作室的启动仪式上,语文老师介绍了阅读工作室的成立初衷:"我们学校因为是一年级和二年级的孩子,而且因为他们的生源也是比较分散的,有北京的生源,外地的生源,还有外来打工的子女,所以他们在家庭阅读氛围的培养上面,是有一定的缺失的。"
>
> (摘自吕荜,2015.04.16,田野笔记)

在日常教学生活当中,部分教师习惯性地将教学过程当中出现的问题和障碍归结于生源,进一步从教师观念上强化了学生的身份区隔。在笔者进行田野调查的过程当中,曾听见过一位老师抱怨:"难道他们入学没有挑一挑吗?"或是当某一教师说道"好多孩子不吃早饭就等着中午那一顿。"习惯性地怀疑:"那是不是跟外地的有关系?"而事实上存在"问

---

① 北京市政府网:《进城务工人员随迁子女接受义务教育后在京参加升学考试工作方案》,2013年1月4日,http://www.jyb.cn/gk/gksx/201301/t20130104_523357.html.
自2013年起,凡进城务工人员持有有效北京市居住证明,有合法稳定的住所,合法稳定职业已满3年,在京连续缴纳社会保险已满3年,其随迁子女具有本市学籍且已在京连续就读初中3年学习年限的,可以参加北京市中等职业学校的考试录取。
自2014年起,凡进城务工人员持有有效北京市居住证明,有合法稳定的住所,合法稳定职业已满6年,在京连续缴纳社会保险已满6年,其随迁子女具有本市学籍且已在京连续就读高中阶段教育3年学习年限的,可以在北京参加高等职业学校的考试录取。
自2014年起,凡进城务工人员持有有效北京市居住证明,具有合法稳定职业及合法稳定住所,其随迁子女具有本市学籍且已在京连续就读高中阶段教育3年学习年限的,可选择在京借考高考。北京市按教育部相关文件规定,经学生户籍所在省同意后为学生提供高考文化课在京借考服务,学生回户籍所在省参加高校招生录取。

题"的学生并不是全是流动儿童，孩子在学习过程当中出现的问题与其身份并不存在直接对应的联系，而身份区隔却给他们硬生生扣上了"差生""需要重点关注""问题学生"的帽子，将他们与本地学生隔离开来，背上原本不属于自己的"黑锅"。

第二章　无可奈何的物质文化区隔

一　不得已的"环保"举动

在当下资源不断紧张,倡导人与自然和谐相处的大背景下,环保理念开始从娃娃抓起,在现代中小学的课堂上也不断得到强调。越来越多的学校在日常教学当中增添了环保活动来培养学生勤俭节约,树立废纸、旧书回收的环保意识。

> 珈珈把她的竞选宣言的纸拿给我看,我一看,是被一张揉得皱皱巴巴的宽带套餐的广告单,又脏又皱,小小的一张纸上还有一团又一团的污渍(参见照片1-1)。纸上写着的一看就是大人的笔记。我问她,是谁帮你写的?珈珈,说:"这是我奶奶帮忙写的!"我很奇怪,"那你的爸爸妈妈呢?"珈珈自然地说:"我爸在六里桥那边上班,我妈在那边照顾我爷爷!"
>
> (摘自吕莘,2014.11.03,田野笔记)

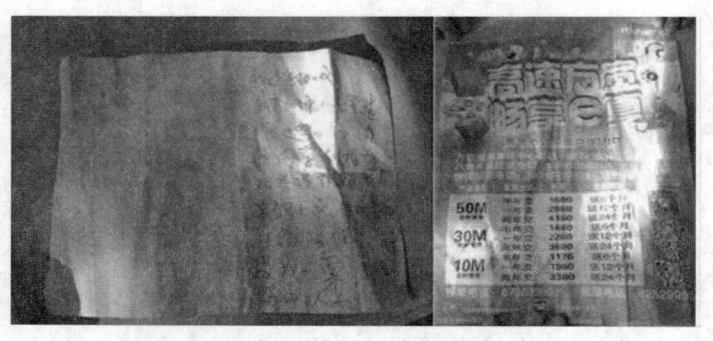

照片1-1　珈珈写在传单上的竞选宣言(2014.11.03,笔者摄)

然而,对于珈珈来说,在中队委竞选这样"神圣"的场合,回收使用一张皱巴巴的广告单作为演讲稿并不是因为她标榜自己的环保示范作用,而更多是因为家庭经济条件限制而无奈选择的环保举动。

2007年的北京市流动人口状况数据显示,15岁以上流动人口数量的

82.9%属于农业户口①,对于这部分人来说外出打工的直接原因往往是之前税费负担过重和农业收入过低,希望通过到大城市打工的方式来改善家庭的经济状况。然而,城市就业市场却对流动儿童的父母们存在不同程度上的排斥。

根据《中国流动人口发展报告 2014》②数据显示,就业流动人口平均月收入为 3432 元,流动人口家庭在现居地的人均月支出为 1230 元。流动儿童父母们的就业收入状况相应的影响了其家庭的消费状况。调查数据显示,占流动人口八成的农工业转移人口家庭因享受的公共服务水平低,发展预期不稳定,其消费倾向较低。调查表明,2012 年农业转移人口家庭在流入地的年消费支出均值为 27060 元,比流入地城镇居民家庭年消费支出水平(48959元)约低 22000 万元。农业户籍的流动人口有跨地域的收支特征,因而农业转移人口家庭支出结构具有"生存型"和"顾家型"的特点:购买食品和房租是他们在流入地的最主要支出,也是家庭年支出的重要组成部分③。

笔者:"那你爸爸妈妈会买书吗?"
梓梓:"嗯(摇摇头)一般他只按照老师的要求做。老师说买什么书他们才买什么书!"

(摘自吕莘,2013.11.19,田野笔记)

这样拮据的经济条件和消费方式下,大部分流动儿童家长对于孩子衣食以外的教育开销,除了满足最基本的教学要求,往往少得可怜。根据古二分对全校的家长调查,69.13% 的家长每月为孩子购书的支出在 100 元以下,53.7% 的孩子家庭藏书在 20 册以下。

---

① 翟振武、段成荣、毕秋灵:《北京市流动人口的最新状况与分析》,《人口研究》2007 年第 2 期,第 30—40 页。
② 全国流动人口的平均工资收入为 3287.8 元,同比增长 4.9%。流动人口主要就业于私营部门或从事个体经营,就业集中在制造业等五大行业。制造业一直是吸纳流动人口就业最主要的行业,但近年来流动人口在制造业从业比例连续下降。2013 年国家卫生和计划生育委员会最新调查数据显示,制造业从业人员比例为 33.3%,较 2011 年下降 4.1 个百分点。第三产业就业比例出现上升趋势,2013 年在批发零售和住宿餐饮行业就业的比例分别为 20.1% 和 11.3%,比 2011 年分别上升 2 个百分点和 1.4 个百分点。
③ 消费倾向是指一定消费群体(如儿童、妇女,或者青年、中年、老年人)在不同时期对商品需求的变动趋向。它取决于购买力水平、商品供应品种和社会风尚等。

二 不诗意的郊外生活

"城市是一个几百万人一起孤独生活的地方。"梭罗在 19 世纪上半叶出走资本主义社会工业化的浪潮，离开都市，在美国康科德郊外瓦尔登湖畔的林中搭建了一座小木屋，描绘四季交替造成的景色变化，观看两只蚂蚁之间的争斗，开始了两年诗意的郊外生活。美国人口普查统计显示，在 2000—2010 年，这十年间，美国人口从城市转移到郊区的趋势更为显著，休斯敦，亚特兰大和达拉斯的一些郊区，发现有创纪录的人口数量增长[①]。

在中国，全国流动人口的总量是 2.45 亿人，超过总人口的 1/6，流动人口的总体流向趋势并没有改变，特别是特大城市人口聚集态势还在加强[②]。然而流入大城市的整体趋势却被硬生生地掉了个方向，在流动人口进城务工的大趋势下有一股"被"迁移到郊区的流动走向。

在北京，这些流入城市的流动人口有 57.9% 流入北京近郊区，30.1% 流入远郊区，并呈现出向远郊区聚集的趋势[③]。流动儿童虽然来到了城市生活，并没有机会真正意义上居住、生活在他们举家迁徙的大城市里，而是违背初心无奈地在城市的边缘开始了他们不诗意的郊外生活。

　　啊啊啊五环你比四环多一环
　　啊啊啊五环你比六环少一环
　　终于有一天呐
　　你会修到七环
　　修完七环再修八环

（摘自岳云鹏《五环之歌》）

[①] 美国中文网：《美国人口普查 6 个关键变化》2011 年 3 月 30 日，http://www.sinovision.net/portal.php? mod = view&aid = 165837.

[②] 39 健康网：《2014 流动人口发展报告出炉突出卫生服务内容》，2014 年 11 月 18 日，http://news.39.net/qwfb/141118/4519680.html.

[③] 鲁奇、黄英、孟健、王国霞、李娟：《流动人口在北京中心区和近远郊区分布差异的调查研究》，《地理科学》2005 年第 6 期，第 63—65 页。

随着外来人口的涌入，城市经济的发展，北京的面积不断扩大，成了一个城区面积 87.1 平方千米，全市土地面积却有 16411 平方千米的特大城市①。这直接反映在了越扩越大的环路和每月都要重新印刷的北京地图上②。笔者所在的田野点位于五环外，隶属北京西侧的石景山区，学校所在的古城街道，在北京下辖地区 6 个市区、8 个郊区、2 个郊县③ 中属于近郊区。然而，城市功能区的拓展并不意味着已有城市功能区的不断完善。

　　　　班主任："……谁想来谈一谈你对北京的印象？"
　　　　宇宇："我觉得北京挺大的。就是江西环境挺好的，就是来北京这里的垃圾有些太多了（不好意思地笑）。"
　　　　邵邵："我感觉北京很美丽，虽然比我老家美丽，但是北京这垃圾太多了，我老家那儿一点儿都没有垃圾！"
　　　　浩浩："我就觉得这没那儿（江苏）好，就是（无奈地笑）。"
　　　　班主任："好，我感觉到你们都有一个共同的感觉，北京这个城市呢很大，但是呢，比较脏。"
　　　　孩子们都不好意思地笑了。

　　　　　　　　　　　　　　　　　　（摘自吕莘，2014.10.20，田野笔记）

　　北京作为全球现代化的大都市，不仅是中国的政治、文化中心，中国经济的决策和管理中心，还是世界上拥有文化遗产项目数最多的历史文化名城。然而，在这样一个令人心向往之的城市里生活、学习，谈及对于北京印象时，笔者所观察的流动儿童却纷纷共同表示：北京很脏。

---

① 百度百科：北京地图，2015 年 4 月 15 日，http://baike.baidu.com/link?url=sX2g-FWlFJN_gn2shMp7GEhqUWVpwhTFZubZwArlEaJnQcXK5Y-ktNjRwNXiFyZlVzTVm5NUiAehx_z_eo0aBq#1.

② 北青网：《北京城区面积扩大 8 倍地图每月都要重新印刷》，2012 年 9 月 27 日，http://baike.baidu.com/link?url=sX2g-FWlFJN_gn2shMp7GEhqUWVpwhTFZubZwArlEaJnQcXK5Y-ktNjRwNXiFyZlVzTVm5NUiAehx_z_eo0aBq#1.

③ 百度百科：北京，2015 年 4 月 15 日，http://baike.baidu.com/link?url=zdgfnTCHDW5gTSdCVIkU6g-fcv2Z81Qk4kIK_cW6rvqMJYvvwY3J7uhBCtcg5h_MgsfIcbA-2NoGYTT5tHyt0K.

> 班主任:"所以你就能感受一下他们都说北京路脏啊,你看他们生活的都是什么地方,北京没那么脏吧。我觉得他们都局限在古城这一边。"
>
> (摘自吕荦,2014.10.20,田野笔记)

流动儿童来到郊外生活不是因为对于诗意的向往,而是其父母对城市的追求因为高房价、找工作碰壁退而求其次的无奈选择。许多研究结果表明,外来人口通常集中在城市近郊区是因为房租低廉、交通便捷、管理松散,而外来人口收入低,心理和生活需要互相关照,因此会聚集在近郊区。

不仅如此,被迫选择的郊外生活也并没有梭罗笔下一花一叶的那般美好。根据2007年发布的北京市流动人口调查数据来看,64.1%的流动人口居住在农民原建房和农民专门搭建的出租房,17.1%的流动人口居住在地下室、工棚、自建窝棚或工作场所[1]。简陋的居住条件和肮脏的街道自然就给流动儿童留下了"很脏"的印象。

相对贫困的经济状况、偏远的居住地址再加之流动人口的工作地与居住地分布高度一致[2]……这些因素很容易带来连锁反应,一定程度上限制了流动儿童的活动边界和交际范围,形成相对封闭的生活方式。

> 班主任:"就是这样,现在上课明显的就特别有感触,和您交流一下,就是孩子们的这种,就是真的家长对他们不够用心。不知道是没有时间还是什么的,我那天上鸟巢也是,我放了两张图片,只有4个孩子知道、见过。"
>
> (摘自吕荦,2014.10.20,田野笔记)

居住空间区隔是指因某种原因而导致的某一属性的人口群体集中居住于某一地理区域,从而影响这一人口群体与其他人口群体建立正常社会交

---

[1] 翟振武、段成荣、毕秋灵:《北京市流动人口的最新状况与分析》,《人口研究》2007年第2期,第30—40页。

[2] 翟振武、段成荣、毕秋灵:《北京市流动人口的最新状况与分析》,《人口研究》2007年第2期,第30—40页。

往关系的状态①。农民工在城市里大多以一定的方式聚居，形成自己的社区形式，成为"城市里的村落"。他们进行聚居的方式主要有两种，一种是以地缘关系形成的，如"安徽村""河南村"等；另一种方式则是以专业性质形成的，如"画家村""眼镜村"等；此外还有以血缘关系为纽带形成的村落，如"李家村""张家村"等②。

> 梓梓的日记：今天，我在市场上我觉得很无趣。于是我就这（折）了一个蝴蝶，我把它送给妈妈，妈妈说："这蝴蝶真漂亮，是谁交（教）给你的？"
> 我说："是我同学交（教）给我的。"
> 班主任评语：找点有意思的事情做☺
>
> （摘自吕莘，2015.03.27，田野笔记）

对于流动儿童来说，他们的课外生活可能就是像梓梓一样去妈妈的批发市场帮忙吆喝度过放学时光，是孩子觉得"无趣"、老师觉得"没有意思"、缺乏教育意义的生活。鸟巢、故宫这些课本上出现的"高大上"的建筑虽然就在他们居住的城市里面，但却由于流动儿童群体跟随父母居住在城市边缘区，生活感知被迫局限在贫穷落后的、具有同质性老乡圈子的空间中，活动半径仅仅局限在城市远郊区，并没有真正踏入感知城市的基础设施、建筑地标，可谓是城市的"边缘人"——虽然名义在城市中生活，却实际连真正代表城市精神的空间都未曾踏入，更不用说融入城市社区，与城市居民进行更深一步的交流与对话了。

---

① 邹秋仁：《区隔与融入：一个群体关系的模式分析》，《宁夏社会科学》2010年第2期，第68页。

② 魏万青：《区隔、冲突与融入——民工对都市生活的适应性研究》，《前沿》2009年第1期，第134页。

第三章　无形存在的精神文化区隔

一　看不见的文化隔阂

流动儿童跟随父母涌入城市，但制度文化的阻碍、物质文化的区分、精神文化的冲突给这一群体在城市生活的各个方面设立了关卡，使他们看起来与同龄人格格不入。即使有幸通过身份区隔的阻碍，在城市的学校里安置童年，但由于环境的改变加之携带非本地的家庭文化所带来的影响，他们身上往往具备相互冲突的文化烙印，而这些异质文化之间的互动与碰撞常常反映在他们与本地孩子交往、学习的日常生活中。

> 过了一会儿，旭旭看着一旁和我嘚瑟的女生，跟我吐槽起女生来："那女生特脏，好家伙，玩里边的土，做煎饼！脏死了！"珈珈在一旁得意地说："我做的是最好的。"
>
> （摘自吕莘，2014.11.17，田野笔记）

在人们一般的印象当中，小女孩总是干干净净不打不闹，而小男孩总是挂着鼻涕，脏兮兮到处乱窜的形象。而在上述案例中却恰好相反，城市的小男孩开始不满意一个流动儿童身份的小女孩来，觉得她玩沙土的行为"特脏"，而小女孩却不以为意，还向笔者夸耀起在玩这个游戏时自己的表现是最好的。这背后反映的就是不同孩子身上携带的城市文化与乡村文化的差异：在乡土文化中，天地自然都是孩子的玩具：掏鸟窝、捏泥巴、爬树摘果子——孩子奔跑打闹在其间，玩耍随时随地可以发生，并不需要付费。在他们的脑海中并没有"脏"的概念，家长也往往习以为常，并未觉得有何不妥。而在城市中，孩子的玩具仅限于商店里买来的精致包装、无毒无味的商品，玩耍是需要一件在固定时间、特定玩具上发生的行为，结束还要整理、物归原处。孩子们被教育：干干净净才是"好"，整整齐齐才是"好"，把路边的尘土、沙子拿来当作玩耍的道具对他们来说是一件"很脏""很不好"的事情。

布尔迪厄认为，如果教育体制所传播的文化与某些群体的文化更为接近，这些群体的习惯就被转换成学校的一种想当然的文化资本。[①] 也就是说如果学校的学习与学生以前的生活经验存在着连续性，那么他取得学业成功的可能性就大一些。在学校场域中，教师为代表的主体建立起一套官方权威的学校文化。多元文化并没有作为平等的主体得到尊重与重视，相反，与倾向城市价值观、学校倡导的官方文化给文化弱势群体流的后路只有抛弃自身文化。

二　强势的学校文化

（一）偏心的官方话语

"垃圾桶"这个日常物件也许大量出现在这名流动儿童的日常生活中，也许只是回家路上脏乱街道上的一个摆设，也许是家里大人丢满杂物烟灰的一个设备，然而在被限定、以主流阶级价值取向为主导的制度化的语言规范下，"垃圾桶"这个事物是需要被排斥在外的。

> 老师开始教授这堂课的一个词语的用法"那么……那么……"让孩子们一个一个站起来造句，这时，一个流动儿童站起来说："垃圾桶那么臭那么烂。"老师有些尴尬，然后就支吾着快速过去到下一个孩子了，后面听课的副校长小声尴尬地笑，不满地说："怎么想的都是！"
>
> （摘自吕苹，2014.04.18，田野笔记）

在上面这一事例中，"垃圾桶那么臭那么烂"并没有语法上的错误，理应完成了老师的教学要求。然而，造句的内容——"垃圾桶"，虽然是无论在城市、乡村都会出现的日常生活中的物品，但却因为其"脏""臭"的性质，而使这句话有了"反常性"。

语言就其本身的性质来说并没有好坏之分，而在学校的场域中，教学话语却有教育管理者所制定的"规范""非规范"之分。在学校学习生活中，对于部分流动儿童来说，教师要求使用的语言与他们日常熟悉的语言是两套不一样的符号系统。

---

① Bourdieu, P., *Distinction: A Social Critique of the Judgement of Taste*, London: Routledge and Kegan Paul, 1984.

阿普尔认为:"课程是社会主流阶级权力、意识形态、价值观念的体现,是官方知识、法定文化。在现有的教育文化体制下中,教师已习惯于用一种制度化的标准去衡量教育行为。现代社会所建立起的这套完备的体制不仅仅规定了具体的教育行为,甚至还规限了一种制度化的文化,也即在学校之中只能流通一种'正规'的文化,而其他非正规的文化则被排除在教育活动之外。"①"规范"的教学话语事实上代表了统治阶层的意志与权力,一定程度上意味着城市化的价值取向。

2015年4月14日,《中国教育报》第一版做了标题为"教材城市化困扰农村学生:素材内容脱离农村实际,一些名词学生闻所未闻"的长篇报道。

在报道②中,湖南省保靖县岳阳中学的语文教师杨素芬表示,不少课文脱离了农村学生生活实际,很多东西学生甚至从未见过,这不利于调动学生的经验世界,让他们通过自己的经历来学习语文,结果造成学生刚上中学就不爱上语文课了。

> 当班主任放出中华世纪坛的图片时,大家纷纷脱口而出:"鸟巢!"只有浩浩反驳:"这是中华世纪坛!鸟巢是像网一样的东西!"
>
> (摘自吕莘,2014.10.22,田野笔记)

流动儿童来到城市入学,完成了物理空间上的转移,然而,他们从小习得的更多是乡村、偏远城市的知识、文化,由于家庭经济、文化资本的局限性,他们即使与城市孩子在同一课堂中,但背后却存在着文化上的不平等。

以新课改后北京人教版小学语文教材为例,在1—12册教科书选用素材中,城市特征的比例为27%,乡村特征的为10%;课文内容方面,城市特征为28%,乡村特征占11%,插图方面,城市特征占22%,乡村特征

---

① 周宗伟:《文化区隔与教育公平——寓言〈龟兔赛跑〉的教育隐喻》,《当代教育科学》2007年第5期,第16页。

② 湖南省石门县新铺乡中心学校化学教师杨贤辰表示,由于实验材料缺乏,导致大部分学生难以完成作业,"60个学生只有2个学生完成了作业,为什么?因为我们这里没有柠檬酸,也买不到小苏打"。

的为9%①。人教版教材侧重于反映城市化的价值取向,这更接近本地孩子的文化背景,这也就导致了流动儿童学业成功的机会实际上是不同的。

偏心于城市文化的官方教学话语对来自不同文化背景的流动儿童来说是一种外在的、陌生的符号系统,他们只有抛弃在家庭中形成的最初的符号系统,接受另一种标准的、官方的评价与认定才能在学习中获得认可。这在无形中也增加了他们学习的难度,生产了流动儿童与本地学生在学校文化下的区隔。

(二)强势的教学用语

语音并没有高低贵贱之分,而流动儿童带有家乡方言味道的普通话很可能是他们从外地来到城市的首要障碍。

> 学完了字后老师又让全班用开火车的形式来检查生字掌握的情况,烨烨没有办法读流这个字,班主任说:把生母 l 和韵母 iu 拼一拼: liu, liu。但烨烨读成了游,老师声音有些严肃:"读,liu 流。"烨烨呆滞着轻声说:"游。""liu 流,读,快,烨烨。"烨烨有些不敢继续读了,后来反复几次还是念成了游,班主任有些生气地说:"好你坐吧,今天火车开得不理想,回家大家不仅仅要复习,一定要预习第二天课上的内容,烨烨听到没!"
>
> (摘自吕莘,2013.10.22,田野笔记)

> 今天的值日班长是烨烨,课前两分钟给大家带来的是大象的知识,因为烨烨声音小,所以我坐在后面听得不是很清楚,需要很仔细才能理解他说的是什么。烨烨结束后,班主任说话了:"好,那大家给他说一说。"一些孩子马上开始不满地嘀咕:"他说什么啊?我听不懂!"
>
> (摘自吕莘,2014.04.25,田野笔记)

语言是人与人之间的一种交流方式,是文化的一个重要组成部分,更是保持生活方式的一个重要手段,几乎每个文化集团都有自己独特的语

---

① 颜智敏:《现行小学语文教科书城市偏向研究》,硕士学位论文,湖南师范大学,2014年,第52—56页。

言。中国地域广阔，是多民族、多语言、多方言的人口大国。据著名语言学家周有光先生讲，我国的 56 个民族共有 80 多种彼此不能通话的语言和地区方言。为了能促进各族、各地区人民的交流，《中华人民共和国宪法》规定"国家推广全国通用的普通话"。1986 年全国语言文字工作会议上提出，在 20 世纪内，实现普通话作为"教学用语、工作用语、宣传用语、交际用语"的目标。[①] 在学校的场域中，普通话就成了孩子们能进行沟通使用的唯一官方语言，而从小学一年级语文书开始的对于拼音、普通话发音的学习更是给普通话划分出的"对""错"，强调了普通话作为教学语言发音的唯一性、官方性。

北京话是普通话的雏形，本地的孩子从小耳濡目染，自然在语言的使用上具有得天独厚的优势。在上述事例中，烨烨是来自贵州的苗族孩子，字正腔圆的普通话对他来说是十分陌生的，即使为了与同学、老师沟通而努力学说普通话，但话语中难免带有本土口音。研究表明，由于普通话带有口音，一些农民工子女因此遭到城市孩子的嘲笑而畏惧与城市同学交流，与城市孩子无法相互认同。而没有交流导致的后果就是会使这些孩子感到孤单，对城市生活不适应、不认可，进一步导致学习成绩下降，产生自卑的心理。[②]

(三) 自卑心态的形成

梓梓的日记:《回忆》
①我被竞选中队长，可没选上。
②我参加过数独比赛，可没拿过奖状。
③我努力写过好多日记，但还没邵邵多。
④我努力地做圆，可怎么也不成功。
⑤我参加过 mo（笔者注：魔）方比赛，可就拿过一次奖。
⑥我被选上过值周生和体操员。

(摘自吕莘，2015.03.21，田野笔记)

---

① 蓬莱市郝斌中学：《普通话、语言文字规范化》2013 年 11 月 7 日，http://www.plhbzx.net/I-tem.aspx?id=7325.

② 刘艳：《学校场域中农民工子女的文化认同》，《内蒙古师范大学学报》（教育科学版）2007 年第 4 期，第 20 页。

自身文化产生自卑心理，不自觉把自己与城市孩子进行对比、放在对立的位置上，这样的心态会导致农民工子女和城市孩子的区隔。在梓梓的日记中，是否能够得到学校的认可意味着自己的价值：六句短短的话，对于孩子在学校生活的概括用了五个转折的"可""但"和两次"努力"，表达了孩子在学校处于竞争状态下的生活失意又苦闷，处于比不上别的孩子的状态。只有被选上值周生和体操员能够证明她的价值。

  班主任否定了同学们不满的情绪，鼓励烨烨说："他真的很流利，但他不是一个词一个词在读，而是一个字一个字在读，所以我们听起来会比较费劲，你们发现了吗，他是一个字一个字的在读，是吧烨烨？"烨烨像是被发现了什么小秘密，不好意思地笑了。"希望你下次练习的时候懂得一个词一个词地在读，记住，啊！别折！"班主任想拿过烨烨手里的讲稿，烨烨紧紧地拽住，班主任不断地往上扯，烨烨还是不肯放手，整个纸片都折了。"放手……我可以看吗？"班主任问了一句，"可以！"烨烨说："好那我……我妈妈写的我妈妈写得太烂了"！烨烨马上补充说道："有很多字不会！""没事儿，我们看得懂啊！"班主任拿过纸示范说"你看，比如，像大象是群居性动物，你不能说大、象、是、群、居、性、动、物，对吧，你就能听懂了，我相信烨烨多练习读书会有进步的，好吗？"烨烨根本没有心思听班主任说的，小手挥舞着只想法子要夺回来那张纸，整个人涨红了脸，等班主任念完了他马上就拿回纸往座位上跑，班主任拉住烨烨衣服的一角把他拽回来，孩子们和烨烨都笑了，"好~谢谢烨烨！"孩子们鼓起了掌。

（摘自吕荦，2014.04.25，田野笔记）

  文化是意义的共享，人们通过意义可以知觉到个人的经验与身份，并且提供了"我们是谁""他们是谁"的答案，这实际上也是对他人与自己进行了分类和认同。根据某种分类原则把其他人和自己放在了社会地图中某个"恰当"的位置，位置就意味着边界、区隔。

  流动儿童与城市学生在文化方面存在明显的差异。在学校学习、生活过程中，流动儿童由于自身文化经历一次次被"官方文化"否定的过程，难免不自觉地意识地把自己定位于弱势。在上述事例中，并没有任何人怀疑烨烨妈妈的文化水平，但烨烨自身就觉得自己妈妈的字写得"太烂了"。

如果流动儿童囿于自身的想法、做法或者文化不能自拔，甚至可能发展出属于自身的一整套"病态"的价值信仰体系，逐渐形成所谓的"贫困文化"圈。他们这种文化现状既不利于他们与外界其他人员的交往与交流，也使得他们不能更好地融入社会、融入城市，逐渐变为弱势，成为边缘群体。①

二　脱节的家庭文化

家庭既是社会系统的基本单位和重要组成部分，也是孩子接受教育、赖以生存的重要场所。因此，家庭氛围、家庭成员间的关系、家庭成员的生活习惯、家长对社会各种事物的评价等都将对孩子心灵的成长、人格的完善、人生观和价值观的形成起着潜移默化的影响②。

>　　笔者："欸？梓梓，你现在家做作业如果有问题是谁帮你啊……"
>　　梓梓："（果断的）我自己！我自己什么问题都会！"
>　　笔者："那有别的大人帮你辅导吗？"
>　　梓梓："嗯（摇摇头）就是我自己呗，妈妈每天，我妈妈，每天一回来，就开始，就开始干自己的事情了，之后呢到她的点儿了，她就做饭。"
>
> 　　　　　　　　　　　　　　　　（摘自吕莘，2013.11.19，田野笔记）

>　　笔者问旭旭："平常在家谁指导你做作业？"旭旭说："没有啊，就是我写完作业姥姥和妈妈检查检查！"
>
> 　　　　　　　　　　　　　　　　（摘自吕莘，2014.12.15，田野笔记）

（一）家庭辅助力量的无力

在学校中，流动儿童与城市孩子接受的是统一的学校文化，如果说孩子们在天生的文化上就存在异质性，对于流动儿童来说，后天家庭文化与

---

① 刘艳：《学校场域中农民工子女的文化认同》，《内蒙古师范大学学报》（教育科学版）2007年第4期，第21页。

② 李运庆：《区隔与认同：农民工子弟的人际交往现状研究——以南京市一所民工子弟学校为例》，《青年研究》2006年第5期，第22页。

学校文化的脱节则使这种差异更为放大。梓梓是一个热爱学习十分自信的小姑娘，她在学校总是十分努力地表现，想要取得好成绩，获得老师的认同，也就是成为学校制度文化下"好学生"的形象。然而，梓梓的家庭并没有对此有过多的支持，只是完成了学校老师的基本要求："一般他只按照老师的要求做。老师说买什么书他们才买什么书！"对于孩子在学校的表现，家长与孩子交流得并不充分——一方面是由于彼此缺乏交流的技巧和共同话题，一方面在于各自时间的匮乏和错位。

> 班主任："我特别惊讶，然后你看我今天上的这个课，就会发现他们对北京根本就没有体会，就会发现他们在北京都是疲于生活，然后没有闲暇之余带着孩子们去感受一下北京的这些特点，包括国家大剧院，你看这么大的一个孩子，一个班的，都应该知道吧，都不知道。好像家长没有更多的带孩子们去感受一下他们所在的这个地方，然后也没有多少去感受他们的世界，不知道什么原因，回头再去和家长感受一下，就是觉得特别缺失……"

（摘自吕莘，2014.10.20，田野笔记）

根据《中国流动人口发展报告 2012》，流动人口的工作时间普遍较长，平均每周工作 54.6 小时，远超过劳动法规定的每周 40 小时的工作时间。[①] 因此，除了基本的生活杂务和必要的睡眠等生理需要外，流动儿童的父母基本上没有多余的时间可供支配。

在上述事例中，梓梓的家人并没有过多关注孩子在家完成作业的情况，而相反的是，北京土生土长的小男孩旭旭每天都会有妈妈和姥姥帮忙检查作业，给予辅导。根据 2013 年调查数据，劳动年龄流动人口的平均受教育年限只有 9.7 年。[②] 对于流动儿童来说，在有限的亲子交流过程中，谈话内容也许更局限于一些日常琐事的闲聊，由于父母自身的文化素质、知识结构以及传统思想的束缚，他们对于孩子的关心显得词不达意，有名无实。

[①] 人口生计委发布《中国流动人口发展报告 2012》中央政府门网站，2012 年 08 月 07 日，http://www.gov.cn/jrzg/2012-08/07/content_2199409.htm.

[②] 国家卫生和计划生育委员会流动人口司：《中国流动人口发展报告（2014）》，中国人口出版社 2014 年版，第 181 页。

笔者:"那你喜欢上学吗?"

梓梓:(点点头)

笔者:"为什么?"

梓梓:"因为上学可以见到很多小朋友,而且就是,如果一个人待在家里,你每天都要躺在床上看电视,多不好玩儿啊。上学还可以在操场上活动!"

(摘自吕莘,2013.11.19,田野笔记)

对于梓梓来说,"躺在床上看电视"意味着不上学日子的全部,对比之下,有小伙伴陪伴、有操场可以活动的上学日子简直乐趣无穷。由于家庭经济条件的限制和居住地的局限,大部分流动人口并不会带着子女参与各种教育性质的娱乐活动。

(二) 隐性家庭教育的异化

如果说流动儿童在日常的学校生活中在表面上与本地儿童享有同样的学习时间、同样的学习内容、同样的教师、同样的授课方式,处于一种同步调的学习节奏中的话,那么在学校外那看不见的时间里,和本地城市儿童相比,许多流动儿童处于一种与学校脱节的家庭教育状态中。

图1-3为梓梓妈妈发到家长微信群里的一张照片,照片上一群人正在打麻将,每个人脸上都贴着好多张长长的白色小纸条,大概意味对失败者的惩罚。梓梓妈妈还发了一系列的照片到朋友圈题为"瞧我们这一家子",

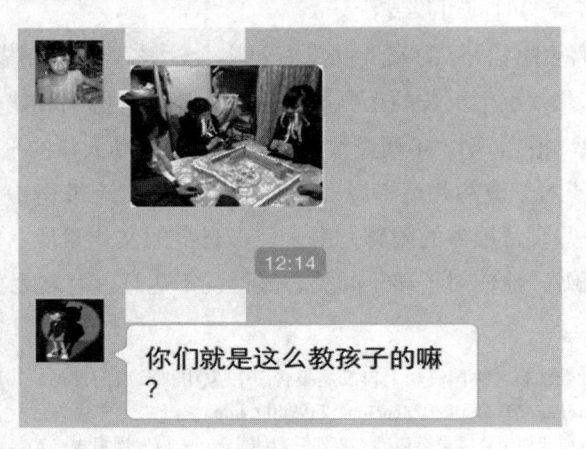

图1-3 班级家长微信群聊天记录 (2014.12.14)

言语之间是浓浓的喜悦。然而当这种喜悦被发在群里分享时，遭到的却是别的家长的反对："你们就是这么教孩子的嘛？"

生活方式的一个重要方面就是闲暇时间的安排。流动儿童的父母由于工作强度大、工作时间长、经济条件不好等一系列因素，并没有过多涉足城市中丰富的娱乐项目。对他们来说，闲暇时间并不是用来陪伴孩子的教育时间，而更多意味着从疲惫的工作状态中解脱出来，进行群体内部娱乐或仅仅是自我消磨时光。

有研究指出："大部分民工与城市娱乐无缘，他们消费停留在满足衣食住行的水平之上，休闲停留在内部娱乐和自我消磨时光阶段，业余生活贫乏、单调。常年累月地重复着贫乏、单调的生活，加之又缺乏健康文化生活的引导，使得相当一部分农民工的闲暇生活呈现出庸俗化倾向。针对休息时打牌耍钱，扎金花或扳砣子的选项中，偶尔玩或者经常玩的高达63.3%，不玩的仅占36.7%，另外还有超过20%的农民工以看黄色录像、书刊或者脱衣舞表演的方式来打发时间。"①

不同的地位群体的家庭具有不同的价值观念、文化模式，它直接影响到对子女的社会化模式。伯恩斯坦认为，社会化是指儿童借以获得一种特殊的文化身份的过程，同时也指他对这种身份的反应。社会化给予一个儿童价值观念、规范、思维与感知方式。② 流动儿童和城市子女家庭社会化模式的差异不仅体现在家庭的知识拥有量和知识类型，还体现在家庭的生活娱乐方式，这些都会影响到学生对知识的掌握。正是由于不同的生活方式，流动儿童即使能够在 8 小时的学校生活中上与城市孩子同步，但 8 小时外的生活却往往与城市孩子相脱节，他们生活在城市，从城市文化间经过，却并未融入城市的生活方式。

---

① 魏万青：《区隔、冲突与融入——民工对都市生活的适应性研究》，《前沿》2009 年第 1 期，第 132 页。

② 颜智敏：《论以城市为导向的新教材对农村学生的不公平性》，《课程教学研究》2013 年第 7 期，第 72—74 页。

第四章　携带流动烙印的特例

一　"女神"真真

真真也是一名流动儿童，然而和班里面其他流动儿童不一样的是，她是人气最旺、表现最出色、"女神"级别的小姑娘。她画画和书法很棒、会弹古筝，是老师眼中全方位发展的全能学生。

> 真真把她画的夏天给我看，我赞叹了一句："好好看呀。"这时成成酸溜溜不屑地说："老师你是不是把她当作神了呀！"我以为自己听错了："把谁？"成成说："你，你是不是把她当作神了呀！""为什么呀？"我笑着问，"真真美术好！"邵邵插嘴说道："真真什么都好！""对！""什么都好！"孩子们七嘴八舌的。真真低着头自己继续画画。"你在同学里威望这么高呀！"真真不好意思地笑了。
>
> （摘自吕莘，2014.05.23，田野笔记）

真真的爸爸来自湖北，妈妈来自吉林长春，她出生在上海，在上海上完幼儿园后来到北京，是一个标准的流动儿童。然而，流动儿童这个身份非但成为她的阻碍，反而在一些时候成为她的优势。

> 今天品德课女孩子的手工任务是给娃娃做衣服，轮到真真的时候，她带着一只熊布偶上台介绍："我给小熊做了一条裙子，你们看，它还穿着尿布！（孩子们笑了）这只小熊是我在上海读幼儿园义卖的时候买来的！"班主任见孩子们比较疑惑，让真真讲讲什么是"义卖"……结束的时候老师夸奖道："真真真是一个心地善良的小姑娘。"
>
> （摘自吕莘，2015.01.13，田野笔记）

在一个小学的班里，什么最能让周围的小伙伴崇拜你？真真给了一个特别典型的范例。真真是个文文静静，每天都打扮得漂漂亮亮的小姑娘。她写字写得工工整整，有着隶书的风采，她做的手工特别的精美，得到老师的表扬,她知道"义卖"这样的名词,她还去过韩国旅游,知道很多大家不知道的事情。不仅如此,让其他孩子羡慕的是,真真有一个特别美丽温柔的全职妈妈:

> 班主任:"我觉得真真妈妈是一个非常有智慧的妈妈,她每天白天好好照顾老二(真真的妹妹),到了晚上真真放学回家就好好照顾真真,把老二扔给保姆,好好指导真真写作业练琴什么的。有一次真真在学校和同学有矛盾,回去闷闷不乐地向妈妈诉苦,然后你知道她妈妈说什么吗?她说:'来,孩子,我给你讲一个六尺巷的故事。'真真听完以后就不憋屈了。"
>
> (摘自吕莘,2015.04.10,田野笔记)

在平常和班主任交流的过程当中,家有一个两岁宝宝的班主任时常向我表达对真真妈妈的佩服之情。偶尔在家校活动的时候,其他家长在和真真妈妈寒暄的时候也会和真真妈妈说:"那天我孩子还说呢,想有一个像真真妈妈一样温柔的妈妈,说我老是和她急!"在笔者和真真妈妈的交流过程当中,每次聊天、见面都能感受到真真妈妈身上的那股国学的气质和涵养,温、良、恭、俭、让的品质在这对母女的身上表现得淋漓尽致。

每天,真真妈妈都会教真真写书法,带着她练习古筝,每周至少带她参加一次有教育意义的活动(根据日常真真妈妈发朋友圈的内容整理所得,参见表1-2),在2015年3月至5月12日这两个多月里,真真妈妈发的84条朋友圈里有72条是和女儿相关的,看得出来,真真妈妈对女儿的教育极为上心。

表1-2 真真妈妈2015年3—5月带真真参加的活动一览

03月08日	鹦鹉园	鸟巢水立方	
03月15日	永定河游玩		
03月18日	看电影《灰姑娘》		
03月21日	赏春		
03月29日	周末去公园		
04月05日	郁金香展览	岳飞庙参观	文王庙参观

04月06日	郊外赏桃花	
04月18日	青龙湖春游	
04月19日	青龙湖春游	
04月22日	南锣鼓巷	
04月23日	千字文诵读节目	
05月01日	蒲公英之旅	

（笔者制作于 2015.05.12）

正因为她和善能干，所以小朋友们喜欢她，因为她懂事好好学习，所以老师欣赏她，于是循环往复，真真开始脱颖而出：真真当上语文课代表，有着让人羡慕的进出班主任办公室、分发收集大家作业本的权力。在二年级下半学期的时候，她是唯一一个全票通过当选大队委的同学，从此手臂上可以戴着漂亮的"三条杠"。学校在外出表演千字文的时候，还专门给她买了一件和大家都不一样的汉服，让她在节目的过程中可以耀眼地坐在舞台上弹奏古筝给大家伴奏……马太效应①作用下，在日常的生活学习中，真真自然越来越受到各位老师的喜欢和同学们的崇拜，成为班级当之无愧的"女神"。

二 家庭资本——少数人的"外挂"

"外挂"是指利用电脑技术针对一个或多个网络游戏，通过改变软件的部分程序制作而成的作弊程序②。网络游戏玩家可以通过使用外挂来改变自己在游戏中所处的弱势的状态，比别人更快的升级、加分，在游戏中获得成功。

在现实生活中，流动儿童的确会遭受制度文化区隔、物质文化区隔、精神文化区隔的三重排斥，但这种区隔并非与户籍身份一一对应，流动儿童家

---

① 马太效应（Matthew Effect），指强者愈强、弱者愈弱的现象，广泛应用于社会心理学、教育、金融以及科学领域。马太效应，是社会学家和经济学家们常用的术语，反映的社会现象是两极分化，富的更富，穷的更穷。

② 百度百科：外挂，http://baike.baidu.com/link? url = PBi7Xq1tT2Gg1syRPxd8CpLl3A QQXIRbtCjimLjyNcksu9sl—XQSp9nWp_r1eS2P8jozBiPGc80TdqV8jU60wa，2015年5月12日。

庭所有的经济资本和文化资本往往是其在学校区隔生活环境下的突破口。

  课间旭旭拿出一副扑克牌，说是校长教他们用扑克牌玩 24 点的游戏。于是我、梓梓、旭旭、真真四个人开始玩起 24 点来，大家都在冥思苦想的时候宇宇走了过来，很感兴趣地看，想要说点什么，这时候梓梓、旭旭阻止了，梓梓不经心地说："别捣乱！你数学那么差肯定不会玩！"一旁的宇宇只好不开心地默默走开了。

  班主任知道后感慨："他们这么小就开始分层了……这样下去到五六年级就更加固化了。他们①现在分层主要是看两个，一个是成绩，一个是家庭。"

（摘自吕苹，2014.12.08，田野笔记）

  法国社会学家布尔迪厄在其《资本的形式》一文中将家庭资本划分为三种形式，即经济资本、文化资本和社会资本，家庭资本对儿童的性格、态度、行为以及认知能力等都有很大的影响。教育社会学大量的研究指出，不同家庭背景的儿童拥有的家庭资本差距巨大。这种差距导致流动儿童在家庭教育方面存在巨大差异，并对流动儿童的社会化和价值观等产生重要影响，进一步影响到儿童在学校当中的学业表现。②

  （一）经济资本

  根据一项发表在自然神经科学杂志（Nature Neuroscience）的研究表明，父母的薪水不仅会影响孩子大脑表面积的变化，而且在低、中收入水平的家庭中，一个很小的涨幅都会对孩子大脑的尺寸和认知测试的得分带来巨大影响。③

  家庭经济资本是指家长以物质形式投资在子女教育上的资源。④ 经济

---

① 在老师眼中，旭旭为成绩好、家庭好的北京儿童，梓梓、真真、宇宇都是流动儿童，其中梓梓成绩好，真真成绩、家庭都好，宇宇成绩表现不好，家庭离异。
② 牛林晓、周永康：《家庭资本对流动儿童家庭教育的影响》，《西南农业大学学报》（社会科学版）2011 年第 7 期，第 163—168 页。
③ http://news.xinhuanet.com/science/2015—05/01/c_134121390.htm.
④ 苍翠：《家庭资本对儿童入学准备影响研究述评》，《幼儿教育：教育科学版》2008 年第 9 期，第 42—46 页。

资本是各种社会资源中最基本也是最有效的资本形式。其他社会资源，如社会资本和文化资本都是以经济资本为基础的，它包含了我们平常所说的物质资本、自然资本、金融资本等。① 家庭拥有较多的经济资本，就意味着有较强的经济支付能力，能够为其子女提供足够的资金支持，并能够在教育机会获得中选择更优势的资源。在流动儿童家庭中，家庭经济资本主要通过父母提供的物质条件、选择优势教育资源等方面影响流动儿童的家庭教育和学校教育。

> 班主任："你有没有觉得很奇怪，班里面家庭经济条件比较好的几个小女孩，真真、婧婧、艺艺，三个人很自然地就玩到一起去了。"
>
> （摘自吕苹，2015.04.10，田野笔记）

虽然上述三个学生的生源地不同，但是优势的教育资源有助于流动儿童缩小与城市居民子女的差距，从而提高他们的社会融合度。

研究发现，流动儿童家庭资本的差异，主要来源于家庭经济资本的差异，也就是说，家庭经济资本是流动儿童家庭教育根本的制约因素。家庭经济资本优越的流动家庭，他们不仅在物质条件，以及选择教育资源方面占优势，同时在家庭文化资本，以及家庭社会资本积累方面都可以产生重要的影响。②

家庭经济资本会影响到流动儿童就读学校的选择，来自经济条件优越家庭的流动儿童，面对残酷的升学政策时，其父母可以凭借经济上的优势送孩子出国，而经济匮乏的家庭则无能为力。

（二）文化资本

布尔迪厄指出，家庭对子女的影响途径不仅仅是经济收入，更重要的是各种形式的文化资本。同时他认为文化资本是社会各阶级和个体所拥有的知识、技术、气质和文化背景的总和，是一种有别于经济资本和社会资

---

① 薛晓源、曹荣湘：《文化资本、文化产品与文化制度——布尔迪厄之后的文化资本理论》，《马克思主义与现实》2004 年第 1 期，第 43—49 页。

② 牛林晓、周永康：《家庭资本对流动儿童家庭教育的影响》，《西南农业大学学报》（社会科学版）2011 年第 7 期，第 163—168 页。

本，基于对文化资源的占有的资本。① 家庭文化资本是家庭成员通过相互交流和实践所积累起来的文化知识、文化技能、文化修养和文化商品等特定的社会资源。② 家庭是学生获得教育的首要场所。个人在进入教育体系之前就已经从家庭中获取了不同数量与类型的文化资本，不同的文化资本将通过学校教育的作用转化为学生学业成绩上的优势或劣势。拥有较多文化资本的家庭，通常会在日常生活中更加注重言传身教和营造家庭文化氛围，这使子女可以接受更好的家庭教育。家庭文化资本主要通过家长的教育方式和教育参与度等方面来影响流动儿童的家庭教育。笔者在与流动儿童家长和老师的交谈中发现：一部分人对自己子女的教育大多都表现出很强的责任心，也很重视其教育方式，并且深知家长教育参与的重要性，但是由于客观条件的限制而无法实现对其子女进行良好的家庭教育。家庭文化资本主要通过家长教育方式和教育参与等对流动儿童的家庭教育产生潜移默化的影响，而家庭文化资本和流动儿童父母的教育背景高度相关。在教师眼中，家庭物质资本和文化资本丰厚的真真是个特例，与流动儿童的概念完全沾不上边。也正是因为这样的特例，在一些日常教师对于学生问题的讨论上，往往又会把某些存在问题巧妙地归结于家庭问题而非生源问题。本研究的一个发现是：流动儿童父母自身素质是制约他们家庭教育的一个重要因素。拥有较高教育背景的家庭，其子女家庭教育良好的可能性更大，而父代的教育背景低的家庭，其子女家庭教育水平较差的可能性更大。因此，有必要加强家庭文化资本的积累，增加家庭文化资本的占有量，从而为提高流动儿童的家庭教育提供有效的支持。要做到这些，就需要加强对农民工的继续教育，提高农民工的文化素养。但家庭文化资本的积累并不是一朝一夕能够完成的，要经过长期的努力才能实现。

---

① ［美］戴维·斯沃茨：《文化与权力：布尔迪厄的社会学》，上海译文出版社 2006 年版，第 78 页。

② 苍翠：《家庭资本对儿童入学准备影响研究述评》，《幼儿教育：教育科学版》2008 年第 9 期，第 42—46 页。

结语　流动中的区隔

家庭背景往往对学生个性、素质和学习能力的养成有很大的影响。学生在入学前就已形成了一些基本的与区域文化特征和家庭阶层密切相关的价值观念和行为方式，所有这些方面构成了学生个体社会化的内在前提。

如图1-4所示，一部分流动儿童在地理位置上从外地老家跟随父母来到北京，到了适龄年龄后，一部分的儿童由于入学政策的阻碍而回流，一部分流入本地学校的孩子则因为身份区隔而天生"低人一等"，也会随时面对由于父母再次流动和升学政策阻碍而回流的"不安分"境遇。

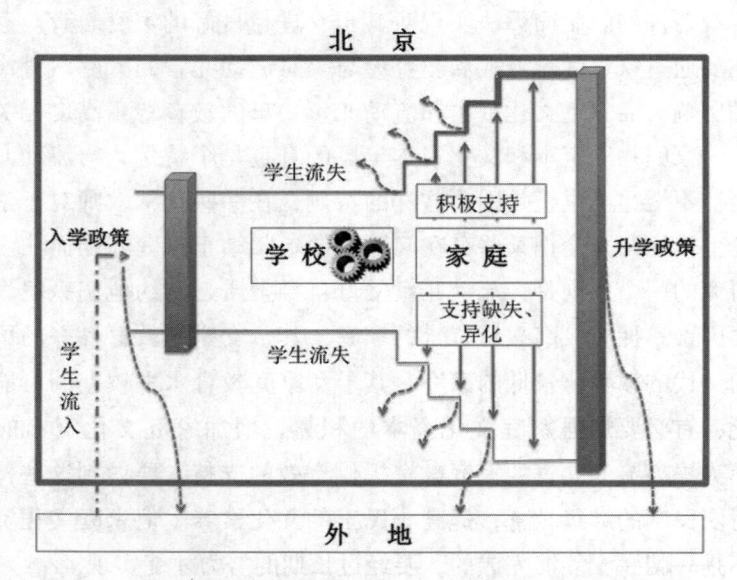

图1-4　流动儿童生存现状示意图（吕莘绘制）

学生在入学时，每个人的特征都明显地带有其家庭背景的特点。这时户籍已经不成为区分孩子"高下"的硬件因素，当孩子们顺利进入学校享有平等学习的机会时，不同的家庭背景使孩子们并不在同一起跑线上。入学后，是否与城市儿童为主的同辈群体格格不入、城市教师对于流动儿童具备有一定的刻板印象，以及学校文化无论是从内容还是从评价标准的要素来看都是倾向城市价值观——学校这个由同辈群体、教师群体、学校文化三者组成的齿轮将起点不同的流动儿童运送到了两个不同的方向。

课下，由于家庭教育对于孩子学校学习的重视、支持程度不同，一部分流动儿童往往由于家长时间、精力的缺乏，或者是受到与课堂脱节的隐形教育而逐渐丧失在学业上的竞争力。而另一部分条件优越的流动儿童由于家长对于其学业的重视和经济条件的支持，往往会给孩子报课外班、参加具有教育性质的活动——使孩子在课外实践过程中开阔眼界，获得更多知识，而在学校生活中具有更强的竞争力。而在这一过程中，一些儿童也会由于家庭对于优质教育资源的选择而去家长眼中"更好的"学校，在升学政策面前有比让孩子回老家的更优选择——出国留学。然而，因为家庭经济资本、文化资本而与城市本地儿童一样不断顺利开学的流动儿童毕竟还是少数，大部分的流动儿童在学校与家庭的联合作用下在学业表现上与城市本地儿童不断拉开差距。

在流动儿童随迁就学的过程当中，学校作为不同区隔集中体现的场域，除了直接反映学校主体——儿童背后家庭背景在符号资本（户籍）、经济资本、文化资本上的差异外，其背后实质区隔体现在两个方面：

其一，当地政府采取显性教育制度的管制方式，通过提高流动儿童学校入学升学的门槛来给流动人口施加压力，形成一股外拉的政策力量，以此来实现调控城市人口规模，缓解大城市紧张的资源状况。

其二，政策制定者通过塑造隐性的学校"正规"文化，以学校作为分流场所，通过文化不平等的教学内容和评价机制扩大不同群体子女的学业差距，实现阶层的再生产，从而达到维护其所制定政策的有效实施。

多种区隔存在的学校文化环境中具有人为性、偏向性，与自然形成差异的东西文化、地域文化不同的是，流动儿童在进入学校场域时，异质文化在学校环境中并不是和谐共生反而是处于相互冲突的状态。当学生自身携带的文化特征遇上学校官方文化时，学校评价体系中有一系列倾向城市的"对"与"错"和"好"与"坏"的标准。在这样的设定下，流动儿童既不能轻易完全舍弃自身的文化习惯，同时又不能完全接受融入新文化，于是就像城市中栖息的文化过客，往往处于一种流浪的生活状态中，在城市本地文化与家乡文化之间徘徊，在城市文化与乡村文化之间徘徊，在学校文化与家庭文化之间徘徊，在文化习惯与文化养成之间居无定所。

在区隔阻挡下的"流浪"生涯中，较高的家庭资本使一部分流动儿童走出"怪圈"，给这条路上的孩子不断加分，使之可以和城市儿童一起在竞争的路上并驾齐驱，然而，未来政策的走向对于孩子的命运来说不是在做加减法，而是在做0到1区间的乘法。孩子们也许会在政策的逐渐放开下有了在这个城市考试升学的权利，也有可能因为政策的缩紧失去在这个城市入学升学的机会。这就像是一颗每年九月定时引爆的"炸弹"，牵动着众多流动家庭。

对于大部分流动儿童来说，地理位置的移动并不意味着心灵的移动。由于地理位置的移动和环境的改变，流动儿童在不同文化间穿梭，而他们在心灵上未必迅速认同新的文化环境，更不用说他们并未被流入地的文化环境彻底尊重与接纳。

面对这群数量庞大的流动儿童群体，如何保证社会阶层的流动和公平正义的维护，如何不因为先天无法控制的家庭、地域因素和后天的政策因素而使他们的未来遭到否定——我们需要去关怀、去帮助这一群在文化间流动的儿童。因为他们未来可能会是你经过某地时正在埋头打扫的清洁员，可能会是地铁安检口微笑着提醒你的那个帅小伙，可能是你工作岗位上表现杰出的小姑娘，可能是来到北京闯荡的"北漂"你我，未来的孩子。

参考文献

一 著作

费孝通：《乡土中国》，生活·读书·新知三联书店 1985 年版。

国家卫生和计划生育委员会流动人口司：《中国流动人口发展报告（2014）》，中国人口出版社 2014 年版。

刘云杉：《学校生活社会学》，南京师范大学出版社 2010 年版。

熊培云：《乡村里的中国》，新星出版社 2011 年版。

杨东平：《中国教育发展报告（2015）》，社会科学文献出版社 2015 年版。

Bourdieu, P. , *Distinction*: *A Social Critique of the Judgement of Taste*, London: Routledge and Kegan Paul, 1984.

二 学位论文

陈治国：《布尔迪厄文化资本理论研究》，博士学位论文，首都师范大学，2011 年。

刘军：《阶层文化的冲突与整合》，博士学位论文，复旦大学，2008 年。

厉基巍：《北京城中村整治初步研究》，博士学位论文，清华大学，2011 年。

朱海龙：《场域、动员和行动：网络社会政治参与研究》，博士学位论文，上海大学，2011 年。

曹红霞：《趣味与身份认同》，硕士学位论文，新疆大学，2011 年。

崔桐：《阶级惯习、阶级品味与阶级轨迹》，硕士学位论文，东北师范大学，2011 年。

戴陆：《区隔——布尔迪厄对"趣味"的社会学批判》，硕士学位论文，中央美术学院，2007 年。

黄英：《90 年代后期以来北京外来流动人口分布变化研究》，硕士学位论文，首都师范大学，2005 年。

李福林：《场域视角下大众文化与精英文化间的博弈》，硕士学位论文，山东师范大学，2014年。

刘楠：《从趣味判断到趣味区隔》，硕士学位论文，西北大学，2010年。

李桢：《手机媒介文化与社会区隔的双重塑造》，硕士学位论文，西北大学，2010年。

颜智敏：《现行小学语文教科书城市偏向研究》，硕士学位论文，湖南师范大学，2014年。

王凯：《住房：中国中产阶级的身份建构与符号区隔》，硕士学位论文，中南大学，2010年。

徐平：《社会排斥与农民工市民化的制度分析》，硕士学位论文，西北师范大学，2010年。

张锦荣：《大城市外来流动人口的空间特征解析》，硕士学位论文，同济大学，2007年。

曾淑军：《语言教育与社会区隔的生成》，硕士学位论文，江西财经大学，2010年。

周琳雅：《少数民族流动人口的社会融入状况研究》，硕士学位论文，中央民族大学，2013年。

三　期刊类

［法］布迪厄、朱国华、范静哗：《纯粹美学的社会条件——〈区隔：趣味判断的社会批判〉》，《民族艺术》2002年第3期。

常培杰：《论布迪厄文学社会学思想——以〈艺术的法则〉和〈区隔〉为中心的考察》，《美育学刊》2013年第5期。

曹国新：《社会区隔：旅游活动的文化社会学本质——一种基于布迪厄文化资本理论的解读》，《北京第二外国语学院学报》2005年第1期。

曹国新：《社会区隔：旅游活动的文化社会学本质——一种基于布迪厄文化资本理论的解读》，《思想战线》2005年第2期。

陈煜婷：《阶层化与文化区隔》，《美与时代（下）》2014年第4期。

郭星华、储卉娟：《从乡村到都市：融入与隔离——关于民工与城市居民社会距离的实证研究》，《江海学刊》2004年第3期。

江立华：《城市性与农民工的城市适应》，《社会科学研究》2003年第5期。

刘冬岩：《在实践中生成——反思课程改革中的场域区隔》，《当代教育论坛》2005年第24期。

刘欣：《阶级惯习与品味：布迪厄的阶级理论》，《社会观察》2004年第3期。

刘欣：《阶级惯习与品味：布迪厄的阶级理论》，《社会学研究》2003年第6期。

刘艳：《学校场域中农民工子女的文化认同》，《内蒙古师范大学学报》（教育科学版）2007年第4期。

李运庆：《区隔与认同：农民工子弟的人际交往现状研究——以南京市一所民工子弟学校为例》，《青年研究》2006年第5期。

武洪敬：《石景山的魅力——从数据看一年来北京市石景山区人口变迁》，《数据》2012年第4期。

王海英：《打破区隔和边界走向对话和融通——教育学科分类的社会学反思》，《教育理论与实践》2004年第17期。

王建平：《分化与区隔：中国城市中产阶层消费特征及其社会效应》，《湖南师范大学社会科学学报》2008年第1期。

王朝明：《城市化农民工边缘性贫困的路径与治理分析》，《社会科学研究》2005年第3期。

魏万青：《区隔、冲突与融入——民工对都市生活的适应性研究》，《前沿》第2009年第1期。

谢桂华：《市场转型与下岗工人》，《社会学研究》2006年第1期。

熊辉：《农民工：区隔、边缘化与市民化》，《湖北师范学院学报》（哲学社会科学版）2008年第5期。

颜智敏：《论以城市为导向的新教材对农村学生的不公平性》，《课程教学研究》2013年第7期。

邹秋仁：《区隔与融入：一个群体关系的模式分析》，《宁夏社会科学》2010年第2期。

张文宏：《城市居民社会网络资本的阶层差异》，《社会学研究》2005年第4期。

周大鸣、杨小柳：《浅层融入与深度区隔：广州韩国人的文化适应》，《民族研究》2014年第2期。

张殿元:《阶层区隔:广告传播的社会学批判》,《山西大学学报》(哲学社会科学版) 2005 年第 6 期。

张鹏、杜广强:《试论辽宁阶层文化特质及其重构》,《大连海事大学学报》(社会科学版) 2010 年第 3 期。

朱力:《群体性偏见与歧视——农民工与市民的磨擦性互动》,《江海学刊》2001 年第 6 期。

朱伟珏、姚瑶:《阶级、阶层与文化消费——布迪厄文化消费理论研究》,《湖南社会科学》2012 年第 4 期。

朱国华:《社会空间与社会阶级:布迪厄阶级理论评析》,《江海学刊》2004 年第 2 期。

朱国华:《合法趣味、美学性情与阶级区隔》,《读书》2004 年第 7 期。

生活教育视野下的文化融合
——基于北京市古二分学校的田野调查

王正阳

提要: 自20世纪90年代开始,大量农民工涌入城市,随着时间的推进,越来越多的农民工子女随其父母进入大城市,如何在陌生的城市文化中舒适地生活是他们所必须面对的问题。因此,学校教育在如今文化融合过程中能起到何种作用成为笔者所关注的重点。

本研究旨在探究在"生活教育"视野下,随迁子女与流入地学生之间的文化融合现状及其变化过程。笔者采用人类学的田野调查方法,以北京市古二分学校(后简称古二分)及其二年级(1)班为田野观察点,将其中的随迁子女和流入地学生的交往现状和变化过程以教育民族志的形式展现。本文分为以下五个部分:

第一部分为古二分其形,秉承教育人类学"整体观"的思路,将古二分的外形特征加以概括描述,并辅以学生和学校中物质文化之间的关系和互动。

第二部分为生活课堂百草集,描述古二分秉承"生活教育"所建立的教育教学课程,以及在学校宏观的理念下,以教师和学生为主体的中观和微观的现状描述。

第三部分为细节中的生活,描述古二分教育生活中的点滴故事,展现随迁子女在其中的变化过程。

第四部分为古二分的节日,描述以中国传统节日和二十四节气为主要节日内容的生活教育其内涵,以及教师、学生之间的变化。

第五部分为生活教育视野下的文化融合,将全文进行提炼和分析、总结。

第一，生活教育为涵化提供条件。第二，生活实践与文化融合教育共存共生。第三，生活教育中的文化融合教育包括：以"生命理解、生存技能、生活态度、生态意识"为内涵的生活教育目标；生活教育的实施项目与目标相互促进；生活教育中的精神元素与文化融合教育的关系为："'生命与自然'是万物相生的底色"，"开阔'视野'下的博大心胸：文化融合教育的心态"以及"相互'尊重'，共同'成长'：文化融合教育的目标"。

关键词：生活教育；文化融合教育；文化涵化；田野调查

绪 论

一 选题背景与问题提出

自20世纪90年代开始，中国的经济发展水平不断提升，城市化进程也在不断加快。大量农民工涌入城市，2015年，我国常住人口城镇化率为56.1%，农民工数量达2.77亿人①，成为城市中"不可或缺"的一部分流动人口。随着时间的积累，越来越多的农民工子女随父母进入大城市，因此随迁子女在流入地接受本地基础教育的需求越发加深。据教育部统计，2014年农民工随迁子女在公办学校就学比例超80%，由此可见，我国已形成以公办学校为主接收随迁子女就学的格局。② 各级人民政府采取各种措施保障适龄儿童少年入学。相关法律法规也为其提供了依据。《国家中长期教育改革和发展规划纲要（2010—2020年）》第八条规定："巩固义务教育普及成果。坚持以输入地政府管理为主、以全日制公办中小学为主，确保进城务工人员随迁子女平等接受义务教育，研究制定进城务工人员随迁子女接受义务教育后在当地参加升学考试的办法。"因此随着随迁子女在城市接受义务教育的进程不断完善，关于随迁子女入学必须条件、入学机会是否公平、受教育质量是否均衡等一系列问题也接踵而至。

2017年2月，教育部发布关于印发《教育部2017年工作要点》的通知，强调"要大力促进教育公平，切实缩小城乡、区域、校际、群体差距；促进入学机会公平，制订以居住证为主要依据的随迁子女义务教育就学政策，落实和完善进城务工人员随迁子女在当地升学考试政策，加强义务教育阶段农村留守儿童教育关爱工作"③。随迁子女在城市中的教育问题不仅成为教育者研究的重点，也是政府和社会所共同关注的中心。

---

① 国家统计局：《中华人民共和国2015年国民经济和社会发展统计公报》，2016年2月29日，http://www.stats.gov.cn/tjsj/zxfb/201602/t20160229_1323991.html。
② 教育部新闻中心：《教育部：2014年农民工随迁子女在公办学校就学比例超80%》，2015年3月2日，http://www.ec.js.edu.cn/art/2015/3/2/art_4341_167422.html。
③ 教育部：《教育部2017年工作要点》，2017年2月14日，http://www.moe.gov.cn/jyb_sjzl/moe_164/201702/t20170214_296203.html。

更重要的是，随迁子女群体如何在城市里获取平等的市民身份、如何缓解变迁带来的心理压力、如何适应陌生的城市文化都将成为他们融入城市生活所必须面对的问题。对家庭、学校及社区等社会单元而言，如何引导农民工子女与城市融合是其所必须承担的职责，这些问题和职责的存在凸显了文化融合教育研究的必要性。[①]

笔者作为教育学专业的学生，对这一问题十分关注并产生浓厚的兴趣，随迁子女如何能积极融入城市中的公办学校、与之相处的本地居民子女会受到什么样的变化和影响的问题，时时在笔者脑海回荡。笔者自2016年3月进入北京市古二分学校，通过田野调查发现，文化融合的过程不仅对随迁子女群体产生作用和影响，对于流入地生源也将会产生文化上的融合、冲击和碰撞等，因此笔者力求研究两者的相互作用和影响，以此为研究主体进行分析、诠释。

二 相关概念界定

（一）随迁子女

随迁子女的全称为"进城务工人员随迁子女"，与之相类似的名称有"流动儿童""农民工子女"等，在使用这些名称时容易产生混淆现象。因此，笔者将本研究中所涉及的随迁子女概念加以区分和界定。在人口学研究中，"流动儿童"是指生活在户籍所在地之外的儿童。在北京的教育实践中，更多地开始使用"进城务工人员随迁子女"这一说法（简称"随迁子女"）。它一般暗含几层含义：父母作为进京务工人员，不具有优越的经济实力；其子女随迁进入城市，没有城市户籍；有比较明显的聚居区域；在义务教育阶段，教育问题凸显的学生群体。[②] 而"农民工子女"仅指农业户口类型的进城务工随迁子女。本次研究中，笔者按照学生本人户口所在地将学生划分为京籍学生和非京籍学生，非京籍学生称为"随迁子女"。其他条件如父母户口所在地及家庭经济状况等暂不作为划分标准。

因此，笔者认为本研究所采用的"随迁子女"概念为就读于北京义务

[①] 黄兆信、潘旦、万荣根：《农民工子女融合教育：概念、内涵及实施路径》，《社会科学战线》2010年第8期，第199—204页。

[②] 刘谦：《迟疑的"大学梦"——对北京随迁子女教育愿望的人类学分析》，《教育研究》2015年第1期，第41—51页。

教育公办学校的非京籍的农业及非农业户口学生。

（二）文化融合教育

若讨论"文化融合教育"的概念内涵需首先界定"文化融合"的含义。"文化融合"是指具有不同文化背景的群体持续性的直接接触，结果两个群体或者其中一个群体的最初的文化模式发生了变化，其目的是建设新的文化，实质上是对不同价值观的抉择、融合与创新的过程。① 以文化融合的定义为根基，笔者将本研究中的"文化融合教育"定义为：随迁子女与在北京本地学生两个群体持续性的直接接触过程中，使其一个群体或两个群体最初的文化模式发生变化的全部教育活动。

（三）生活教育

"生活教育"一词的起源是由瑞士教育学家裴斯泰洛齐（Johan Heinrich Pestalozzi, 1746—1827）于19世纪提出的，这种教育学说强调适应自然。他认为，人的全部教育就是促进自然天性遵循它固有的方式发展的艺术。② 19世纪末，杜威（John Dewey, 1859—1952）沿袭了他的学说，并提出了"学校即社会（society as school）、教育即生活（life as education）、做中学（从实践中学习/learning by doing）"的主张，并对20世纪初的中国教育产生了颠覆性的影响。1921年，杜威的学生陶行知（1891—1946）深受其影响，根据中国当时的国情，提出了更加本土化的生活教育理念"生活即教育，社会即学校，教学做合一"的教育主张。

虽然经过了一个世纪的漫长教育实践和思想变更，但是陶行知先生的生活教育理念仍然鲜活地存在于中国的教育土壤中。本研究所提出的"生活教育"概念，也正是以杜威和陶行知先生的理论为根基，依据北京市石景山区古城第二小学分校的办学理念及实践过程总结而成。具体定义如下，以使受教育者成长为拥有幸福生活能力的个体为目的，通过生活情境与知识相结合的方式，给生活以教育、用生活来组织教育教学的教育体系。

三 文献综述

目前，关于"随迁子女"的研究十分丰富，但是对于"生活教育视野

---

① 江波：《文化支持：农民工子女融入城市文化的研究》，苏州大学出版社2012年版，第19—21页。

② 张焕庭：《西方资产阶级教育论著选》，人民教育出版社1979年版，第30页。

下的随迁子女文化融合教育"的研究相对较为欠缺。笔者以"随迁子女文化融合""生活教育"为篇名,在中国知网上未找到相关文献。同时,以"随迁子女文化融合教育"为主题的相关论文共32篇,其研究内容主要包括:文化融合教育的概念内涵、模式构建、实施过程以及现状、困境和解决措施等。

论及随迁子女的文化融合教育,其根基"融合教育"的概念和相关研究需首先明晰。融合教育(Inclusion)最早盛行于欧洲,早期的融合教育主要是用于描述特殊学生融入社会的专业术语,是指一种特殊的教育活动,强调让有特殊需要的儿童(尤指残障儿童)进入普通学校学习,通过学习及社会化活动,使残障儿童融入正常社会之中。① 虽然融合教育最初的提出是针对特殊儿童,但现如今,"使所有学生的要求得到满足,促进学生的全面发展"才是融合教育最关心的事情。因此,很多专家、学者将融合教育的理念带入随迁子女进入城市后的教育中。其中包括随迁子女的文化融合、社会融合和心理融合三个方面。

本研究所针对的是其中最根本且不可忽视的重要组成部分文化融合教育。

(一)文化融合研究的开端——为移民而生的主题词

"融合"一词的出现早在20世纪的美国,由帕克(Park,1928)最早提出的"融合"(fusion)概念,为"个体或群体相互渗透、相互融合的过程;在这个过程中,通过共享历史和经验,相互获得对方的记忆、情感、态度,最终整合于一个共同的文化生活之中"②。

在那时,"文化融合"这一概念的提出是为了解决美国由于大量移民涌入的现状所产生的问题,为此,一部分学者开始研究移民中的文化融合。"文化融合"的经典定义是由人类学家雷德菲尔德(Redfield,1897—1958),拉尔夫·林顿(Ralph Linton,1893—1953)和赫斯科维奇(Herskovits,1895—1963)于1936年所提出的,即"由那些拥有不同文化背景

---

① 郭丽莹、黄兆信:《校本课程:实施融合教育的有效载体》,《教育评论》2011年第2期,第43—46页。
② Park, Robert, "Human Migration and the Marginal Man". *American Journal of Sociology*, 转引自王红။:《公办农民工随迁子女学校的文化融合研究——基于对北京市石景山区蓝天第二中学教育活动的田野调查》,硕士学位论文,首都师范大学,2014年,第41页。

的个体所组成的群体,在直接的、持续的接触过程中,伴随产生一个或两个群体原有文化图式变化的那些现象"①。戈登(Gordon,1964)的文化融合是指移民群体对迁入地社会的"文化模式"(Cultural Patterns)的采用,移民首先通过文化融合开始他们在新的环境中的调整过程,文化融合排在移民社会融合日程表的前面,是移民首先的而且是不可避免的经历。② 戈登大力肯定了文化融合在移民社会融合过程中的根基及首要性作用,并且他认为文化融合的过程应是移民主动进行融合的单向性活动。但是这一观点得到了一些学者的反对。约翰·贝利(John Berry,1997)指出,文化融合不是一个具有两极(一极是纯粹的家乡文化,另一极则是纯粹的迁入地社会的文化)的连续体,文化融合的过程不是随着时间的推移,逐渐抛弃原有家乡文化,迁入地文化取代家乡文化的从一极到另一极的过程,移民的文化融合具有双向性。21世纪初,对于社会融合中的文化融合概念又出现更新与完善,学者阿尔巴(Alba)和尼(Nee)认为美国国际移民社会融合是"种族差异的消减以及由种族差异所导致的文化和社会差异的消减"③,另外,还有学者提出,文化融合中的"文化区隔"现象。波特斯(Portes)和周(Zhou,1993)基于不同移民群体在文化融合和经济适应上的差异,提出著名的区隔融合理论(Segmented Assimilation)。认为文化融合过程必将伴随文化图示之间的区隔现象④。美国学者博伊德(Boyd,2002)认为美国社会融合实质是"区隔融合"等,即出于不同移民群体各异的人力资本、文化认同,社会融合也出现融入主流社会、融入贫困文化

---

① Redfield, R., Linton, R. & Herskovits, M. J., "Memorandum for the Study of Acculturation",转引自李文《藏族学生外显和内隐的文化融合与其心理健康的关系》,硕士学位论文,四川师范大学,2010年,第3页。

② Gordon M. M., "Assimilation in American Life: The Role of Race, Religion, and National Origins",转引自悦中山《农民工的社会融合研究:现状、影响因素与后果》,博士学位论文,西安交通大学,2011年,第19页。

③ Alba R., Nee V., *Remaking the American Mainstream: Assimilation and Contemporary, Immigration*,转引自悦中山《农民工的社会融合研究:现状、影响因素与后果》,博士学位论文,西安交通大学,2011年,第18页。

④ Portes A, Zhou M., The New 2nd—Generation—Segmented Assimilation and Its Variants, *Annals of the American Academy of Political and Social Science*,1993,530:74—96. 转引自悦中山《农民工的社会融合研究:现状、影响因素与后果》,博士学位论文,西安交通大学,2011年,第24页。

和选择性融入等区隔性融入。① 因此,当人们谈及文化融合的过程及内容时,文化区隔也成为不可避免的一个组成部分。

但由于本研究主要着重于学校教育对文化融合的过程和作用上,因此对于文化融合相关的其他内容(如文化融合的可能性、必要性等)不再赘述。

(二)文化融合教育的发展——与多元文化教育的争鸣

随着对文化融合研究的不断加深以及时间的推移,第二代或第三代移民开始在流入地接受教育。在对流动学生的文化教育方面,为了让移民子女更加快速、舒适地适应流入地接受教育,西方国家曾出台多项政策帮助移民子女,使其身心得到合理发展。

自20世纪60年代以来,在欧美关于新移民及后代的研究中,融合理论遭到了一系列的挑战和抨击。批评者认为融合理论不分种族、民族差异和移民的社会经济背景,一概假定,随着在流入地居住时间的延长、语言的适应、文化的认同,移民终将融入美国主流社会,但事实却并非完全如此。② 融合理论和文化多元理论的争辩仍未停止,各国在探索政策的过程中,尽管各国政治、经济和文化背景不一样,但是为解决移民子女的义务教育问题基本上都走过了从同化到多元的大致相似的道路。文化融合教育与多元文化教育的争端虽然在西方国家不断进行着,但是对于中国的随迁子女在城市接受教育的问题而言,并不存在明显的种族、宗教等因素的影响,因此在这一阶段中,文化融合教育的研究更加适合中国国情。

但是中国的随迁子女进入城市后的教育措施和研究仍处于开始阶段,学者们对于随迁子女文化融合教育的研究也大多贮藏于随迁子女社会融入中进行阐释。

(三)随迁子女文化融合教育——"初露尖角"的教育方式

近些年,随迁子女问题在中国本土化研究中所占比例大大增加,但对于其文化融合教育的研究内容并不是十分繁盛。在有限的文献资料中,仍有部分学者对其教育模式、路径的构建以及课堂中的文化教育、校本课程

---

① Boyd Monica, "Educational Attainments of Immigrant Off—spring? Success or Segmented Assimilation?" *International Migration Review*, Vol. 36, No. 4, 2002, pp. 1037—1060.

② Alba, Richard, Victor Nee, *Remaking the American Mainstream: Assimilation and Contemporary Immigration*, 转引自王红丽《公办农民工随迁子女学校的文化融合研究——基于对北京市石景山区蓝天第二中学教育活动的的田野调查》,硕士学位论文,首都师范大学,2014年,第11页。

方面进行研究。

1. 宏观层面文化融合教育模式建构

在中国教育学者的研究视域中，他们首先从宏观角度对随迁子女进入流入地的学校教育着手，探求其教育模式和路径，并形成实践路径。对于这一方面的研究相对于其他方面较多，同时这方面的研究也正是被现实所需要。

农民工子女融入城市的过程实质是对城市文化适应的过程，学校是农民工子女接触城市文化最直接的场所。黄兆信、潘旦、万荣根将文化融合作为社会融合中的组成部分，提出对于农民工子女而言，有效解决他们与生俱来的"乡土文化"与流入地的"主流文化"之间的矛盾，是融入城市生活的必然要求。对此，我们所能做的就是采取一系列文化融合教育措施，增加城乡文化之间的彼此认知，化解城乡文化之间的冲突。提高城市学生及家长对外来乡土文化的包容度，帮助农民工子女接受新文化的教化，消除文化行为上的格格不入，此即是农民工子女文化融合教育的关键所在。① 他提出，在对于随迁子女文化融合问题的实践上，应加强身份融合教育活动、构建心理融合教育网络、开展地域文化融合教育，同时教育机制重整合、教育实践重互动。② 周鹏指出，在学校教育中，学校文化显性差异表现在符号系统、教学行为、规范意识、课堂文化上；隐性差异表现在价值倾向、文化排斥、心理层面上。为帮助农民工子女融入城市文化，适应城市学校的教育教学，应以建设学校文化为契机，构建理念文化、行为文化、物质文化、制度文化为一体的融合教育模式。③ 同时建议学校对农民工子女的心态由"救济"转变为"服务"，关注农民工子女的文化融入，在具体实施中进行教师培训，建立流动性成长记录档案，成立相关咨询机构，促进其教育融合，更好地规划农民工子女的未来。④ 杨娜从文化排斥的视角提出，流动儿童文化融合教育路径应从"依托课程培

---

① 黄兆信、潘旦、万荣根：《农民工子女融合教育：概念、内涵及实施路径》，《社会科学战线》2010年第8期，第199—204页。

② 黄兆信、潘旦、万荣根：《农民工子女融合教育：概念、内涵及实施路径》，《社会科学战线》2010年第8期，第199—204页。

③ 周鹏：《农民工子女学校文化融合教育模式构建》，《走进社会科学》2014年第3期，第201—204页。

④ 周鹏：《由"救济"转变为"服务"——农民工子女文化融合教育探研》，《青海社会科学》2012年第1期，第130—134页。

训，做好流动儿童融入城市文化的准备；依托社区服务，构建流动儿童文化融合教育的体验式学习模式；重视流动儿童文化融合教育的评估与反思"方面进行①。王红丽通过对北京市石景山区蓝天二中的田野调查提出蓝天二中文化融合的路径，即树立大教育观，培育新北京人；构建和谐课堂文化，为学生发展奠基；课外活动激发学生兴趣，满足多元文化需求；文化融合，从家校合作开始。②

2. 校本课程建构中的微观文化融合教育

目前中国关于随迁子女文化融合教育的研究中，大部分为文化融合教育模式和路径的整体建议和规划，另外还有一小部分从课程文化、校本课程建设的角度进行分析。万荣根、郭丽莹、黄兆信通过对上海、杭州、温州等城市中12所接纳随迁子女的学校的调研指出，我国农民工随迁子女在城市社会存在"社会融合困境"，融合教育校本课程的开发和实施是解决这一困境的重要举措。加强农民工随迁子女融合教育校本课程开发，促进城乡学生的社会融合，学校应树立融合教育理念，确立课程开发的方向；提升课程素养，把握课程开发的关键；构建融合教育活动课程体系，实现从活动走向课程；推进多方深度合作，保障课程开发质量。③郭丽英认为对于融合教育校本课程的开发，学校要树立融合教育的思想观念、加强对师资队伍的建设、采用多方合作的方式开发校本课程、有效利用校内外课程资源、创造多元融合的校园文化。④

3. 随迁子女文化融合教育的困境与对策

目前，虽然教育研究者和学校均已意识到随迁子女文化融合教育的必要性和重要性，但其仍面临着很多困境和问题。刘宗顺指出，目前农民工随迁子女文化融合教育面临诸多困境：政府政策导向尚未明确，城市公办学校未予以足够重视，文化的自我保护机制固化了偏见，家庭经济资本的差异加深

---

① 杨娜：《文化排斥视角下流动儿童文化融合教育路径分析》，《管理观察》2014年第5期，第174—175页。

② 王红丽：《公办农民工随迁子女学校的文化融合研究——基于对北京市石景山区蓝天第二中学教育活动的田野调查》硕士学位论文，首都师范大学，2014年，第41—54页。

③ 万荣根、郭丽莹、黄兆信：《农民工随迁子女融合教育校本课程开发研究》，《教育研究》2015年第9期，第111—118页。

④ 郭丽莹：《农民工随迁子女融合教育校本课程开发研究》，硕士学位论文，温州大学，2012年，第67—70页。

了隔阂。因此，破解当前农民工随迁子女文化融合教育的困境，他提出，政府应积极推进相关制度改革，学校应营造文化融合的育人环境，大众传媒应坚持正面舆论导向，社区应打造新型城乡融合核心文化。[①]

（四）随迁子女文化融合相关研究小结

关于"文化融合"的研究从20世纪美国移民大量涌入开始便陆续展开，随着我国随迁子女在城市中的人数不断增加，很多中国学者也进行了相关研究。如前文所述，纵观随迁子女文化融合教育的研究发现以下三个特点。

第一，随迁子女文化融合教育研究大多贮存于社会融合教育中。我国近年来关于随迁子女文化融合的研究大多居于社会融合中进行，将其作为社会融合中心理融合、经济融合和文化融合三者的一部分。单就学校教育而言，也并没有较多研究针对文化融合教育进行。第二，关于文化融合的研究明显多于文化融合教育的研究。研究者们在关注文化融合的过程中，大多将目光投向于文化融合的内涵、现状、路径等，对如何将其学校、家庭和社区作为主体，进行随迁子女的文化融合教育的关注较少。因此，研究视角多注重文化融合理论的分析，对于分析文化融合教育的措施和路径以及实证性、长期连续性的研究则少之又少。第三，就研究方法而言多以量化研究和学理探究为主。在笔者所搜索到的相关文献中，部分研究学校融合教育校本课程的研究方法以量化调研为主的，如万荣根、郭丽莹、黄兆信年的《农民工随迁子女融合教育校本课程开发研究》。另外关于随迁子女文化融合内涵以及问题、对策等都以学理探究的模式进行。纵观该问题研究方法的使用，运用长期的田野调查方法的研究较少。

四 研究意义

进城务工随迁子女在具有符合国家规定的相关证件后进入流入地的公办学校享受义务教育。在接收随迁子女的公办学校中，由于随迁子女与流入地本地学生在生长环境、文化背景等方面均有所不同，因此他们在共同生活和学习的过程中必然会产生以文化差异为依托的相互作用和影响。两者之间的文化融合教育是当今随迁子女教育的重要组成部分。本研究不仅

[①] 刘宗顺：《农民工随迁子女文化融合教育的困境与对策》，《教学与管理》2016年第15期，第37—39页。

关注随迁子女的单向性文化融合，更意欲将研究对象扩大到随迁子女和流入地本地学生两者。因而需要将文化融合的概念和作用扩大化，使其不仅成为随迁子女的单向度融入，而是成为两者所共同存在其时间和空间场域里的相互作用。这不仅对于随迁子女文化融合教育有所帮助，同时也使得与随迁子女共同生活和学习的学生有所改变与收获。而这样的研究目的，只有通过长期地与研究对象的观察互动和了解中才可能产生，因此对于文化融合的田野研究成为重要的研究方法。

同时，北京市石景山区古城第二小学分校作为一名普通的接收随迁子女的公立学校，其所具有的"生活教育"理念深入到学校教学、活动、生活等方面，因而这也为随迁子女进入流入地后两者之间的文化融合提供了肥沃的土壤。将这种教育理念所指导的教育模式作为研究视域，对于丰富和扩充文化融合教育有着重要帮助。

五 研究设计

（一）研究对象

本研究的研究对象以北京市古二分学校（以下简称，古二分）和2015级1班的32名学生为主要研究对象。

古二分是一所2013年9月成立的公办性质校，隶属于古城教育集团。截至2017年3月，古二分设有一、二、三、四年级，每个年级2个班，共8个班级，共有学生270人。每班人数为30—40人，学生年龄在6—9岁。学生来源分为两类，即京籍户口、学校附近就近入学和非京籍协调入学。非京籍协调入学学生共75人，占全部学生数比例约为27.7%（2015级生源具体情况如表2-1所示）。

表2-1 古二分年级生源信息（百分比统计均保留两位小数）

年级	京籍生	非京籍生	合计	非京籍生比例
二年级（1）班	22	10	32	31.25%
二年级（2）班	22	9	31	29.03%

数据来源：古二分学生学籍信息统计表，2016年10月。

笔者田野调查所在班级为2015年入学的一年级（1）班学生，该班级共32人，2016年9月，全体升入二年级（1）班。其中非京籍学生为10

人，所占比例为31.25%。京籍学生为22人，所占比例为68.75%。根据以往资料中的二代流动人口识别框架，笔者根据所在学校和班级情况，划分出研究对象中的随迁子女部分，其余学生均为京籍学生，按照流入地普通学生处理（具体学生情况详见表2-2）。

表2-2 二年级（1）班生源信息

序号	姓名	性别	户籍所在地	户籍类型	入学类型	备注
1	昕昕	男	湖南省怀化市	非农业	非京籍协调入学	轻微口音
2	晖晖	男	河南省信阳市	农业	非京籍协调入学	
3	锦锦	男	湖北省十堰市	农业	非京籍协调入学	轻微口音
4	浩浩	男	河北省	非农业	就近入学	卫生习惯较差
5	岩岩	男	辽宁省朝阳市	农业	非京籍协调入学	卫生习惯差、口音明显
6	玥玥	男	河南省	农业	就近入学	口音较明显
7	馨馨	女	河北省邯郸市	非农业	非京籍协调入学	成绩较好、喜爱绘画
8	琪琪	女	河北省张家口市	农业	非京籍协调入学	成绩较好、二胎子女
9	贺贺	男	河北省保定市	农业	非京籍协调入学	成绩较好
10	婧婧	女	安徽省巢湖市	农业	非京籍协调入学	父亲为理发师
11	健健	男	北京市石景山区	非农业	就近入学	
12	玮玮	女	北京市石景山区	非农业	就近入学	
13	萱萱	女	北京市石景山区	非农业	就近入学	
14	钰钰	女	北京市石景山区	非农业	就近入学	
15	腾腾	男	北京市石景山区	非农业	就近入学	
16	艾艾	女	北京市石景山区	非农业	就近入学	
17	佳佳	男	北京市石景山区	非农业	就近入学	
18	瑞瑞	男	北京市石景山区	非农业	就近入学	
19	凡凡	女	北京市石景山区	非农业	就近入学	
20	穆穆	男	北京市石景山区	非农业	就近入学	
21	涵涵	女	北京市石景山区	非农业	就近入学	
22	泽泽	男	北京市石景山区	非农业	就近入学	
23	诗诗	女	北京市石景山区	非农业	就近入学	

续表

序号	姓名	性别	户籍所在地	户籍类型	入学类型	备注
24	畅畅	男	北京市石景山区	非农业	就近入学	
25	震震	男	北京市石景山区	非农业	就近入学	
26	宸宸	男	北京市石景山区	非农业	就近入学	疑患有多动症
27	茵茵	女	北京市石景山区	非农业	就近入学	
28	森森	男	北京市石景山区	非农业	就近入学	
29	萌萌	女	北京市石景山区	非农业	就近入学	
30	怡怡	女	北京市石景山区	非农业	就近入学	
31	紫紫	女	北京市东城区	非农业	就近入学	

数据来源：古二分学生学籍信息统计表。

二年级（1）班班主任由其语文老师担任，该老师来自北京市石景山区，心理学专业毕业，入职古二分前曾担任狱警。班主任老师于2013年9月入职古二分，曾担任三年级语文教师，后于2015年9月担任一年级（1）班班主任，并承担一年级（1）班和一年级（2）班的语文教学工作。她作为古二分唯一一名获奖教师，于2017年3月被评为"石景山区最受欢迎的班主任"。

（二）研究内容

自2016年3月起，笔者每周一次前往古二分，参与到学校的日常和非常活动中，通过与学生、学生家长、老师以及校长的多方面交流，了解古二分的基本信息、办学理念、办学目标以及日常活动和非日常活动。注重记录学生们在"生活教育"的教育理念下的互动和表现现状以及其变化和发展的过程，从而探讨和诠释，寻找该校生活教育的模式对随迁子女以及本地学生文化融合的作用，为其他接受随迁子女的公办校或农民工子弟学校做参考。

（三）研究方法

本研究主要采用人类学的田野调查法，以非干预性参与观察为主，辅以访谈、口头学生问卷的形式深入田野，对研究对象进行长期的田野调查。

1. 参与观察

笔者于每周一次前往古二分进行参与观察，全天不间断参与到师生们的生活与学习当中，从而可以获取丰富且真实的第一手资料，为研究分析做好充分的准备。如遇学校的特殊性非日常活动，笔者也会进入学校与师生共同参与活动并做好观察记录。

2. 访谈

笔者通过对校长、班主任、副班主任等任课教师的以及家长的多次正式、非正式访谈来深入了解学校的教育理念、管理方法、教师教学、师生心理状态等。

3. 口头问卷

由于学生处于一、二年级，识字范围相对不够全面，因此笔者进入田野后，通过将调查问卷口头化的形式逐个询问（如配合学校进行的"学生看课堂"调查问卷）。虽然时间消耗量相对较大，但所获结果相较于单一问卷更加翔实且理由充分。

（四）研究进程

1. 文献研究

笔者于2016年3月至今，搜集流动人口、进城务工随迁子女相关统计数据、实证研究以及政策法规等相关文献资料。并随时加以归纳整理和扩充完善。

2. 田野调查

第一阶段：2016年3月4日至2016年6月23日（每周一次）

本阶段为笔者第一学期进入古二分的初期阶段，进入一年级（1）班，同学生和老师共同学习、上课、生活等。通过时间的累积和加深，笔者取得了任课老师和学生们的信任，逐渐从"局外人"过渡到"半局内人"。每周田野调查后形成田野笔记，并辅以照片及视频、音频材料。

第二阶段：2016年9月1日至2017年1月20日（每周一次）

笔者进入田野的第二学期仍旧沿袭第一学期的参与观察的方式，同时多次参与到学校的各种仪式、校外实践活动、校内实践活动中，田野场域得到变化和更换。通过在活动中参与组织帮忙而取得学校更多老师们的信任，同时也了解更多的活动信息和思路等内容。另外，笔者进行了多次与校长、主任、班主任、副班主任以及家长的正式访谈及非正式访谈，同时参加家长会、教师例会、古城教育集团团庆等工作中。使我的研究内容丰富起来，同时调整与田野中的人际交往，使之交往更加娴熟，成为相对意义上的"局内人"。每周田野调查后形成田野笔记,并辅以照片及视频、音频材料。

第三阶段:2017年2月20日至2017年4月26日

第三学期的田野调查在全面性的基础上更加注重深层性,力求从事物和言语表象深入学校、教师或学生的背景探索和原因起源的本质。同时,在与校长、教师等的非正式访谈中收获更加真实且充分的内容。目前笔者现已产出32篇田野笔记,大约35万字,同时辅以丰富的照片及视频、音频材料。

第一章　古二分其形

　　当清晨的第一缕阳光钻进古二分的那一刹那，学校里的小雀鸟便开始叽叽喳喳地叫了起来，整座校园都被唤醒了。砖红色的教学楼、不算太大的操场、校门旁的天蓝色大地球、围墙下的泥土地、海豚池里的小金鱼群，还有总是点缀在不经意之处的花朵和多肉植物，似乎都睁开了眼睛期待着孩子们的到来。

　　由于学校面积不大，所以我常喜欢称其为"小园子"，但是在里面生活的时间越久，这个称呼的缘由也不再只是面积大小而已。"园子"是有生气的，它或许是有着郁郁葱葱的绿色植被，或许充满着叽叽喳喳的鸟语声，或许是微风拂面也自带着花香。就像清华大学常被生活在里面的人亲切地称之为"园子"一样，正因为古二分里的一切生机，我也总想称其为"小园子"。然而这个园子不是高耸入云的"清高"与遥不可及的"世外桃源"，而是充满市井的寻常生活游走其间的小天地（参见图2-1）。

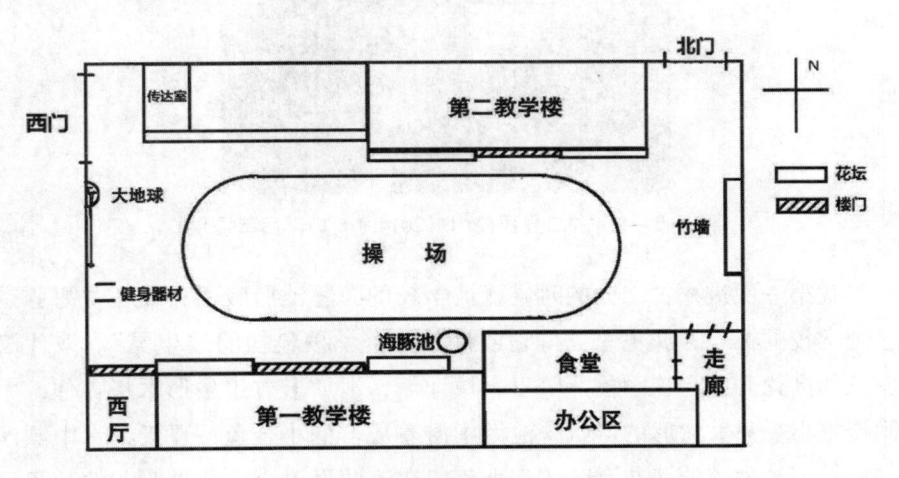

图2-1　古二分平面示意图（2017.04.20，笔者绘制）

　　古城地处长安街沿线，但是却与市中心的喧嚣有着不远不近的距离与界限。2013年9月，古城教育集团加入了一名新成员——古二分学校。那时它的名字还叫作"古小学"。校长是一位高个头、身材匀称、目光炯炯却亲切的中年女人。初次见她时是秋天，她穿了一件黑色的呢子大衣，背影里还飘着一条蓝色的丝质围巾。后来才发现，校长的装扮、为人还有思路都像极了古二分，亦或者说是古二分像极了这个不太寻常的校长。

"古城社区一隅"是这所学校的大体位置，如果站在小区门口望去是看不到学校大门的，只有走进小区才能看到学校红色的铁制大门（参见照片2-1）。如果有人不经意经过这里，大概猛然间还不知晓这是一所小学，但总是会被广播声、下课铃声、操场的音乐声所提示，一所小学所传递出来的信息跃然浮现。走近一看，社区中的人也是可以进入学校的，校门口的布告栏会贴着《告居民》的布告。更吸引目光的还有布告栏里的一张张稚嫩的脸庞，这是学生们在自己过生日的月份想和爸爸妈妈说的话，小家伙们有的说："爸爸妈妈辛苦了！"有的说："爸爸妈妈我永远爱你们。"每一张照片的背后似乎都是一整个家庭对孩子的默默付出和热切希望。

照片2-1　古二分西校门（2014.10.13，吕莘提供）

我第一次进入古二分的时候就被学校的海豚池所吸引，校长说海豚是这个学校的标志，我也总觉得它或许是这个学校最初的"生灵"。取代汉白玉的高耸升旗台，学校开辟出一块池塘，池塘上方用条形木板盖住，中间镂空出一只大海豚的形状。池塘中游着成群的小金鱼，夏天，水中漂浮着后勤阿姨种植的荷花和睡莲，小鱼们在池塘里一会儿钻进荷花的叶子里不见了，一会儿又伸出头。总有学生下课之后喜欢安静地蹲在这里，这是能让"吵闹"的小学生安静下来的地方。一次，我遇见一位小男孩蹲在那里，不知为何竟然有一群小鱼悄悄地游过来围住他，像是期待着他投喂什么吃食一样（参见照片2-2）。小男孩很欣喜，忍不住咯咯咯地笑了起来。这一笑又吓跑了小心翼翼赶来地小金鱼们，男孩迅速用手捂住还咧开着的小嘴,想要小金鱼再回来。可是小鱼们又回去到荷叶下面捉迷藏了吧。小男孩又张望了一会儿,上课铃响了,他起身跑回教室,脸上还带着初见小金鱼时的那份欢喜。每到秋冬,海豚池里的荷花谢了,但是为了让海豚池更美丽些,学校又放进去颜色鲜艳的假荷花,然而怕冷的小鱼还是被收起来放到室内了(参见照片2-3)。虽然海豚池看起来还是很美丽,却少了些许生气。

照片2-2 小男孩和小金鱼(2016.09.01,笔者摄)

照片2-3 海豚池现状(2016.09.09,笔者摄)

和海豚池旁边做伴的是伫立在一旁的小假山,在古二分人的眼中,这座假山并不同公园里的假山一样作为漂亮而壮观的摆设来放置。因为假山脚下的"石碓"是学校中每个小朋友的"家乡",抑或称之为"故土"。

德育主任常和我说,"融合"总是在不经意间。学校生源较广,来自中国各个省市的学生都有,过年的时候他们大多会回到各自的家乡。"学生们放假之后,来自全国各地的同学都会回到自己的家乡,那么我们就让孩子们回到家之后捡一块自己家乡的石头,后面写上自己的名字,等到开学的时候每个同学拿着自己从家乡带来的石头,堆到学校的海豚池旁的假山下,他们会向自己的同学介绍自己家乡的样子等,这样也是一种融合,孩子们都聚在古二分这个地方了。"德育主任和我说。

"石碓"总是让我想到《西游记》中唐玄奘牵马准备离开大唐的时候,唐太宗命人为他端来一杯酒,玄奘谢恩,接了御酒道:"陛下,酒乃僧家头一戒,贫僧自为人,不会饮酒。"太宗道:"今日之行,比他事不同。此乃素酒,只饮此一杯,以尽朕奉饯之意。"玄奘不敢不受。接了酒,方待要饮,只见太宗低头,将御指拾一撮尘土,弹入酒中。三藏不解其意,太宗笑道:"御弟呵,这一去,到西天,几时可回?"三藏道:"只在三年,径回上国。"太宗道:"日久年深,山遥路远,御弟可进此酒:宁恋本乡一捻土,莫爱他乡万两金。"

故土是万千离人无法忘却的,古二分让孩子们带来自己家乡的石头,不仅是为了孩子们之间的一份分享与了解,更多的是学校对他们各自家乡的爱和尊重蕴藏其中。这种感情或许是还未成熟的孩子们所未曾体察到的,但是把这颗眷恋家乡的种子埋到心底,不仅是对融合教育的一大助推力,还是对学生们家乡的一份尊重和敬意。

一提到古二分的学生来自五湖四海,就不得不说到古二分的"地球"。第一次和校长交流的时候,看她满脸微笑地说着古二分的地球——存放在每个人心中的地球。学校大门旁便是一个半球形的立体地球。每次放学的时候我最喜欢看孩子们在大地球上爬着、玩着和笑着(参见照片2-4)。似乎脑袋里装的都是郭沫若的《地球,我的母亲》:"天已黎明了,你把你怀中的儿来摇醒,我现在正在你背上匍行。地球,我的母亲……我也不愿坐车,乘马,著袜，穿鞋，我只愿赤裸着我的双脚，永远和你相亲。"① 大人们常常爱说孩子们太小，什么都不懂得。孩子们不知道郭沫若1912年在日本时突然赤脚在土地上来回行走的那份热爱，不懂得地球之于人们的珍贵存在。但是，这或许正是教育的价值，儿时被贮藏在心底里的感觉，便是多年后想起，曾经与自己亲昵的地球也正是我们脚下的这片土地。我相信孩子们会感谢这段回忆，也会对这片土地爱得更加深沉。"大地球"自2014年开始被修建，经历了搭球形钢筋、砌球、刷漆、着色，但是校长因为最后的蓝色打底背景颜色太深还是要求建筑师精益求精返工重修（参见照片2-5、照片2-6、照片2-7）。地球上凹凸不平的形状有山脉、河流、海洋陆地，来自外地的学生心里都知道，自己的家乡虽然不在北京，但是却在这个地球上的某一个地方，而这个地球也在我的学校里。

照片2-4 大地球（2015.04，吕莘提供）

照片2-5（2014.10.20） 照片2-6（2014.10.27） 照片2-7（2014.11.21）
地球模型建造过程（吕莘提供）

---

① 郭沫若：《女神》，湖南师范大出版社2011年版，第67页。

每年的开学典礼上，校长喜欢把小地球仪作为"开学礼物"送给新入学的一年级小朋友们。

> 校长说："我给他这么一个小球体，他至少现在心里装不了那么大一个地球也好，但他有点直观的感觉，有点那个意识。大地球就是让他去摸一些地方，还有一点，咱们孩子来自哪里的都有，大家就会一起说我家在哪啊你家在哪啊，先有初步这种感觉，其实也是融合嘛。"
>
> （摘自王正阳，2016.05.27，田野笔记）

融合过程确实是发生在人们肉眼所观察的表象之下的，或许蕴藏在孩子们争论到底谁的家乡更好的面红耳赤中，或许蕴藏在用手慢慢转动地球仪时仔细寻找自己家乡的眼神中，像是汹涌急湍下的缓缓暗流，一点一滴渐渐相融。

古二分有很多爱摆弄花草的大人。为什么是大人，不是老师？因为摆弄这些的可能是保安爷爷、后勤阿姨，也可能是老师、校长。墙边的土地是大家的"农垦园"。一溜平整的土地上被种上小葱、菠菜还有大冬瓜，并且用木头栅栏围起来。等待成熟的时候摘下来送到学校的食堂里去。去年秋天，学校在南墙边的栅栏里撒下了"秋天的种子"——菠菜（参见照片2-8）。校长喜欢开玩笑地说："秋天的菠菜，暗送秋波！"12月的时

照片2-8 学校花园中的菠菜（2016.12.23，校长提供）

候,菠菜长大了,变成了传说中的"秋菠"。校长招呼大家到食堂去吃"自产自销"的有机绿色菠菜,第二天孩子们的餐车里果然多了一个菜色,小菠菜炖粉条。

每当五一劳动节、十一国庆节的时候,学校会买来漂亮的小花装点在校园的木栅栏上,每个班级也可以自愿领养几盆小花(参见照片2-9)。同学们负责照顾自己班里的小花,但是等到周末或者假期的时候,老师只能和孩子们说:"请大家把自己班里的小花统一放到海豚池的旗杆旁边,我们大家放假了,小花们也需要喝水和沐浴阳光,所以我们把它们放到一起,先交给保安叔叔帮我们照顾吧。"于是孩子们小心翼翼地端着自己班里的小花,有时还因为谁来拿而吵嘴,但不管是男生还是女生都小心呵护着,用两只小手紧紧地捧着,生怕掉到地上。

照片2-9 节日里的小花(2016.09.30,笔者摄)

校园最中央的当属操场了,跑道只有200米的操场却从来不拒绝孩子们的到来。不管是课间还是中午的空闲时间,学生们最喜欢的就是到操场上玩耍。操场旁边空地上的跳"房子格格",也是孩子们从旁边匆匆跑过时突然"单脚、双脚"跳过的地方,随后又匆匆跑走,嘴里还咯咯笑着,嘲笑后面追不上自己的小伙伴。听家里的老年人说,这样的游戏曾经是19世纪50—80年代最经典的游戏了。

2016年9月1日开学，为了美观，校长有创意地将学校东墙上做了一幅山水画和竹林。校长告诉我："学生们可以随便在上面写写画画。"如今还在完善装饰中，但是竹林已经初具规模。

园子里不光只有土地和操场，还有并不高耸和豪华的教学楼。砖红色的墙壁、简单的格局，但是走进去却是另一番天地。"每一面墙壁都是会说话的"，苏霍姆林斯基曾经说。

学校总是喜欢把教学楼的墙壁装饰的花里胡哨，但是古二分坚持要有自己的"调调"。校长总是在教师例会上说："不管外界怎么样，我们要了解，但是我们要有自己的调调"。一层是一、二年级的驻扎地，楼道两侧的围墙是用土黄色作为主色调，二层是三、四年级，他们是中坚力量，以绿色为主色调，像是小苗在钻出土地在发芽。我总是在一层和二年级的学生们在一起，校长常常让我去二层、三层逛逛，大概会有不同的感受。三层是以天蓝色为主色调，意旨蓝天。学生们进入五六年级了，准备从学校中飞走了，飞翔在天空是学校给即将毕业的学生们所有的期待和祝福。但如今由于还没有五、六年级的学生，所以三层只有一间音乐教室和一间围棋教室，其他的还是一些年轻老师的宿舍。随着时间的推移，学校将墙壁布置得越来越丰富（参见照片2－10，照片2－11，照片2－12，照片2－13），并且整体布置的小而精，学校的各个地方充满了文化气息：走廊上的每块瓷砖被当作"自留地"分给孩子们，他们可以自由地在上面布置想展示给别人看的东西。

学校的门厅有着大大小小的橱窗，是孩子们用来展示自己手工作品的小小博物馆，门厅中间放着地球仪，旁边展出着飞行航模，还有一台大电视机，播出孩子们上课的照片、视频或者是一些知识科普的影片。学校楼梯的转角放满了各种各样的"旧版小人书"供孩子们自行取阅，不需要做登记。学生喜欢在二层教学楼与办公区域的走廊处停留，从办公室走出来会发现围在一个小桌子旁的学生们，走近发现原来他们在摆弄一桌子的积木块（参见照片2－14）。益智工作室的老师把益智玩具放到学校楼道的安全角落处。走在走廊里总是能看到趴在地上飞速转动魔方的学生、跪在飞行棋地毯上"厮杀"飞行棋的孩子，还有站在积木桌子旁眉头紧锁的小姑娘。

学校是孩子们尽情玩耍、观察、发现的"田野"。学校教学楼中除了

生活教育视野下的文化融合　　　　　　　　75

照片2-10

照片2-11

照片2-12

照片2-13

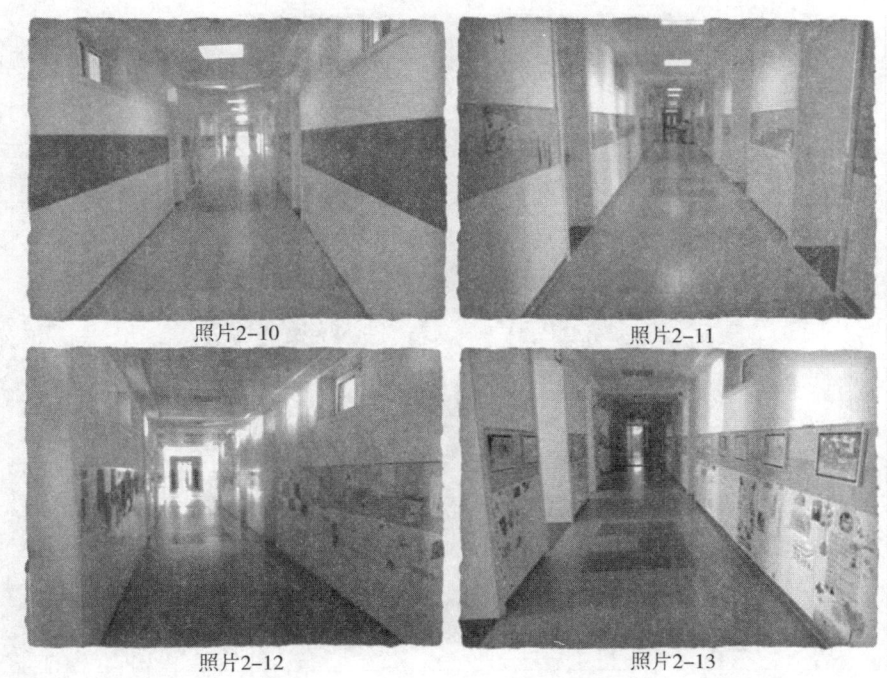

照片2-10、照片2-11、照片2-12、照片2-13　学校墙壁变化
（2014.09-2014.12，吕莘提供）

照片2-14　积木桌（2016.11.18，笔者摄）

供学生上课使用的教室外，还单独开辟出了一个"花房"，里面为每个孩子们准备了一株"小苗苗"（参见照片2-15）。每年入学的同学也会新种下一株，随着孩子们的长大，小苗苗也成长起来了。课间的时候，孩子们会跑到花房里看看自己的小苗苗又长大了没有。

照片 2-15　花房（2016.10.21，笔者摄）

校长也会在花房里种上各种各样的花，摆在花架上做成各种各样的造型。不仅如此，热爱书法的校长喜欢把书法桌子放到花房里，晒着窗户外的温暖阳光，呼吸着绿色植物吐纳出的氧气，静心写下一笔一画。写完的校训、班规也会挂在每个班级的教室里。孩子们下课了会到校长的桌上为她研墨。有时候也会写一写比比看谁写得好。

"诗意的生活，诗意的教学"，古二分完美地体现了这一教育理念，也似乎正是这样的学校教育环境、氛围和理念也恰好印证了农与城、"田野"与文字、物质与精神之间的有机结合。

生活总在细节和不经意处，去一个地方的前几次大概都只顾得关注些皮毛，当生活在其中的时候，人们便会留心这里的每一个地方，每一处细节，就像古二分的卫生间。古二分的卫生间如同童话屋子，其色调是根据所在楼层而设计，但是里面都有小海豚的图标，小海豚告诉孩子们要节约用水，不可以浪费水资源，不然"我们就没有家园了"（参见照片 2-16）。2015 年，洗手池经过翻修换上了古铜色水龙头，卫生间也安装上壁挂式的暖气。

照片2-16　一层卫生间（2017.03.24，笔者摄）

  古二分其"形"便简单如此，朴实而无华，举目望去是土地、蔬菜、小鱼和花。校长常爱开玩笑地说："我们的学校跟人家的都差着十来年呢！"看起来是这样吧，但是来过这里的专家却总是说"这才是教育应该有的模样"。

第二章　生活课堂百草集

"上课！同学们好！"

"老师，您好！"

随着学生们起立、鞠躬、问好、落座，一系列动作之后，古二分二年级（1）班的数学课开始了。这位教数学的老师是隔壁二年级（2）班的班主任，也是全校唯一的男班主任。老师们总是说这位老师是一个"慈父型班主任"，从刚接手班主任工作时的胆怯、焦虑和不安，到现在成为一个可以蹲在地上给孩子系鞋带的"暖男"班主任。印象中的这位数学老师很年轻，有着不高的个子，顶着一头"自然卷"发，带着一副窄框眼镜，黝黑的脸上露出洁白的牙齿，像是总在微笑的样子。

他的课很有特点，大概是我第一次上他的课时候就发现了。上课的时候班里总不是那么安静，老师喜欢抛出问题，然后每个学生坐在自己的座位上像是小地鼠一样，迅速钻出洞里，嘴里大声喊出："大家听我说！"站起来最快发言的同学，大家就要让他先说自己的答案。这位数学老师采取"大家听我说"的方式取代平时的教师点学生举手回答问题的固定模式。那一瞬间大家同时说话有点杂乱，一开始大家都有些不适应、不服气，没有抢到的同学暗暗生气："哼！切！"但是渐渐地，班里的同学学会了礼让，不再想着自己会说的一定要说出来让大家知道，有的孩子看到别人站起来了，自己就坐下来听别人说。

不久，数学老师又将这一套方式进行了"升级"，他要求同学们在回答问题的时候直接站起来说："我想说！"并且这个回答问题的方式是有一些"谦让原则"的，即"后站让先站，男生让女生，回答次数多让回答次数少"。并且，数学老师表示，现在提倡"分享式学习"，所以增加几条规则："'后面让前面的人先说'（因为后面的容易看见前面的同学）、先说'我想说'、后说'我补充'、观点对立说'我反对'。"由此一来，班里的数学课气氛一下子活跃起来了，大家想到一个问题答案的时候，也不再争着抢着说。

在今天的数学课上，很有趣的是玥玥很多次站起来回答的问题都被别人抢了，但是由于数学老师定了数学课的规矩，便是"坐在后面的人要让着前面的人，男生要让着女生先说"。所以，玥玥每次把到了嘴边的话咽回去，悻悻然地坐下，听别人说。

（摘自王正阳，2016.05.20，田野笔记）

正式课堂上的一点一滴都可能是生活中的影子，老师们的一个想法或者规定，也都成为孩子们心中的标准和原则。或许是一个小小的行为或者动作，所产生的心理效应也是截然不同的，"悻悻然"坐下的玥玥慢慢学会了谦让。

如果说生活课堂上的细节与规定体现的是与教师个人的生活态度以及为人处世的原则，那么教学过程中的内容运用与生活联系则是可以更加有趣的。

今天的第二节课是语文，上课之前的导入环节，语文朱老师提了一个问题："能不能和我说说你们的家乡是哪里？你的家乡有没有什么我们不知道的特色呢？"这个问题好像打开了大家的话匣子。贺贺站起来说："我的家乡在河北阜平，王快村。那里有很多的山和水。"说完，我才意识到贺贺的户口是在河北，他也是个随迁子女啊。但是他的学习成绩很好，家长很重视他的学习和成长，所以让我都有些忽略了他的不同。第二个起来回答问题的居然是宸宸，他很激动地举手，朱老师把他叫起来，"我的家乡是山东，那里有很多花园，花园里有鱼。"昕昕站起来说："我的老家在湖南，那里的人最爱吃辣椒，因为那边很湿润。"朱老师夸昕昕说得很棒。钰钰回答说："我的家乡在内蒙古，草原一望无际，还有可以移动的蒙古包。那边的特产是牛肉和羊肉。"原来钰钰的家乡是内蒙古呀，不知道是奶奶家还是爸爸家呢？晖晖说："我的家乡在河南信阳，那里的路很陡，一辆大拉车掉到坑里。"朱老师帮他解释说："因为那里的路很不平坦对吧？"他点点头。他的家里可能是农村吧，我心里想着。同学们一个个很活跃，接二连三地站起来介绍自己的家乡。玥玥说："我的家在河南新乡，那里有一个景点叫郭亮，那里水多，草长得也特别多。还有好多人把自己做的小玩意儿拿出来卖。"我课后在百度上查了一下，发现郭亮是河南很著名的景点。这个男孩记得还真挺清楚的！馨馨起来说："我的家乡在河北邯郸，那里有高楼大厦，还有山有水，特别美。"馨馨说这话的时候语气里透露出些许自豪。老师继续问:"那么你离开家乡之后,等到很久之后回去家乡,有什么感受呢?"琪琪说:"家乡很美,让我怀念起在家乡的时光。"琪琪是个"不愿意回家"的姑娘,她很好学、上进,并且喜欢表现自己,就是不愿意回到家乡读书,想要留在北京生活。铭铭是一个北京土生土长的男孩,他回答说:"我们去国外玩,再看我们这的北戴河,国外的比我们的美多了。"果然,到过国外的他一定是很仔细地在观察北京和国外的海有什么区别。但是可以明显地感受到他对自己国家海洋或者环境的不满。钰钰站起来回答说:"我长很大了回家乡都不认识路了,假如我不认识一条路,我就问那儿的人,哪个蒙古包都知道(彼此)在哪儿,哪个人会说,我就是你的邻居啊。"朱老师听到后,将今天的语文课的主题引入给大家:"我们今天就要学一首简单的古诗,名字叫作《回乡偶书》,大家先自己朗读一遍古诗,读完后回答我诗人回到家乡是什么感觉。"这节课开始了,却让我对大家的家乡和来自何方有了更加深刻的认识。

(摘自王正阳,2016.11.30,田野笔记)

从各个省市来到北京读书的学生被我们称之为"随迁子女",班里的玥玥、馨馨、贺贺、昕昕等都是来自外地,但是根据观察发现,处在二年级这样的年龄阶段,他们并没有明显的差异感。他们都有自己的家乡,以自己的家乡为骄傲。语文老师还会让孩子们用"作文画"的形式将自己的家乡在图画本上表现出来,并配上简单的描述性话语。"小孩子们都喜欢吹牛。"(摘自王正阳,2016.03.18,田野笔记)这是品德老师常和我说的话,所以他们喜欢和同学们说自己的家里有什么东西是北京这座大城市没有的,喜欢告诉大家自己家的山水有多么美,都是北京的雾霾里面所看不到的。这个时候他们还不懂得什么是阶层、什么是城乡差异、什么是贫富不均。老师们小心翼翼地呵护着孩子们的自豪感,让他们高谈阔论,反而那些从小在北京长大的孩子心生了不少"羡意"。

每节语文课几乎都要学习新的生字,语文课上老师也把学习生字当作很重要的任务去完成。语文朱老师是一个很喜欢把中国汉字与生活情境相联系的老师,她的教学手法总是很巧妙,也让人感到意味深长。

今天的语文课上，岩岩和平时不大一样。虽然平时很闹，但是今天却是在很积极地在回答问题，他回答了老师提问的生字的偏旁还有课文的自然段个数。在学习"双"字的时候，岩岩说这个字的结构是两个"又"字组成，但是又有同学补充说，左边的"又"字的最后一笔不是捺，而是点。老师问为什么，学生集体说："中国字要懂得避让。"这句话让我感触很深，不仅是用拟人的手法，而且也是在语文课堂中进行了道德教育。同时，学生们在复习这个生字的时候，很清晰且明确的记得这个字容易写错的地方，并将和生活情境结合起来的原因联想出来。将学科中的知识与社会生活相联系，这也是杜威提出的在"德育如何才能在学科中进行"的观点。

（摘自王正阳，2016.04.01，田野笔记）

正是这样一点一滴的细节呈现让人感受到古二分的生活教育理念不是一副没有血肉的"空架子"，而是落实到老师们心中的。

但同时，这还不应是生活教育课程的终点。当老师们开始将课堂与课本上的知识与生活对接并引导学生形成这样的意识之后，校长作为一名数学老师，则喜欢用生活中的例子来学习课本中或者生活所需的知识，用生活去教育。

校长：每月了解一次学习状况，今天操场成了一个大数学试卷，一年级孩子数步数，三年级孩子画一平方米，一次成功还不容易呢！

（摘自王正阳，2016.05.05，田野笔记）

今天校长的数学课上带着四年级两个班的同学到操场上铺报纸，一操场上黑黑白白的报纸看得人满头雾水。孩子们趴在地上不知道在做些什么，只觉得他们玩得是"不亦乐乎"！后来看到校长的朋友圈才知道，原来他们今天是去操场上"感受公顷"了（参见照片2-17）！大家仔细计算一张报纸的面积，然后再拼接到一起。最后还要手拉手组成1公顷。这些报纸啊，大概就是每天早上校长在办公室看的《人民日报》吧！以前总是听有的学校老师说要生活联系实际，但是真正怎么个联系法儿？今天算是看明白了！

（摘自王正阳，2016.09.28，田野笔记）

照片 2-17　学生在操场学习公顷（2016.09.28，校长提供）

校长：上次去田地里采摘的时候，学生们很兴奋，那是他们从来没见过的丰收吧！回去够食堂炒好几天菜的了。但是这个过程我们让学生们用自己的小尺子真正的量一量自己拔出来的葱有几厘米，葱白和葱叶各有几厘米（参见照片2-18）。这样他们就会有一个生活上的常识，同时也学习了厘米的概念。

（摘自王正阳，2016.05.17，田野笔记）

照片 2-18　三年级（2）班采摘学习厘米（2016.05.17，学校提供）

让学生学会真正能够在生活中运用到的知识是教育的目的，但是中国教育的考试制度、知识与考试之间的关联和密切程度让学校不得不将很多书本知识放置到教育中来。或许陶行知先生在那个年代所提出的"生活教育"的教学内容是不适用于当今学校的，但是先生的思想是值得现代教育者所思考的。将教育教学的知识融入生活中去，再将生活中的知识与课本知识相结合，最后用生活情境去教学。

　　校长慢慢地身体力行，将这种教育观念和方法传递给老师们，二年级（1）班的老师也喜欢在生活情境中引出课本中的知识。由于老师不仅担任学生们的语文老师，同时也是这个班级的班主任，因此她与学生相处的时间很长，对大家的了解也更多。而她便更加擅长将学生的生活、性格特点等带入到学生的语文学习中。

　　　　《夏夜多美》这节课的主题是感恩，当老师提问："你们大家都受到过谁的帮助吗？来自家长的？同学的？有哪些同学可以给我讲一讲？"同学们你看看我、我看看你，想了好一会儿，有的小声说："我没有受到过帮助。"老师十分的惊讶，说："茵茵，你不想感谢一下铭铭吗？上次我们去动物园春游的时候，你晕车的时候是谁帮你递垃圾袋的？震震你难道不应该感谢一下健健吗？上次你吐了他都没有嫌弃你，还帮你收拾。腾腾你是不是可以感谢一下森森，上次帮你打扫垃圾？"老师一连串的感谢对大家的触动非常大，学生们先是目瞪口呆于老师竟然记得这么多自己曾经受到过帮助的事情，作为接收到帮助的自己却不记得了。大家意识到自己平时受到了那么多帮助后，也敞开了话匣子，老师最后告诉大家，要学会感恩，不要忘了别人对自己的帮助，并学会去帮助别人。班主任把大家平时的举动都放在心里，在必要的场合一一列举出来，给孩子们心灵上带来很大的道德震动感。

　　　　　　　　　　　　　　　　　（摘自王正阳，2016.04.15，田野笔记）

　　这节语文课的主题是"感恩"，但是前面老师"连珠炮"似的举例则更应该让孩子们震撼。课文中的内容或者故事虽然生动，也不及学生生活中发生自己身上的故事更加生动和印象深刻。

　　除却学校中与课本知识相关联的生活教育以外，以学校为统一组织形式的运动会、综合社会实践、小先生课堂和贯穿始终的变废为宝等课外活动也同样具有特色。

自2013年9月建校以来，学校于每年四月底或五月份初举办春季运动会。与大多学校相同，每个班级的学生上报可以参加的体育项目，经老师和学校审核之后，方可参加比赛。每年的运动会是孩子们整个春天最开心的事，一大清早，学生们就会从班里排着队把自己的椅子搬出来码放到操场上，准备观看一上午的"体育盛况"，可以尽情地为自己的小伙伴加油，也有很多同学耐不住性子，早已经在操场上开始"摩拳擦掌"，准备一决高下。由于学生都处于小学低年级段，所以比赛的项目大多为跳绳、托球跑、50米接力跑、400米跑等较为简单的运动项目。班级的同学除了自己参加项目之外，还会在纸条上写加油稿传递到广播台，给自己的小伙伴加油。比赛通常需要进行一整个上午，每个项目结束之后，校长和体育老师都会在事先用三块合唱积木搭好的领奖台上前三名同学颁奖。

12点是最后的颁奖时间，每个单项的前三名都会获得一张喜报，上面写着自己的名次。另外，第一名的奖品是一个金黄的南瓜，第二名是一个紫色的圆茄子，第三名是一个西红柿（参见照片2-19）。大家站在颁奖台上合影。这种独特的颁奖方式十分有趣，老师和家长都很高兴，并且给接力赛的冠军班级每个队员都发了一棵圆白菜。但是一年级2班的一个小男孩在来稿上说："我虽然得了第二名，但是学校给我发了一个茄子，我很不高兴！"我不禁笑了，稿件上没有写名字，虽然不知道这个小男孩是谁，但是感觉到了他的无奈，却也觉得可爱。多么好的教育时机啊！我心里想着，这就是这个奖品的作用吧。

（摘自王正阳，2016.04.29，田野笔记）

学生陆陆续续回家了，今天来接孩子的家长很多，大多都走进学校里来的，还有一些家长志愿者。家长们怕孩子东西太多拿不回去都进来帮忙。一个家长走的时候很高兴，我看见她的儿子手里拿了两个圆白菜。"呵！大丰收啊！"我笑着说，家长说："这都够回家炒一盘啦！哈哈哈！"大家都很高兴，我们班的佳佳和瑞瑞是双胞胎，都把菜抱回家给妈妈，两个人商量合计着："你说做炝炒圆白菜还是熬白

照片 2-19　运动会领奖（2016.04.29，笔者摄）

菜呢？把这茄子给老师拿回去吃吧！"两个小男孩热烈地讨论着，别人看了都好生羡慕（参见照片 2-20）。大家都回去之后，校长在朋友圈里分享了今天的照片，配字是"使劲跑，给妈妈得个大南瓜！"可爱的孩子们，可爱的校长。

(摘自王正阳，2016.04.29，田野笔记)

照片 2-20　双胞胎商量炒菜事宜（2016.04.29，笔者摄）

不管学生拿到的奖品是什么，金色的奖杯、奖牌也好，还是手里的南瓜、茄子、西红柿也罢，他们都只代表了暂时的荣誉，从拿到的那一天起它便只能代表着过去。蔬菜作为奖品，如果一直将其束之高阁，总有一天它会腐烂。这样的奖品没有那么精贵，因而有可能刚一回家就下锅了，容不得孩子们为了自己的荣誉而总是沾沾自喜。另外，不管贵贱，都是自己的所获所得，都是最宝贵的。自己的所得成为一家人的晚餐，尝到自己的"劳动成果"，也是回报努力的一种褒奖。

学校2015年的运动会时准备的奖品是各种谷米，畅畅妈妈和我说："上次运动会的时候学校发的好像是小米、稻子什么的，太有意思了这个学校！"（摘自王正阳，2016.04.09，田野笔记）学校喜欢让学生认识各种稻谷，还在学校食堂门口的大架子上做成了一个个小格子，每个格子间都放了一个玻璃罐，分别放着不同的农作物，有大米、红豆、绿豆、玉米、银耳、枸杞等。但是每个玻璃罐子上都没有名字，不懂的学生们只能自己去书上、网络上查找答案（参见照片2-21）。

照片2-21 谷物墙（2017.03.27，笔者摄）

然而，如果说寻找粮食名字这些事情很艰难的话，那大概只是对于城市里长大的孩子们。在农村长大的学生对于收菜、认识农作物等事物手到擒来。他们干活比别的同学快，爱吃白薯、玉米等粗粮。不仅在学校中，他们在家里也会学家人做农活。

于是，学校设置的"小先生"课堂就成为他们施展自己才华的"大舞台"。陶行知先生在其讨论"生活教育"的书中首次提出了"小先生"这一概念，并提出"小先生制"，其主旨在于"教人去教人"，同时尊重儿童，互相学习。① 古二分从建校初期就提出了"小先生"课堂，让学生们担任整个教学内容的策划者和讲授者，其内容选择可以根据个人的特长或者有感触的经历、学习到的技能来准备。二年级（1）班中就有同学做了去国外游玩的分享，有的同学教大家"如何做纸飞机"。上次开学的时候，有一位四年级的学生和全校的同学一起分享了自己过年回家时向奶奶学习砍竹子的事情。

> 第二个同学说他们在 2017 年的冬天回到了安徽老家，他的爷爷奶奶家在安徽省安庆市的一个小县城，挨着大别山山脉。他以日记的形式记录下来奶奶教他砍竹子的过程。"奶奶教我学砍竹子，要用力。我用斧子直着向下砍，但是怎么也砍不动。奶奶告诉我要四十五度向下砍竹子的根部。奶奶告诉我做什么事情都要讲求技巧。我这次回老家和家人一起劳动，亲近了大自然，体验到了成长的快乐和家人的陪伴。竹子预示着我们的成长，在新的学期里祝大家和竹子一样节节高、步步高！"说完，下面响起了很热烈的掌声。我们班也有同学在下面挺了大拇哥偷偷说："真牛！"
>
> （摘自王正阳，2017.02.20，田野笔记）

"小先生"课堂开始以来，也会有老师安排学生当"小先生"给大家讲一道习题或者一个生字，让大家巩固知识。

同时，在学校的楼道墙壁上，最重要的部分便是学生们的"小天地"。"小天地"里的内容和"小先生"差不多，他们会把自己感兴趣的和最近的活动或者感触以不同的形式表现在上面。2017 年春季学期，陆续有同学喜欢在课间的时候趴在自己的"小天地"前写写画画，或者在别人的"小

---

① 陶行知：《陶行知全集第二卷》，湖南教育出版社 1958 年版，第 656—657 页。

天地"前驻足观察、仔细思考（参见照片2-22）。老师们鼓励学生可以在自己的"小天地"旁边，看到有同学不懂的时候可以向他解释说明。

照片2-22　同学看小天地（2017.03.24，笔者摄）

今天我从食堂回来的路上，看到二年级（2）班的门口有两个男孩、一个女孩跪在地上画一幅"小天地"。他们告诉我他们是2班的。我看到他们蹲在地上一点一点地修饰每个部分，小心翼翼地画着卡通画装饰，这个画是那位女生的，左边的男生在帮忙涂色，女生在写字，右边的男生看着书给女生读内容。我问："你们这期的主题是什么呀？""是海豚。哈哈哈你看你的花瓣涂错颜色了。"中间的女生边回答边看到了左边男生涂错了的花瓣。男生笑了，赶紧合上笔盖换一个颜色，三个人哈哈哈地笑着，很是欢乐的情境（参见照片2-23）！

（摘自王正阳，2017.03.03，田野笔记）

德育主任：我们同学在自己的"小天地"布置好之后可以给其他路过的同学们讲一讲。我看见二年级（2）班的良良在分享介绍自己的"小天地"。所以我们要懂得这种分享的快乐。

（摘自王正阳，2017.03.03，田野笔记）

生活教育视野下的文化融合

照片2-23　二年级（2）班学生在楼道画小天地（2017.03.03，笔者摄）

学会相互尊重然后相互分享是人类思想进步的底色。不论人种、皮肤、语言还是其他差异，不同背景的人们相聚在一起时，尊重或许是最初的前提。生活教育告诉孩子们"每个人身上都有值得学习的地方"。首先学会尊重，让每个人都成为"小先生"，每个人都拥有自己的"小天地"，可以让自己的想法和自己的故事在这里徜徉，这便是给予大家最初的尊重。

但是，学校中也总是会见到有同学"小天地"是为了完成任务而让家长帮忙完成的。学生们对待这件事情总是愤愤不平："老师，这些都是萱萱她妈给她画的，全都是连笔字，一看就不是她自己写的。""她是我们班女生中学习最差的！"（摘自王正阳，2016.05.20，田野笔记）学校无法避免学生家长代替学生写作业的事情，但是确实这造成了对"小天地"这一区域教育功能的干扰。同时也让其他的学生感觉不公平。但是学生们似乎也心照不宣地明白哪位是让家长画的以及她自己不画的理由，大概是因为孩子能力不足吧！会赢得别人尊重和展示自己的从来都不是偷懒的人和不求进取的人。家庭教育也成为学校生活教育有效施行的条件。

第三章 细节中的生活教育

"今天加餐是香蕉,校长说了这个时间吃水果最好了!"

"对,更加利于吸收!"

课间岩岩和班里的同学告诉我一天中最适合吃水果的时间是上午十点前后,这个时候吃的水果是"黄金水果"。

学校不仅是学生学习的地方,更是学生生活的场所。"成为一个拥有幸福生活能力的个体"是学校的教育目标,同时身体健康也是幸福生活的源泉。因此,学生的身体是学校关注的重点,进而食物的合理搭配以及食物的最佳食用时间都是学校希望让孩子们知晓并能够顺应的。每天上午第二节课结束之后,学校食堂都会给学生准备加餐。加餐通常包括奶酪(盒装)、苹果、香蕉、酸奶、柠檬水、乳酸菌饮品或红薯、玉米等。学校根据时间和营养搭配给学生提供加餐,同时告知学生诸如"上午十点前后吃水果吸收最好"等生活健康常识。

> 第三节课的课间,我去水房打水。看见岩岩拿着上午加餐的酸奶杯去接水。我问他:"你没有带杯子吗?"他说:"不是啊,我就是想用这个酸奶杯子喝,里面还有呢!"
>
> (摘自王正阳,2016.05.20,田野笔记)

大家都较为期待每天的加餐时间,因为可以吃到自己爱吃的水果、酸奶或者养乐多乳酸菌饮品。但是大部分学生对西瓜、苹果等都不是"很感兴趣"。学生的感兴趣程度可以从其分发加餐的数量和用完加餐的时间来发现。但是,岩岩同学就十分热衷于每日的加餐。

> 第二节与第三节课之间是加餐时间,今天的水果是西瓜,岩岩坐在座位上吃西瓜,我被浩浩的一声大笑给吸引了过去,原来他在嘲笑岩岩!我不知道他在嘲笑什么,于是就走过去看。只见岩岩抱着一块西瓜,在认真地啃着西瓜的皮,但是西瓜皮上面还有很多红色的西瓜瓤。我这才看明白,他是舍不得吃里面的西瓜瓤啊。浩浩便在一旁说:"岩

岩啊，你几辈子没吃过西瓜啦！"可是，就在这时班里还有几个同学，畅畅和宸宸，都说："我们都不爱吃西瓜，在家都吃西瓜吃腻了！"家中常常购买西瓜吃应属于寻常人家的普遍现象。但是岩岩家明显没有"那么好的条件"，每个人只能分到一块西瓜，一定要多吃一会儿。

(摘自王正阳，2016.09.09，田野笔记)

岩岩是班中的"特殊分子"，爱说话、爱打闹，但是最令学生和老师无法忍受的是他不良的生活习惯，不讲卫生、衣服总是很脏、爱在地上爬、把裤带放在头上等（参见照片2-24）。我第一次进入二年级（1）班的时候，岩岩请假回东北老家了，班里有同学早读的时候便偷偷跑过来和我说："老师，我们班有两个男孩特别淘气，你不用管他们，一个是他（指宸宸，疑似患有多动症），另一个是坐在那里的一个男孩，他今天没来。"（摘自王正阳，2016.03.11，田野笔记）和我说这话的是岩岩的同桌凡凡。后来渐渐发现，她的声音似乎代表了全班同学的心声。大家把这两个人当作全班的"特殊群体"，不愿意和他们两个人坐同桌，并且由于纪律上的问题，两位学生的家长都曾经被要求过陪读。

照片2-24 岩岩上课把裤带放头上（2016.04.01，笔者摄）

班主任经常对于岩岩的许多行为"大跌眼镜"。比如在班里不知道怎么回事把裤子脱了露出小屁股、在地上来回爬等。但是大家都知道岩岩不存在生理上的问题，与宸宸不同。一开始，班主任对管理岩岩的事情十分头疼，有时宁愿采取"听之任之、不理不睬"的原则，但是这只会导致岩岩越来越"猖狂"。他喜欢在学生中充洋相，操着一口"东北口音"做鬼脸、扮傻子逗大家笑。岩岩的家长来北京打工，不是很注意管教岩岩的生活和学习情况。当学校老师让家长来学校交谈或者开家长会的时候，出现最多的便是岩岩的奶奶。岩岩的奶奶似乎对他的管教起不到实质性作用，但却是十分溺爱孙子，当老师打来电话让岩岩家长来学校陪读的时候，岩岩的奶奶直接来到学校陪孙子上课。有一次，数学老师给岩岩家里打电话说学习情况，让岩岩的父母有时间来学校一趟的时候，他的奶奶还是只身一人来到了学校，总是说："岩岩的爸妈比较忙，没有时间来。"（摘自王正阳，2016.11.03，田野笔记）

最初，岩岩在班里总是受到大家的嘲笑，不管是老师还是同学都知道岩岩是一个"爱吃肉""爱吃鸡腿"的男孩。每天中午在学校吃的午饭总是会得到来自同学的异样的目光。另外，由于岩岩不喜欢写作业、学习成绩差，所以老师惩罚没有改错题的同学，只有中午改完错题才能吃饭的时候，大家更是喜欢看岩岩改不完错题吃不到饭时候的"可怜"样子。到了二年级，大概全校的老师都知道二年级（1）班有个小孩子吃饭吃得特别多、"见着肉跟命根子一样"。记得上一次去"首钢"参观，有一位四年级的老师和岩岩的班主任坐在一起，看到坐在一旁的岩岩，便开始讨论。

老师说："你看你们班岩岩，长得就跟内蒙古人似的，这个脸盘儿方方的，脑门比较宽，脸上两团高原红。"班主任说："对啊，岩岩就是蒙古族的。"另一位老师说："你看怪不得他每天吃那么多！人家蒙古族的搁咱们这儿就是天天吃素啊！"大家都笑了，好像是终于找到了岩岩每次吃那么多的原因，也突然感觉大家对他有了一丝理解和同情，但这全是出于他是一个蒙古族的人。

（摘自王正阳，2016.11.09，田野笔记）

虽然"生活教育理念"倡导学生尊重来自不同地域的人们，但是老师们作为学校宏观意识下的独立个体，所秉承的多年来所形成的价值观不是一朝一夕所能够改变的。另外，老师们对于学生的看法、态度以及观点会直接影响到班里或者学校中其他学生对其的态度和看法。不仅如此，小学生作为未成年人，在他们的价值观形成过程中，将老师、父母的态度价值观"据为己有"之后，可能会做出更加激烈的举动。

正如午饭作为学校的一个重要的生活元素，可以很明显观察出学生之间的关系和态度。学校每周会把一整周的早餐、加餐和午餐的食谱于周一张贴在学校门口的公告栏中（参见表2-3）。

表2-3 古二分一周食谱（2017.03.27—2017.03.31）

	星期一	星期二	星期三	星期四	星期五
早餐	葱花饼	千层饼	油香饼	蔬菜摊饼	肉饼
	摊鸡蛋	卤蛋	卤蛋	卤蛋	
	馄饨	小米粥	豆浆	皮蛋瘦肉蔬菜粥	牛奶
加餐	香蕉	烤白薯	苹果	（看不清）	柠檬水
午餐	油焖大虾	红烧排骨	打卤面	（看不清）	西红柿炖牛肉
	肉炒平菇	肉炒柿子椒		（看不清）	炒三鲜
	清炒小白菜	手撕包菜		（看不清）	家常豆腐
	二米饭	二米饭		二米饭	二米饭
	鸡蛋汤	蔬菜汤		薏米汤	海鲜汤

注：本校所用米、面、油、肉、调料等由沃尔玛集团供货（表格来源：古二分后勤部）

家长可以参照学校的食谱了解学生的饮食和学校营养状况。然而，对于从外地来北京读书的岩岩，午饭并没有想象中那么简单。岩岩爱吃肉这件事是全校闻名的，平均每餐三碗米饭，另外每当午餐吃鸡腿、鸡翅、扇贝、大虾等的时候，岩岩就吃得格外多。但是不仅如此，岩岩的卫生习惯不好加之十分舍不得吃这些每个人只能分到一个的东西，所以吃完后常常把自己吃剩的骨头或者扇贝壳放到自己的桌箱里，等到上课的时候偷偷舔一下。对此，老师和同学们十分反感，觉得岩岩不讲卫生，言语中也经常夹杂着一种"嫌弃"。

快要六一儿童节了，下午第一节课，我进班里看同学们一起排练课本剧。岩岩和宸宸没有被分配到角色，只坐在那里看着，岩岩坐在老师旁边却不老实。今天中午吃的排骨骨头，他藏在桌箱里，偷偷拿出来吃，被老师看见了，立刻说："赶紧把那个骨头扔了，丢人不丢人，平时让你妈多给你做点肉吃！"岩岩走出去把骨头扔了，回来还是往常的样子，感觉没什么丢人不丢人的。

（摘自王正阳，2016.05.27，田野笔记）

午饭之后，婧婧过来和我说她海鲜过敏，所以没有吃今天的扇贝。正说着，我扭头看见岩岩的手里拿着吃过的空碗准备送到餐车上，桌子上摆着扇贝壳。我说："岩岩，把那个扇贝壳也拿上一起扔了吧。"岩岩不吭声，说："我还要留着玩呢。"在一旁站着的铭铭嫌弃地说："他每次都留着，老师说了不让他留着，在教室里容易招小虫子、小蚂蚁。"但是岩岩听到这话，用舌头使劲舔了两下扇贝，然后放在桌箱里了。

（摘自王正阳，2016.11.18，田野笔记）

或许是"可恨之人必有可怜之处"吧！我总是这样想，班主任说到岩岩也总先是火气再是怜悯。老师和同学的"哀其不幸、怒其不争"虽然是对待岩岩的态度，但是这对于他自己来说已经毫无意义。只要能吃到好吃的午饭，别人怎么说，岩岩都觉得是"过眼云烟"。

但是，从二年级下半学期开始，岩岩渐渐地发生了变化。这样的变化或许源于班主任老师。2016年的六一儿童节，班里绝大部分的同学都在班级课本剧中担当了角色，但是只有岩岩和宸宸没有被分配到，其原因也无外乎两个人太闹腾，老师担心会在台上出现不可预测的状况。表演当天晚上，孩子们都有些紧张，二年级（1）班的同学表演的课本剧是《美丽的小路》，这篇课文的主题是"环保"。学生们在表演期间需要先把废纸撒到地上，然后再用扫把和墩布来打扫干净。老师们都在表演台两边督促将要上场的同学，放在一旁的扫把和墩布没有人管。马上就要用这些道具了，只见岩岩一个跨步，上前把道具全部递上了台。由于场面有些紧张和混乱，孩子们大多没有注意到这一个细节，但是这却被细心的班主任发现了。

岩岩的个性很活泼，一直在后台帮他们搬道具——墩布和笤帚。由于我在舞台另一边，所以没有看到岩岩的表现，但是过后，老师和大家说："岩岩今天可棒了，就像一个'小场务'似的，一直在帮他们搬道具。"后来回班后，朱老师还让他去帮忙收头饰。岩岩很开心也做得很好。我发现，岩岩是一个"顺毛驴"，老师夸他的时候，他便做得很好。但是，我也明白，岩岩有表演的成分在，所以我后面会多夸奖他，看看会不会起到作用。相信每一个孩子的内心都住着一个小天使！

（摘自王正阳，2016.05.31，田野笔记）

后来，班主任越来越发现这种对岩岩起到关键作用的"夸赞"，比较之前的埋怨和批评"奇妙得多"。但是这样的夸赞并没有想象中那么简单，不像表扬班里的小班干部那样容易。老师要先在岩岩调皮的表现中发现一丁点儿的进步，随后将其扩大，当着全班同学的面来表扬他，树立起岩岩的自信，并且鼓励其越来越好。

然而，这仍旧不是问题的关键转变因素，班主任对待岩岩的态度好转不仅仅是因为岩岩做了老师喜欢的"好事"，更深层的转变便是班主任对待这一类学生的尊重和宽容。班主任不再因为他把鸡腿的骨头藏到桌子里而批评他。就像"小先生"的活动所倡导的那样，每个人都是值得尊重和学习的。当老师关注每一位学生、尊重每一位学生的时候，所到来的效应是无限的。

9点5分，我们到达了篮羽的大门口。一走进篮羽的门便看见羽毛球场，大小相当于一个篮球馆，羽毛球馆的隔壁就是一个篮球场，这个室内的运动馆也并没有我想象中那么大呀。大家纷纷把自己的外衣脱掉，德育主任强调了要把自己的物品整理好，衣服叠好，每个班整齐的放在一起。所以我们班的同学很认真地叠起来，值日班长岩岩今天没有和往常一样需要别人去催他，而是自觉检查了一遍班里同学的衣服，发现有的同学的不合格他就帮忙重新叠好放起来（参见照片2-25）。琪琪是个"小管家"，她走的时候发现有的同学没有把衣服摆好，所以就也帮忙岩岩把水杯和衣服摆整齐，每个人的水杯都挨着他自己的衣服放好。

（摘自王正阳，2016.12.08，田野笔记）

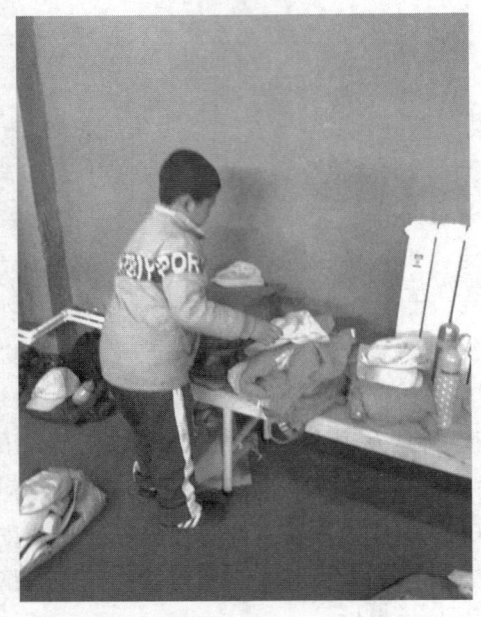

照片 2–25　岩岩整理同学的衣服（2016.12.08，笔者摄）

随着时间的推移，学生对待岩岩的态度慢慢转变了，他们开始帮助岩岩，当看到岩岩站队守纪律的时候，班里的体育班长健健也会特意夸奖岩岩。更加明显的是，岩岩虽然还是很爱吃肉，但是班里的老师和同学对于他的做法发生了很大的改变。

  今天的午饭有一道硬菜——油焖大虾。吃到最后的时候餐车里还剩了几只虾，老师说："你们不练跳舞的、值日班长、盛饭的还有张子健你们多吃一个虾，因为你们平时最辛苦。"大家拿完之后还剩了几只，老师让岩岩再吃一个，怕他吃不饱。吃完饭之后学生准备去送餐车，我去盛了一碗汤，送餐车的同学几个人和我说着："岩岩还没吃完呢！还在舔！"我问："舔什么啊？""虾皮！"旁边的同学说："哈哈哈，他连虾皮也吃。"但这时，铭铭却很正经地说："虾皮是补钙的！"大家听到后安静了几秒钟，有几个同学说："对对对，我妈也说虾皮是补钙的！"说完便讨论着出去了。

（摘自王正阳，2017.03.27，田野笔记）

这一幕很令人吃惊，学生中有的人开始慢慢对岩岩保持尊重，尊重他的行为或者一些看似不是很"得体"的做法。这个转变的过程中，有的同学还是会嘲笑和嫌弃，但是也有另一些同学，会仔细想岩岩那样做的原因是什么，但这样的同学出现的时候，势必会对其他同学产生或大或小的影响。学生们会发现不再是所有同学都嫌弃他，会有同学替岩岩说话。正如大家在听到铭铭那句："虾皮是补钙的！"的时候，空气沉默了一下，大家也在慢慢反思吧！

但是，尊重不代表包容一切，如果岩岩吃虾皮的时候，大家认为是补钙的，但是当他把扇贝壳放到桌箱里拿出来舔的时候，学生们也应该如此解释之后放之任之吗？问题的根源在于学生不再像以前一样嘲笑他，不是带着一种"自恃清高"的语气和态度对待岩岩。那么，即使岩岩的行为是不妥的抑或违反规则的，学生们能够像对待别的同学一样认真地和他讲清楚，帮助他改正。但是，这个过程是漫长而艰难的，需要老师和同学一起去努力。

学校也会对这样的事情做出回应，正如上次看到四年级（1）班的暄暄把学校吃完扇贝之后的贝壳清洗干净，喜欢画画的她在每个贝壳上画了31只小海豚，每只小海豚形状各异。最后将这些贝壳串成"贝壳门帘"，代表四年级（1）班的同学永远在一起（参见照片2-26）。校长和德育主任把暄暄的作品晒到朋友圈里，配字是："学校吃过扇贝之后……"（摘自王正阳，2017.03.20，田野笔记）大家看到之后了解到贝壳新的玩法。希望岩岩藏起来的贝壳也可以像学校的姐姐一样用来"变废为宝"。

每天的午饭后便是听评书和练字的时间，但是每天都有一些同学很期待这个时间，因为他们可以去学校食堂里一起"刷碗"。虽然学校作为一个教学机构，学生的主要活动场所是教室或者操场，但是在学校这一场域中，也存在着很多和家中一样的"家务"，比如在学校中的食堂、校园内的卫生等。

学校自2014年至今，坚持让孩子们洗碗。"为了防止孩子们的脚溅湿，学校买了专门的鞋套给孩子们，孩子们脱鞋洗碗"（摘自吕苹，2014.12.22，田野笔记）。每天午饭后，四个年级的学生们轮流进行洗碗，每班5—6名学生负责清洗这一餐学生们的餐具（参见照片2-27），最后由后勤人员消毒。

照片 2-26　暄暄做的贝壳窗帘　　　　照片 2-27　二年级（1）班学生洗碗
（2017.03.20，学校提供）　　　　　　（2016.05.20，笔者摄）

　　由于食堂规模的限制，之后中午的用餐二年级统一在教室进行，一年级的孩子在食堂进行；但洗碗这项任务仍然由全校同学承担。所以在开学第一天，老师们让一年级的孩子排好队观看二年级学生如何流水线刷碗。

（摘自吕苹，2014.09.01，田野笔记）

　　中午由一组同学去食堂洗碗（参见照片 2-28）。回来之后，婧婧和畅畅跑过来给我看他们的手，已经被水泡白了，像老人的手一样，让人看了很是心疼！尤其是畅畅的。但是，作为一个男孩子，虽然这手看起来心里有些难受，但是洗碗也是培养他们一种责任啊！

（摘自王正阳，2016.05.20 田野笔记）

　　从食堂出来的路上总是能看到一年级的老师在教孩子们怎么洗碗。虽然只有一年级的学生，小小的个子却也是很积极地坐在大盆旁边洗着。老师细心地和班里的一位胖乎乎的小个子女生说："洗碗之前记得把袖子挽起来，不然该洗湿了，下午怎么上课呀？"（摘自王正阳，2016.12.23，田

照片 2-28　畅畅和婧婧被泡白的手（2016.05.20，笔者摄）

野笔记）说着，双手帮孩子温柔地把袖子挽起来。阳光从食堂后窗射进来，老师给孩子挽袖子的景象定格在那里，像是可以温暖整个午后。

　　学校充分利用了这些生活中的情境和机会，锻炼孩子们独立生活的能力。平日里，食堂在给学生准备午餐、晚餐的过程中，如果是需要制作的饺子、馄饨、包子等，校长便会让各班老师在课间组织学生排好队"去食堂溜达一圈"，看看平常吃的饺子、馄饨和包子是怎么包出来的，他们的制作方法有什么不同。

　　因此，学校的食堂、安保还有园艺都离不开大家"敬佩"的后勤人员。古二分的保安叔叔和食堂阿姨都是学生们学习的榜样。校长会在保安叔叔或者后勤阿姨入职的时候在主席台上正式介绍他们的加入。学生们喜欢学校的这些后勤人员。古二分的保安叔叔共有三名，分别是来自河北保定的队长叔叔、种地大王叔叔和退休工人叔叔（参见照片 2-29）。这三名保安从 2013 年学校成立伊始就在这里工作，四年来，安保公司几次提出把他们调往另外的单位，他们都坚持下来不愿离开。

　　保安室的小队长来自河北保定，处事认真负责，为人友善淳朴。他除了完成本职工作外，还与学校的师生打成一片。学校为了解决学生家长下班晚，无法按时接送孩子的问题，坚持开设课后班和晚饭班，让回不了家的学生能够在校活动到六点，但即使这样还是有部分家长会有耽搁，每天小队长都会和值班老师一起陪伴这些孩子活动、学习，孩子们从他这儿收获了很多快乐和温暖。在工作之余，会经常看到小队长在值班室看书，大家都鼓励

照片 2-29　种地大王叔叔收冬瓜（2016.03.07，学校提供）

他继续学习，去年他报了自考的会计班，开始自学相关的课程。平时，他还积极参加老师们的学习活动，比如上学期听说老师们在练字，他也拿起钢笔跟着练了起来。①

不仅有小队长这样"爱学习"的保安叔叔，还有会种地的叔叔，去年学校冬瓜大丰收，三年级的每个孩子学会了做冬瓜汤，丝瓜、豆角、玉米、花生、韭菜等，学生在叔叔的辅导下，吃到了自己的劳动成果，把"种地大王"的称号授予保安叔叔，当之无愧（参见照片 2-30）。

在古二分，大家对待食堂做饭的阿姨、清洁卫生的阿姨还有保安叔叔都和老师同这个"大家庭"中的一员相同。校长在"古二分的百草园"上发表文章《保安也是好老师》来告知家长和同学们，学校的每个成员都是值得大家去学习的。他们有的是种冬瓜的能手，有的熟悉四季轮回的规律，还有的懂得如何可以把肉龙蒸的香气四溢，懂得如何把植物园里的植

---

① 古二分的百草园：《保安也是好老师》，https://mp.weixin.qq.com/s/TjFrOavaMJn1IanN—aZ—mQ，2016 年 3 月 2 日。

照片 2-30　为叔叔颁发"种地大王"奖状（2016.03.07，学校提供）

物嫁接种植，让这个学校成为更加美好的世界。

顾明远先生曾经分享自己一生秉承着的教育信条之一便是"教书育人在细微处"。如果说一所学校拥有着优秀的教育理念，完善的教育体系，但是笔者认为，这都不及细微处的教育更加能够彰显教师和教育者的教育智慧。然而，这样的教育又有哪些教育者能够真正做到呢？

第四章 古二分的节气与节日

> 春雨惊春清谷天，夏满芒夏暑相连。
> 秋处露秋寒霜降，冬雪雪冬小大寒。
> 每月两节不变更，最多相差一两天。
> 上半年来六廿一，下半年是八廿三。
>
> ——《二十四节气歌》

走在古二分的走廊上，总是能听到教室里同学们用稚嫩的童声齐声背诵着《二十四节气歌》。

《农业大词典》中是这样描述二十四节气的：反映一年中自然现象与季节特征的二十四个节候。根据太阳在黄道上的位置（黄经），每隔15度划为一个段落，将全年均匀地划分为二十四个段落。其中立春、惊蛰等为十二个"节"气；雨水、春分等为十二个"中"气，总称"二十四气"，俗称"二十四节气"。以节气的开始一天为节名，则各月的"中"气必须在夏历的该月出现。没有"中"气的月，作为闰月。但"节"气则可在本月或上一个月出现。

中国自古以来的农耕文化凝结着几代人的聪明智慧。费孝通先生曾说"自美其美"，教育所承袭的文化功能也恰恰蕴含在"自美其美"之中，学习中国历久弥新的传统文化是新一代在中国土地上成长起来的孩子不可或缺的。

古二分的"生活教育"顺理成章地将"节气"教育作为其校园生活的一个重要组成部分。自办学开始，老师们会在每年的节气当日为孩子们讲述这个节气的来历、作用，以及对我们现在的生活、身体所起到的作用等。

德育主任："今天是中国二十四节气中一个特别重要的节气'冬至'。到了冬至这一天的时候呢，首先它会是我们一个特别特别冷的开始，冬至意味着我们北半球这一天白天最短，夜晚最长，我们同学关注一下，我们是不是今天天黑得特别早，比每天都早，而从这天之后，白天就逐渐变长了，夜晚就变短了，我们的天呢就该黑的晚了。除此之外呢，冬至的到来表明一年中最寒冷的日子就要来了，说明我们之前的冷还不叫冷，从这天以后就会更冷了，你看今年我们北京还没下雪呢，说明最寒冷的时候还没到呢。"

冬吃饺子夏吃面，那今天我们食堂晚餐也给同学们准备了三鲜馅儿的饺子，今天食堂开始包饺子的时候，我们全体同学也按照班去看一看，看看饺子是怎么包出来的，去学一学。上周我们学校食堂包馄饨，我们同学去学了（参见照片2-31）。后来有个小男孩回家去给爸爸包了一碗馄饨，他爸爸吃了特别特别高兴。就是说你在学本领的同时，你还会给别人送去一种幸福，一种意想不到的幸福。那这个吃了儿子亲手包的馄饨的爸爸就非常高兴和幸福。

（摘自吕苹，2014.11.22，田野笔记）

照片2-31 学生到食堂观看包馄饨（2014.11.22，吕苹摄）

二十四节气进入古二分最初是伴随着老师的介绍开始的，学校关注学校中的田野、农作物的同时也试图将农作物与自然节气内里相联系。让学生实实在在感受到生物与天、地的内在机理，这生物中也包括植物、动物和人，便也是整座校园中所包含的"生灵"。美国思想家、诗人爱默生（Emerson，R. W.）就认为，"大自然"与（人类的）"本性"是一致的。他在《自然沉思录》中说："这浩浩苍穹下的小小学童，明白了他与这博大的自然竟还是同根而生的。一个是叶，一个是花，他的每一条血脉里都涌动着他与自然的亲谊和感通。他与自然所同之根是什么呢？那不就是他灵魂的灵魂吗……属于自然的美就是属于他自己心灵的美。自然的规律就是他自己心灵的规律。"①

2017年3月21日是这一年的春分，俗话说"春分到、蛋儿俏"，古二分的孩子们每个人都被分发到一个鸡蛋，一起来做"竖鸡蛋"的游戏（参见照片2-32）。春分时节，古二分孩子们手中的鸡蛋也不那么简单，美术刘老师先教大家如何在鸡蛋上画画，学生们可以在鸡蛋上画下"自己眼中的春天"，最后还一起挑战了"竖鸡蛋"的校园吉尼斯大赛，互相交流鸡蛋能够竖起来的原因。

照片2-32　学生竖鸡蛋（2017.03.21，学校提供）

自2016年秋季学期，校长鼓励学校老师和学生进行的关于"二十四节气"的学习和研究，全校学生都会背诵"二十四节气歌"，语文老师将"二十四节气"作为自己的爱好和研究对象，在学校范围里招募学生，于2017年组成了"二十四节气小分队"（以下简称"节气小分队"）。在学校新成立的微信公众号中的"朗读者"栏目里开辟出"光阴：中国人的节气"作为一片专属于"节气"的领域。节气小分队的学生们查找相应节气的资料和内容，以配乐朗读的方式发布其中。

"春至清明，空气清朗，四野明净，大自然处处显示出勃勃生机。《淮南子·天文训》记述：'春分后十五日，斗指乙，则清明风至。'古籍《岁时百问》上说：'万物生长此时，皆清洁而明净。故谓之清明。'"清明时节，打开"古二分的百草园"公众号，清澈、悦耳的钢琴伴奏声传入耳畔，"节气小分队"的豪豪用他的童声为大家朗读清明时节的由来，告诉

---

① ［美］爱默生：《自然沉思录》，博凡译，上海社会科学院出版社1993年版，第27页。

大家什么是"清明"、何以为"清明"。

"二十四节气"慢慢进入了孩子们的生活中，他们慢慢学会了观察周围的事物，开始注意现在大概是什么节气，这个节气会出现什么大自然现象等。老师们会一起讨论在稻香村糕点房买来的"廿四节气"系列糕点。

  今天下午突然在"古城小学"的微信群里看到老师们在讨论一盒稻香村的糕点，我正奇怪，这糕点怎么了？还在教师群里讨论起来了？打开照片一看，原来背面说明书上写着"雨水望春蜜饼"。德育主任发来照片后专门提醒了研究二十四节气的语文老师，语文老师笑答："好吃吗？春季应该少吃酸的多吃甜的，稻香村应该是依据这个开发了这款产品。""有可能，"德育主任回答，"做的跟月饼似的，我闺女说好吃。"语文老师连忙说："哪天拿来尝尝！""明天给你拿一块，应季食品，过了就没有了。"谁知没过一会儿，这个学期新来的年轻老师也买来一盒，说："刚买了一盒，被包装所吸引。""对，网上说稻香村二十四节气的都开发了。"果然，我在北京稻香村的官方网站上一搜，二十四节气都对应着一款点心呢！有"立春咬春卷儿""惊蛰盘龙糕"还有"谷雨椿芽酥"等，真是让人看了都垂涎欲滴呀！

（摘自王正阳，2017.02.19，田野笔记）

"二十四节气"随着学校相关活动的展开而映入大家的眼帘，老师和同学们开始注意生活周边关于节气的事物，学会"顺时而作"。这种"顺应自然""天人合一"的感觉和意识培养从小学时做起应该是智慧的。让生命与脚下的土地联系在一起，这是对大自然的尊重、热爱，也是培养学生们拥有良好秉性态度的重要基石。

相比于在古二分刚刚兴起的"二十四节气"来说，每年中国传统节日"实实在在的过法儿"也一直是校长和老师们所共同关注和竭力打造的。"二月二日龙抬头"大概是孩子们寒假开学以来到学校一起过的第一个传统节日，虽然这一天没有成为国家公休日，但是古二分却将其视为一个"全新的开始"，每年"二月二"的时候都会组织学生大扫除（参见照片2-33）。

  下午一点钟时，广播中开始由老师介绍昨天（二月二龙抬头）节日

照片2-33　"二月二龙抬头"大扫除（2016.03.11，笔者摄）

的由来，并且告诉同学们要到了万物复苏的时节了。今天下午学校准备举办大扫除，因为古话说得好"二月二龙抬头，扫一扫好兆头"。

（摘自王正阳，2016.03.11，田野笔记）

古二分的"节日"是要实实在在地过，因而对于中秋节、腊八节，老师们要让大家感受到真正的节日气息。2016年的中秋节，周一下午的厨艺班也应运而生了。第一堂课是轩轩的爸爸和后勤主任为同学们带来的"中秋学做月饼"。孩子们一排排坐在下面，师傅穿着白色的厨师服，和面、放馅、压模。学生们仔仔细细地看着，两只小眼睛像是快要钻到月饼中去了！

这一年的腊八节也和往常不同，学校准备让孩子们亲手体验一下"泡腊八蒜"的过程。

15：30腊八节活动正式开始了。德育主任在广播中问："今天中午大家都喝粥了吗？""喝啦！""今天粥的名字叫什么？""腊八粥！"洋洋老师介绍了学校由研究节气的语文老师带领研究小分队，带着大家一起做腊八节活动。

首先，语文老师请同学们介绍了关于腊八节的很多传说。分别是"皇帝以前喝的腊八粥""佛教中的腊八粥""赤豆打鬼""岳飞打敬东洲""秦始皇修长城"和"小两口过日子"。其次，语文老师带着大家看了介绍腊八节的视频《传承》之腊八节传统。这个视频是由河南大学的一位教授录制的，形式通过主持人和教师的问答进行，中间穿插少量介绍小片段。

  最后一个活动是和同学们一起做腊八蒜。语文老师说："大家想不想学做腊八蒜呀？""想！"大家都很兴奋。每个班出三名同学到食堂拿蒜头和罐子，今天的值日班长是瑞瑞，班主任老师让他找两个人一起去拿材料。瑞瑞很有领导范儿，手里比画着，说："畅畅走！""穆穆快过来帮忙来。"三个人回来之后，班主任老师让瑞瑞把蒜分给各组。孩子们去洗了手，很激动地坐在座位上，准备比谁剥蒜剥得快。大家开始剥蒜了，每个人的手里都有一头蒜。有的小组扎在一个桌子上剥，有的坐在自己座位上剥。"嗯，岩岩知道用纸垫着，把蒜皮放到纸上。"（参见照片2-34）我没有想到，岩岩现在变得如此爱干净了。果然最近老师的表扬教育起了很大作用啊！但是不一会儿，岩岩开始用牙咬剥不下来的皮。班主任老师有些嫌弃地说："不要用牙！人家还吃呢！"我看见有的同学在认真地剥着，用小手使劲地一下下往下抠在蒜上的最后一层小薄皮。怡怡边剥边说："辣眼睛。"十分钟过去了，班主任老师让大家比比哪个组剥得最快，大家把剥好的蒜放到自己组的玻璃罐子里。很快，有几个组的罐子就满了，最快的是萌萌组，其中包括宸宸一起，他们把罐子举起来，语文老师和班主任老师给他们拍照，宸宸的个子很高，站在大家的后面，但是他也想用手抱着罐子。所以他就把手从萌萌的脖子两边伸到前面。宸宸和同学们融入一起了，一起剥蒜一起拍照，而且同学们也没有多么抵触他的存在。有三个组的罐子都满了，但是有一个组的罐子只装了一个"罐底"，那便是健健组，他们的组员是伟伟、钰钰、涵涵和岩岩。但是钰钰和涵涵都因为下课时候学狼叫而被罚站了，所以这个组便少了两名"得力干将"，最后只剥好了一点点。大家都开始过去帮健健组剥蒜，贺贺、琪琪、凡凡等都剥得很快。我问婧婧："你在家剥过蒜吗？""嗯，剥过。""剥过几次呀？"她想了一会儿说："差不多四次吧。"他们在家剥蒜的机会真的很少，班主任老师说："看他们兴奋这样，在家应该都没怎么干过这个。"最后，大家把五个装满了蒜瓣的

照片 2-34　岩岩剥蒜（2017.01.05，笔者摄）

玻璃罐子放到前面的盆里，等待一会让邱老师过来灌上醋。

（摘自王正阳，2017.01.05，田野笔记）

一次简单的剥蒜和泡蒜的过程却令大家发现了"判若两人"的岩岩，那个裤子常常垂到屁股上、吃饭前不爱洗手、在地上爬来爬去的男孩，记得在剥蒜的时候用面巾纸垫在下面接蒜皮。我被眼前的一幕"震惊"了！老师的关注、表扬和同学们的接受和尊重，让岩岩变成了一个爱讲卫生的小男孩。

但是，现实和想象并非完全贴合，因而整个转变的过程也并非一帆风顺。岩岩虽然意识到在剥蒜皮的时候用卫生纸垫在下面以防弄脏了自己的桌子，但还是会用自己的牙咬掰不下来的蒜根。看到这里，我似乎真正感受到了"生活教育"下随迁子女的转变过程，像是一个回旋的螺旋，上升又回落，回落又上升，但还是在"努力地向前走着"。

不管怎样，岩岩的转变大家都看在眼里，也相信随着"生活教育"活动的开展、古二分所秉承的观念不断深入，在随迁子女与流入地学生之间的差异存在，依旧可以形成一个"相互包容、相互理解和学习"的"有机体"。

第五章　生活教育视野下的文化融合教育

通过前文"古二分其形""生活课程百草集""细节中的生活教育"和"古二分的节气与节日"四部分内容,笔者初步将北京市石景山区古城第二小学分校的整体形貌和教育概况做一整理和描述。再以"生活教育"为暗线贯穿始终,叙述一座小学中的林林总总。同时,古二分的"随迁子女"和流入地学生们生活在其中,感受和体悟着自我与他者的交流与互动。两者在自我价值观,以及对待他者的态度和观念建构过程中,"生活教育"对其产生的影响值得思考。

一　"生活教育"为文化涵化提供条件

在人口的流动中,随迁子女的文化融合教育研究的主要目的在于探究其背后的文化融合动力。其中,异文化间的"文化涵化"作为描述文化融合过程的概念,可以用来描述古二分文化融合教育的过程及其内在动力。"文化涵化"(acculturation)概念经20世纪初的争论,最终于1953年在斯坦福大学召开的校际暑期研讨会①上告一段落,学界以社会科学研究委员会(The U. S. Social Science Research Council)的名义,于1954年发表了《涵化:探索性的阐释》,将"涵化"定义为:两种或更多的自发文化系统相结合所形成的文化改变(参见图2-2)。涵化可能是直接的文化传播的

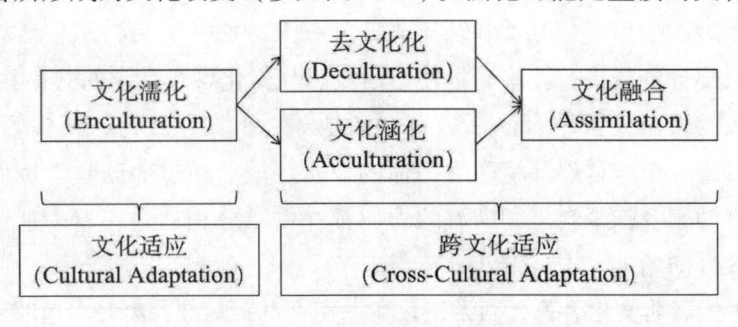

图2-2　"文化涵化"概念解析图示

---

① 为了厘清"文化涵化"的概念,该校际暑期研讨会的举办是由三位人类学家(Siegel, Vogt & Waston)和一位社会学家(Broom)向社会科学研究委员会提出申请,于1953年7月和8月在斯坦福大学召开。

结果；它可能是来自非文化因素，比如由一种冲击性的文化所引起的生态学或人口统计学方面的变化；它可能是延时的，如同在接纳外来的特性或模式之后才会发生的内部调整；或可能是传统生活模式的一种被动适应[①]。因此，文化涵化现象体现在古二分随迁子女与本地学生之间的持续接触中，同时两种文化在受到文化冲击后均进行内部调整的过程。因此，生活教育为文化涵化提供了土壤和条件。

古二分从建校初期便开始实践"小先生"课堂，全体学生均可担任教学内容的策划者和讲授者，其内容选择可以根据对环境的见闻、学习到的技能、个人特长进行准备。不论是流入地子女还是随迁子女，都有一块属于自己的"小天地"，他们在上面进行图画、文字等各种形式的展示。更重要的是，将自己所展示的内容在每周一次的"小先生"课堂上分享给他人。同陶行知先生在"生活教育"理念中所阐释，小先生的主旨在于"教人去教人"，同时尊重儿童，互相学习。[②] 不论成绩、地域、性别，都需得到他人像对老师一样的尊重。

在两种文化相遇并持续接触后，两者开始相互影响、相互改变。而生活教育也成为文化涵化的重要场所。因此，在两者的接触过程中，生活教育这一理念和教育实践都为文化涵化提供了充分的条件。

二 生活实践与文化融合教育共存共生

古二分"生活教育"实践从"学校形貌""生活课堂""学生实践田野""细节中的生活"和"节气与节日"五大方面，下文将从生活教育实践中摘取部分资料进行诠释，描述生活实践与文化融合教育的共存共生。

学校的形貌设置结合生活教育中的地球、土地、生物、石头等元素，为学生打造一个与自然环境融为一体的校园环境。通过地球让学生们各自找到自己的家乡，来自五湖四海的人们都在古二分相遇与相聚。这便是文化融合教育的始端。

在中国经典文化名著《西游记》中，唐玄奘牵马准备离开大唐时，太宗

[①] The Social Science Research Council, "Acculturation: An Exploratory Formulation", *American Anthropologist*, Vol. 56, No. 6, 1954, pp. 973—1000.

[②] 陶行知：《陶行知全集》（第二卷），湖南教育出版社1958年版，第656—657页。

道:"日久年深,山遥路远,御弟可进此酒:宁恋本乡一捻土,莫爱他乡万两金。"故土是万千离人无法忘却的,古二分让孩子们回去带来自己家乡的石头,不仅为了孩子们之间的一份分享与了解,更多的是学校将对他们各自家乡的爱和尊重蕴藏在其中。这种感情或许是还未完全成熟的孩子们所未曾体察到的,但是把这颗眷恋家乡的种子埋到心底,不仅是对融合教育的一大助推力,还是对来自五湖四海的学生的家乡的一份尊重和敬意。

随迁子女的来源地与流入地的相识与相遇(encountering)在自然的校园环境中开始,随后在以生活教育理念为引领的"生活课堂"中相互渗透。

在生活教育的教育理念下,老师们将课堂与课本上的知识与生活对接并引导学生形成目的意识。如数学老师带着孩子们到操场上铺废旧报纸,让大家感受"公顷"这一度量概念真正的大小。学生们在北京郊区的土地收获保安叔叔种下的小葱,同时把学习"厘米"的知识迁移到实践课堂中。

学校的课程学习与生活教育的实践相互连接,当知识为学生所用时,才能够使其成为真正的知识和技能。校长用这样的方式,将生活实际与数学课程联系,为古二分生活教育提供了真正意义上的诠释。

进入农田与土地中,从农村进入城市的随迁子女与当地学生所体现出的差异较为明显,而正是学校所供给的生活教育课堂与土壤,才使得他们的"长处"得到发挥。古二分的运动会上,将"土豆""西红柿""茄子"等农作物奖品颁发给获奖的同学们,"红豆""玉米""麦冬"等谷物、植物成了博物馆的展览品。学生们在相互体验与感悟对方的生活中长大,这便开始了文化融合教育的相互渗透与涵化过程。

随迁子女的文化融合教育不仅体现在集体的融合交往中,也渗透于个体与异文化的摩擦、冲突与改变之间。岩岩作为一名从中国东北部乡村移居至北京的随迁子女,在生活习惯、卫生习惯与饮食习惯等诸多方面与其他同学不同。他对于自己不常能吃到的食物,如扇贝、虾等都较为珍惜,不注意个人卫生,"裤子常常垂到屁股上"(摘自王正阳,2016.05.20,田野笔记)。这些习惯常常成为同学们的"笑柄"。但是随着班主任对岩岩的重视与细节上的夸赞,大家开始尊重他。

就像"小先生"的活动所倡导的那样,每个人都是值得尊重和学习的。老师关注着每一位学生、尊重每一位学生,这样的氛围对于学生成长的作用是正向的。同时老师对于学生的作用是无形的,这样的尊重也会影射到学生群体间的彼此尊重。

在古二分的校园中，代表着不同文化的不仅是来自不同地域的学生，还有后勤部门非京籍的保安、保洁人员和食堂厨师等。学校中的保安叔叔和食堂阿姨都是学生们学习的榜样。校长会在保安叔叔或后勤阿姨入职的时候在主席台上正式介绍他们的加入，为会种地的保安叔叔颁发"种地大王"的奖状。他们或许说着不同的方言，或许携带着各异的文化，但是古二分的生活教育都为他们提供了相互学习的土壤，让尊重成为文化融合教育的根基。

三 生活教育与文化融合作用机理

（一）古二分生活教育模式及其演变过程

古二分以"生活教育"为办学宗旨，将这一理念渗透进学校的教育教学、校本课程，以及综合实践等方面中。校长在平时的工作布置和教学思想中不断贯彻和施行，从而带动教师在学生的学习和生活中进行和落实。王校长曾表示："生活当中有很多的资源，必须建立生活与知识的联系。"如此，学校希望学生在生活中进行学习和探索知识，从而形成自觉发现问题、自主解决问题的学习态度和习惯。正如校长所说的那样：

> （我们的）办学宗旨就是生活教育，底下学校的办学目标就是把学校定位成学习的乐园、生活的家园。现在好像这种生活的家的味儿还是有一点点的。
>
> 古二分小的理念不是'新'，而是落到实处。很多其他学校的老师都说'古二分小跟现在差着十年呢！'意思是所有东西都落到实处，不像其他学校那样飘着，就像是以前的学校一样。校长带我看她用很大一张白纸写的生活教育中，生活与教育的关系，大概是这样的（参见图 2-3）。

（摘自王正阳，2016.05.27，田野笔记）

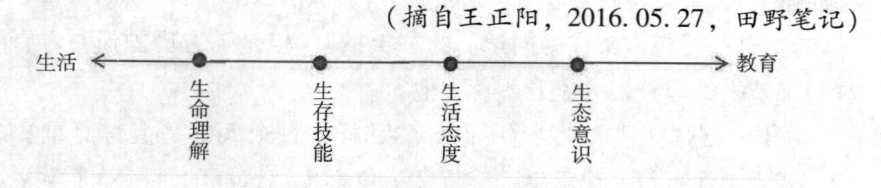

生活 ←——●————●————●————●——→ 教育
　　　　生命　　生存　　生活　　生态
　　　　理解　　技能　　态度　　意识

图 2-3 古二分"生活教育"理念

关于古二分小所秉承的"生活教育"的内涵，可以分为"生命理解""生存技能""生活态度"和"生态意识"四个方面，学校的教育教学活动的具体展开也围绕着四个方面进行。低年级段（包括一、二年级）的主要目标是以上四个方面启蒙，中年级段（包括三、四年级）是以上四个方面的主要增长点，四方面综合发展，高年级段（包括五、六年级）则进行更高层次理想的生活教育。正如校长所说：

  咱就说那四个领域啊，从横向看它是四块，对吧，有生命，有生存技能方面的，有生活态度方面的，有生态意思方面的，但是你要纵向看，一个比一个高。你看它最初只是一个理解认知，到它能够有一些技能，它改变了他们的方式态度，最后它有一个特别高的境界，就是意识，生态的意识。一二年级，实际上就是启蒙时期，各方面都是一种启蒙，到了三四年级，从楼道的主题看，它不是绿色的吗，它在成长。这四个领域是并行的，也得往上成长，是吧。再到了高年级的话，到时候发展的就是一种理想的教育，理想的德育。其实什么样的德育可能就会配上什么样的教育教学。

（摘自王正阳，2016.05.27，田野笔记）

随着古二分"生活教育"理念在实践中的不断发展和完善，2016年秋季学期，学校在原有生活教育框架基础上，将一维目标上升至三维目标（参见图2-4）。

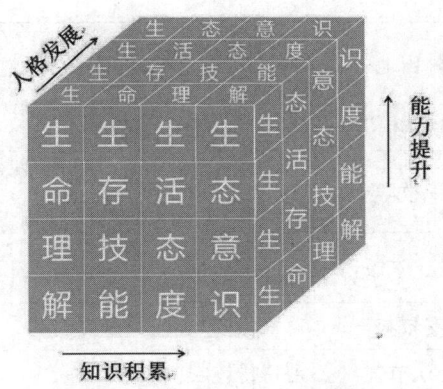

图2-4 古二分生活教育理念三维目标

古二分生活教育理念的又一次革新仍围绕"生命理解""生存技能""生活态度"和"生态意识"四个主要的内容进行，但将其放置于知识积累、能力提升和人格发展的三维坐标中。力求在这三个方面中培养学生对生命的理解、对生存技能的学习、具备健康的生活态度和更加高远的生态意识。

（二）生活教育实践与目标的共存共生

古二分的生活教育实践如前文所述，田野调查者进入田野点后能够最直观观察和体会到的便是其"生活教育"理念下的教育实践。总体来说，古二分生活教育的实践框架包括"学校形貌""生活课堂""学生实践田野""细节中的生活"和"节气与节日"，同时这些大的实践活动下又划分出细小的教育活动，对应至学校"生活教育"的教育目标中，可做如下划分。

表2-4　古二分生活教育措施与目标双向细目

教育模块	具体实施环节	具体内容	生活教育理念
学校形貌、设施	小鸟、树木、竹林	学校养小鸟并种植树木、竹子	生态意识
	海豚池	小金鱼、荷花	生命理解
	地球	大地球和地球仪的整体生态平衡、共生意识	生态意识
	卫生间	海豚图标提醒学生节约用水	生活态度
	楼道、墙壁	"小天地"供学生发现和体会生活，并与他人分享	生活态度
	花房、苗苗屋	与小苗一起成长	生命理解
学生实践田野	校内土地	种菠菜等蔬菜	生命理解 生存技能
	校外田地	熟悉农耕；学习种植	生命理解 生存技能
生活课堂、细节	洗碗	全校学生轮流洗碗	生存技能
	知识教学	在课堂中尊重他人、礼让；分享各自的家乡；用生活验证知识	生活态度
	加餐、午饭	按照规律吃加餐；午饭不嘲笑同学	生活态度
	保安叔叔	尊重保安	生活态度
节气与节日	二十四节气	习得传统农耕节气	生活态度
	中国传统节日	解读并实践中国传统节日内涵	生存技能

如表2-4所示,生活教育实践通过各种各样的活动多方面渗透、达成学校所一贯坚持的生活教育目标,即形成学生的"生命理解""生存技能""生活态度"和"生态意识"。四层逐层递进,但是在生活教育实践中却应是相互渗透的,并未完全隔离。如若将生活教育的目标和时间过程,可以用图2-5进行描述。

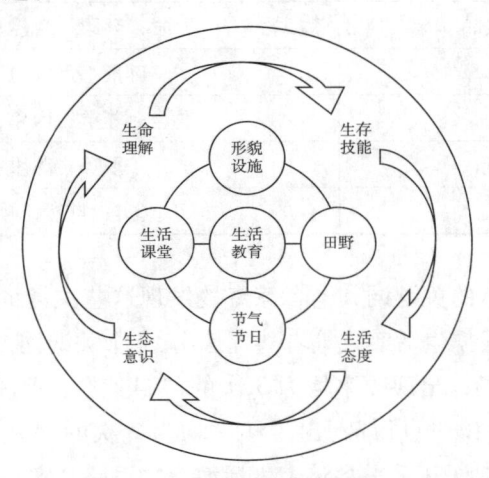

图2-5 生活教育实践与目标的关系

在生活教育的培养目标中,"生命理解""生存技能""生活态度"和"生态意识"应逐渐深入,不仅在随迁子女与流入地学生两个群体文化融合中起到作用,同时也是教育的最终理念。

(三)生活教育中的精神文化元素

根据前文所述的古二分生活教育的实践,将其所代表的精神含义用核心元素提炼,笔者认为可以形成以下的对应关系(参见表2-5)。

表2-5 生活教育实践与精神文化元素

生活教育实践	精神文化元素
小鸟、树木、竹林	自然
地球	视野;常识
海豚池	生命;善良;群居
走廊	生命;成长
墙壁布置	视野;平等;互进
卫生间	珍惜;生命

续表

生活教育实践	精神文化元素
校内田野	生命；自得；珍惜；尊重；成长
校外田野	生命；珍惜；互进；常识
运动会奖品	生命；健康；自然；自得
家务	自得；劳动；责任
小先生	平等；尊重；谦卑；互助
保安叔叔	平等；尊重
节日	真实；自然；顺时

根据上表显示的关键词，笔者惊奇地发现这些关键词中有很多元素出现了多次重合。根据生活实践笔者共提炼出17个关键词，即出现频率最高（5次）的"生命"；出现频率均为3次的"自然""平等""互进互助""珍惜""尊重"和"自得"；出现频率均为2次的"视野""常识"和"成长"。这些关键词几乎贯穿整个生活教育的思路和实践过程中。

当这些关键词浮现水面时，其与随迁子女和流入地子女的文化融合现象之间的联系便更加明晰。笔者力图将频率出现较高的词作一归纳，以求更加深入探讨"文化融合教育"更加深刻的内涵。

1. "生命与自然"是万物相生的底色：文化融合教育的根基

在人的生命中，就存在方式而言，人，一方面是个体的存在，另一方面是社会的存在，两个方面不可分离，共同构成了人生命存在方式的二重性。因此生命存在以个体和社会两种形式展现。[①]

生活教育中树立生命观是其中不可或缺的，也是其主要精髓之一。当将它剥离开来与文化融合教育产生关联时，其生命的底色成为文化融合教育的根基。古二分生活教育中的植物、动物、人，均是生命，人们对待这些生命如同对待自己。学生们喜欢海豚、观察海豚、向海豚学习他们善良、群居的优秀品质，还会不由自主地哼唱起以"小海豚"为主角的校歌《学知求智 幸福成长》；学生们在苗苗屋种植小苗，将小苗看成和自己一样成长着的个体，课间的时候总喜欢跑到苗苗屋观察小苗长高了没有。因

---

① 冯建军：《走向道德的生命教育》，《教育研究》2014年第6期，第33—40页。

此，这些裹挟在生活中的生命都同人们一样，是地球上有生命的个体。

学校希望教育孩子们能够从小树立起生命万物相生、众生平等的观念是弥足珍贵的。这也是随后在与不同地域来的学生或拥有不同文化背景的学生的相处过程中的重要基石。当孩子们从心底明晓生活在地球上的动物、植物和人类都是平等的生命个体时，来自五湖四海的同学们便和自己更加是平等的。

2. 开阔"视野"下的博大心胸：文化融合教育的心态

生活在大城市中，将随迁子女与流入地子女的"视野"和"常识"学习都纳入到教育中是必然结果。城市中的多彩文化、名胜古迹、自然风光孑然一身，学生们不仅在学校中接收课本中的知识，更加需要的是走出校门去观察外面的世界。

陶行知先生在他的"生活教育"理念提出之初，认为学校不应该设有围墙，因为整个世界都是教育的土壤。虽然这在当今社会中难以轻易实现，但是社会实践课堂、生活情境都让学生走向了多姿多彩的墙外世界，去体会五光十色的社会。来自不同地方的学生，在去城市周边的"中华老字号"参观和体验之后，将自己的所见所闻表现在自己的"小天地"里。"读万卷书，行万里路"，眼界宽广是发展成为一个心胸宽阔的人的充分条件。

在学习西班牙语之后，学校请来了来自西班牙的哥哥姐姐们与孩子们交流，让大家看到来自不同国家的人们之间的区别。因而，当学生们见识了外面的大千世界，便很难为了一个细小生活习惯之间的不同而产生嫌隙，更不会因为一位同学带着和普通话不同的家乡口音而掩嘴偷笑。去看看周围的世界，这不只包括在学生自身所在文化领域内，更多的是去感受他者文化的不同。让城市中长大的孩子们去田野里感受"田间劳作"的辛苦和乐趣，也让从农村来到城市的同学们去参观大城市中的高楼林立和车水马龙。然后大家便慢慢学会用一颗接纳的心去感受身边的不同，形成文化融合教育所培养出的宽厚心态。

3. 相互"尊重"，共同"成长"：文化融合教育的目标

具有两种不同文化背景的学生群体在持续接触过程中必定会产生程度不同的"文化区隔"，这样的区隔是无法避免的，或者说，文化区隔如果将"相互尊重"与"互助互进"作为内里，那么这样的区隔便是正常的，

也是事物发展的必然结果。但是如若没有将相互尊重和互助互进的观念深植学生心中，那么所产生的"文化区隔"是致命的，也是后患无穷的阶层性影响，是使得社会中的阶层更加分化的劣根。

古二分的生活教育中，秉承每一个人都可以成为别人的"小先生"的理念，给每位学生搭建同样的舞台，观众需要尊重台上的每一个人。孩子们的生活圈中不只是身边的老师、同学，还有会捕雀鸟的保安爷爷，煮好吃的五谷饭的食堂阿姨，会把植物嫁接后成活的后勤阿姨，他们都是孩子们学习的榜样和对象。孩子们日复一日地在上学、放学的时候向门口的保安叔叔们鞠躬问好，会和后勤阿姨学习如何用拖把墩地。因此，教育的可贵之处便在于教会孩子们"与这个世界温柔相待"。如此一来，当身边同学的父母不论是工地的工人、餐馆的服务员抑或是公司的老总、大学的教授，他们都一样，都是我们社会中不可缺少的组成部分。

教育是相互学习的过程，"三人行，必有我师焉"，当接纳彼此后再向身边的人学习自身所欠缺的东西是懂得尊重后的又一目标。但辩证地讲，"尊重"和"互助互进"的关系并非是单向度的，两者之间或许是相互促进的。只有在尊重之后才有谦卑的耐心和学习的态度，但也或许正是由于学校为学生提供了相互学习的机会，才使得最初的尊重得以真正地实现。

在这个文化不断相遇、碰撞、冲突、交流的世界，教育能做的到底是什么？笔者总是不禁向自己发问，古二分或许最终给了答案。

学会相互尊重、悦纳与包容，就像校长常常在花房里练毛笔字一样。我们在田野中松土播种，也在树苗旁吟诗读书。

参考文献

一 著作

［美］爱默生：《自然沉思录》，傅凡译，天津人民出版社2009年版。

江波：《文化支持：农民工子女融入城市文化的研究》，苏州大学出版社2012年版。

刘谦：《教育的社会文化土壤：基于美国费城安卓学校的教育人类学观察》，光明日报出版社2016年版。

刘铁芳：《走向生活的教育哲学》，湖南师范大学出版社2005年版。

林耀华：《金翼：一个中国家族的史记》庄孔韶，方静文译，生活书店出版有限公司2015年版。

［美］玛格丽特·米德：《萨摩亚人的成年》，商务印书馆2008年版。

陶行知等：《生活教育文献》，胡晓风等编，四川教育出版社1988年版。

周洪宇：《陶行知生活教育学说》，湖北教育出版社2011年版。

二 学位论文

李伟：《城市农民工子女学校融合教育的现状及对策研究——以上海市×小学为例》，硕士学位论文，南昌大学，2012年。

尚利芳：《民工随迁子女低学业成绩的教育人类学研究——基于对北京市昌平区南七家村实验学校的田野调查》，硕士学位论文，首都师范大学，2013年。

王红丽：《公办农民工随迁子女学校的文化融合研究——对北京市石景山区蓝天第二中学教育活动的田野调查》，硕士学位论文，首都师范大学，2014年。

三 期刊论文

黄兆信、潘旦、万荣根：《农民工子女融合教育：概念、内涵及实施路径》，《社会科学战线》2010年第8期。

刘谦：《迟疑的"大学梦"——对北京随迁子女教育愿望的人类学分析》，《教育研究》2015年第1期。

郭丽莹、黄兆信：《校本课程：实施融合教育的有效载体》，《教育评论》2011年第2期。

周鹏：《农民工子女学校文化融合教育模式构建》，《走进社会科学》2014年第3期。

杨娜：《文化排斥视角下流动儿童文化融合教育路径分析》，《管理观察》2014年第5期。

万荣根、郭丽莹、黄兆信：《农民工随迁子女融合教育校本课程开发研究》《教育研究》2015年第9期。

刘宗顺：《农民工随迁子女文化融合教育的困境与对策》，《教学与管理》2016年第5期。

陈平：《多元文化的冲突与融合》，《东北师大学报》（哲学社会科学版）2004年第1期。

沈倩、郭维平、王青霞、何晓芬：《城镇化进程中农民工子女融合教育研究》，《教育探究》2016年第8期。

樊秀丽、吕莘：《城市中流动的贫困儿童与教育——学校能做什么?》，《广西民族研究》2016年第4期。

杨菊华：《从隔离、选择融入到融合：流动人口社会融入问题的理论思考》，《人口研究》2009年第1期。

樊秀丽、王红丽、王慧：《进城务工人员随迁子女受教育权的平等机会再思考——基于对北京市进城务工人员随迁子女教育活动的田野调查》，《广西师范大学学报》（哲学社会科学版）2014年第12期。

王金会：《跨文化传播下的文化融合与文化自觉》，《黑龙江社会科学》2007年第2期。

周鹏：《由"救济"转变为"服务"——农民工子女文化融合教育探研》，《青海社会科学》2012年第1期。

悦中山、李树茁、费尔德曼：《农民工社会融合的概念建构与实证分析》，《当代经济科学》2012年第1期。

查啸虎、黄育文：《从冲突到融合：进城农民工子女的课堂文化适应研究》，《教育科学研究》2011年第1期。

张斌贤：《流动人口子女教育研究的现状与趋势》，《清华大学教育研究》2001年第4期。

王建平、杨秀平：《教育的原点：生活———一种基于陶行知生活教育理论的解读》，《宁夏社会科学》2001年第9期。

张晓渊、赵正：《论教师教育实践课程之"生活教育"理念》，《教育与教学研究》2013年第6期。

崔红：《试论生活教育的意义与实践》，《教育与教学研究》2010年第11期。

项贤明：《论生活教育与学校教育的逻辑关系》，《教育研究》2013年第8期。

夏丽萍：《对生活教育理念下集体教学活动组织形式的审视》，《小学教育科研论坛》2004年第12期。

孟建伟：《教育与生活——关于"教育回归生活"的哲学思考》，《教育研究》2012年第3期。

张茜：《陶行知的生活教育理论对综合实践活动课程的启示》，《教育观察》2013年第2期。

冯建军：《走向道德的生命教育》，《教育研究》2014年第6期。

邬志辉、李静美：《农民工随迁子女在城市接受义务教育的现实困境与政策选择》，《教育研究》2016第9期。

小学教师关怀行为

——基于北京市古二分学校的田野调查

满益慧

提要：学会关怀是 21 世纪世界合作精神教育中需要强调的文化特征，教育本身是充满关怀的，教师是学校教育中关怀行为的引导者。让学生学会关怀，教师需先较好地表达关怀，从而使学生感受到被关怀的温暖和教育的温度，最终学会关怀。

本文采用人类学的田野调查方法，以北京市古二分学校为田野调查点，获取第一手资料，并运用内尔·诺丁斯的关怀教育理论分析小学教师的关怀行为现状，研究发现教师对教育、对孩子的自觉责任与发自内心的喜爱，和学生对教师关怀行为予以适时的、特定的回应，能为小学教师的关怀行为提供源源不断的动能。

本研究从三个层次对提升小学教师关怀行为，提出了几点建议。小学教师这一主体，需要努力提升自身的关怀能力，一是对关怀本身的内涵有清晰的认识；二是具备关怀的自觉意识；三是教师群体戮力同心，建立共同的发展目标。学生层面，需要以家校共育的方式激发学生感受与回应教师关怀行为的能力。学校层面，给予教师关怀行为外在的环境支持，如学校应制定良好的管理制度以便教师知晓学生的需要，改进教师的关怀行为。

关键词：关怀；教师关怀行为；小学教师；田野调查

绪　论

一　选题背景与问题提出

随着经济的发展和社会的进步，人们的物质生活越来越丰富，但是我们却感受到人与人之间的心理距离越来越疏远，人们的关怀意识越来越淡薄。1989年联合国教科文组织在《学会关心：21世纪的教育——圆桌会议报告》中指出："21世纪的教育及教育哲学观需要强调一种全球合作精神。这种精神需要发展各种更有关心特征的文化成果。"① 关怀教育理论的代表人物，美国教育家、哲学家内尔·诺丁斯（Nel Noddings）在其著作《学会关心——教育的另一种模式》一书中也对关心与被关心的重要性展开了论述，"关心和被关心是人类的基本需要……在人生的每一个阶段，我们都需要被他人关心，随时需要被理解，被接受，被认同。同样，我们也需要关心他人。但是，并非所有人都学会了如何关心他人。有些人真诚地关心知识，关心伟大的事业，关心物质世界，关心动植物，却对同类的人缺乏同情。也有些人精神贫乏，对任何人或事物都漠然视之，在漫无目的的人生里没有关心，也没有信仰。还有一些人形成了一种扭曲了的'关心'概念，以关心的名义干危害他人的事情，这样的人也是危险的。目前，人们对关心的需要深刻而迫切……人们渴望多一点，呼唤一种充满关心的新型人际关系"②。诺丁斯认为关怀是为了追求幸福，这一观点具有两层含义："其一，它意味着在关怀他人的时候应该注意理解、尊重他人的不同的幸福需求，不要把我们自己的幸福需求强加于他人；其二，它意味着应该根据幸福的实质观念来评价我们的每一次关怀行为。"③

教育领域对关怀的需要是十分迫切的，但是日常的学校教育中，却存在着两种截然不同的声音，教师自认为自己对所有学生的关怀都是无微不至的，而学生却认为教师只会关怀学业优秀的同学。苏静在一次全国范围

---

① 联合国教科文组织：《学会关心：21世纪的教育——圆桌会议报告》，《教育研究》1990年第7期，第74页。

② ［美］诺丁斯：《学会关心——教育的另一种模式》，于天龙译，教育科学出版社2003年版，第1页。

③ ［美］诺丁斯：《幸福与教育》，龙宝新译，教育科学出版社2009年版，第76页。

的师德状况调查中发现,"学生们普遍认为教师最重要的品质是关怀。研究中问卷显示的教师对学生的关怀现状,只有四成的学生感受到了教师的关怀。还有学者在对北京市某小学的师生关系进行调查,结果显示该校所有教师都认为自己是关怀学生的,但是只有12%的学生感受到教师是关怀他们的。师生之间就这一问题存在着巨大的偏差"[①]。可见,教师对学生的关怀行为有待提高。

由此,本研究以小学教育中教师对学生的关怀行为为研究主题,探寻小学教师关怀行为的真实表现如何?小学教师对关怀学生有着怎样的内心感受?学生对小学教师的关怀行为有怎样的回应?如何提升小学教师关怀行为?

二 概念界定

(一) 关怀

诺丁斯关怀教育理论(Theory of caring education)的核心概念是关怀(caring),对于关怀的理解,诺丁斯首先引证了一般字典中的解释:一种"投注或全身心投入"(engrossment)的状态,即在精神上有某种责任感,对某事或某人抱有担心和牵挂感。诺丁斯由此引出了关怀的两种基本含义:其一,关怀与责任感相似,如果一个人操心某事或感到自己应该为之做点什么,他就是在关怀这件事;其二,如果一个人对某人有期望或关注,他就是在关怀这个人。[②]

关怀在现代汉语词典中,最基本的含义是"关心"。与"关怀"相联系的词有"关怀备至""亲切关怀"等。"关爱"的基本含义为关怀爱护。国内学者在写作和一些引用时多将"关怀"与"关心"互用,也有少数将"关怀"与"关爱"互用的情况。如,王攀峰、张天宝的研究中指出:"诺丁斯认为关心情意才是教育的真正基础,教育者必须认识到关怀学生是教育的根本,同时,培养学生具有很强的关怀能力是向社会负责的教育的一项主要目标。"[③] 蒋明宏、胡佳新指出:"随着学习型社会和'学会关

[①] 苏静:《论教师的关怀素养》,《教师教育研究》2006年第6期,第42页。

[②] 侯晶晶、朱小蔓:《诺丁斯以关怀为核心的道德教育理论及其启示》,《教育研究》2004年第3期,第36页。

[③] 王攀峰、张天宝:《走向关怀:教师专业发展的新趋向》,《当代教育科学》2010年第9期,第37页。

心'理念的提出，内尔·诺丁斯倡导的关怀理论逐渐受到多方关注，引发了对教师成长的思考。"① 王苇琪在研究中引用了海德格尔（Heidegger）关于"关心"的论述，但是研究的标题和行文中均使用"关怀"一词，指明"学校管理作为教育中的重要一环，需要将人的生命意义考虑其中并让管理以仁为原则，在关怀的指引下与学校教育的其他部分共同发挥出教育善的作用与价值"②。

因此，在文献的阅读过程中，若以诺丁斯的关怀教育理论为其研究的理论基础，并与本研究的内容相关的文献，其中的"关怀""关心""关爱"本研究将等同看待，不再赘述。

（二）教师关怀行为

侯晶晶、朱小蔓指出："关怀一般是通过行为来表达的，关怀行为就是根据具体情境中的特定个体及其特定需要做出的旨在增进其福祉、有益于其发展的行为。关怀意味着对某事或某人负责，保护其利益、促进其发展。关怀和教育责任相关。"③ 诺丁斯认为，关怀关系的建立，需要依靠关怀者的努力，更需要被关怀者的感受力。被关怀者在得到来自关怀者的关怀后要对关怀者的关怀行为做出回应，并反馈关怀行为。关怀关系只有完成以下环节才得以成立："第一，W 关怀 X；第二，X 承认 W 的关怀。X 承认 W 的关怀所指的是 X 诚意地接受了关怀。因此关怀需要 W 的全心投入，也需要 X 对关怀的承认。"④ 可见，教师关怀行为的完成，需要教师关注和满足学生的需要，而学生则接受并回应来自教师的关怀。彭兴蓬、雷江华对教师关怀的内涵做出解释，也表达出了教师关怀的双向性"关怀的实质是关怀者和被关怀者之间相互理解、对话、实践和互动的关系性品质。在教育的活动场域中，关怀不再是教育者对受教育者的单向的关爱和给予，它存在于任何主体之中，成为调节融合教育环境的基础和联结点"⑤。由此看来，

---

① 蒋明宏、胡佳新：《从情感关怀到生命自觉的教师自我升华——基于关怀理论的探析》，《教育理论与实践》2016 年第 1 期，第 36 页。

② 王苇琪：《关怀：学校管理的道德立足点》，《中小学德育》2019 年第 12 期，第 11 页。

③ 侯晶晶、朱小蔓：《诺丁斯以关怀为核心的道德教育理论及其启示》，《教育研究》2004 年第 3 期，第 37 页。

④ 诺丁斯：《始于家庭：关怀与社会政策》，侯晶晶译，教育科学出版社 2006 年版，第 203 页。

⑤ 彭兴蓬、雷江华：《教育关怀：融合教育教师的核心品质》，《教师教育研究》2015 年第 1 期，第 18 页。

教师可以是关怀行为的发出者也可以是关怀行为的接受者。

目前，国内学术界对与教师关怀行为相关的"教师关怀素养"（Teachers' caring quality）"教师关怀能力"（Teachers' ability to care）也有所研究。苏静对教师关怀素养的内涵有如下界定："教师关怀素养是指教师所具有的能敏锐体察学生的情感变化，知觉他们的需要，善于与学生对话与沟通，同时具备关怀知识和关怀信念，并能以适当的方式积极主动的关怀学生成长的个体素质和修养，教师关怀中还包含着责任、希望、理解与尊重。"[①] 王慧娟基于苏静对教师关怀的素养的理解，对教师关怀能力做出了界定，教师关怀能力是指"教育过程中，教师所具有的能敏锐体察学生的情感变化，知觉他们的需要，善于与学生对话和沟通，同时具备关怀知识和关怀信念，并能以适当的方式积极主动的关怀学生成长的个体素质和修养，是在一定的情境中感知、理解、判断、反思、沟通以及问题解决的综合能力"[②]。可见良好的教师关怀素养和较强的教师关怀能力是教师关怀行为顺利完成的必要准备。

三　文献综述

（一）国外先行研究

1. 诺丁斯的关怀教育理论——关怀伦理学在教育领域的延伸

论及"关怀"这一主题还需要对关怀伦理学的主要发展历程有进一步的了解。关怀伦理学的奠基人主要有卡罗尔·吉利根（Carol Gilligan）、内尔·诺丁斯（Nel Noddings）。1982年，卡罗尔·吉利根在她的著作《不同的声音》中，对传统伦理学以男性的道德视角来代表整个人类的道德进行了批判，卡罗尔·吉利根提出了以女性的感受和体验为基础的女性主义关怀伦理学。曹青青提出卡罗尔·吉利根还在《不同的声音》中提出了"关怀"的概念，"卡罗尔·吉利根认为人是处在具体关系中的人，在人与人的关系中要注重关怀和责任"[③]。关怀伦理学另一位有影响的代表人物就是内尔·诺丁斯，她对卡罗尔·吉利根的理论进行了深化，在多本著作中论

---

① 苏静：《论教师的关怀素养》，《教师教育研究》2006年第6期，第42页。
② 王慧娟：《论教师关怀能力及其培养》，硕士学位论文，华中师范大学，2011年，第10页。
③ 曹青青：《内尔·诺丁斯关怀伦理思想研究》，硕士学位论文，河北师范大学，2017年，第2页。

述了她的关怀教育理论。王千对诺丁斯关于关怀教育理论的著作进行了梳理,"1984年问世的《关心：伦理和道德教育的女性视角》,引领了后来大量的相关著作,这些著作探讨了关怀伦理的本质,关怀在教学中的运用——包括课程如何设置、教学怎样实施、教学评估和教学管理方面,以及关心伦理对社会政策的影响等问题。在1993年《学会关心——教育的另一种模式》中,诺丁斯强调：要从对自身的关怀延伸到对周围人以及陌生人的关怀,要关心动植物、关心客观世界甚至关心文化知识。随后诺丁斯又对道德教育进行了广泛深入的研究,在2002年的《培养有道德的人：以关心伦理替代人格教育》中,诺丁斯阐述了这样一个道德教育模式：以榜样、对话、实践和求证为途径培养会关怀的人,之后她就教师如何'学会'关怀提出了一套方案"[1]。可见,诺丁斯的研究更多的是把关怀伦理学应用到了教育领域。

2. 教师关怀行为的重要性——学生成长发展的关键

我们熟知的罗森塔尔效应又称皮格马利翁效应（Pygmalion effect, 1968）,这个效应来源于心理学家罗森塔尔（Rosenthal, 1968）和雅各布森（Jacobson, 1968）的一个实验,周宏对该实验的过程进行了介绍："1968年,心理学家罗森塔尔和雅各布森来到美国的一所小学,对18个班的学生进行了一番'煞有介事'的发展预测,然后将所谓的有'优异发展可能'的学生名单通知有关教师,并叮咛不要把名单外传。八个月后,罗森塔尔和雅各布森又对这18个班进行了复试。结果,他们提供的名单里的学生成绩进步比其他同学快,并且显得活泼开朗,求知欲旺盛,与老师的感情也特别深厚。"[2] 这个效应对我们有这样的启示,教师的关怀与期待会潜移默化地对学生进行影响,并且这种影响是积极的、正向的,有益于促进学生学习的积极性和主动性。麦克罗斯基（McCroskey, 2006）指出：教师在课堂上具有同情心,理解学生且积极回应学生,关怀方式积极,则学生具有强烈的学习动机,学到的课程内容更多。[3] 教师的关怀行为与学

---

[1] 王千：《小学教师关怀行为的现实样态、困境及对策研究》,硕士学位论文,河北师范大学,2017年,第9页。

[2] 周宏：《对罗森塔尔效应的审视与反思》,《教学与管理》2012年第6期,第3页。

[3] Mc Croskey, J. C., "An Introduction to Communication in the Classroom: the Role of Communication in Teaching and Training", *Journal of Pearson Education*, 2006, 68（10）:727.

生的学业成绩有着密切的联系,除此之外,教师的关怀行为有利于学生感受学校文化,形成归属感。费雷拉和博斯沃思（Ferreira, Bosworth, 2001）表明:教师关怀行为对学生感知学校文化有直接影响,会对学生的健康发展产生一定作用。[1] 可见,教师的关怀行为对学生的成长发展有着关键性的作用。

3. 教师关怀行为的具体表现——深入至师生互动的方方面面

在先行的国外研究中,许多学者对教师关怀行为的具体表现有多种不同的分类标准。亚当斯（Adams, 2000）将关怀行为的具体表现分为以下内容:第一,在课堂之外多与学生进行接触;第二,教师与学生分享个人的经验;第三,经常倾听学生;第四,将学生视为独立个体而尊重;第五,对学生的贡献进行肯定;第六,开放且真诚的与学生进行沟通;第七,能唤出学生的名字;第八,对学生抱有高度期许;第九,鼓励学生;第十,敏锐地回应学生的需求;第十一,在某些情况下可以与学生进行适当的肢体接触（包括:拍拍背、拥抱）。[2] 帕特里夏（Patricia, 2011）将教师的关怀行为从整体上分为了四个维度,分别是第一,课堂管理,在这一维度下教师关怀行为的具体表现为:①创造一个学生感觉安全的环境;②积极对待学生;③介入学生的相互挑衅;④对所有学生实施相同规则。第二,学术支持,在这一维度下教师关怀行为的具体表现为:①对学生的学业成就持高期望的态度;②对有意义的反馈要及时回应;③确认学生在学业上的成绩;④展示学生的作品;⑤在学生无法理解或反应时给其提示;⑥在学生进入学校的前后腾出时间关注;⑦将学生的进步告知其父母。第三,人际关系,在这一维度下教师关怀行为的具体表现为:①让学生在课外建立自己的个人兴趣;②叫所有学生他们的名字;③在特殊场合请客和为学生提供好吃的;④能和学生开玩笑;⑤了解学生的课外成就。第四,尊重和信任,在这一维度下教师关怀行为的具体表现为:①问候进入教室的学生;②课堂任务当中请学生帮忙;③询问学生他们自己的观

---

[1] Ferreira, M. M. & Bosworth, K., "Defining Caring Teachers: Adolescents' Perspectives", *Journal of Classroom Interaction*, 2001, 36 (1): 26.

[2] Adams, C. L., "Portraits of Men Who Care: A Study of the Development and Expressions of the Ethic of Care in Three Male Secondary Teachers", *Journal of Duquesne University*, 2000. 转引自于小清:《幼儿园教师关怀行为的个案研究》,硕士学位论文,东北师范大学,2013 年,第 19 页。

点；④当与学生交谈时眼神要持续交流；⑤给学生做决定的机会以影响他们。① 可见，国外学者们对教师关怀行为具体表现的分类是非常具体且丰富的，虽然类型与维度之间的划分界限比较模糊，缺少必要的理论解释，但是这些划分对本研究有了很大的启示作用。

（二）国内先行研究

国内对关怀教育理论的研究整体晚于国外的研究。毛菊、孟凡丽指出："上世纪90年代初至2000年，关怀教育理论在我国还属于理论探索萌芽时期，因为此阶段人们才开始翻译引进、关注'关怀伦理'的思想。"② 葛建平提出："肖巍是大陆最早研究关怀伦理学的学者，肖巍的主要贡献是将西方的关怀伦理学思想引入中国，在《女性主义关怀伦理学》一书中，肖巍系统地介绍了吉利根、诺丁斯、特朗托和拉迪克等人的关怀伦理学思想，而对关怀关系的叙述主要还是诺丁斯的理论。肖巍的研究虽然开创了中国大陆学者研究西方关怀伦理学的先河，但是其理论与中国的道德教育结合得并不是很紧密，而且关怀关系在其研究中的地位并没有得到体现。"③ 2003年年底，中国大陆首次翻译出版了诺丁斯的著作《学会关心——教育的另一种模式》，这在很大程度上加速了国内学术界对诺丁斯关怀教育思想的研究。学者们逐渐将关怀理论与我国教育现实结合，梁明伟站在宏观层面提出教育关怀是一种政府责任，只有政府才能相对公平地配置教育资源，在教育制度层面保障教育关怀，教育关怀是从国家和社会发展的整体利益，以及人道原则、人文情怀出发，对处境不利的地区和弱势群体在教育资源份额上予以格外的照顾和倾斜。④ 而对诺丁斯的关怀教育理论有深入研究的侯晶晶在《内尔·诺丁斯关怀教育理论述评与启示》一文中对诺丁斯的关怀教育理论进行了深刻地剖析，并且她在诺丁斯的关怀教育的视角下考察了我国普通教育与特殊教育的教育实践。

---

① Patricia C. King., "Teachers'and Students'Perceptions on Teachers'Caring Behaviors", *Paper Presented at GERA 36th Annual Meeting*, 2011. 转引自陈油华《小学教师关怀行为研究》，硕士学位论文，江西师范大学，2017年，第13页。

② 毛菊、孟凡丽：《我国内尔·诺丁斯关怀教育理论研究：回溯与反思》，《教育理论与实践》2008年第10期，第13页。

③ 葛建平：《关怀理论在儿童道德教育中的作用与意义》，硕士学位论文，南京师范大学，2007年，第3页。

④ 梁明伟：《论教育关怀的制度安排》，《教育科学》2006年第1期，第5页。

1. 教师关怀行为的类型划分

目前，国内学术界对教师关怀行为的类型划分的研究并不多见，在进行实证研究时，学者们多采用雷浩基于教师关怀行为的尽责性、支持性和包容性三个维度进行的四种分类来设计量表或制定观察计划。雷浩从理论视角概括出了教师关怀行为的三维结构，主要包括尽责性教师关怀行为、支持性教师关怀行为和包容性教师关怀行为，并以这三个维度作为分析变量，其研究发现当前我国中学教师的关怀行为主要存在四种类型：第一是"理想型关怀行为"，主要指教师既能够按时完成课堂任务，也能在课堂上积极关注、关怀学生，能够花时间和精力支持学生发展。第二是"任务型"关怀行为，体现在教师的重点是一心完成课堂任务，忽略学生情感，很少花时间在课堂上理解、包容学生。第三是"放任型"关怀行为，指教师在不能够很好完成教学任务时，也不愿花时间和精力来促进学生发展。第四是"徒劳型"关怀行为，表现为教师在课堂上表现一般，即使花时间在学生身上，但实际效果较差。①

2. 教师关怀行为的实现

国内大部分学者在对"教师关怀"这一主题进行研究时，会就促进教师关怀行为的实现这一问题建言献策。苏静提出：教师关怀的实现需要包括四点。第一，淡化职业意识，提高关怀素养；第二，与学生建立关怀性相遇关系；第三，发挥榜样示范作用；第四，提高人际智能，掌握与学生对话和沟通的技巧。② 王慧娟指出培养教师的关怀能力在以下几种情况中将有很好的效果：第一，明晰关怀型培养范围，提高教师关怀能力培养的针对性；第二，强化关怀型教育反思，保证教师关怀能力培养的有效性；第三，营造关怀型校园氛围，实现教师关怀能力培养的传递性；第四，构建关怀型师生关系，推动教师关怀能力培养的连续性。③ 班建武，曾妮等人在关于教师关怀品质的现状调查研究中提出提升教师关怀品质的现状的建议，第一，提高教师对学生真正需要的识别能力；第二，应切实提高教

---

① 雷浩：《中学教师关怀行为的发展特征及其干预策略研究》，《中国教育学刊》2015 年第 4 期，第 71 页。

② 苏静：《论教师的关怀素养》，《教师教育研究》2006 年第 6 期，第 42 页。

③ 王慧娟：《论教师关怀能力及其培养》，硕士学位论文，华中师范大学，2011 年，第 33—38 页。

师的关怀能力，改善教师的关怀方式；第三，教师要营造关怀的教育氛围和民主的管理环境，为师生良好关怀关系的建立提供文化和制度上的保证。① 苏静就提升教师关怀能力给出了建议，第一，师生关系首先是一种关怀关系；第二，做好关怀者榜样，非选择性地关怀学生；第三，尊重和理解学生，与学生平等对话；第四，让学生学会回应和关怀他人，保持关怀的持续性。② 雷浩为改善我国中学教师关怀的行为提出了以下策略：第一，给予不同类型教师关怀行为有针对性的干预；第二，立足教师关怀行为发展的动态性，进行全面和重点的干预；第三，把握教师关怀行为发展的两个关键期，提高教师关怀行为干预的有效性。③ 毛菊提出，现实生活中教师对"关心"的理解存在种种误区，主要表明为忽视"他者"需求的关心、"唯他"指向的关心、"唯分数"指向的关心。为了改善教师的关心行为，她提出了以下几点建议：第一，教师关心应具备"他者意识"；第二，教师关心应具备"他者责任"；第三，教师要基于反思、关系和学生发展来提升教师自身的关心品质。④ 从而提升教师关怀行为的实践能力。

学者们从教师主观的关怀意识、素养及能力等层面和客观的学校文化氛围、管理制度环境等层面提出了各自的建议。

（三）对先行研究的评述

目前关于"教师关怀行为"这一主题的研究比较丰富，现有研究主要内容包括：教师关怀行为的概念内涵、现实样态、品质特征、发展困境，以及干预策略等。虽然这些研究对我们理解教育关怀行为提供了重要的基础，但是对于教师关怀行为的研究还有许多值得我们去反思和完善的地方。

1. 对教师关怀行为的具体表现缺乏深层次的讨论

已有的关于教师关怀行为的研究中，教师关怀行为的具体表现多有涉及，学者们的划分也非常具体和详尽，但是研究中缺少对"教师关怀行为

---

① 班建武、曾妮、蒋佳、丁魏：《教师关怀品质的现状调查——基于北京市石景山区四所中学的调查数据》，《教育学报》2012年第4期，第111页。

② 苏静：《重读关怀教育学 提升教师关怀能力》，《中小学德育》2013年第12期，第16—17页。

③ 雷浩：《中学教师关怀行为的发展特征及其干预策略研究》，《中国教育学刊》2015年第4期，第70页。

④ 毛菊：《他者视角：教师"关心"理解的误区与分析》，《教育理论与实践》2014年第13期，第41页。

具体表现为什么是这样"的解释，可见，我们还需要对教师关怀行为的具体表现进行深层次的探讨。

2. 研究的方法较为单一

国内外学术界对教师关怀行为的研究多是从理论层面出发建构其研究的框架，阐述教师关怀行为的重要性，以及教师关怀实践的不足，在此基础上提出变革教师教育实践的政策建议。但是缺少对一线教师关怀行为的现实样态的观察研究。因此，本研究主要采用人类学的田野调查的研究方法。

四 研究意义

笔者作为教育学专业的学生，大学阶段学习了许多教育学的专业知识，脑海中也常常浮现出有关教育的问题，绕不过去的问题就是，教育是什么？教育要达成怎样的目标？教育家们各抒己见，百家争鸣，可谓是仁者见仁，智者见智。笔者认为这两个问题的解答离不开我们作为一个独立个体的基本需要——关怀与被关怀。学生是一个急需被关怀的群体，与此同时，学生也需要学会关怀他人。教师是教育实践的主体之一，是教育场域中关怀行为的引导者，想要让学生学会关怀，教师需先树立起关怀意识，提升自身的关怀能力，让学生感受到被关怀的温暖，感受到教育的温度，最终学会关怀。由此，本研究聚焦在教师关怀行为这一主题上，研究教师如何成为关怀型教师，这对促进教师的专业发展和学生的成长发展有着重要的意义。

此外，目前我国学术界关于小学教师关怀行为的研究相对较少，并且现有的研究多采用问卷调查、社会调研等方式进行研究。本研究运用人类学的田野调查方法，通过长期的参与观察、正式访谈与非正式访谈的方式，笔者走进了一线教师和学生生活样态的全过程，这有利于了解小学教师关怀行为的现实，拓宽有关教师关怀行为的研究视角。

五 研究过程

（一）研究对象

1. 学校概况

北京市古二分学校（以下简称，古二分）于2013年9月正式成立，是石景山区教委设立的一所公立学校。占地面积5851平方米，建筑面积

4589平方米，拥有2座教学楼，200米塑胶跑道操场1个。截至2019年12月底，学校共有12个班，一年级至六年级，每个年级2个班，正式在职老师33人。学校的招生划片主要包括古城南里社区、建钢南里社区、燕保京原家园、长安家园等周边社区。古二分作为石景山绿色教育实验区项目校，学校秉承"生活教育"理念，以"会学习、会生活、会创造"为育人目标，以建设一所"学习的乐园，生活的家园"为办学目标，坚持"用心做教育"的办学宗旨，倡导"学知求智，幸福成长"。

2. 教师介绍

笔者第一次进入学校，是由现任书记（原校长）带进的学校。笔者跟着书记先来到了二楼教师办公室，走廊的文化墙上张贴的照片中，有一位个子比其他女教师略高、脸颊稍微有些圆润的女教师，笔者仔细一看原来照片上的这位女教师就是书记本人。笔者后来才从学姐那得知，书记在过去的一年里瘦了许多，现在的书记远比照片看上去纤弱。书记给我的第一印象就是，她是位有恒心、有毅力做好一件事情的人。书记办公室外的置物架上摆放了许多充满生机的绿植，还有一些古色古香的摆件，走进书记的办公室，笔者能看到墙角有一堆叠放整齐的、满是墨迹的纸，可见，书记非常热爱书法。在笔者进行田野调查现场的近一年半的时间里，书记留给笔者最深刻的印象是她是一位"看得见"的书记，因为笔者常常在古二分的校园里看见书记的身影。清晨书记会在校门外迎接同学；课间操时间书记会和同学们一起跑步锻炼；公开课上书记也能站在三尺讲台前，将数学知识信手拈来地讲给同学们听，并在课堂互动中轻松地叫出孩子们的姓名；课间时分，笔者能看见她在耐心地教育某个淘气的孩子；大大小小的校园活动中，书记也会陪伴在孩子们的左右；若是遇到好天气，书记会戴上她的遮阳帽和一把剪刀修剪校园里的花花草草。常常有人说书记是一个有教育情怀的人，书记在2016年的校长述职中，她对此做出了思考。

仁心存惠念

时常有人对我说："你是一个有教育情怀的人"。渐渐地我发现这样赞赏我的人，在我眼里同样是个"有教育情怀的人"。进而我思考到底什么是"教育情怀"？对于一个教育工作者拥有"教育情怀"意味着什么？作为校长如何让更多的教师感受到情怀的力量？

情怀是一种高尚的心境。作为一校之长，我真的如同人们所说拥有教育的情怀吗？法国数学家笛卡尔说："我思，故我在。"我需要沉思：我的情怀显现在哪里？为了"教育"，我做了什么……

我和老师们畅想过：如何建一所真正是学生喜欢的学校？

2013年，古城二小分校初建时，我们就形成了一个全员认同的提法"学校是为学生建的"。如此说来，我们学校的每一位成人就是学校的建设者。我们一起试想，如果一个教师的每一节课都基于"为了学生的学习"；学校的每一次活动都基于"为了学生的成长"；开设的每一门课程都基于"为学生的一生奠基"，那么我们给予学生教育一定是精致的，我们的学校也一定是精品学校。

我和老师们探索着：如何构建"生活教育"的课程体系？

什么是教育的根基与目标？即"教育为了什么？""用什么成就教育？"。在探索教育内涵的过程中，我们找到了学校教育的"基石"与"愿景"——"生活"，形成了自己学校的办学核心理念——"生活教育"。"生活教育"是一种胸怀所有师生乃至家庭的教育，同时又是能吸引所有人参与的教育。

我和老师们行动着：如何发展学生进而成就教师？

儿童的需要是教育行为的动因，教师是一个必须用心去做的职业。"用心做教育"——"真做""细做""精做""智做"是我们的工作宗旨。"真做"，即探究教育过程中各种事物的本质，遵循规律；"细做"，即全面关注教育细节，解释教育行为；"精做"，即准确把握理论，科学运用经验，强调科学性；"智做"，即创新性的开展工作。如此用心的行为，定有真情在其中。

我和老师们描画着："学习的乐园，生活的家园。"是什么样？

"学习的乐园，生活的家园"是我们的办学目标。强调学与教的方式的转变，学校教育是生活教育的一部分，提醒我们学校教育应当关注师生的生命价值与生活体验，面向师生生活的全部。"快乐"是最积极、最美好的情绪，"家"是最安全、最温暖的地方。在一个属于每一位师生乃至家长的"大家"里面寻找快乐，传递真情，是我们的工作职责与方式。

"我思，故我在。"我们必须思考"教育情怀"的力量所在。如果教育管理者能以"持守大家庭"的情怀经营学校，以"保护每颗心"的情怀关爱师生，学校怎能不是令人流连的"乐园"和留恋的"家园"？

仁心存惠念，惠念所至，人心所在：情怀所在，人心所向。

（摘自满益慧，2018.11.16，田野笔记）

从笔者的所见所闻中，能感受到书记是一位热爱教育、热爱生活的教育领导者。不仅是古二分的孩子们对书记赞不绝口，学生家长也对书记有很高的评价。在特别的日子里，学生和家长们会给书记制作贺卡、写信，以此回馈书记日常教育教学中的辛勤付出，并表达对书记的感谢之情。

校长，您好！

虽然我读的书不多，但从小到大还是经历过很多校长的，您的确与众不同。知性、有涵养、文理双全（通）、睿智、贤德……

经常听到我家六姨早上送开心上学回来后跟我说："你们的校长，这么冷的天，还在门口迎接孩子们，脸都冻红了，真是不容易！"每次听到这，我的心里都有些发酸，不知道用什么话语来表达我内心的感动，也不知道用什么话语来表达我内心对您的敬佩……总之，感谢您对孩子们所有的付出与栽培！值此新的一年即将到来之际，衷心地祝愿您全家圣诞快乐、元旦吉祥、新年如意。

开心家长诚祝

二〇一五年十二月十七日

（摘自满益慧，2019.12.20，田野笔记）

五年级（1）班［原四年级（1）班］班主任，是该班的语文老师，她是河北人，个子高、中等身材，十分干练。她长时间在北京工作，有着非常丰富的语文教学经验，处理班级事务也游刃有余。2018年，她来到了古二分，成为古二分里一名编制外的中年语文教师，与此同时，她还从四年级（1）班班主任数学老师那接手了该班，任其新班主任。

笔者在古二分进行田野观察的这段时间里，主要跟随的是五年级（1）班这个集体，由此笔者对班主任的观察相对较多。笔者每次来到班级进行田野观察时，班主任早已到了教室打扫卫生，她一会儿擦擦黑板，一会儿扫扫地，并提醒同学们将身边的纸捡起来。打扫好了卫生，班主任紧接着坐在多媒体旁的小课桌前批改大家的记事本或语文作业本。在学校的日常工作时间，班主任对学生们有周全且细心的关怀行为，例如，她会每天定时给同学们打开窗户通风，照顾同学们从家里带来的绿植，会为同学们准备应急的手纸，"班主任拿着一卷纸走进班里，站在前面的窗台旁说：'我把这卷纸放在这个小篓里头，如果谁要上厕所忘带纸了，就来这拿，但是不要天天上这来拿来，照这样，谁也使不起，好吧。'"（摘自满益慧，2018.10.12，田野笔记）。笔者能看出班主任是尽全力给学生提供一个舒适的学习和生活环境。笔者认为，班主任切实做到了把这个班级当成自己的家，自己是这个班级的大家长，所以她心甘情愿为孩子们日复一日地做着除了语文教学工作以外的琐碎事务，并且对孩子们进行细致入微地关怀。

　　班主任曾对同学们说过自己会将所有精力投入到学生们的身上，实际上，班主任也在努力用实际行动去兑现自己的诺言。在没有学校领导要求的情况下，班主任自愿利用周末的休息时间连续进行了两个月的家访。不是为了在家长面前批评谁，也不是为了在家长表扬谁，而是想了解孩子们的家庭状况，了解孩子们在学校场域没有展现出来的特长，与学生家长更亲近地聊聊孩子的事。在一次家长会上，班主任向家长们表达了自己的家访目的，以及家访后的新发现和感受。

　　　　我家访的第一个目的是想亲自看一看孩子的学习环境。另外，我是这样想的，我们平时把所有的家长叫到学校，一般都是孩子在学校发生意外了，或者说跟小朋友闹矛盾了，再就是没完成作业，也就基本上这几种情况，从来也没有说把某一个家长叫到学校来跟家长表扬孩子，"您看您这个孩子，这一段时间进步真大，回家可得表扬表扬"，也就在群里发个信息让大家学习，或者说单独给家长发个信息，说这孩子有进步了。我认为就是坐下来聊天，比咱们用微信或者说电话沟通更亲近一些。当孩子们知道我要有行动的时候，很忐忑、害怕。优秀的孩子都说："老师你先上我家，第一个必须得上我们家。"然后也有些孩子知道以后，就害怕，不敢说，不敢用这种热烈的方式欢迎我。然后当我走访了有这么六、七家以后，孩子们就开始说："老师你这周上我们家，我妈说了，给您做什么好吃的，你上我们家吗？我爸爸说，给您做什么好吃的。"这些孩子都很热情。

其实我到家里真的不是想跟您告孩子状，咱们班，每一个孩子我都能张嘴说出他的优点，我也能张嘴说缺点。每一个学习不是很好的孩子，也有我能够看到的优点。

你比如说，我这次家访当中，给我印象最深刻的是震震。震震这个孩子他妈也跟我表示，孩子很硬，你要说这件事，他要是不理解，就怎么也转不过来。那么这学期我们俩（数学老师和班主任）经常开玩笑，我天天捂着他的小脸叫他小震震，然后他也愿意跟我交流了。上他家，为什么说他给我印象最深，就是说有很多家长跟我反映，孩子写作业一写到10点或者11点，拖拖拉拉。后来因为我知道震震入选区短道速滑队的这个事儿，我上他们家去，和震震他爸妈聊天。他每周要有五次滑冰时间，7点到10点，三个小时，我就给他计算了，他7点开始训练，他不可能7点才从家出发，他至少，最晚6点半就从家走。然后他是10点结束以后，他得10点半才能到家。那就说明他在4点一刻放学到6点半之间，他既要吃完饭，还要把作业写完，他能做到，这学期，他从来没差过一次作业，并不能说这孩子期末考试就一定能第一、第二，但是我确实看到他进步了。然后他们家地上有砖和他压腿的，就跟沙袋似的，在那摆着。他妈说，不单单在体校训练这么长时间，回去之后还要劈叉，而且那么沉的沙子专要压在他的腿上。所以说，你看他的时间大部分都用在训练上，但是他这学期学习还有进步。

（摘自满益慧，2019.6.24，田野笔记）

可见，班主任是一个愿意牺牲个人的时间去了解孩子的点滴进步的老师，正因如此，孩子也感受到了自己的身上有值得被班主任肯定的地方，在班主任心中是有一席之地的。即使是个脾气倔、不爱与人交流的孩子，在班主任这里他也会敞开心扉。

3. 学生介绍

笔者田野调查所在班级为2015年9月入学的学生，该班共有32人。2018年9月，笔者进入古二分时，该班学生为四年级（具体学生情况详见表3-1），2019年9月，该班全体升入五年级。其中有三名学生转出，两名新同学转入，现五年级（1）班学生共计31人。

表 3–1　四年级（1）班学生信息表

序号	姓名	性别	户口所在地	户口性质	是否独生子女	备注
1	森森	男	北京	非农业户口	是	五年级转出
2	晖晖	男	河南	农业户口	否	在读
3	琪琪	女	河北	农业户口	否	在读
4	婧婧	女	安徽	农业户口	否	在读
5	玮玮	女	北京	非农业户口	否	在读
6	震震	男	北京	非农业户口	是	在读
7	锦锦	男	湖北	农业户口	是	在读
8	萌萌	女	北京	非农业户口	是	在读
9	贺贺	男	河北	农业户口	否	在读
10	莫莫	女	北京	非农业户口	否	在读
11	岩岩	男	辽宁	农业户口	是	在读
12	铭铭	男	北京	非农业户口	是	在读
13	宇宇	男	北京	非农业户口	否	在读
14	凡凡	女	北京	非农业户口	是	在读
15	一一	女	北京	非农业户口	是	在读
16	奇奇	女	河北	非农业户口	是	在读
17	泽泽	男	北京	非农业户口	是	在读
18	昕昕	男	湖南	非农业户口	是	在读
19	航航	男	北京	非农业户口	否	在读
20	小航	男	北京	非农业户口	否	在读
21	茵茵	女	北京	非农业户口	是	在读
22	宸宸	男	北京	非农业户口	是	在读
23	萱萱	女	北京	非农业户口	是	在读
24	玥玥	男	河南	农业户口	否	在读
25	通通	男	河北	非农业户口	否	五年级转出
26	小涵	女	北京	非农业户口	否	在读
27	怡怡	女	北京	非农业户口	是	在读
28	畅畅	男	北京	非农业户口	是	在读
29	健健	男	北京	非农业户口	是	在读

续表

序号	姓名	性别	户口所在地	户口性质	是否独生子女	备注
30	钰钰	女	北京	非农业户口	否	在读
31	涵涵	女	北京	非农业户口	是	在读
32	馨馨	女	河北	农业户口	是	五年级转出

数据来源：古二分学生信息统计表，2018年9月1日统计。

（二）研究内容

2018年9月至2019年12月，笔者每周抽出一整天的时间前往古二分进行田野观察，主要与五年级（1）班［原四年级（1）班］的学生一起经历学校一整天的教育教学活动，有时也会参与学校非日常的实践活动。每次观察结束后，笔者将会抽出大约十小时的时间，将自己当天收集到的图片、语音、视频、文件等资料汇集成一篇完整的田野笔记。在这段田野调查的过程中，笔者逐渐将自己的研究问题聚焦在了教师对学生的关怀行为上，笔者看到了教师们的关怀行为对不同的学生个体有着不容忽视的积极影响，与此同时教师的关怀行为也存在着一些不合理的地方。由此，本研究拟探寻小学教师关怀行为的真实表现如何，呈现出了哪些特征，小学教师对教师关怀学生有着怎样的内心感受，教师关怀行为的理想与现实是否存在差距等问题，在探明以上问题的基础上，进一步探讨提升小学教师关怀行为的发展方向，从而促进小学教师专业发展、师生关系的良好发展甚至是学生的全面发展。

（三）研究方法

本研究采用田野调查的研究方法，樊秀丽指出："'田野调查'作为教育民族志的核心，是指研究者长期深入到某一社区或某一群体，同当地人们一起生活，学习他们的语言，参与他们的各项活动，通过参与观察、访谈、体验等获取第一手资料的方法。其中'参与观察'和'访谈'是民族志田野调查方法最基础、最重要的方法。它通过田野调查，使研究者获取某一群体的相关资料，进行整理、分析和解释，并从中提炼出观察研究的精华、撰写民族志，继而完成定向理论证明。"[①] 采用田野调查的方法，使

---

① 樊秀丽：《教育民族志方法的探讨》，《教育学报》2008年第3期，第81页。

得研究的资料来源真实且丰富，有利于了解教育发生的真实现场，透过教育现象的分析，更利于"身在其中之人"进行反思。

1. 参与观察

笔者每周有一个工作日会来到古二分的田野现场，全天不间断地参与到学校的日常教育教学活动中，收集鲜活的一手资料，这些资料将成为笔者研究分析的重要基础。除此之外，学校统一进行的一些非日常教育教学活动，笔者也会尽可能地参与其中，并做好资料收集和整理的工作。

2. 访谈法

笔者灵活运用课间休息时间、课间操时间、校外活动时间对部分师生及家长进行正式访谈、非正式访谈，以此了解教师关怀行为的真实样态和师生们的内心想法，并及时整理成文稿，作为研究的一手资料。

（四）研究进程

1. 田野调查

第一阶段：2018年9月21日至2018年12月29日

本阶段是笔者进行田野调查的第一个学期，在导师的悉心安排和学姐的带领下，笔者以每周一次的频率进入古二分的四年级（1）班，与班里的老师和同学们一起学习。笔者成为一个教育的真实现场的观察者，笔者的眼睛就像一台摄像机，不停地进行采光，采集古二分各方面的资料。班内每一位同学的成长、小学教师的现实工作与生活的状况、家校共育的点滴都是笔者进行田野观察的基本内容。每次田野调查后，笔者将收集到的文字、图片、语音等资料整理成为一篇完整的田野笔记，并做好视频资料的收集。

第二阶段：2019年3月1日至2019年6月28日

本阶段是笔者进行田野观察的第二学期，笔者仍保持每周有一整天前往古二分进行观察和每次田野观察结束后撰写田野笔记的状态。在此阶段，笔者与四年级（1）班的教师和学生的关系又更进一步，彼此的信任也逐渐加强，学生开始向笔者分享他们的小秘密，教师也向笔者分享他们工作、生活中的小趣事、小烦恼。笔者已经融入了这个大家庭，成为他们的一员，所以师生对于笔者的存在不会再有所顾虑，师生间互动越发自然。笔者参与到古二分的校内外实践活动、多种仪式活动当中。笔者的观察范围和交际范围逐渐扩大，收集到的资料也越来越丰富。

第三阶段：2019 年 10 月 25 日至 2019 年 12 月 31 日

笔者在第三学期的田野调查中，更加注重对教育现象背后意义的深层思考。回顾现有的 36 篇已累计了 40 万余字的田野笔记，笔者发现古二分教师的关怀行为对学生的成长发展有重要影响，为此，笔者对教师的关怀行为这一主题产生了浓厚的兴趣。与此同时，笔者继续进行田野观察；增加与教师和学生们的正式访谈或非正式访谈，了解他们内心的真实感受，不断充实自己的田野资料，为论文的撰写做好充足的准备。

2. 查阅相关资料

确定选题后，笔者对教师关怀行为进行了文献综述，查阅了与教师关怀行为这一主题相关的硕士、博士学位论文及期刊，除了阅读文献以外，也对诺丁斯的相关专著如《学会关心—教育的另一种模式》《幸福与教育》和《始于家庭：关怀与社会政策》等展开阅读，以便深入理解关怀教育理论的内涵，为论文的撰写奠定基础。在阅读文献的过程中，遇到对本研究有重要启示作用的著作也会相应地进行阅读积累。

第一章 走进百草园

一 学校的发展概况

随着小学适龄儿童入学高峰的到来，石景山区教委为解决适龄儿童入学困难的问题，于2013年在原古城第六小学的旧址上，重建了一所小学。"古二分"，它还有个可爱的称呼叫"百草园"，这所小学与古城二小、古城中学共同隶属于"北京市石景山区古城教育集团"。学校的发展呈现出了以下三个方面的特点。

文化建设日渐完善。文化建设是学校建设的内核，是学校发展规划当中的顶层设计，是学校各方面工作进程中无形的领导。截至2015年7月，古二分已经初步形成了自身的文化系统，包括管理文化、课程文化、课堂文化、教师文化、学生文化、公关文化、环境文化。

古二分的队伍建设日渐过硬。2015年，学校在编人员16人，其中包括学科教师13人，后勤人员3人。学历百分之百达标。北京市骨干教师1人，石景山区骨干和教学能手各1人，具有硕士研究生学历的教师4人。2018年，古二分书记表示："今年一共有33位在编人员，已经是史上最多的老师了！"（摘自满益慧，2018.11.16，田野笔记）古二分的教师分为四个不同的教研组。语文教研组由12位充满活力的教师组成，其中研究生学历2人，本科学历9人，大专学历1人。数学教研组现有9人，研究生学历1人、本科学历8人。英语教研组由4位教师组成，其中研究生学历1人，本科学历2人，大专学历1人。科任教研组由8位教师组成，其中研究生学历2人，本科学历6人。

古二分的课程建设日渐系统。目前学校已经建立起"生活教育"课程体系的基本框架。课程目标明确，板块清楚，开发力度逐渐加强。百草园校本课程主要分为四个板块，分别是"小先生课堂""阅读课""数学益智课程"和"节气课程"。

"小先生课堂"：为学生自主开发实施课，通过教师推荐和学生自荐确定"小先生"人选，学生自主确定选题，教师协助学生完成教学设计和实施。旨在引导学生发现和培养自己的志趣，同时提高自主学习、自我表现及互动合作能力，培养学生实践创新。

"阅读课"：由语文教师承担，根据学生年级特点，制定阅读书目，通过好书推荐课、指导课、交流课三种课型，为学生提供丰富的阅读活动，营造良好的读书氛围。旨在培养学生喜爱读书、乐读书的阅读习惯。提高学生阅读兴趣，培养学生人文底蕴。

"数学益智课程"：数学益智玩具的趣味性和功能性，与学校的办学思路非常贴切，因此，从建校开始，学校就把数学益智元素融入校园课程建设，把数学益智课程作为学校课程体系的重要一环。数学益智课程由学校数学组全体教师暨儿童益智工作室全体成员承担。通过对益智器具的学习、研究和把玩，旨在帮助学生积累基本的数学活动经验，逐步培养其逻辑思维能力和空间想象能力，进而促进学生数学核心素养的发展，培养学生科学精神。

"节气课程"：以学校教师和学生为主体自主开发的促进学生了解中国二十四节气的由来、名称、应用、反映的气温、降水等变化，以及风俗、习惯等文化内涵的课程。在课程实施过程中，重在加强与生活的联系，采用体验式、探究式的教学方式。引导学生随着二十四节气的时序发展，在贴近自然、探索自然、表达自然中，展现传统文化与自然状态下的综合生活体验，培育健康豁达的人生观，提升学生的核心素养，培养学生健康生活。

二　学校的办学目标

2014年5月，书记作为古二分当时的一名校长，对于古二分的办学目标进行了详尽地论述。

> 作为一所新建学校，古城小学（指代北京市石景山区古城第二小学分校）以满足现代教育发展的需要为出发点，把学校的发展方向定位于师生幸福、社会认可、人民满意的一流学校。为了实现这一愿景，学校将努力做到"办学思想站位高，课程建设基础实"，实现教育行为精细化、课程体系精致化、学校形象精品化。
>
> 在领会《国家中长期教育改革和教育发展规划纲要（2010—2020年)》精神的基础上，学校把办学目标定为"学知求智，幸福成长"，

将努力为学生建设一个既可以获取知识，又可以萌发智慧的乐学场所，为教师提供一个既能获得过硬的专业技能，又积淀丰富的育人智慧的乐教氛围，实现学生幸福成长，教师快乐发展。

学校全员达成共识，通过"一""二""三""四"的说法分解总体办学目标，具体解读办学目标的达成过程。

"一"是坚信"每一个学生都是独特的"，充分尊重每一个孩子，把学生的身心发展放到首位。其根本就是全面关注每一个学生，使学校的教育基于学生成长和发展的实际需要，成为尊重生命的教育。

"二"是把学校营造成"学生的第二个家"，充分发挥学校的教育功能，使学校这个"家"成为连接学生的"小家"和社会这个"大家"的真实纽带，全面给予学生生活、学习、交往、生存等各方面的综合能力，为将来成为适应社会发展的合格人才奠定基础。

"三"是精心整合三级课程，为学生提供丰富的知识、文化、智慧的养分。课程是体现学校办学目标的载体。教师是课程建设的主体，古城小学教师把"知识""文化""智慧"作为自己专业发展的关键词，传播知识、弘扬文化、启迪智慧，以做智慧型的教师为自己的职业理想。目前学校在开足开齐国家课程与地方课程的同时，从以下两个主题开发校本课程，一是童年体验性课程，学生通过直接视、听、玩、唱，接触更多的经典故事与童谣、传统的体育项目与游戏等，专门为孩子建立的古典益智玩具教室，还根据孩子的性别、性格特点不同分别开设了体操课和球类课等，为孩子提供发挥和培养特长的平台。二是文化感受课程，开设围棋、西语、国画、硬笔书法等校本课程，国画以古诗与绘画相结合的方式教学，帮助学生初步感受祖国文化之美妙。相信通过这一门门课程的学习，在孩子们智力得到开发的同时，获得更多的智慧启迪。

"四"是以道德修养、健康体魄、科学精神、艺术气质为具体培养目标，培养全面发展的人，关注学生可持续发展。在学校创设崇尚"智慧"的氛围，每个教师都以"格物致知、格物致智"为执教治学的指导思想，在学校里创设人与人之间、人与知识之间、人与文化之间、人与环境之间全方位的互动，使教师获得育人的智慧，进而实现智慧地育人。使每个在古城小学学习、工作、生活过的人，都能获得一定的生存智慧。

古城小学目前是个规模较小的学校，教师队伍人员不多，但其中有从教多年、经验丰富的中、青年教师，和刚刚走出高等院校踌躇满志的优秀人才，新、老教师拥有各自的教育理想和把古城小学办好的共同愿景。让我们团结一心，老师们在这里快乐地耕耘，孩子们在这里幸福地成长。让古城小学成为"知识和智慧的家园"，让孩子们在这里"学知求智，幸福成长"。

（摘自满益慧，2018.11.16，田野笔记）

书记从教育管理的层面将学生的身心发展放到首位。充分尊重每一个孩子，全面关注每一个学生，使古二分教育的方方面面基于学生成长和发展的实际需要，从而让古二分的孩子们更接近"学知求智，幸福成长"的目标。与此同时，教师也在学校崇尚"智慧"的氛围中以"格物致知、格物致智"为执教治学的指导思想，获得育人的智慧，进而实现智慧地育人。

三 学校的基础设施

学校建在古城南街 18 号，出了古城地铁站 C 出口，向西走一会儿便能看见社区的栅栏，走进栅栏，沿着一条静谧的小道继续向西步行大约两分钟，再向南转，继续行走大约 100 米，就能看到古二分的西门了。同学们一般从西门进校，放学时，为了学生们的安全考虑，学校分流放学，低年级从西门离校，高年级从北门离校。西门外的公告栏上张贴着古二分的教育收费公示，还有学生们每周早餐、午餐和加餐的食谱，以及相应的营养餐分析表。

清晨，同学们从西门走进校园，东升的太阳，照射在每一位同学的身上，给他们温暖，这是古二分校门设置的位置给小朋友们的第一个天然的"欢迎仪式"。如果您常来古二分，一定会发现，每天学生入学时校门旁有 1—2 位保安师傅，还有一位值班的教师在等待着大家，这是学校的第二个"欢迎仪式"，学生们也纷纷向保安师傅和教师问好。外来人员需要到值班室登记，并进行双手消毒，学校设置有专业的手部消毒设备（参见照片 3-1）。

照片 3-1　手部消毒设备（2019.11.01，笔者摄）

"7:24 我到达古二分。我到校口时，只有一位保安师傅在校门边上，同学们进来时，也会给保安师傅敬礼问好，给我的感觉是孩子们对保安师傅和值班的老师有同等的尊重。进入值班室的时候，我看值班室门口的墙上，增添了一个新的设备公共手部消毒智能雾化装置，上面还有'浙卫消证字［2018］第 0045 号（消毒液）满足《医务人员卫生规范》要求'的字样，学校是非常重视卫生安全问题的。就在值班室里签字的时候，我听到体育老师从操场往校门走过来，站在校门的另一边和保安师傅一起迎接同学们的到来，我签完字就给体育老师问了好。"

（摘自满益慧，2019.11.01，田野笔记）

古二分拥有一个 200 米跑道的操场，操场的中间是足球场、篮球场，它并不大，但却成为学生们流连忘返的地方。鲁迅的《从百草园到三味书屋》一文中的百草园，也是鲁迅童年记忆里奇趣无穷的乐园，鲁迅笔下的百草园妙趣横生。古二分也被生活在那里的人们亲切地称之为"百草园"，它给小朋友们带来的快乐与鲁迅笔下的百草园并驾齐驱。操场西侧的校园墙壁上也浮出半个地球的造型，为的是让孩子们与地球有亲近之感，笔者时常看见几个活泼好动的孩子在地球上攀爬，像是在世界探险一般。古二分的每一个孩子在入学的那一天都得到由大哥哥、大姐姐亲手送上的入学礼物——地球仪，目的是让"地球"入眼入心，是拓宽孩子胸怀的一种手段。古二分的学生是来自五湖四海的,有京籍学生也有非京籍学生,新生入学前要做的一件事就是捡拾家乡的 10 颗石子,开学后放入学校的"石海",这是想让大家汇聚在一起,并懂得在古二分的土地上学会彼此尊重,和平相处。如果您初次来到校园,您或许也会像笔者一样好奇操场北侧的一面海豚墙(参见照片 3-2)。

照片 3-2 孩子们在海豚墙前运动(2018.10.19,笔者摄)

"之前,我非常好奇同学们的校服上印着的校徽,为什么是海豚的图案,以及校园里有一面墙的壁画也画满了海豚。总之海豚无处不在,我的脑子里试着解释,'难道是象征着自由?勇敢?',还没来得及询问班主任,今天在这本学校宣传册上我就找到了答案。古城二小分校校徽的元素是海豚、蓝天、金沙、白浪。海豚是最具智慧的哺乳动物之一,它离开母体可以独立游向水面,海豚过着集体生活,它对人很友善,世界各地也流传着很多海豚救人的故事。孩子们认识海豚,和海豚建立友善的关系,以及在校歌《学知求智 幸福成长》(参见照片 3-3)歌词中'小小海豚,自由似我,聪明可爱,渴望长大,团结勇敢,向往未来,辽阔海洋,壮丽家园,海阔天空,有我有它,我和海豚,牵手对话,大海之中,它舞浪花,蓝天之下,我在长大,啦啦啦啦,海豚伴我,学知求智,幸福成长,啦啦啦啦啦,海豚伴我,学知求智,幸福成长,幸福成长。我辈少年,志向远大,友善快乐,智慧健康,敬爱师长,亲密伙伴,美丽校园,幸福一家,海阔天空,有我有它,我和海豚,牵手对话,大海之中,它舞浪花,蓝天之下,我在长大,啦啦啦啦,海豚伴我,学知求智,幸福成长,啦啦啦啦啦,海豚伴我,学知求智,幸福成长,幸福成长'。歌词中'大海之中,

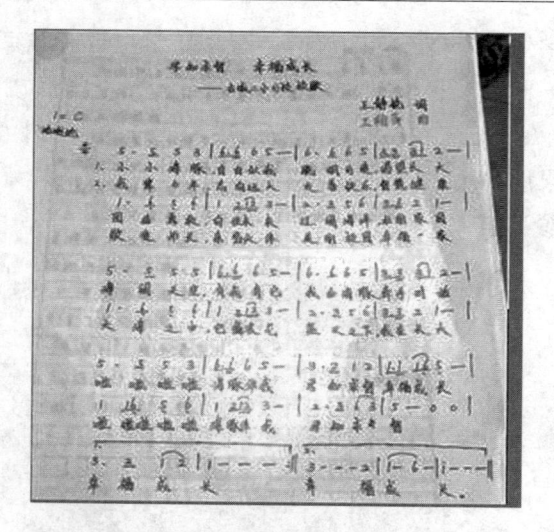

照片 3-3　古二分的校歌手稿（2019.06.28，笔者摄）

它舞浪花'与'蓝天之下，我在成长'；'辽阔海洋，壮丽家园'与'美丽校园，幸福一家'呼应中，增进他们对生命的敬畏和生态的意识。"（摘自满益慧，2018.10.22，田野笔记）操场的南侧，有海豚池，夏季有荷花随风舞动，成群结队的金鱼在里面嬉戏，冬季池里的水基本上都抽空了，残余的水化成了冰，偶有几个高年级的、好动的、高个男孩翻到池里捡拾冰块或在上面滑动，操场东侧的食堂外有一片小小的种植园，种植了些许竹子，正夏时分，竹子会越长越高，竹叶青翠欲滴。

走进教学楼，楼层里的楼梯竖杆是七彩的，连消防栓都是用卡通画装饰过的，教室里的灯是非常明亮的，教学楼外面的围墙也画上了有意境的国画，以及校徽上欢乐的海豚，整体来说学校的装饰是富有童趣的，用环境向学生和老师传递积极和欢乐。

教学楼一、二、三层的楼道分别以一条鲜艳的黄色、绿色、蓝色的色带贯穿始终，黄、绿、蓝三种颜色代表者土壤、植被、蓝天的颜色，三条色带带给人笔直与宽阔的感觉，更象征着孩子们的成长之路宽广、光明。三种颜色的纵向排列，隐喻着生命的萌生、成长与飞翔。孩子们在低、中、高三个年级阶段，在不同颜色的楼层学习生活。随年龄的成长分别于"小苗""花朵""白鸽"为伴，会感受到自身的成长快乐，并将对生命的热爱带到知识学习的过程中。在教学楼大厅、走廊上，以及班级的墙壁上都可以见到横幅样的、书法版的"学知求智，幸福成长"标语，学校对办学理念十分重视，在许多地方，以不同的形式强调。在教学楼里，贴在墙上的既有社会主义价值观、国歌、北京市中小学生日常行为规范、小学生文明礼仪、班级集体照片等上至国家意识形态、学生群体规范，下至班集体文化宣传的内容，又有学生个人作品的展示，包括书法、绘画等。一方面宣传国家意识形态、规范行为要求、凝聚集体，另一方面又重视展现个人风采，尊重个体的存在和发展。在一次对学校首届毕业生的访谈中，一个女孩讲述了书记为她举办了个人画展的感受。"女孩说'有一次我们学校举行爱心义卖会，交换书目，或者和同学交换什么东西，这样可以让别人了解更多的知识。那时我不知道交换什么，比较着急，在家跟我妈说，我妈也没有好的建议，我再到学校心情也不太好。书记看到我了，就给我提了一个建议。我是画国画的，之前书记在西厅给我办过画展。'我说：'你一个人画的画。'女孩说：'对！专门给我办了一个画展。书记说可以让我义卖我的画，一幅画十块钱，或二十块钱，然后就能弄来钱用来捐赠，捐给红十字，我觉得这个挺好的，就把我那些画都拿出来，义卖给别人，有老师买，也有同学买。我就觉得自信心什么的都找回来了，也觉得挺骄傲的。就只有书记比较靠谱。'我回应说：'就觉得自己也受到了重视，有自信心了。'女孩说：'是的。但也没有那种，骄傲得太过度。'"（摘自满益慧，2019.06.28，田野笔记）学校的公共场域可以成为某一位同学们展现自我的舞台，现任校长在一次家长会中也提到："平常不太来的家长可以去关注，我们挑选的这个材质第一环保，第二他更换起来比较的方便，所以说我们这个作品不是一劳永逸，上去做之后老不下来了，不是。谁有优秀作品，我们会经常地更换给他，再做新的，在作品展（参见照片3-4）中，当时我们挑的时候，确实甭管它是书写还是绘画，还是其他方面，都是在他的课堂上留下痕迹，在他的学习中留下痕迹。所以说待会我们也看看有没有咱们家的孩子，有，回家表扬孩子，没有，回家鼓励孩子。"（摘自满益慧，2019.06.24，田野笔记）教学楼的每一层都有很多的房间，"除了每个班级有固定的教室之外，学校还配备了美术教室、书法教室、益智教室、练舞房、健身房等为兴趣班、艺术类课程、学生特长发展准备的教室，从硬件上保障学生的兴趣特长发展"。（摘自满益慧，2018.09.21，田野笔记）各个功能不同的教室都配备着丰富的教学用具，

照片 3-4 各年级的端午节绘画展板（2019.06.14，笔者摄）

如，美术教室摆放着彩笔、蜡笔、勾线笔、画纸、白色脸谱面具、胶带等，益智教室有不同类别的棋、益智玩具、模型等（参见照片3-5）。年

照片 3-5 益智教室里的材料箱（2018.12.29，笔者摄）

级不同的教室里的桌椅板凳也是各不相同的，高年级的除了高度较高之外，还是由变来的正方形桌面变成了梯形桌面，重量也比原来轻了一些，目的是为了让高年级的学生更加方便地拼凑桌面，进行小组讨论。无论哪个年级，学生们的桌椅板凳都有一个共同的功能，那就是调节高度，同学们的桌面高度，椅子高度根据标准的比例进行调节，学校的保安师傅会到班里为孩子们调节桌椅高度（参见照片3-6）。"午休课，还有一位特别的人，保安师傅。今天班级前面的窗户纱窗掉了下来，万幸的是没有伤到人，所以保安师傅就及时过来维修了。琪琪对正在修窗户的保安师傅说：'叔叔，您能帮我修理

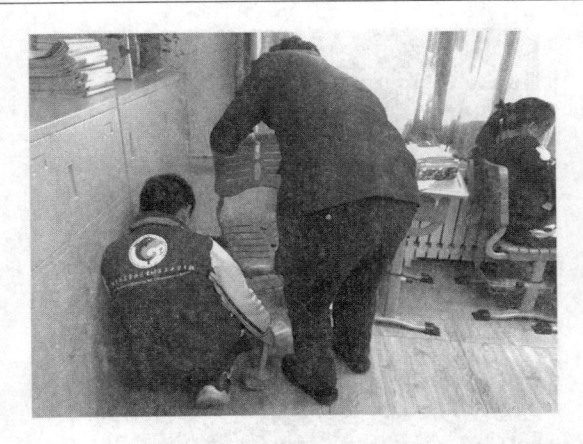

照片 3-6 保安师傅正在调节椅子（2018.12.07，笔者摄）

一下我的桌子吗？它有些倾斜。'于是，师傅修理完窗户后又帮琪琪调整了桌子，琪琪的桌子刚弄好。森森又说：'叔叔，您能帮我调一下凳子的高度吗，调高一点。'师傅说：'好的。'也耐心的帮助森森调整了椅子。我心想，古二分的桌椅设计得很人性化，可以调节高度，再加上有热心、耐心的保安师傅作为人工保障，真的很羡慕现在的孩子。"（摘自满益慧，2018.12.07，田野笔记）学校的领导对桌椅的选用关注到了每一位个体的需求，不仅设施要有人性化的设计，而且还会配备有力的人工保障。

每层楼都会有两间水房，分别配备两台饮水机，学校选用的饮水机的开水开关需要一把特制的钥匙（参见照片 3-7）才能打开。"凡凡问我：'小满老师，您要接热水吗？'我说：'是的，我想接热水。'凡凡就指着放在墙上小台子上的钥匙说：'小满老师，这个是钥匙，接热水的时候才用，接冷水的话可以直接开。'我说：'哇，热水还需要钥匙才能开吗？那你们一般自己能用钥匙接热水吗？'凡凡说：'现在我们长大了可以用了，如果够不着可以找老师帮忙，但是小的时候只有老师才能用这个钥匙，老师说担心我们被烫到。'学校真的非常细心，无论是外来人员进校门时需要抹消毒液，还是课间检查手指甲的制度，以及饮水机的设备选用都是经过精心挑选，仔细斟酌了的，尽最大可能为学生考虑。"（摘自满益慧，2019.10.25，田野笔记）学校基础设备的选用，十分关怀不同年龄阶段的学生的需求。

每层的水房旁边就是卫生间，男厕是在每层教学楼的西侧，女厕在每层教学楼的中部，三层楼的卫生间主题色分别是黄色、绿色和蓝色，与每

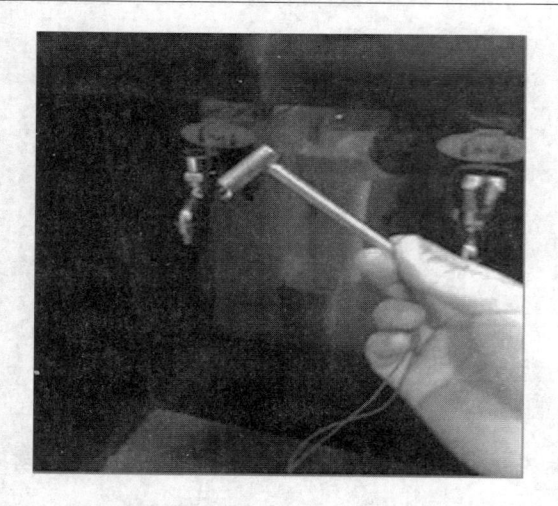

照片 3-7　接热水时使用的钥匙（2019.10.25，笔者摄）

层楼的主题色同步。每间卫生间都有高低不同的洗手池，为不同身高的群体考虑。现任校长在一次家长会中提到了一件有关古二分卫生间的小趣事，"上周北师大的专家教授走进我们学校，用标准去评估……他们觉得真的在这所小而精妙的学校里面是规范的。教授特别有意思，就是说在这样的相对不大的空间里，一般他们去厕所都是闻着味儿去的。但是来到这所学校没找到"。（摘自满益慧，2019.6.24，田野笔记）的确如此，笔者常能看见古二分的后勤工作人员，在辛勤地劳动，时刻维持着卫生间的干净整洁。

第二章　爱的点点滴滴

一　"面向全体"我们承诺一个都不会落下

古二分的办学目标是将学生的身心发展放到首位，充分尊重每一个孩子，全面关怀每一个学生成长和发展的实际需要。在这一办学目标的指导下，古二分的教师们尽力地关怀全体学生。

（一）随着季节变化的小黄帽

笔者在古二分进行田野观察近一年半的时间，和古二分的师生们一起走过了春夏秋冬四个季节，随着四季的变化，笔者发现小朋友们每天佩戴的小黄帽也在发生变化（参见照片3-8）。

照片3-8　同学们佩戴着不同的帽子（2018.10.12，笔者摄）

早晨7:18，我走在教学楼里的楼道上。我看见，前面的同学佩戴的小黄帽，发生了变化。从露头的夏季小黄帽到秋季的有顶小黄帽，这个有顶帽子的后部，有排按扣用以调节帽口的大小，为了便于吊挂，有顶帽子还设计了一个半弧形的洞，再到眼前这个同学佩戴的帽子，颜色还是没变，但是在有顶的帽子的基础上，又在帽子的后边增加了保护小脑部位的沿边，也就是说帽子的布料越来越多。另外，有的学生在单薄的校服外面增加了一件羽绒小背心或者是一件外套，这些小变化似乎在告诉我，天气也越来越冷了。

（摘自满益慧，2018.10.12，田野笔记）

根据北京市的统一规定，学校给孩子们下发了顺应四季变化的小黄帽，满足了学生在不同季节的基本生理需求。

（二）我就是"护犊子"的老师

在一次家长会中，班主任向家长们表达了自己对孩子们的爱，在班主任的眼里每一位同学都有值得她夸赞的地方，她承诺要公平公正地对待每个孩子。

> 我相信所有的家长，这毋庸置疑，那么我也请所有的家长都相信我，我也是爱我们班三十二个同学。每一个孩子无论他是学习好的，还是学习稍微差一点，无论他是高的，还是长得丑的美的胖的瘦的，在我眼里我看他们都是宝。这个孩子在我这，我说他不好，我说我们孩子不听话，哪做得不好，可以。别的老师要说，我心里还有点小别扭，不高兴。医务老师也说她是护犊子型的老师，我也可以跟家长说，我也是这样。所以关起门来说，咱们都是为了一个共同的目标，咱们都希望自己的孩子有见识、博学，将来不说成为社会有用的人才，最起码他能够过得幸福。第一个相信就是说，我也希望家长能相信我是公平公正地对待每个孩子。第二个我相信我们的每一个孩子都是能够学好，在求知的道路上我不需要聪明，我需要的是勤奋。那么如果每一个孩子都能够付出勤奋的话，我相信我们的成绩绝对不会拉得太远。那么还有一个就是说，我也希望家长们相信我，把孩子交到我的手里，就是说在四一班集体氛围之下，我们一定是团结向上、乐观阳光，有朝气的。
>
> （摘自满益慧，2019.6.24，田野笔记）

班主任是个实在人，她常常在班里对同学们说自己是护犊子的老师，但是现实中班主任也是理智地去爱，她的护犊子是有条件的。"我曾经说过，如果别的班学生要欺负咱们班学生，你拉不开，你就要帮着咱们学生不能吃亏，这话我是说过，对不对？因为我在学校，抓德育的老师都说我是典型的护犊子的老师，就是说不允许自己班的学生吃亏。但是我的前提是在你解劝不了的情况下，还有咱们班学生被别的学生围攻打的情况下。"（摘自满益慧，2018.12.7，田野笔记）自己的学生正在被别班的孩子欺负，并且劝解不开的情况，那身为五（1）班的一员，你就需要帮助五（1）班的同学，把闹矛盾的两人分开，避免班里的孩子受到伤害。正因如此，同学们对五（1）班有着极强的集体荣誉感和归属感（参见照片3-9）。

照片3-9　孩子们比赛胜利时的喜悦（2018.12.21，笔者摄）

体育老师安排大家跑接力比赛，说是为运动会做准备多练习几次。我发现两个班的同学集体荣誉感都很强。在同学跑步的时候都在为同班的同学加油。虽然体育老师让同学们在跑步的过程中，不用加油，但是同学们都还是抑制不住地为自己的同学欢呼呐喊，甚至是陪着正在比赛的同学绕着操场内圈跑。

（摘自满益慧，2018.12.21，田野笔记）

除此之外，班主任也在家长会中对家长们表达了她的爱并非是过分的关爱与呵护，当孩子们犯错且屡教不改的时候，批评孩子也成为她对孩子进行关怀的常态，班主任非常希望得到家长的理解与支持。

"我想跟家长们说，我们互相之间要理解。刚才校长也提到了，有时候我可能会在班里批评他。我希望当您知道孩子受到批评以后，或者说今天被老师拉走了，您能够有一个平和的心态对待，并不是说老师不喜欢他了，今天我才嚷了他，才批评了他。我相信咱们肯定都有心情不好的时候，但是我绝对不会把我工作上的压力，生活中的压力或者说不愉快的负面情绪带到课堂，带到学校，我想所有的同事和所有的学生，还有所有的家长都希望看到班主任阳光的一面。那么我也希望我能够给你这样一个感觉，我也希望孩子能够看到这样一个有朝气，并且很乐观的老师能够走进课堂。但当你面对所有的孩子，比如说你很高兴地来到课堂，你发现无论你怎么强调，他依然不遵守纪律。无论你怎么强调这个书写，他依然不认真写。无论你怎么强调，你一定要给我争气，不要和别班的同学吵架，他依然还我行我素。你想你一个孩子都可能有发怒的时候，有想打他的冲动。当然，我不可能打他，但是我肯定要说他。当孩子觉得老师说得过分了，或者觉得自己受了委屈，回家跟您倾诉的时候，您一定要给孩子一个正确的开导。这是我希望您能够理解我的这一点。所以说当您在教育孩子的时候，或者说当您看到我对您的孩子的教育当中不能够符合您的心意、不能够满足您的心意的时候，我就是希望咱们能够互相理解，您来找我来，或者说现在咱们的微信语音都比较方便，对吧？您工作完了，您晚上给我打个电话，或者咱们发个微信语音聊天，互相之间说说，把自己的心里话都说出来，这样使咱们之间是宽敞的一条大道。"

（摘自满益慧，2019.6.24，田野笔记）

孩子们犯错时，班主任会严肃地处理，有时甚至会将学生的家长请到学校里，一同对孩子进行批评教育（参见照片3-10）。

照片3-10 班主任与家长一起批评教育孩子（2019.5.24，笔者摄）

"我要说的就是爱，其实说爱很大，我们经常能够看到有很多老师写的文章，或者在他的论文当中发表说，我们是爱孩子的。这个爱很广泛，你怎么样做才是爱？我积极鼓励这些孩子，可能他比较适合这个方法，你的爱起到了一定的作用。那么有的孩子他就得需要你严肃点，可能他才能够进步，我认为这也是一种爱。不是所有的爱都是袒护，所有的爱都是夸奖。其实这爱，也需要有您对他教导或者更严厉的说是教训，让他能够知道他自己哪方面不足，老师这样做，即便是批评他，或者即便是给他一点小小的惩罚，这也是对他的一种爱。"

（摘自满益慧，2019.06.24，田野笔记）

班主任爱全体学生，但是面对不同的学生，班主任会因材施教，用不同的方式进行关怀，有的孩子她会进行积极地鼓励，有的实施批评教育，班主任的字典里，这就是爱，不是一味批评，也不是一味夸赞。

（三）我们亦师亦友

一位有着想与学生成为好朋友并去践行这个理念的教师，更容易和学生平等交流，更容易走进学生的世界，了解学生的感受与需求，知晓学生的兴趣与志向，以便对学生进行更好地引导。班主任曾表达过自己当老师的最大光荣就是能和孩子成为忘年之交。"别看我年龄很大，但是我有一颗童心，我希望我能够跟孩子成为朋友，在学习上当然我是他的老师。在生活当中我是他的朋友。将来他长大了，我老了，我们还能够成为忘年交，这是我当一名老师，我觉得是最大的光荣。"（摘自满益慧，2019.6.24，田野笔记）课外时间，笔者能看见班主任尽可能地参与到大家学习以外的活动中。课间操时间，班主任站在队伍的后面和大家一起做操（参见照片3-11），跑操时，

照片3-11 班主任和大家一起做操（2019.03.22，笔者摄）

班主任的身体条件不允许她跑步跟上同学们，于是她就在队伍的后面快步地跟着，关注的目光难以从孩子们的身上挪走。拔河比赛时，她站在孩子们的身旁，双手情不自禁地前后摆动，当双方势均力敌，僵持住时，她急得直跺脚，用最大的嗓门为孩子们加油助威。校外实践活动中，有一次探访的是京西五里坨民俗陈列馆，里面陈列了许多的老物件，其中不少20世纪六七十年代的孩童的玩具，在师生体验的环节，班主任童心未泯，她和孩子们一起玩起了旧时的玩具，追忆童年（参见照片3-12）。

照片3-12 班主任和学生一起玩滚铁环（2019.11.08，笔者摄）

二 "关注个别"用特别的方式对待特别的"你"

（一）"小海豚"的蜕变

"小海豚"隐喻的是古二分的每一位小朋友们，宸宸同学是五年级（1）班比较特别的一名学生。因为在原来的学校打伤其他同学，所以宸宸在二年级时转学到古二分，他便成了一只"小海豚"，即古二分的一员。宸宸有些与众不同，当同学们都在进行早读或是在认真地听课时，宸宸却一会儿站着走来走去，一会儿坐着把玩自己的椅子，整理着抽屉里的书、本子，常在日记本上画漫画，他还会在课堂上发出惊人的话语，或者无故地哈哈大笑。甚至有时宸宸会与男教师发生正面冲突，他会愤怒地喘着粗气并拍打课桌。多次考试后，班主任在课堂上给大家分发试卷，宸宸看到自己低分的试卷时，会不顾及是否是课堂时间，无视老师与同学，直接将试卷扔进垃圾桶里（参见照片3-13）。大部分时候，宸宸的桌面都是空着的，笔者很难看到他像其他同学一样认真写作业，古二分的大多数老师也难以要求他像其他孩子那样遵守纪律，他也不在多数老师的管理范围之

照片 3-13　课上宸宸将试卷扔进垃圾桶（2019.11.22，笔者摄）

内，仿佛是五年级（1）班的一个"自由人"，当班主任哄着他或者是用打电话给宸宸爸爸之类的话语威胁他时，老师的管束才会见效。

今天教学的课文是《蟋蟀的住宅》，班主任从同学们之前学过的《夜书所见》"萧萧梧叶送寒声，江上秋风动客情。知有儿童挑促织，夜深篱落一灯明。"中的"促织"意为"蟋蟀"还有之前热播的电视剧《大宅门》来导入了这堂语文课，非常的生活化，所以在老师提问的过程中同学们回答的积极性挺高。但是，我注意到在教室最后面的那个小男孩似乎与课堂格格不入，他的桌面上没有书，在上课的整个过程当中也随性地站起身来，或是在全班安静地学习时发出奇特的笑声，或是大声地自言自语，有时他会眉头紧蹙，焦急不安地趴在桌面上。课堂的开始，班主任对他的这一系列行为视作不见，但是当他挪动了桌椅发出了较大的响声后，班主任气愤地说："宸宸！明天别上这种学校来上学，到适合你去上的学校去。"很明显，老师已经忍受了很久，以至于在叫男孩的姓名时，分贝提高到了极致。不知男孩听到这样的话会有什么样的感觉，但是同理心比较强的我，心里确是一阵酸味。不过，宸宸就在老师话音刚落没过多久，就自言道："热死了。"然后躺在了地上，像什么也没发生过一样……我想，班主任口中的"适合你的学校"或许就是特殊学校吧。老师们强调的"遵守纪律"的课堂模式仿佛像一只巨大的鸟笼抑制了他，而他就像一只被人们关进笼里的小鸟。翱翔天际的本能让这只小鸟在狭小的鸟笼里四处飞窜，想要逃离鸟笼。下课铃声一响，宸宸这只脱出鸟笼的小鸟，第一个飞出了教室。

（摘自满益慧，2018.09.21，田野笔记）

因为宸宸的表现实在特殊，所以师生们常常有疑惑，宸宸是否患有多动症。而宸宸的父母称已前往医院检查，没有什么病症。在一次访谈中，宸宸的妈妈提到："他从小就是我带着他，虽然我现在上班，但是他好多事我都明白，比如说他以前好动，我就带他去看医生，人家就说这不是，这是一个孩子淘气的过程，他这个情况我问过好多心理的专家，人家就说可能是每个孩子的心理不一样。他这个脾气吧，说实话有点随他爸了。他爸的脾气就是这种，但是他爸爸可能大了能控制住，他小就不能控制自己。有时候我就问他为什么要拍桌子，为什么要扔东西，他就说：'我想要发泄。'他没有地方发泄，又控制不住，可是我就不知道哪能把他这点给治了。"（摘自满益慧，2019.11.01，田野笔记）截至目前，宸宸的妈妈还在为孩子四处寻求解决的办法。那次访谈结束道别的时候，宸宸的妈妈主动加了笔者的微信，对笔者说："您有什么办法可以跟我交流，也是为了让孩子更好。"（摘自满益慧，2019.11.01，田野笔记）。

班主任对宸宸有着特别的关注，在宸宸遇到困难时，班主任会进行单独辅导（参见照片3-14）。与此同时，班主任也会与宸宸的家长进行积极沟通，了解宸宸的情况。有一次，宸宸与班里的数学老师因为写作业的事

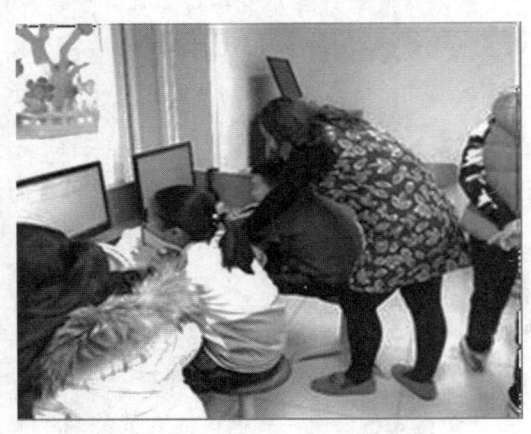

照片3-14　班主任在帮助宸宸填写问卷（2019.11.22，笔者摄）

情发生了冲突，于是班主任将宸宸的家长叫到了学校，向家长讲述宸宸在学校的状况，并建议宸宸的家长找到专业的渠道，对宸宸的问题进行根治。

  班主任说："他跟数学老师这个关系，你还得给他说说，他跟男老师的情绪波动就大，他就不服气，我跟您说有时候吧，我要是站在男老师的角度我的脾气都搂不住自己的火，你想要是孩子在家啪啪啪拍桌子骂你，您会怎着？我跟您说啊，因为我第一节有课，我这人说话也比较实在，这么多年教书接触孩子，宸宸这个事，我也不知道给您什么样的建议，就是说你应该给他看看还是什么的，还是得知道他是什么原因引起的，这样才能对症下药，如果咱们一味地哄着，你想他现在小，老师可以哄他行，家长哄他行，一旦他长大了，他开始走向社会，不可能人家天天哄他是吧。这个现实咱们越早接受，对孩子越好，所以咱们如果有这方面的渠道，咱们咨询咨询，看看他从哪方面引起的情绪这么波动，能想办法给他进行一下心理疏导。用什么办法调整自己，怎么样的方式教育和引导他才是对的，因为我们不是这方面的专家，所以他发脾气的时候，我们也只能是哄着他，别的办法我们也没有。我们不能跟他吵，不能跟他闹，所以咱们一定要把这件事当成一回事。"宸宸妈妈说："行，我一直在跟他想办法。"班主任说："对，咱们必须面对。然后找到一个切入口，促进孩子的发展对吧，这么漂亮的一个小伙子将来走向社会，老依赖你，上单位、上社会老融入不了肯定不行，这是我站在您的角度说的。"宸宸的妈妈说："我明白，您先上课，之后有什么您跟我发信息吧。"班主任抱着书说："行。"宸宸妈妈说："我怕打扰到您上课。"班主任："我还怕我影响您，我老是给您叨叨这事。"宸宸妈妈说："不是的，您有什么事您也别瞒着，孩子有什么事您就跟我说。"

（摘自满益慧，2019.11.01，田野笔记）

  在没有找到彻底的解决办法之前，古二分的老师们都不会对宸宸置之不理。宸宸的老师和家长都知道宸宸非常喜欢看漫画书（参见照片3－15），对科学之类的东西也很感兴趣。"只要是他喜欢的东西，他都不带动的,他从小就喜欢模型,还有什么科学的东西,还有什么历史里边的记得东西。"(摘自满益慧,2019.11.01,田野笔记)老师们从宸宸的兴趣入手,吸引他对学习的兴趣,学校里,除了班主任对宸宸有特别的关注,科学老师也对宸宸有一对一的关注,这样的方式极大地鼓舞了宸宸。这种一对一的关怀方式,还得从科学老师上的一节有关于蜗牛的公开课说起。那天科学公开课,有几位旁听的校内外老师,班主任也是其中之一。课前,宸宸因为前一天肚子疼来晚了,可把班主任给急坏了,她连忙给宸宸的妈妈打了电话,好在宸宸赶上了。"班主任走进班里,让大家赶快拿上文具,到三楼的科学教室去上课。班主任对我说:'吓死我了,宸宸她妈现在才送孩子来上学了,昨天宸宸他肚子疼,所以都没来上课。'我说:'是的,看您挺着急的。'班主任说:'是啊,专门给宸宸上的课,(宸宸不来的话)要不咱们那科学老师这课就白备了。'"(摘自满益慧,2018.12.7,田野笔记)科学老师对这节课进行了充分的准备,与此同时,班主任也非常重视这一次"专门"为宸宸上的一节科学课。平时上课,宸宸坐在教室的最后面,即使举手,但是也不会作为第一个回答的学生。这一堂科学课,因为换到了科学教室,座位的布置和班里的不一样,所以就有了重置座位的机会,宸宸就主动地坐到了距离讲台最近的位置。

  8:53,科学老师说:"上课!"同学们就像老师鞠了一个躬,说:"老师您好!"在老师的指引下,同学们转身对着我们在最后面的7位听课的老师说:"老师您好!"于是这节课就正式开始了。科学老师说:"老师养了一个小动物,下面的描述,大家猜一猜它是什么小动物,它没有手,没有脚,背上房子到处走,有谁把它放一放,赶紧躲进房里头。来,宸宸。"宸宸非常激动,还没等老师讲完,他就已经举起了手,听到老师叫了自己的名字,宸宸就立刻站起身来说:"蜗牛!"。

  科学老师说:"好,那没错啊,就是小蜗牛。蜗牛是我们在生活中常见的一种小动物,你们都见过蜗牛吗?那谁来跟老师说说,你看到的蜗牛长什么样?"(参见照片3-15)锦锦站起来回答说:"它背着一个壳,然后它那个尾巴还弄出来,它是脸露出来,就是碰那个触角,然后缩进去。"科学老师:"非常好,请坐。来,宸宸说说。"宸宸就站起来说："蜗牛身上有壳，然后底下有一个像传送带一样的足，前面有两对触角，一对长的一对短，长的有眼睛，短的没有，一碰就缩回去。"宸宸的回答非常流利、清晰。我身旁的班主任轻声地对我说："宸宸就适合上科学课。"我笑着点点头。

（摘自满益慧，2018.12.07，田野笔记）

照片3-15　班主任和孩子们一起观察蜗牛（2018.12.07，笔者摄）

课堂上除了宸宸的积极发言，许多其他同学也积极地参与到这堂课中。这节课的最后，科学老师被宸宸打断了一下，科学老师选择停下来倾听了宸宸的问题，解决完宸宸的问题之后，科学老师又很快回到了自己的讲解上来。在这堂课上，笔者看到了宸宸在他喜欢的领域，有了一次美丽的绽放。

（二）"绿山墙的安妮"

五年级（1）班有一个女孩儿，她是班上个子最高的女孩，体态也较胖，成绩在班里是中等水平。萱萱常常对笔者说："老师，我太胖了。"随着年龄的增长，即将步入青春期的女孩儿会越来越关注自己的外貌，对体重、肥胖的字眼都比较敏感。

11∶45，因为之前我就看到萱萱的脖子有些发黑，但是今天不知道是不是萱萱穿了一件亮白色的衣服的原因，我看到她的脖子今天更黑了一些，所以我就和萱萱聊起天来。我问："萱萱，我悄悄地问你一个问题啊。"萱萱说："老师您说。"我问："你多久洗一次澡啊？"萱萱好像对这个话题很敏感也很熟悉，她并没有直接回答我的问题，而是知道我在说她的脖子有些黑，萱萱说："老师我告诉你，我的脖子不是因为脏，其实我天天洗澡，我的脖子黑是因为我太胖了，我妈已经带我去检查了，说是我太胖了，会分泌一些色素。"

（摘自满益慧，2019.06.29，田野笔记）

因为自己的体态较胖，在小组合作学习的时候，萱萱不愿意和班级里个子娇小的女孩们在一起，想和班里的男同学组队，但是男孩们又抱团组队，所以在一次科学课上，萱萱落了单，当新来的科学老师问起原因时，萱萱默不作声，不愿意把这个秘密袒露出来。不问不知道，萱萱的确是比班里多数女孩的个头更大，体型稍胖一些，并且随着孩子们的年龄越来越大，小心思也慢慢多了起来，老师对孩子内心想法的了解尤为重要。

8：41 全班只剩下萱萱没有加入小组，新来的科学老师问："萱萱，你和谁一组？"萱萱说："随便。"新来的科学老师说："你期末的分数我是不是也随便给？"萱萱说"不是。"过了一会儿，新来的科学老师问："你想去哪个组？"有的同学向萱萱投来了愿意让她加入的目光。萱萱说："航航、小航。"航航直接说："不不不。"然后萱萱就趴在桌子上哭了起来。下课后，我看见班里几位热心的同学来到了萱萱的位置旁问萱萱愿不愿意加入自己的组。同学们走后，我问萱萱："萱萱你为什么想选航航他们俩兄弟啊？"萱萱说："别的都齐了。"我问："那涵涵她们都举手说可以让你加入啊？"萱萱说："她们个太小了。"我问："这个学习是有肢体的接触吗？是有活动吗？"萱萱说："不是的，就是汇报学习。"我说："那为什么不想跟小个的同学一起呢？"萱萱说："不自在。"

（摘自满益慧，2019.11.22，田野笔记）

班主任是一个心思细腻、经验丰富的女教师，无论是对日常教育教学工作，还是处理来自学生或是家长对一些问题的小情绪，她总能很好的应对，并且班主任也多次强调过，她关注每一个孩子身上不同的闪光点，非常注重培养孩子们的道德品质，不以成绩论英雄，不以貌取人。萱萱是深受班主任喜爱的孩子，在一次《绿山墙的安妮》阅读分享课上，班主任借主人翁安妮隐喻萱萱。

　　班主任说："我们刚才光交流安妮，我们就发现她有很多的特点，你比如说她善于幻想，想象力非常丰富，对吧？而且这是一个感恩的孩子，争强好胜，好抱打不平，生活经验非常的丰富。那我们说人无完人，安妮身上也有她不足的地方，你比如说她很冲动对不对？孩子们，我就把萱萱和安妮联系在一起，那你看安妮是一个满脸雀斑，又有长长的红头发的一个女孩，并不漂亮，直言不讳地说，如果我们就表面而言，萱萱也不是一个非常漂亮的女孩，是不是？萱萱。"萱萱点点头并回答："对。"班主任又说："优秀的是你的品质，它可以掩盖你不完美的外表。你看安妮是不是就是这样一个女孩，她身上优秀的品质，是不是就掩盖了她的不完美的外表。你只有把你自己的优点放大了，你自己的缺点才会慢慢缩小。别人看到大的光环是你的优点，如果你总是把自己的优点掩藏起来，把你的缺点慢慢放大了，然后别人就肯定要怎么样？看到的就是你的缺点。你看咱们班32个人，每一个人都有他优秀的一面，每一个人的优点我也都能说出来。那也就是说可能你身上的优点多于不足，而他身上的不足表现得比优点更表面化一些，所以说，你要想让人正视到你有优秀多的地方你要表现出来。"

（摘自满益慧，2019.03.08，田野笔记）

　　班主任的这段话不仅鼓励了萱萱要对自己自信，学会发现自己有比胖胖的外表更重要的优秀品质，而且要善于把它展现出来，与此同时，班主任也是在告诉班里的其他小朋友要善于发现别人优秀的一面，学会包容，不要以貌取人。

　　就像前文叙述过的，班主任的字典里的"爱"，不是一味地批评，也不是一味地夸赞。对于萱萱在日常的表现中迟到、不写家庭作业的懈怠状况，常说自己是"急脾气"的班主任，对学习态度不端正的萱萱也会展开严肃地批评。

　　7：55，班主任让萱萱站了起来，再一次生气地喊："你也好意思萱萱，你好意思吗？我问你？我再给你使多大的劲也没用，你自己不干我有什么办法，你连家庭作业都不写你还能进步吗？啊？全班同学不都说我向着你吗？大伙儿背后议论我向着你，我句着你，你就这样做是吧？对吧？老师向着的学生竟然不完成家庭作业，萱萱你让我很失望你知道吗？你自己好自为之我不想说你，一大早上我不想和你生气，读英语吧。"萱萱全程低着头，不敢看班主任。

（摘自满益慧，2018.10.19，田野笔记）

班主任平日里对萱萱的鼓励与批评，其实都是对萱萱的关注与爱，这使得萱萱在班里越来越开朗，愿意在老师、同学们的面前表达自己，主动帮助个子娇小的同学拎东西，帮老师打扫卫生，自信地代表班级领取拔河比赛的奖状，学习态度也更加端正了，语文学科的成绩明显地比班主任来到这个班之前提升了许多。

（三）专属于你的树洞

在田野调查的前期，班里的锦锦吸引了我的关注，缘起于我看到锦锦穿了同一件破了一个大洞的棉服两次。当时我的脑海里出现了许多猜想，是锦锦的家人粗心没有看到？是锦锦家庭条件不好？是没有人照顾她？还有一次引起了我的注意，是我来到这个班进行的一次考试。锦锦只考了60.5分，但是他在课堂上的参与度较高，并且大多数都能回答正确，在学校里，锦锦也会认真地完成各科老师交代的任务，积极地参与学校的实践活动（参见照片3-16）。我就在想为什么他在学校里表现得这么积极，但是试卷呈现出来的考分比较低呢？这两者间形成巨大的反差，于是我又猜想，是不是他回家后缺少了家长的辅导？毕竟孩子的自觉性会低一些。而小学阶段就是需要家校共育，仅靠学校里老师的单边引导，回家后没有家长监督辅导效果会大打折扣，这仅是我的猜测。带着满脑子的疑问，我继续观察。笔者田野调查中后期收集的资料的确是证明了笔者前期的猜想，锦锦是非京籍孩子，他的父母常常不在他的身边，一家三口，分居三地。他四年级时也是由爷爷照顾，后来，升入五年级后，爷爷回了家乡，锦锦就开始寄宿在了妈妈的朋友家。班主任和班里的数学老师也关注到了锦锦这个特殊的状况。一天午饭休息时，两位老师聊起了锦锦的家庭状况，笔者也加入其中。

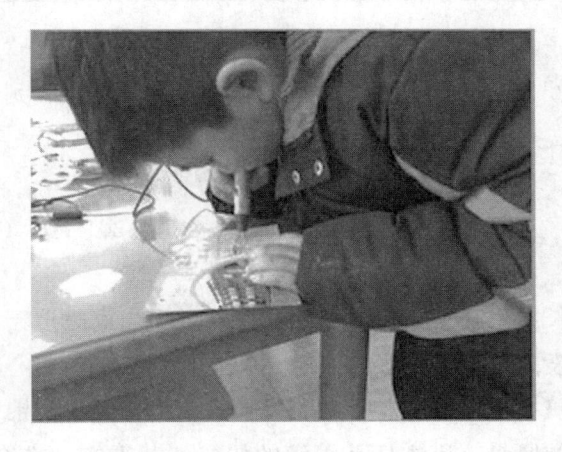

照片 3-16　锦锦在认真地尝试 3D 打印（2018.12.29，笔者摄）

班主任："锦锦他妈说锦锦他爸极其大男子主义，啥事都独断专制，一人说了算，别人的意见从来不考虑。"数学老师："没法说，您也别老跟他妈说，到时候夫妻俩打架呢。"班主任："头一次谈论这个问题的时候，他妈就跟我哭哭啼啼的，他妈就希望我跟锦锦他爸说说。"数学老师："他妈做不了主，现在就是两难。他爸就两种方法，一种寄宿制，一种带朋友家里。"班主任说："他妈就觉得，寄宿制还不如家里。想让我跟他爸说说。"数学老师说："说啥啊？"班主任："他妈就是想让他知道，孩子这样不行，得让他承认。"班主任："我和他爸爸联系过一次，但是从没见过。一直都是他妈妈在管孩子。我也只见过他妈几次。一次是锦锦弄到了玥玥的嘴，他妈来一次，然后是开家长会，还有一次是送东西。"笔者："我见过他妈妈一次，还是冬天的时候，当时在地铁上，说是要给锦锦买衣服，锦锦妈妈关心他吃饱穿暖的问题。"班主任："我跟你说，这种男孩身心健康的发展如果不关注的话，长大的话，也许是自强自立，但是性格孤僻，要不然就心理扭曲了，会给你做一些事。你看，他妈说她抱锦锦一下，锦锦第一反应是'我爸又说你又骂你了是吗？'他妈说：'没有。'锦锦说：'那他又要说我了是吗？'他妈说：'没有。'你看，他娘俩有点抵触和害怕他爸。他妈一跟我通电话就哭了。我说：'锦锦妈妈，我想跟你聊聊锦锦。'就这样他妈就哭了，哭得很伤心，她说：'老师我知道你要说啥。'我说：'我不跟你说学习的事。'她说：'那我更知道了。'

她就说孩子不好好学习，一直在朋友家里。"笔者问："是这个学期才这样的吗？"班主任说："对，这个学期开学的时候，别人接锦锦，我就看到了，我还问过锦锦一次，'你快乐吗？'他说'不快乐'。"数学老师叹了一声气："哎哟，你说怎么办啊？"

（摘自满益慧，2019.05.17，田野笔记）

孩子的成长离不开家庭和学校的合作共育。当家庭迫于经济状况、家长的强硬个性没能给孩子更多的依偎，不能倾听孩子的内心时，作为锦锦的专属树洞，班主任和数学老师主动找到了孩子，倾听锦锦悄悄吐露成长的烦恼和美好的愿景。班主任从锦锦的妈妈那儿得知，或许是因为孤单，锦锦特别期望自己能有一个弟弟。"班主任问锦锦：'你现在住在你妈妈的朋友家？'锦锦说：'嗯。'班主任：'假如说我要跟你爸沟通呢？说你在你妈妈朋友家并不是那么快乐，是不？'锦锦说：'是。'班主任说：'你跟我和数学老师说说，你搁他家，你感觉到哪方面不快乐？'锦锦：'看不见我爸我妈。'班主任：'这是最大的不快乐，还有吗？'锦锦：'不自由。'班主任问：'我听说你想让你爸你妈再给你生个弟弟？'锦锦说：'我想要个弟弟。'"（摘自满益慧，2019.05.17，田野笔记）有些内向的锦锦在聊天的一开始还比较拘谨，总是老师们问，锦锦简单地回应，但是两位老师都很有耐心，锦锦慢慢才放松了下来，大胆地说出了自己内心的真实想法。谈话中，班主任毫不隐讳地表达了自己的想法，希望锦锦乐观开朗，当触及锦锦的内心深处时，他放下了包袱，释怀地流下了泪水。"班主任：'我觉得你最近（表现不佳），我今天跟你妈通电话了，因为你最近好几次作业老说落在家里。我不提学习，我认为身体健康比学习还重要，我是感觉你没有以前乐观开朗。就这半年，过完春节你爷爷才把你搁他家的是不？'锦锦回答：'嗯。'班主任：'其实我就希望你乐观开朗。你说我要给你爸打个电话会有效果吗？我征求你的意见。你希望吗？'锦锦点点头哽咽地说：'希望。'一旁的同学递来了纸。"（摘自满益慧，2019.05.17，田野笔记）作为锦锦的专属树洞，班主任不仅是等待锦锦自己找上门来的分享，她还主动进行关怀。"13：04 中午午休课，班主任趴在桌上休息，她抬起头看见锦锦的头发有些长了，说：'锦锦，你头发该理了啊，有人带你去吗？要没有我周日参加完活动带你去。'"（摘自满益慧，2019.11.22，田野笔记）这是一句出自老师口中简单的话语，但是对于一个缺少父母日常关怀的孩子来说，它的意义是非凡的，它是使人温暖的。

　　这次聊天过后，班主任找到了锦锦的爸爸，虽然没有立即找出解决的方案，但是锦锦的爸爸对班主任的关心表示了感谢，也表达了对孩子和孩子母亲的理解与爱，他会尽快改善孩子的生活学习环境。而锦锦呢？或许是因为得到了老师真真切切的关心，在那段时间，仿佛产生了一股神奇的力量，在未交作业的便条上，锦锦的名字消失了很长时间。

第三章 爱的回响

> 无论从自然还是伦理的意义上来理解,关心都代表着一种特殊的关系。在这个关系内,甲是关心者,在关心着另一个人乙,而乙也意识到甲对自己的关心。像我描述过的那样,甲在这个过程里的心理状态显示下面两个特征:高度专注和动机移位。他全身心地倾听,体会乙所表达的需要和兴趣,并且做出适当反应。另一方面,乙接受甲的关心,并且以特定的方式予以回应。当乙的回应被甲所感知和接受,那么这个关心的过程就完成了。如果关心者和被关心者任何一方没有做出适当的反应,关心的关系就没有在二者之间形成。[①]
>
> ——内尔·诺丁斯

一 我进步了

一次偶然的机会,在五(1)班的上一位田野观察者,也是笔者的学姐,又重返了古二分,欣喜地见证了萱萱的成长,萱萱的成绩有了明显的进步,性格也比以前更开朗了,能主动与其他同学一起游戏(参见照片3-17)。

照片3-17 萱萱和同学一起玩捕鱼的游戏(2019.03.08,笔者摄)

送完孩子,我和学姐一起回了学校,在路上,我和学姐一直在聊

[①] [美]诺丁斯:《学会关心——教育的另一种模式》,于天龙译,教育科学出版社2003年版,第118页。

四（1）班的孩子，学姐发现孩子们还是有很大变化，她说："萱萱更开朗了，以前一、二年级的语文老师带班当班主任的时候，不怎么喜欢萱萱，所以萱萱以前还是很内向的，今天我看她开朗了许多，愿意主动交流了，以前我们都搭不上几句话。"我说："是的，上次我问她，她自己主动地说，她更喜欢班主任，她还说自己的语文成绩都提升了。"

（摘自满益慧，2019.04.12，田野笔记）

萱萱在班主任的鼓励下，克服了自己因体胖而自卑的心理，成为班里公认的乐于助人的女孩。一次体育课，孩子们在练习往返跑，每位同学都需先跑向各自跑道上的障碍，再绕过障碍往回跑，将接力棒传递给下一位队员。笔者被孩子们邀请，充当其中一道跑道的障碍，所以笔者和另外一名充当障碍的孩子，以及终点旁的观众一样，有了一个比较清晰的观望条件。遇到一些突发事件时，她很勇敢，她愿意为正义发声。

涵涵就要跑到终点绕过我的时候，宸宸从别处窜了出来，把涵涵惊了一下，涵涵就立刻坐在了地上。大家都紧张地围了过来，宸宸站在一旁，俯身看涵涵，其他同学都冲宸宸问："你干吗啊？你为什么要突然蹿过来？"我听见有声音问涵涵："要不要我陪你去医务室？"我先是让大家疏散开，给涵涵多一些空间，本来我是想抱起涵涵，但是我的意识告诉我，摔跤了，旁人先别采取这样的行动，于是，我问涵涵："涵涵，你现在能自己站起来吗？"涵涵说："不能。"我问："怎么了？"涵涵说："他（宸宸）踩到我了。"我其实很明白，我清楚地看见宸宸没有碰到涵涵半根汗毛，而是涵涵自己瘫坐了下来，所以我试探地问涵涵："是自己踩到自己了吗？"涵涵立刻否定了我说："是他踩到我了！"这个时候，我很懊恼，不知该怎么办，既不能冤枉宸宸，又不能过于直接地说："你在撒谎，宸宸根本就没有碰到你。"耳边都是责怪宸宸的声音，就在这个时候，站在一旁的萱萱犹豫了一会儿，但最后还是向我走过来，对大家说："他根本就没碰到她，就可能是吓着了。"

（摘自满益慧，2019.03.08，田野笔记）

当时，笔者的内心非常感谢萱萱，她没有因为害怕被别人指责、没有因为涵涵是自己的好朋友、没有因为宸宸常被贴上"爱惹是生非"的标签去人云亦云，而是说出了事情的真相，化解了紧张的气氛。

二　成为您的小棉袄

五年级（1）班的许多小朋友，都是老师们温暖的小棉袄，他们用自己的行动诠释对老师们的关心和感谢之情，例如，在课间，主动关心老师，自主帮助疲惫的老师按摩头部（参见照片3-18），在老师眼睛不舒服的时候，抢着帮助老师滴眼药水（参见照片3-19），在特别的日子给老师送上自己的祝福等。

照片3-18　午休时萱萱在帮班主任按摩头部（2019.04.12，笔者摄）

照片3-19　航航在帮班主任滴眼药水（2019.06.28，笔者摄）

萱萱在特殊的日子里用实际的行动，回应了班主任对自己严慈相济的关怀。三八妇女节那天，全班唯有萱萱给班主任送了祝福。而班主任也将萱萱的这份心意看在心里。"阅读分享后，班主任对大家说：'你们看今天书记看到萱萱就说了，书记说萱萱能祝老师节日快乐，可能有很多同学今天都忘了，是吧？'"（摘自满益慧，2019.3.8，田野笔记）那天的祝福，除了一句祝福的话，还有一朵班主任最喜欢的玫瑰花，并且这枝玫瑰是萱萱自己用攒下来的零花钱买的，萱萱还用心地将这朵花装饰了一下，写了一张卡片，表达了对班主任的感谢。"7：38，没一会儿，萱萱进入了教室，递给了班主任一朵玫瑰花，萱萱说：'祝班主任节日快乐！'班主任非常高兴，连忙说：'谢谢！谢谢！'然后班主任的眼睛也一直盯着手中的花，爱不释手，笑得合不拢嘴。"（摘自满益慧，2019.03.08，田野笔记）在班主任的眼里，萱萱是一个非常体贴自己、尊敬自己的学生。"昨天留了五个人做卫生，其中就有萱萱，在做卫生的过程当中，我就跟他们聊天，其实每次搞卫生萱萱都很积极，为什么我留她，因为我的每一个眼神，每一个举动她都能明白我要想干什么。然后她搞完卫生，她回家跟她妈说今天又和班主任一起搞卫生了，她妈就会说：'你老跟班主任干活，你不觉得累吗？'然后她就说：'给班主任干什么我都高兴。'这句话说明了什么？我自己也在想，就说明这个孩子是从心底里去尊重老师的，那也就说明这个人在与你相处的时间内，一定给你留下了深刻的印象。"（摘自满益慧，2019.03.08，田野笔记）

  古二分每学期都会有许多次外出实践的活动，校外实践活动往往都需要大家自备当天的午餐，于是这一天就成了小朋友们的零食分享日，朋辈分享的同时，他们还不忘将自己心爱的零食分享给老师们。一次同学们前往北京植物园进行实践活动。"出发前，岩岩在班主任的围巾上放了一包饼干，班主任回来后，发现了一包饼干。岩岩用眼神示意老师收下这块小饼干，班主任非常高兴，虽然班主任没有要，但是她很感谢岩岩，并把岩岩给她饼干的这件事讲给了别的老师听，仿佛是在'炫耀'自己班上可爱又暖心的孩子。"（摘自满益慧，2019.03.29，田野笔记）

  有一段时间，班里的数学老师到河北进行了短期支教。有同学透露出了自己私底下很想念数学老师，并且会主动联系问候远方的数学老师。

    同学们正在认真地填写一个科学课的问卷。过了一会儿，班主任说："大家想数学老师了吗？"同学们都说："想！"于是班主任就开始调试了多媒体。看到数学老师出现在镜头面前时，同学们都掌声鼓励,还发出了"哇!老师上电视了"的声音,同学们都非常自豪自己的老师上了电视。2∶58分的小短片,让大家兴奋不已。同学们很吵,班主任问:"谁啊?谁这么想数学老师?"健健就说:"我!我天天都给数学老师发微信,真的!"班主任就说:"你每天都跟数学老师发微信,数学老师在那边工作好吗?"健健说:"我天天给数学老师发作业。"班主任:"数学老师回你吗?"子健说:"回,有时候,数学老师还跟我聊天呢!"班主任说:"那你有没有跟数学老师说谁不听话啊?"健健说:"没有!"其他的同学就说:"别说我!"班主任就说"行了啊,写作业吧!"

(摘自满益慧,2018.11.30,田野笔记)

同学们都非常想念远方的数学老师,班主任也敏锐地察觉到了这一点,将新闻媒体对数学老师的采访视频放给了班上的同学们看,大家看到久未谋面的数学老师,都倍感亲切,激动不已。

三 不愿淡忘的记忆

2019年夏天,古二分迎来了它的第一届毕业生(参见照片3-20)。笔者在这段特殊的时间里,收集到了毕业生的部分文集。

照片3-20 老师们在给同学们颁发毕业证书(2019.06.28,笔者摄)

阳光照进我的房间,射在一张名(明)信片上。那张名(明)信片上印着一片枫叶,这是书记送给我的。随着我抚摸她的手,我的脑海里浮现出了我在古二分的一幕幕。

  还记得我刚入学时书记是第一个见我的学校中的老师。当时书记询问了我许多有关学习的问题。这是我第一次接触有关小学的内容，此后不久，我便正式步入了小学，正式成了一名小学生，那是的我心中百感交集，有激动，同时也有不安。我憧憬那丰富多彩的小学生活，但还会担心我与其他同学的关系会不会不好。

  当我见到我的同学们，走进校园的那一刻，我的担心全都烟消云散了。同学们都很好相处，这让我安心了不少。我的学校很美丽，到处都被海豚的形象包裹。海豚是我们学校的校徽，这是一个活泼，聪明的小动物，希望我们能和小海豚一样聪明。

  在日后生活的这些日子中，我每一天都过得很快乐。学校里的老师对我都非常的好，会对我进行无微不至的关心。在我学业上有困难时是我的老师帮助我解决的，我非常感谢我的老师们。

  光阴似箭，日月如梭，一转眼六年都过去了。古二分对我来说是一个回忆，是一个很重要的地方。在这里的一点一滴我都将会铭记于心。

宁宁
（摘自满益慧，2019.06.28，田野笔记）

  毕业生们拾起记忆的碎片，回眸来时走过的路，忽然发现了里面闪烁着酸甜苦辣的幸福，他们有不少的话，想对母校说，同老师讲，和同窗聊。感谢一路征途，给了自己关怀与爱的人，是他们真挚的爱为自己筑成了遮风避雨的城堡。

  在这个学校，老师非常负责任。尤其是我们的数学老师，学校还总带着我们参加活动，参观有趣的博物馆。

  学校有的时候会让我们做调查问卷，调查我们对学校的各方面是否满意，我们大部分同学都对学校非常满意的。

  学校非常关心同学，不论哪（位）同学受伤，老师会为我们治疗，如果治疗不好就会第一时间把我们（送）去医院。

  老师们谢谢您，是您包容了我们的淘气，包容了我们的烦人。谢谢你学校，是你把我们从一年级的小孩子养育成六年级的大孩子。

在这 6 年里我们承蒙您的关照了！谢谢您学校，谢谢您学校！

博博

（摘自满益慧，2019.06.28，田野笔记）

其实，孩子们对古二分的爱不是一成不变的，期间或许孩子们会因为某一件事，记恨过老师、记恨过学校，但是随着年龄的增长，他们渐渐地明白了"没有规矩，不成方圆"的道理，于是，他们会因自己以前不当的言行忏悔。

  我走进美丽的校园，绿草茵茵，夏日炎炎，柳绿花红，这就是我待了六年而又美丽的学校，一个充满美好向往的天地。我们在这个地方度过了六年短暂的生活。

  我记得的，在我上五年级那会，我很讨厌我的学校，很讨厌老师的严厉，背后还骂过。我现在毕业了，我很后悔。因为我知道了，这里承载了我所有美好的回忆。

  小学六年，初中三年，高中三年，大学四年……小学是学习最长的那段时间，也是印象最深的时候。在我印象里，小学生活很美好，可惜我并没有去珍惜它，就让它在时间的大钟上慢慢地流光了。如果世界上有一种药叫作"后悔药"，我一定会吃掉它再重来一遍。再重来的那一遍上去珍惜它，只可惜，世上没有后悔药。

莹莹

（摘自满益慧，2019.06.28，田野笔记）

他们的脑海中将一直留存着对古二分的回忆，带着感激与骄傲，向人生的又一新阶段勇敢出发。

  今年，是一个令人印象深刻的一年，我们将离开生活了六年的地方，向更高的学府进发。

  我们很特别，是这个学校第一届毕业生，所有的用具都是新的，连教学楼也是新的，我们的资源也很丰富，想去图书馆就去图书馆，想去计算机教室就去计算机教室。我清楚地记着，在三年级时我和另一位同学讲小先生。当时整个学校就只有我们是小先生，我也是第一个体验在这个学校给同学讲课的人。尽管我每次只有30分钟，但依然很有意思。与此同时我还和科学老师做了一次鸡蛋碰地球的活动，我在那次活动中获得了2等奖，但有意思的是当时竟有人把生鸡蛋换成了熟鸡蛋，还是在比赛之中发现的。

现在，这些已都成为回忆，我们经过的这些事也终究会淡忘，希望我能用这些文集记录这些美好的回忆，一直记住他们。

然然

（摘自满益慧，2019.06.28，田野笔记）

虽然孩子们也明白，自己在古二分学习、生活的这些记忆会对着时间的流逝而被淡忘，但是笔者发现他们有股顽强的劲，他们不愿意向时间屈服，他们努力地行动，不愿意淡忘有关老师、同学，以及古二分的一草一木。

第四章 促进教师关怀行为的建议

一 努力提升教师自身的关怀能力

努力提升教师自身的关怀能力，需要教师对关怀本身的内涵有清晰的认识。"关怀作为一种精神品质，是与人的生命本质紧密联系在一起的。关怀本身只可定性难以定量、只可感知难以言表、思到方能行到、似是而非的特点决定了关怀的评价或标准的操作性难题。关怀来源于人性的生命自觉，它的产生是基于对生命的尊重，对存在的敬畏，对自己和其他生命的善意、责任和宽容之心。"① 正是田野观察的研究方法，让笔者有机会长期深入真实的教育现场，看到了古二分教师们基于对生命的善意、责任和宽容的关怀现状。

努力提升教师自身的关怀能力，需要教师具备关怀的自觉意识。在一次班会课上，班主任向同学们表达了，自己是一名愿意将自己的全身心放在教育教学工作之上、放在每一个孩子身上的教师。"总而言之一句话，我可以全身心的把我所有的精力都投在你身上，你看我也不用顾及家庭的钱多少的东西，有人挣钱。我也不用关心我自己的孩子上学，因为我的孩子已经工作了，对吧？我全身心的，我也不用顾及我父母的身体怎么样，我父母身体非常健康，还能给我做饭洗衣服和收拾屋子。所以说我全身心的可以把我的精力投入到你们的教学工作当中去，使你能够学到更多的知识，对吧？"（摘自满益慧，2018.10.22，田野笔记）即便班主任说自己的家庭没有什么让她操心的事，但是家家都有本难念的经，生活的琐事是不可避免的。可是，在实际的教育教学岗位上，她说到方能做到，不把负面情绪带到学校，做一个阳光的老师，做好同学们的榜样，主动参与到语文教学工作、班主任工作以外的学生活动之中，例如，在有空的时候旁听同学们的其他课程，和同学们一起学习新的事物。日复一日地面对一些顽劣的孩童，面对高负荷的工作时长，琐碎的工作事务。如何让一位小学教师愿意将自己全身心投入到教育工作之中，仅仅要求教师拥有着良好的职业道德往往是不够的，笔者认为每一位能坚守在一线教育教学岗位的教师，

---

① 范士龙：《教师关怀的生活样态研究》，博士学位论文，东北师范大学，2013年，第165页。

是他们对教育、对孩子的自觉责任与发自内心的喜爱,为他们提供了源源不断的动能。

努力提升教师自身的关怀能力,需要教师群体之间戮力同心,建立共同的目标。除了对孩子们的学习有基本的期望,班主任希望自己与副班主任数学老师一同努力,让孩子们同样能积极健康、阳光向上、善良忠诚(参见照片3-21)。"其实班主任我这个学期正式接咱们班的班主任的工作,对吧?那么数学老师我们俩,说实话,上一学期我是副班主任,数学老师是班主任,我们俩配合就非常默契,我们俩有共同的目标就是把咱们班,打造得积极健康、阳光向上,教你们要做一个善良忠诚的人,是不是?我们彼此不分谁是正的,谁是副的。只要班里发生了事,我们俩都会分头去管理。"在改善锦锦的家庭学习环境这件事情上,笔者看到了两位老师互相交流自己获取的信息,共同倾听孩子的声音,为锦锦出谋划策,分头与家长进行沟通联系。

照片3-21　两位老师一起为同学们加油鼓劲(2018.12.21,笔者摄)

二　激发学生感受与回应教师关怀行为的能力

家校共育是促进学生回应关怀行为的重要因素。教师们在日常的教育教学中常常与家长沟通(参见照片3-22),共同承担促进孩子发展的责任,但是在沟通的过程中,也会遇到障碍,有的家长忙于生计,推卸教育孩子的责任。"像岩岩,这孩子他真的是那种油盐都不进的。我真的关注他很久了。我经常跟他爸爸沟通,效果都小。岩岩还报那英语的辅导班,因为他爸特别信服我,我就直截了当地跟他爸说,我说:'您先把他的英语课给停了。学校的作业科科不写,您说您再报这班效果(不好),你还不如踏踏实实在家抓着他写学校的作业。'这么着,我就老跟他爸说,他爸就说:'我管了,我弄了。'但是,他孩子的作业就是交不上来,有时,我当场拆穿他爸,他爸脸都挂不住。"(摘自满益慧,2018.11.09,田野笔记)

照片3-22 两位老师在与家长交流(2019.06.24,笔者摄)

"家校共育要承担起促进儿童发展的责任,要帮助儿童获得好孩子和好学生的身份。"① 笔者在一次与老师的访谈中,听到教师有这样的呼声"其实学校的教育只是一个部分,它真正能够发生作用,还得是家长。老师只能把这些个东西通过语言传授给孩子。可能在学校这一段时间,老师可能通过行为也传授给孩子,但更多的时候他是跟家长在一起,家长的引导很重要,所以为什么说现在都提倡家校合作呀?"(摘自满益慧,2018.11.02,田野笔记)

家庭是儿童最初的生活和教育环境,"与身边最亲近人的关系既是道德生活的开端,也是它的一个重要结局。在一个充满支持和鼓励气氛的环境里,孩子们学会如何适当回应他们所依靠的人给予他们的关心,进而发展关心他人的能力"②。家长对孩子的关爱,是毋庸置疑的,家长要成为孩子的榜样,家人彼此间的关怀,是对孩子的言传身教,会潜移默化地影响着孩子,在日常生活中,孩子会将关怀由外及内的掌握。在当代多数的家

---

① 康丽颖:《家校共育:相同的责任与一致的行动》,《中国教育学刊》2019年第11期,第45页。

② [美]诺丁斯:《学会关心——教育的另一种模式》,于天龙译,教育科学出版社2003年版,第65页。

庭生活中，孩子是家庭的中心，所以，我们要谨防家庭生活中过度的支持与鼓励的氛围包裹着孩子，要让孩子学会关心身边的人。一次家长会中，现任校长这样说道："我们家长过度呵护，带来的是什么？孩子的自私，心中只有自己。从小'你吃吧，妈妈不吃'，然后'你坐，妈妈不坐'。有一个做的事情，也给他做，但是你又'你真不行，我来吧'，他都是在这样一种环境下长大的，家长你就会觉得孩子都这么大了，他怎么心里一点别人都没有？对不起，他不是一天就长得这么大，他是这么多年，而且这么多年他所经历的环境和氛围，只有他自己和只想到他自己。不是他自己这么想的，而是我们家长给他日积月累形成的。所以你盼望他哪天他二十了，哪天他十八了，突然就变成您希望他成人的样子，但是，这是别人家的孩子。所以说不要过度呵护，不要让他成长为心中没有别人的人。"（摘自满益慧，2019.06.24，田野笔记）

每一个孩子都是家庭中的一个宝，父母有着对孩子无尽的爱，但是也要有所约束。家庭和学校需要共同担起教育孩子的责任，引导孩子学会感受、学会回应、学会主动去爱，学会成为内心装得下别人的人。

三 给予教师关怀行为外在的环境支持

学校应制定良好的管理制度以知晓学生的需要。古二分留给在校生较深的印象就是定期进行的综合情况问卷调查，仔细阅读问卷内容，会发现，学校从学生基本的学习生活的需要拟定问卷，非常重视学生们在学校的体验和感受，笔者在田野调查的过程中，也恰逢同学们正在配合学校，填写调查问卷。

古城第二小学分校综合情况调查问卷

班级：

1. 学校营养早餐你喜欢吃什么？
2. 学校营养午餐你喜欢吃什么？
3. 学校营养加餐你喜欢吃什么？
4. 每天饭菜够吃吗？如果第一次没盛够怎么办？
5. 在吃饭时老师有没有对你进行就餐礼仪教育？

  有 没有

6. 你对现在的营养餐满意吗？
   满意　比较满意　一般　不满意
7. 你在用餐时能做到"光盘行动"吗？
   能　不能
8. 请你随便写出四种你想吃的菜品。
9. 你对校服的舒适度满意吗？
10. 你对校服的质量满意吗？
11. 你对校服的颜色满意吗？
    满意　比较满意　一般　不满意
12. 你对校服的生产厂家满意吗？
    满意　比较满意　一般　不满意
13. 你知道夏季校服三种颜色的意义吗？
14. 你知道穿校服的意义吗？
15. 你心中学校是什么样子的？
16. 你认为学校校园不理想的地方在哪？应如何改进？

古城第二小学分校

2019.06.20

（摘自满益慧，2019.06.21，田野笔记）

定期进行此类调查，有利于校方了解学生的相关需求，改进学校管理，改善教师的关怀行为。可见，这样的举措是在鼓励学生以校为家，以古二分小主人的身份为学校的建设建言献策，有利于满足孩子的从属需求。

结　　语

　　笔者在本研究中发现，教育是充满关怀的，古二分的教师就像诺丁斯描述的那样，他们在教育教学的过程中，全身心地倾听、体会学生所表达的需要和兴趣，并且做出适当反应。古二分的领导者从学校的顶层设计为全体学生考虑，办学理念的建构、教师队伍的建设、公共设施的选择，各类校园活动的举行都体现了学校领导者们对学生的关怀。书记曾提到"儿童的需要是教育行为的动因，教师是一个必须用心去做的职业"。古二分的班主任及科任教师们也怀揣着这样的教育情怀，在兼顾班级的全体成员的同时，还关注到班级中不同的个体，以不同的方式给予关怀。需要特别注意的是，不同的教师有不同的教育教学风格，由此，教师们呈现出来的关怀形式不一定全是如沐春风式的，严肃的批评教育也是其中一种。

　　学生们接受了教师们的关怀，如宸宸的那一次美丽的绽放、萱萱学习成绩上的点滴进步与性格上的开朗大方、锦锦的名字从未提交作业的便条上消失等变化，以及妇女节当天学生赠予老师的一朵玫瑰花、毕业生送给恩师的一封书信等表现，是学生们在以他们各自的方式对教师们的关怀予以回应。班主任拿着玫瑰花时的爱不释手、毕业班教师对毕业生们的赞不绝口，说明了学生的回应被教师所感知和接受，那么关怀的过程就完成了。

　　这个过程中，教师对教育、对孩子的自觉责任与发自内心的喜爱，和学生对教师关怀行为予以的适时的、特定的回应，能为教师的关怀行为提供源源不断的动能。另外，教育孩子的另一责任主体即孩子们的家长，若能与教师共同担起促进孩子发展的责任，则是小学教师对学生进行关怀的又一强大助力。

　　学校教育中，教师对学生的关怀行为慢慢地内化于学生心中，学生在关怀的过程中逐渐掌握关怀的能力，从回应教师的关怀，到学会主动关怀教师、身边的人，乃至身外的世界。

参考文献

一　著作类

［美］诺丁斯：《学会关心——教育的另一种模式》，于天龙译，教育科学出版社 2003 年版。

［美］诺丁斯：《始于家庭：关怀与社会政策》，侯晶晶译，教育科学出版社 2006 年版。

［美］诺丁斯：《幸福与教育》，龙宝新译，教育科学出版社 2009 年版。

二　学位论文

范士龙：《教师关怀的生活样态研究》，博士学位论文，东北师范大学，2013 年。Adams, C. L. "Portraits of men who care: A study of the development and expressions of the ethic of care in three male secondary teachers" *Journal of Duquesne University*, 2000. 转引自于小清：《幼儿园教师关怀行为的个案研究》，硕士学位论文，东北师范大学，2013 年。

Patricia C. King. "Teachers' and Students' Perceptions on Teachers' Caring Behaviors" *Paper Presented at GERA 36th Annual Meeting*, 2011. 转引自陈油华：《小学教师关怀行为研究》，硕士学位论文，江西师范大学，2017 年。

曹青青：《内尔·诺丁斯关怀伦理思想研究》，硕士学位论文，河北师范大学，2017 年。

葛建平：《关怀理论在儿童道德教育中的作用与意义》，硕士学位论文，南京师范大学，2007 年。

王慧娟：《论教师关怀能力及其培养》，硕士学位论文，华中师范大学，2011 年。

王千：《小学教师关怀行为的现实样态、困境及对策研究》，硕士学位论文，河北师范大学，2017 年。

三　期刊论文

Ferreira, M. M. & Bosworth, K. "Defining Caring Teachers: Adolescents' Perspectives", *Journal of Classroom Interaction*, 2001.

McCroskey, J. C. "An Introduction to Communication in the Classroom: the Role of Communication in Teaching and Training", *Journal of Pearson Education*, 2006.

班建武、曾妮、蒋佳、丁魏：《教师关怀品质的现状调查——基于北京市石景山区四所中学的调查数据》，《教育学报》2012年第4期。

樊秀丽：《教育民族志方法的探讨》，《教育学报》2008年第3期。

侯晶晶、朱小蔓：《诺丁斯以关怀为核心的道德教育理论及其启示》，《教育研究》2004年第3期。

蒋明宏、胡佳新：《从情感关怀到生命自觉的教师自我升华——基于关怀理论的探析》，《教育理论与实践》2016年第1期。

康丽颖：《家校共育：相同的责任与一致的行动》，《中国教育学刊》2019年第11期。

梁明伟：《论教育关怀的制度安排》，《教育科学》2006年第1期。

雷浩：《中学教师关怀行为的发展特征及其干预策略研究》，《中国教育学刊》2015年第4期。

毛菊、孟凡丽：《我国内尔·诺丁斯关怀教育理论研究：回溯与反思》，《教育理论与实践》2008年第10期。

毛菊：《他者视角：教师"关心"理解的误区与分析》，《教育理论与实践》2014年第13期。

彭兴蓬、雷江华：《教育关怀：融合教育教师的核心品质》，《教师教育研究》2015年第1期。

苏静：《论教师的关怀素养》，《教师教育研究》2006年第6期。

苏静：《重读关怀教育学 提升教师关怀能力》，《中小学德育》，2013年第12期。

王攀峰、张天宝：《走向关怀：教师专业发展的新趋向》，《当代教育科学》2010年第9期。

王苇琪：《关怀：学校管理的道德立足点》，《中小学德育》2019年第12期。

联合国教科文组织：《学会关心：21世纪的教育——圆桌会议报告》，《教育研究》1990年第7期。

周宏：《对罗森塔尔效应的审视与反思》，《教学与管理》2012年第6期。

场域视野下随迁子女习惯培养的研究
——基于对北京市小武基校区的田野调查

王红燕

摘要：小学阶段是个体养成行为习惯的关键时期。对于随迁子女这一特殊群体来说，在流入地学校接受相应的习惯教育，养成良好的行为习惯，是他们健康成长的重要一步。本文采用人类学的田野调查方法，以北京市小武基校区为田野调查点，获取第一手资料，并运用布迪厄的场域理论分析不同场域下学生的行为习惯现状，研究发现，学校、班级和家庭三个不同场域为随迁子女的行为习惯培养提供了差异性的实践空间。其中，场域、资本对随迁子女的习惯培养起着约束与引导作用。具体表现在两个方面：场域为随迁子女行为习惯的形成提供激发环境；资本为随迁子女习惯的形成提供外部推动力。受场域、资本、主体认知等因素的影响，随迁子女行为习惯的养成具有长期性和复杂性。在此基础上，笔者对随迁子女行为习惯的培养提出了尝试性的对策与建议：实现场域、资本的统筹协调；学校、家庭的通力配合；提升随迁子女自身的主体认知。

关键词：场域；随迁子女；习惯培养；田野调查；资本

绪　论

一　问题提出

随着中国经济的发展，农村富余劳动力大量涌入城市，以寻找新的工作机会。他们一部分选择将自己的孩子留在老家，还有一部分人则将孩子带在身边，从而产生了"随迁子女"这样一个特殊群体。随迁子女在进入流入地学校学习之前，他们的行为方式带有自身家乡文化和家庭成长背景的印记。我国伟大的教育家叶圣陶先生曾说过："教育是什么？往简单方面说，只是一句话，就是要养成良好习惯。"小学阶段无疑是个体行为习惯养成的关键时期。对于这一特殊群体来说，在流入地接受相应的学校教育，养成良好的行为习惯，对于他们健康成长具有重要意义。

2016年9月，笔者进入了田野调查地点——小武基校区。300多个来自五湖四海的孩子汇聚在这所学校里，共同接受学校教育。在学校这个大型教育场域之下，针对随迁子女开展的教育举措显得尤为重要。在田野调查的过程中，笔者发现学校一直以来十分注重对学生行为习惯的培养与教育。这也为随迁子女的学习生活营造了文明、和谐、健康的校园环境。针对学校一直以来坚持的习惯教育，令笔者渴望去探讨的是，学校随迁子女行为习惯培养的现状如何？是否取得了一定成效？孩子们在家的表现如何？在已有的基础上如何进一步开展随迁子女的习惯教育？

由此，笔者确定了此研究选题，意图借助皮埃尔·布迪厄（Pierre Bourdieu，1930—2002）的场域理论，探究不同场域下小武基校区随迁子女的习惯培养现状，在此基础上为现阶段的随迁子女习惯培养提供对策建议。

二　研究意义

理论意义方面，目前从教育人类学视角，运用人类学田野调查法研究随迁子女习惯养成现状的研究相对较少。本研究基于对小武基校区近一年半时间的田野调查，长期、密切地与随迁子女相互接触和观察体验，并在此基础上运用布迪厄的场域理论探究和分析随迁子女行为习惯培养的现状，为场域与随迁子女习惯培养两者之间搭建了联系的桥梁。这既是我国民工潮下，布迪厄场域理论应用范围的进一步扩展，同时也为解决我国当前随迁子女习惯培养问题提供了新的理论视角。

现实意义方面，目前就随迁子女行为习惯培养的措施的研究并没有真正参与到特定班级的日常管理生活，大多停留在理论层面，缺乏可操作性，对于切实培养该群体良好行为习惯产生的作用较小。笔者将场域与习惯培养二者相结合，从实践层面看有助于探讨、分析学校随迁子女的习惯养成现状，并在此基础上为进一步促进该群体良好行为习惯的养成提出相应的改进建议。由此可见本研究对于现阶段解决随迁子女习惯培养问题具有重要的现实意义。

三 先行研究

（一）国内外关于习惯培养的研究

为了更好地了解国内外关于习惯培养的研究现状，笔者主要查阅了随迁子女习惯培养、随迁子女场域与习惯培养这两方面的文献资料。

1. 关于随迁子女习惯培养的研究

国外现有关于习惯的研究涵盖范围较广，主要涉及日常生活中的衣、食、住、行等方面的研究与调查，专门论述随迁子女习惯教育与培养相关的研究较少。因此有关习惯教育的文献综述，笔者将以对国内现有文献资料的梳理、分析为主。

笔者以"习惯培养"为关键词在知网上搜索得到相关论文637篇，以"小学生习惯培养"为主题的相关论文则达上千篇。可见目前已有相当数量的关于小学生行为习惯培养的研究。然而，笔者以"随迁子女习惯培养""流动儿童习惯培养""打工子弟习惯培养"为主题在知网上进行搜索时发现，相关研究骤减至20篇。可见与小学生习惯培养的研究热潮相比，目前国内关于随迁子女习惯培养的研究存在较大空间。

罗琳在梳理国内关于习惯养成教育文献的基础上，从现代教育理论视角提出，习惯养成教育的意义重大，需要加强学校、家庭的理解、沟通和合作，构建学校、家庭"三位一体"的教育机制。[①] 郑灵霞在分析小学生行为习惯养成教育重要性的基础上，有针对性地提出通过开展丰富多彩的

---

① 罗琳：《习惯养成教育的理念与实施》，《江苏教育》2010年第32期，第38—41页。

活动,在实践中培养学生良好的行为习惯、明确教育的重点,对学生实施分层教育等实践策略,以期实现教育的目标。① 门长蓉以上海市徐汇区 DZ 中学的随迁子女作为研究对象,从问卷的统计和分析阐述了目前随迁子女行为习惯养成的基本情况,针对家长、教师、学生之间对行为习惯养成教育的重视度找出行为习惯养成教育的切入点。② 侯静等人以北京市 X 新公民学校为例,提出针对打工子弟学校的适应和习惯养成教育应当继续延续对教师的各种奖励,并通过驻校社工开展流动儿童的成长小组活动,对流动儿童的行为习惯、品德和人际交往能力等方面进行培养,同时通过大学生志愿者带领流动儿童参观科技馆、故宫、乘坐地铁、观看儿童剧等,让他们更多地了解北京,融入这个城市。③ 徐正艳选择了通海县 S 小学三年级的外来务工人员随迁子女作为对象,在问卷调查的基础上对教师、学生、家长进行了进一步的访谈,探索了适合外来务工人员随迁子女的养成教育策略:如提高随迁子女的行为习惯养成教育质量、运用平等且符合他们特殊需求的教育教学方法、使全校教职工都成为广义的德育工作者等。④ 王蒙等就农村流动儿童养成教育的现状及其产生的原因,从家长、学校、小学生自身进行了分析,并结合陕西科技大学"养成教育"实践团的实践活动提出转变家长意识,培养孩子良好习惯;发挥教师作用,合理设计教育方案;实行探索式教学、实践式教学,并且定期追踪观察等。⑤

2. 关于随迁子女场域与习惯培养的研究

国内现有的关于场域惯习的研究十分丰富,为笔者认识和了解场域惯习论提供了充裕的文献资料。笔者查阅文献后发现,关于场域惯习论的研究既涵盖教育学、心理学、政治学、经济学、文化学等学科领域,也涉及

---

① 郑灵霞:《小学生行为习惯养成教育的策略性思考》,《文教资料》2013 年第 3 期,第 162—163 页。

② 门长蓉:《进城务工人员随迁子女行为习惯的调查及教育对策研究》,硕士学位论文,上海师范大学,2013 年,第 47—55 页。

③ 侯静、席婷婷:《打工子弟学校的学生适应和习惯养成教育——以北京市 X 新公民学校为例》,《思想政治课教学》2014 年第 3 期,第 84—88 页。

④ 徐正艳:《外来务工人员随迁子女行为习惯调查研究》,硕士学位论文,云南大学,2015 年,第 37—53 页。

⑤ 王蒙、陈阳:《农村流动小学生养成教育途径探析——以陕西科技大学"养成教育"实践团为例》,《科教文汇》(下旬刊) 2017 年第 2 期,第 144—145 页。

体育、舞蹈、娱乐休闲方式等生活领域。

有关学生场域与惯习的研究则相对较少。且在研究对象的范围上，这些研究大多将研究对象锁定于当代大学生群体，其中包括大学生学习实践研究、自主学习能力研究、心理健康研究等方面。

李源源以生存状态为切入点，对上海地区的2129名待业大学生进行问卷调查，对46名相关人员进行个案访谈，在定量研究和定性研究相结合的基础上，引入社会学家皮埃尔·布迪厄的著名论断——场域、惯习、资本理论来分析待业大学生的生存状态。① 曾东霞在布迪厄的场域惯习理论指导下对大学生的自主学习能力进行社会学的实证研究发现，惯习和场域因素是大学生自主学习能力的重要影响因素，场域惯习论能作为推动自主学习研究的新工具。培养大学生自我学习惯习才是其自主学习能力提高的最有效的路径。② 吴俊从大学生学习实践的生成性动力机制、演进逻辑出发，结合当前大学生学习实践中存在的问题及原因，来进一步探讨如何在知识社会的转型背景下构建基于大学生的主体性发展的学习型大学场域和反思性学习惯习。③ 张阳明借助布迪厄的场域惯习理论为公众认识和分析当前大学生生命教育提供新的角度和解决方法，如重视与提升生命教育在高等教育中的位置、培养与大学生生命教育"场域"相适应的新"惯习"等。④

（二）现有研究的贡献与不足

同已有的关于"大学生场域与惯习培养"的研究相比，从教育人类学、文化人类学等视角专门论及"小学阶段随迁子女习惯培养"的相关研究尚存在较大空间。笔者查阅文献后发现，这些研究主要以"行为习惯"为切入点，对小学生行为习惯问题作现状的描述、原因的阐释、对策的思考。且大多是从促进学生道德养成和培养社会公民等角度出发，围绕关于小学生行为习惯培养，以及培养小学生的良好行为习惯的原因等问题进行

---

① 李源源：《"场域—惯习"理论视角下待业大学生群体生存状态研究》，硕士学位论文，华东师范大学，2010年，第38—64页。

② 曾东霞：《惯习与场域：大学生自主学习能力的影响因素——以中南大学为例的实证研究》，《中南大学学报》（社会科学版）2011年第3期，第128—137页。

③ 吴俊：《"场域—惯习"视角下大学生学习实践研究》，博士学位论文，南开大学，2013年，第191—221页。

④ 张阳明：《基于"场域—惯习"理论的大学生生命教育研究》，《牡丹江大学学报》2013年第6期，第138—140页。

实践层面的探讨。

此外，由于我国的流动儿童属于流动人口中的一个特殊群体，具有其特殊性。国内现有文献资料中从教育人类学角度，运用人类学田野调查法研究随迁子女习惯养成现状的研究非常少。鉴于此，关于"随迁子女场域与习惯培养方面"的教育人类学研究对我国随迁子女教育问题的解决具有较大的现实意义，其相关理论研究还有待进一步细致、深化的工作。

综上所述，目前的习惯培养研究，真正深入专门接受随迁子女学校实地观察了解随迁子女生活的调查并不多见，这使得针对其群体的习惯培养提出的对策建议大多流于表面。此外，从场域理论层面分析随迁子女习惯养成现状的研究非常少。为此笔者试图把习惯培养与场域二者相结合，从理论和实践两个层面探讨场域视野下随迁子女行为习惯的培养现状，并对进一步促进随迁子女良好行为习惯的养成提出相应的改进建议。

四　概念界定

（一）随迁子女

随迁子女（全称"进城务工人员随迁子女"），与之相伴随的名称有"流动儿童""进城务工人员子女"等，在使用这些名称时容易产生混淆现象。现阶段，教育部在《2016年全国教育事业发展统计公报》中关于"进城务工人员随迁子女"的定义为："户籍登记在外省（区、市）、本省外县（区）的乡村，随务工父母到输入地的城区、镇区（同住）并接受义务教育的适龄儿童少年。"[①] 为便于研究，本文笔者对随迁子女的概念加以区分和界定。户籍登记在外省（区、市），随务工父母迁入北京，就读于北京义务教育学校的非京籍学生称为"随迁子女"。

（二）场域

场域是各种位置之间存在的客观关系的网络或构型，[②] 是布迪厄实践理论里的核心概念之一。场域是由社会成员按照特定的逻辑要求共同构建出来的，是社会个体参与社会活动的主要场所，是以人、事、物为载体的

---

① 教育发展统计公报：《2016年全国教育事业发展统计公报》，2017年7月10日，www.moe.gov.cn/jyb_sjzl/sjzl_fztjgb/201707/t20170710_309042.html.

② [法]皮埃尔·布迪厄、[美]华康德：《实践与反思——反思社会学导引》，李猛等译，邓正来校，中央编译出版社1998年版，第133—134页。

实践之所。本文笔者所指的场域是指学生行为习惯培养和践行的实践空间，具体包括学校场域、班级场域和家庭场域。

（三）资本

场域内存在力量和竞争，而决定竞争的逻辑就是资本的逻辑，资本是历史积累的结果，体现着社会的资源和权力结构，资本不仅是场域活动的目标，同时也是用以竞争的手段。① 布迪厄实践理论将资本分为经济资本、社会资本、文化资本。经济资本即可以转换为金钱的、可以代际相传的资本。社会资本指基于个体社会地位而形成的社交网、资源网，以及由此带来的有形或无形的价值。文化资本则包括身体形态文化资本、客观形态文化资本、制度形态文化资本。

本文中的经济资本指的是影响基本生存条件的物质财富，如学校的基础设施建设、家庭月收入等。社会资本指学校领导、班主任、家长等个体社会地位带来的有形及无形的价值。文化资本包括班主任的班级管理理念、班级行为规范的要求、家长教育观念等。

（四）习惯

习惯一词通常指代某个个体或群体的日常行为方式。笔者通过查阅文献发现，其英文翻译"habit"，源于拉丁文"habitus"。"habitus"一词最初表示"习惯、习俗"，② 最早于20世纪初被法国犹太裔著名人类学家马塞尔·莫斯（Marcel Mauss，1872—1950）用于表示与身体有关的"技巧与技术"。随后其含义被社会学家诺贝特·埃利亚斯（Norbert Elias，1897—1990）、人类学家爱德华·霍尔（Edward Twitchell Hall Jrl.，1914—2009）等学者进一步发展，其中包括法国著名社会人类学家皮埃尔·布迪厄。不论在学术还是日常生活中，习惯、惯习、习性等词由于含义相近，使用起来模棱两可。

为避免引起混乱，本文笔者将"习惯"定义为：学校、班级、家庭三大场域关于行为规范的要求与举措使随迁子女逐渐获得的适应性，在行为方面体现为个人的日常行为方式。

---

① 李全生：《布迪厄场域理论简析》，《烟台大学学报》（哲学社会科学版）2002年第2期，第147页。

② 英国培生教育出版集团：《朗文中阶英汉双解词典》（第四版），外语教学与研究出版社2012年版，第631页。

五 研究过程

本研究主要采用教育人类学的田野调查方法对小武基校区五年级（4）班［后为六年级（2）班］进行田野调查。笔者通过与该班级师生长期密切的接触和直接体验，观察了解其在校时的日常行为方式。在对参与观察中或访谈过程中获得的第一手资料进行整理分析的基础上，展现该学校、班级中随迁子女行为习惯教育的面貌。

（一）研究对象

小武基校区建校于2013年8月8日，位于北京市东四环南路十八里店地区，隶属于安民学校。学校学生是朝阳区非京籍的进城务工人员随迁子女，来自全国各地。该校首届招生660人，第二届招生40人，第三届招生40人，第四届招生81人。大约三分之一的学生有借读证。

2016年9月，笔者进入该学校展开田野调查。当时小武基设校区有学前班和一年级至六年级，共14个班级。学生人数在330人左右，教师34人（含行政工作人员），教师中以女性居多，且绝大多数为外埠进京就职。截至2018年6月，全校共有学生326人，教师29人。期间学校学生数基本维持在300人以上，教师人数约30人。笔者以该校五年级（4）班［后为六年级（2）班］学生为主要研究对象。以下为两班学生的基本情况：

表4-1 五年级（4）班学生基本情况（2017年3月笔者统计）

姓名	年龄	性别	户口所在地	是否独生子女	何时来京
梦梦	11	女	江西	否，有一个妹妹	6岁
任任	12	男	河南	否，有一个姐姐	6岁
慧慧	12	女	河南	否，有一个哥哥	未知
茹茹	11	女	安徽	否，有一个哥哥和一个妹妹	5岁
赫赫	12	男	河南	否，有一个妹妹	7岁
冰冰	11	女	安徽	否，有一个弟弟	4岁
意意	11	女	河南	否，有一个姐姐	未知
妍妍	11	女	山东	否，有一个弟弟	5岁
林林	11	男	河南	否，有两个姐姐	在京出生
同同	12	女	河北	否，有一个弟弟	4岁

姓名	年龄	性别	户口所在地	是否独生子女	何时来京
华华	12	男	河南	否，有一个妹妹	6岁
雪雪	12	女	河北	否，有一个弟弟	在京出生
峰峰	13	男	安徽	否，有一个姐姐	未知
蕊蕊	12	女	浙江	否，有一个弟弟	5岁
欣欣	11	女	河北	否，有一个妹妹	6岁
涛涛	11	男	河南	是	未知
成成	12	男	河北	是	未知
凯凯	11	男	山东	是	在京出生
若若	12	女	湖北	否，有一个姐姐	4岁
玛玛	12	女	安徽	否，有一个弟弟	在京出生
帅帅	12	男	河南	否，有两个姐姐	6岁
庞庞	11	男	河南	否，有一个哥哥	5岁

表4-2 六年级（2）班学生基本情况（2018年2月笔者统计）

姓名	年龄	性别	户口所在地	是否独生子女	何时来京
丰丰	11	男	河南	否，有一个姐姐	在京出生
玛玛	12	女	安徽	否，有一个弟弟	在京出生
慧慧	12	女	河南	否，有一个哥哥	未知
乐乐	11	男	山东	是	8岁
旭旭	12	男	安徽	否，有一个哥哥	6岁
冰冰	10	女	安徽	否，有一个弟弟	4岁
健健	12	男	河南	否，有一个弟弟	7岁
赫赫	12	男	河南	否，有一个妹妹	7岁
同同	10	女	安徽	否，有一个姐姐和一个哥哥	7岁
茹茹	12	女	安徽	否，有一个哥哥和一个妹妹	5岁
雪雪	12	女	河北	否，有一个弟弟	在京出生
旋旋	13	男	河北	否，有一个弟弟	5岁
意意	12	女	河北	是	6岁
阳阳	12	男	河南	否，有一个姐姐	4岁

续表

姓名	年龄	性别	户口所在地	是否独生子女	何时来京
鹏鹏	11	男	河南	否，有一个哥哥	5 岁
恩恩	11	男	河北	否，有一个哥哥	6 岁
林林	12	男	河南	否，有两个姐姐	在京出生
帅帅	13	男	河南	否，有两个姐姐	6 岁
旭旭	13	男	山东	否，有一个姐姐	在京出生
峰峰	13	男	河南	否，有一个姐姐	未知

笔者进入的五年级（4）班初始学生数为25人。2017年9月，五年级（4）班的11名学生升入六年级（2）班，其余学生均转回老家上学。这11名学生与原五年级（1）班的9名学生共同组成了新的班级——六年级（2）班。2018年2月26日新学期伊始，六年级（2）班人数为20人。

（二）研究内容

本研究以安民学校小武基校区随迁子女的习惯培养为例，运用布迪厄的场域理论，展现学校、班级、家庭三个场域中随迁子女的习惯培养现状，并在此基础上为促进随迁子女良好行为习惯的养成提供对策建议。

随迁子女行为习惯的发生、发展、变化的过程都是在特定的场域之中进行。要想了解、探讨、分析小武基学生的行为习惯培养现状，必须综合考虑其在学校、班级、家庭等多个场域下的行为表现。由此，本文的第一章将介绍学校场域中的行为习惯培养。笔者通过参与观察和访谈的方式收集相关资料，还原学校建校以来为促进随迁子女行为习惯养成方面采取的特色举措。具体包括建校以来的氛围条件，学校对学生习惯培养提出的具体要求等。第二章主要介绍班级场域中的行为习惯培养，包括班主任的引导力和班级场域下学生的行为呈现两部分。笔者将展现班主任构建的习惯教育场域及学生的行为习惯现状，以个案的方式展开行为细描。第三章主要介绍家庭场域中的行为习惯培养，具体包括孩子家长所持有的教育观念和孩子家庭生活环境的简要介绍。第四章为场域视野下的行为习惯培养部分。此部分将结合布迪厄的场域理论对随迁子女的行为习惯现状进行相应分析。论文的结语部分将在此基础上为随迁子女良好行为习惯的养成提出对策建议。

（三）研究方法

1. 参与观察

参与观察要求观察者和被观察者一起生活、工作，在密切的相互接触和直接体验中倾听、观看被观察者的言行。参与式观察法的使用，可以保证相对自然的情景，观察者不仅对自然情景中的文化现象得到比较具体的感性认识，看到行为或事件的发生、发展、变化的过程，而且还可以深入到被观察者文化的内部，了解他们对自己行为意义的解释。运用观察法不仅可以收集到"非语言行为"的数据，而且可以在自然情景中观察到真实、可靠的人与人之间的互动方式。

本研究采用参与观察法。笔者利用每周五一天的时间，深入参与到小武基五年级（4）班[后为六年级（2）班]学生和老师的学校生活中。除了日常教育教学活动，笔者还参与了其他各种由学校、年级，以及班级组织的会议和校外活动。通过倾听、观察他们在学校中的行为习惯，分析其行为的发生、发展、变化的过程，以期为此次研究提供"非语言"的数据支撑。

2. 访谈法

访谈法是以口头形式，根据被询问者的答复搜集客观的、不带偏见的事实材料，具有较好的灵活性和适应性。通过访谈法可以弥补参与观察所获资料的不足，因为研究者可以通过访谈了解当事人的观念和想法，而且很多已发生过或不便参与的事件也是观察法所无法获知的。

笔者将以小武基六年级（2）班的学生、教师、学校领导等相关人员为访谈对象。访谈过程中，笔者将给予访谈对象充分的个人思考和表达空间，全身心地倾听对方提问和回答，并对其使用的词语保持高度敏感，在关键信息处做上标记，通过追问某些词语、概念，获得与研究相关的重要信息。采访当天对采访录音、照片汇总，及时进行提炼，逐渐丰富采访内容和资料。

（四）研究进程

1. 文献研究

自 2016 年 9 月起，笔者通过查阅随迁子女的相关文献资料，逐步了解随迁子女这一群体接受学校教育的现状。

2. 田野调查

第一阶段：2016 年 9 月 23 日—2016 年 11 月 25 日（每周一次）

此阶段为笔者第一学期进入安民学校小武基五年级（4）班的初期阶段。

这两个月中，笔者秉着真诚待人的原则，与班主任和任课教师建立了良好关系，并取得了学生们的信任，逐渐从"局外人"过渡到"半局内人"。

第二阶段：2017年2月19日—2017年12月29日（每周一次）

此阶段笔者从"半局内人"过渡到"相对局内人"，这意味着田野调查步入了一个新阶段。笔者的参与观察由最初的课堂延伸到了学校开展的各类实践活动。在参加年级组教师例会的同时，笔者多次参与了学生运动会、教师运动会、元旦晚会，以及"看北京，爱北京"文化教育实践活动等。这一阶段，笔者逐渐取得了班主任与任课教师的理解和信任，与同学生沟通、交流的机会逐渐增多。笔者能够在田野调查的过程中较为充分地了解教师、学生内心的真实想法，使田野调查开展得更加顺畅、自然。

第三阶段：2018年2月26日—2018年5月（每周一次）

此阶段笔者的田野调查围绕研究兴趣点逐步展开。笔者对学生的在校行为习惯细节投以更多的关注，并更注重了解学生内心的真实想法。同时，笔者通过与校长、班主任的非正式访谈收获更多与研究主题相关的内容，不断完善已有的田野资料。截至目前，笔者已完成41篇田野笔记，约35万字，并且积累了大量视频、照片资料。

3. 论文撰写

第一阶段：2018年1—2月

梳理田野笔记，结合自身研究兴趣点，初步拟定题目，完善对相关文献的梳理和研读。

第二阶段：2018年2—3月

分析现有研究的贡献与不足，完成核心概念界定，确定研究内容与框架，撰写并修改开题报告。

第三阶段：2018年3—4月

继续以每周一次的频率进入学校展开田野调查，同时以家访的形式进入学生家庭收集相关资料，并对已有资料进行整合与分析，开始撰写研究报告。

第四阶段：2018年4—5月

根据资料和相关文献，撰写、完善研究报告，并最终定稿。

第一章 学校场域中的行为习惯培养

学校场域是在学校主体层面上,由学校各层级构成的随迁子女行为习惯培养的主场域。学校各层领导是这一场域运作逻辑的制订者。就小武基而言,其独特的建校背景和初期的基础设施建设,对学校习惯培养场域的创设起着重要的奠基作用。此外,学校场域中对学生提出的行为规范要求更是直接影响了班级习惯培养场域的构建,从而影响着学生在校的行为表现。因此,笔者将在第一章对学校建校以来创设的氛围条件、以学生习惯培养为重点的工作目标等予以介绍说明。

一 学校概况

安民学校小武基校区(简称,小武基)隶属于安民学校(参见照片4-1)。安民学校是一所民办学校。成立于2003年,目前有12个校区,占地73190.63平方米,126个教学班,近3500名在校学生,近300名教职员工。分散在北京市朝阳区的9个乡、2个街道办事处和1个村。学校教育教学设备设施齐全,校舍是教委提供的原公立校校址和乡教合作校舍。目前安民学校其他成员包括姚家园校区、辛庄校区、黎各庄分校、东八间校区、定福庄校区、单店校区、西坝校区、马泉营校区、和平街校区等12个校区。

照片4-1 小武基校区(2016.03.07,学校提供)

小武基建校于2013年8月8日,位于北京市朝阳区东四环南路十八里店地区,属于政府委托办学学校,即委托具有丰富教育教学经验的退休老师为校长，举办定向接收随迁子女的民办学校。此类学校的特殊之处在于"民办性质，公办主体"。政府扶持力度较大，但又按民办学校模式收取学费。

小武基占地面积约6300平方米，现设有一栋教学楼、一栋办公楼和食堂。教学楼一层设有一年级和二年级共4个班级。二层设有三年级和四年级共5个班级。三层设有五年级和六年级共6个班级。办公楼一层设大队部、医务室、心理室、财物保管室，二层设校长办公室、财务室、总务处、校务处、教导处，三层为教师宿舍。此外，学校设有标准环形塑胶操场、图书馆、计算机房、劳技教室、科学实验室等。

二 建校以来的氛围条件

政府委托办学的学校性质及手拉手校的支持，深刻影响着小武基致力于为随迁子女创设良好、规范的教育环境的办学理念。建校以来，小武基自办食堂、改造卫生间、修建爱国主义教育墙等基础设施建设，是构建良好的饮食、卫生、学习习惯培养的场域的基本条件。

（一）建校背景——委托办学，合作共建

2005年9月，《北京市教育委员会关于加强流动人口自办学校管理工作的通知》中提出要坚持"扶持一批，审批一批、淘汰一批"的工作思路。2006年7月中旬，北京市政府办公厅下发通知，要求对未经批准流动人员自办学校"分流一批，规范一批，取缔一批"。随即，一批未经批准的、窝棚式的学校由于存在教室拥挤、课桌简陋、缺少取暖与降温设施、没有体育设施或设施简陋、食堂卫生条件差、饭菜质量差等问题，被逐渐取缔。

2010年秋，北京朝阳区持续多年的取缔不合格打工子弟学校的行动迎来了又一个高潮。随着此次取缔行动，安民学校获得"爆炸式发展"。2011年8月20日，朝阳区教委宣布新成立6所小学接受分流学生，这6所小学的准确名称应为安民学校某某校区。

2013年年底，小武基村发生一场火灾，造成12人死亡，其中包括8个孩子。小武基作为安置分流学生的学校之一，无条件接收周围分流学生入校。小武基校长提到，"区里决心，要把周边的消防隐患排除掉。弘善小学的问题比较突出，乡里面也很重视。在2014年年初，那所私人性质的学校就被强拆了。"（摘自王红燕，2017.02.28，田野笔记）朝阳区教委不仅免费给小武基提供校舍，还给予专项经费支持，如提供公用经费定额补助、负担校舍的采暖费、负担教师部分保险费用、为学校提供必要的教育教学设备等。

2013年，芳草地国际学校与安民学校小武基开展手拉手共建，目前已合作办学五周年。小武基的校长及校办主任均为芳草地国际学校干部，受芳草委派至小武基进行学校管理。小武基的新教师每年定期接受芳草地国际学校关于教师专业知识与技能方面的培训。芳草地国际学校在为小武基带来办学理念、改善学校教学与管理的同时，还为小武基提供定额的活动经费支持。依据朝阳区社会力量办学管理所"支持民办教育"项目，芳草地国际学校每年出资4万元的活动经费，供小武基租赁场地、设备，购置服装道具等。

（二）设施建设——百废待兴，欣欣向荣

得益于政府与手拉手校的支持，小武基旨在为随迁子女提供更好、更规范的教育环境。建校以来，小武基接受了历年朝阳区的各项安全检查，在房屋安全、消防安全、用电安全和卫生保健等设施建设方面日趋完善。

饮食习惯方面，由于小武基的学生属于随迁子女群体，白天有些家长忙于生计，没有闲暇给孩子做饭。这些学生大都在学校附近的流动摊点买点小吃凑合当午饭。考虑到饮食卫生对孩子身体健康的重要影响，建校初，学校便鼓励学生在校用餐。前三年，由于学校原有食堂设备陈旧、卫生环境差，教师和学生只能一起吃盒饭。后来在朝阳区教委的支持下，学校食堂得以改造。2016年年初，食堂改造完毕。现任后勤主任办下卫生许可证后，学校开始自办食堂。目前，食堂为在校学生提供午餐，为住宿教师提供早、中、晚三餐。从最初的流动摊点就餐，后来的师生盒饭生活，到如今的自办食堂就餐，学生的饮食安全得到切实保障的同时，他们也逐渐养成文明礼貌的用餐习惯。

卫生习惯方面，针对学生生活环境较差，原先就读学校在促进他们行为习惯的养成方面较为薄弱的现状，小武基一开始就很重视培养学生的卫生习惯。建校初，学校基础设施还不够完善。卫生间数量未按照学生的人数设置，蹲位数量配置不足。卫生间设施陈旧，建筑质量问题严重，下雨天经常漏水。由于学校经费有限，只能逐步改造卫生间，目前已经完成对二、三两层的改造。二层卫生间目前还装有烘手器，提供卫生纸（参见照片4-2）。

照片4-2 改造后的二层卫生间（2017.11.10，笔者摄）

学习习惯方面，建校初，学校教学楼没有门厅。拿到朝阳区里的专项补助后，学校在门厅旁边修建了爱国主义教育墙、中国传统文化墙，并对各个楼层进行改造。这为学生营造了一个学习、进步的成长环境，对学生学习习惯的培养起着潜移默化的作用。

三 以习惯培养为重点目标

小武基一直以来将培养学生的良好习惯作为重点目标，把教育部《中小学生守则（2015年修订）》和《北京市中小学生日常行为规范（2016年修订）》等作为行为习惯培养的教材，并坚持从细节入手，在不同场域中开展、落实习惯教育举措。校长在接受我们的访谈中提到："从这些入手，使学生养成讲卫生的习惯，掌握一些基本生活技能。这些做好了，课堂怎么听讲，怎么发言，怎么准备学习用具，包括学生的作业书写规范，都逐步去增加。这样孩子的习惯培养能够落实。哪怕这一个学期我就做到了勤剪指甲、勤换衣服、勤洗头，也是有收获。"（摘自王红燕，2017.02.28，田野笔记）

（一）习惯培养的基本要求

为了培养学生良好的学习、卫生、安全、文明行为习惯，深入开展学生的行为习惯教育，小武基对学生校内外、课堂、路队、两操等不同场域中的行为提出了下列基本要求：

校内：（1）进校门时衣着整洁，佩戴红领巾（2）不攀摘校园内的花草树木，严禁进入学校绿化地带，不向其内扔垃圾（3）不在校园内乱扔垃圾、乱吐痰，看见垃圾主动拾进垃圾池（4）不在墙上、树上及其他建筑物上乱刻乱画，更不能用脚踢（5）不在校园内追逐打闹，不攀爬运动设施……

教室内：（1）主动捡、拾地上的果皮、纸屑等（2）不准踢教室门，不准翻越桌椅板凳，不准在墙上、桌子上乱涂画、乱刻、乱踢（3）不准在教室内追逐打闹，乱喊乱叫（4）上课时未经允许，不准与同学说话（5）离开教室的同学和值班同学要主动关好灯、窗、门……

校外：（1）上学、放学不在路上追逐打闹，遵守交通规则，成队靠右行（2）不攀爬树木、建筑物等，不私自下河（塘）洗澡（3）放学回家后要认真完成作业，早睡早起（4）不乱扔垃圾，不随地吐痰，不乱刻乱画（5）爱护大自然，爱护花草树木……

路队：（1）中午、晚上放学时，各班级路队要做到快、齐、静，无拖堂现象（2）上学、放学途中，要做到自觉排队，两人成队，无散队、靠右行，不疯狂打闹、喧哗、无离队买零食的现象；自觉遵守交通规则，过马路要左右看，不在马路上跑闹、玩耍（3）放学时，学生要跟随路队走，无故不能晚离校，不到校门口不离队……

课堂教学：（1）上课时学生要养成专心听讲的习惯（2）要养成积极动脑思考的习惯（3）课上学生要养成积极举手发言的习惯（4）养成记学习笔记的习惯或在课堂上做有意义的画、圈、记、写的良好习惯……

两操：（1）课间操时间，做到快、齐、静，一分钟之内排好队，五分钟各班级需到达指定位置站好，按时做好眼保健操（2）两操期间学生不得收拾卫生、送作业和无故缺勤。做操时要严肃认真，动作规范，无说话、乱动等现象（3）两操期间，教师不得留学生辅导功课……

（二）习惯培养的四大途径

针对高年级，小武基确立了习惯培养的四大途径。活动育人：学校的活动、系列专题活动（安全教育周，增强安全意识；主题班会活动）教师言行育人：榜样的激励作用。课堂育人：发挥各学科的育人功能，特别是发挥班队会、思想品德课和晨间活动等主渠道的育人功能。阵地育人：展报、国旗下讲话等。

活动育人方面，自笔者进入学校开展田野调查以来，小武基就培养学生的文明礼貌习惯、学习习惯、生活习惯等开展了各类教育活动，如"养成良好习惯"的家长开放日活动，"养成良好习惯"的板报评比活动，"养成良好的晨读习惯"，以及2017年12月29日开展的"好习惯伴我走进2018"新年联欢庆祝活动等。

课堂育人方面，班会课一直是开展学生行为习惯教育的主渠道。如2017年12月15日，学校在各个班级召开了"好习惯伴我成长的"主题班会。2018年4月开展的"我读书，我快乐"主题班会。这些班会的设计目的是为了针对班级中还有些孩子没有养成良好的学习习惯，做事拖拖拉拉的现象，通过学习，让孩子们充分意识到好习惯对成长的重要作用，提高自觉性，养成好的学习行为习惯。

阵地育人方面，为了促进学生良好行为习惯的养成，小武基充分利用每周升旗和每月板报评比的阵地育人作用。自笔者下校以来，学校开展了多次以"习惯培养"为主题的升旗仪式和板报评比。如2016—2017学年下半学期开展的"好习惯，受用一生"升旗仪式、"让问候成为一种习惯"升旗仪式、"让读书成为一种习惯"升旗仪式，以及与之相应的板报评比。

教师言行育人则是培养学生良好习惯最重要的渠道。通过树立教师的个人形象，引导学生的言行，从而培养他们的良好行为习惯。

在确定习惯培养的四大途径的基础上，小武基设立了督导岗和监察员，重点稽查学生礼仪习惯和行为习惯，及时纠正学生违反习惯的行为，起到激励和监督作用。同时坚持对学生的行为规范做到每天一查，每周一评，并且把评比结果进行公示。每周成绩优异的班级将被评选为纪律、卫生的规范班级。

第二章　班级场域中的行为习惯培养

一所学校由不同班级所构成。其一对多的关系决定了班级构建的习惯培养场域是学校习惯培养场域的"亚场域"。观察和分析具体班级中行为习惯培养的场域构建，对于研究学生行为习惯培养具有重要意义。

一　班主任的引导力

笔者通过自 2016 年 9 月开始的田野调查发现，以小武基五年级（4）班［后为六年级（2）班］为例，学校这个习惯培养的大场域很大程度上影响着五年级（4）班场域的构建。在这种影响下，该班构建的习惯培养场域又因班主任的引导力而具有其相对独立的运作逻辑与空间。

笔者所在班级的班主任，担任班主任工作已经 20 多年。通过一年多的参与观察，笔者发现她在班级管理时特别注重培养学生的良好行为习惯。除了学校层面提出的习惯教育要求外，结合自身的生活经验与价值观，对培养学生行为习惯提出了自己的看法。

> 我认为小学生的时候，是培养他们的行为习惯。长大之后，人品跟修养是至关重要的。我特别强调品学兼优，我教育自己家孩子也是这样。一个人的品德就体现在他的行为习惯上。这帮孩子急需行为习惯的培养、教育。我一直觉得培养他们良好的行为习惯很重要。
>
> （摘自王红燕，2018.04.13，田野笔记）

自笔者下校展开田野调查以来，班主任在管理班级时始终秉持着品学兼优的育人目标。她在访谈过程中同笔者强调，一个人的人品与修养体现于言行举止之中。如此，从小开始培养学生良好的行为习惯显得尤为重要。秉着这样的育人理念，充分展现了自身在班级场域构建过程中的引导力，她带领的五年级（4）班也多次获得"文明班级""优秀班集体"荣誉称号。

（一）饮食习惯——"安静、有序、卫生"

绝大部分家距离学校较远的学生都选择了中午在校就餐。在各班主任的引导下，每天中午将近一小时的午餐时间里，每班的午餐场域都有着自身的运作逻辑。构建的班级就餐场域充分体现了她对班内学生良好饮食习惯的培养。

> 第一是吃饭的时候一定要安静。要是在家吃饭，他们可能就会很随意。第二个是排队有序。第三就是卫生。饭前洗手，饭后收拾餐盘。比如哪天吃东西有骨头，骨头单独放。汤多了，汤单独倒。吃完饭擦桌子、擦手等。挑食那方面还是制止不了，因为孩子就是不吃某一样。有时候你说："一样来一点。"孩子们就是喜欢吃的时候吃得多，不喜欢的就直接不要。
>
> （摘自王红燕，2018.04.13，田野笔记）

"安静、有序、卫生"是提出的三点就餐要求（参见照片4-3）。为了更好地考察与分析班主任对于场域构建的引导力，笔者曾观察过其他班级午餐时的情况。给五年级（2）班分发馒头片时，"馒头片被学生放在餐桶的外边。等学生们打好饭之后，他们哪个想吃馒头片便上来用手直接抓一块就走，有的甚至边走边吃。而在我们班，老师是在打饭时用夹子顺便夹一块馒头片，放到每个学生的餐盘中"。（摘自王红燕，2018.03.30，田野笔记）

照片4-3 孩子们的午餐时间（2016.09.23，笔者摄）

对比之下可以发现，班主任对班里学生提出的这三点就餐要求很大程度上影响了五年级（4）班午餐场域的构建。

（二）卫生习惯——"勤洗澡洗头、衣着整洁"

对于随迁子女来说，他们的父母忙于生计，大多数白天很早便外出打工，晚上甚至常加班到深夜才回家，留给孩子的时间和精力便少了许多。这也造成了随迁子女在卫生习惯的养成方面较为薄弱。经过了解，小武基的每个班上几乎都有两三名在个人卫生方面存在较大问题的学生。为了营造良好的班级学习环境，班主任非常注重培养班级学生良好的卫生习惯。

> 我特别强调卫生。你走进一个教室，孩子们脖子都干干净净的，就是清爽的感觉，干净整齐。我经常给家长打电话，跟他们说你的孩子哪里不干净。我要求孩子首先是爱学习，还要讲卫生。我要求他们每天换袜子，换鞋。鞋子不用天天刷，可以放在太阳底下晒一天。第三天可以再穿。但是今天、明天不要穿同一双鞋。孩子的精神面貌很重要。孩子不干净，有味道，衣服邋遢，学习也没有心情。这样班级环境都好。所以我卫生抓得特别紧。
>
> （摘自王红燕，2016.12.02，田野笔记）

勤洗澡洗头、勤换衣服、衣着干净整洁是对学生卫生习惯培养的基本要求。"昨天我跟华华的妈妈打电话，让他爸把孩子带澡堂去搓干净。今天又给蕊蕊家长打电话，让她妈妈中午接回去换衣服。"（摘自王红燕，2016.12.02，田野笔记）在培养学生的卫生习惯时，注重从细节抓起，随时提醒督促学生，与家长配合共同促进孩子养成良好的卫生习惯。

（三）学习习惯——"干净、整齐、正确"

良好的学习习惯是提高学习效率的基础。因此，针对班上学生开展的学习习惯教育与培养一直是班主任的工作重点。

> 学习方面的行为习惯首先是上课听讲的要求。上课要认真听讲，积极回答问题，要思考，不能光坐在那里。其次是作业要求：干净、整齐、正确，六个字。首先得干净，然后再整齐，然后还得要求正确，不能拖欠作业。
>
> （摘自王红燕，2016.04.13，田野笔记）

除了在课堂教学时随时提醒学生的不良行为习惯外，班主任对学生的课堂及家庭作业提出了"干净、整齐、正确"的六字要求。

（四）品德方面——"诚实守信、礼貌待人"

除了上述列举的饮食、卫生、学习习惯外，也很注重学生诚实守信、礼貌待人等品德方面的培养，而这些也体现在她对学生日常行为习惯的细节要求。

> 我们班的班规是"诚实守信，礼貌待人"，班训是"勤奋学习，崇德向善"。班规是我们班目前必须要解决的问题。你看像诚实，我们班也有人说谎话，但是这种现象比较少。讲信用的话，像峰峰，答应老师要写作业，就是不写，这是不守信用。礼貌待人这方面跟家庭环境也有关系。有些家长在这方面做得也不是特别好。所以诚实守信、文明礼貌这方面我也一直很看重。
>
> （摘自王红燕，2016.04.13，田野笔记）

设立"诚实守信，礼貌待人"的班规便是为了培养学生言行文明礼貌、讲信用的行为习惯。这是班主任对班上每位学生提出的品德要求。"勤奋学习，崇德向善"的班训则是一个目标，对全班学生的言语行为习惯起着引领和鞭策的作用。

二 班级场域下的行为呈现

班级场域是指班级层面内，在遵循学校主场域运作原则的前提下，由班主任及任课教师构成的班内学生行为习惯培养的亚场域。五年级（4）班是这一实践场域的主体，班主任是该场域运作逻辑的制订者。

班主任在学生良好饮食、卫生、学习，以及文明礼貌等习惯的形成方面，采取了相应的教育策略、措施。如此，班主任在有形和无形中构建的班级习惯教育场域普遍对班内学生的行为习惯产生了积极的影响。然而，由于五、六年级学生的身心发展正处在半幼稚半成熟交错的矛盾时期，加之其自身主观能动性的发挥程度，家庭等外部环境的影响，一个好习惯的形成并不是一蹴而就的。班内学生的行为习惯现状呈现"总体初见成效，局部收效较微"的面貌。下面笔者将通过班内个别学生的行为细描予以呈现。

（一）"稻花香里说丰年"——总体初见成效

班主任在学生良好饮食、卫生、学习，以及文明礼貌等习惯的养成方面，采取了相应的教育策略、措施。这个良好的班级习惯培养场域普遍对班内学生的行为习惯产生了积极的影响。

1. 饮食习惯

饮食习惯方面，强调中午用餐时必须做到"安静、有序、卫生"。在这方面，班上的学生一直表现较好。他们会在老师打饭时，按小组安静地到讲台前排队，队伍里很少出现彼此之间争吵打闹的情况。

> 看见凯凯又举起了手，便对他说："凯凯，你已经不能再加餐了。吃饭还是要适量，你不能把自己吃撑了还继续不停地吃。"她转身小声对我（笔者注，此处"我"指笔者，下文同）说："他们五年级，这个饭量就够了的。我已经给他加过两次饭了，我要不说，他能一直吃。就这样闷吃能给吃傻了！"
>
> （摘自王红燕，2016.11.18，田野笔记）

凯凯同学身高一米三六，体重三十八公斤，属于班上体型偏胖的男生。平时他的饭量比其他男生要大许多，在家也很爱吃零食。为了他的身体着想，在给他打饭时，会适当控制他的饭量。即便在有饭菜剩余的情况下，每顿也是最多给他加两次饭，避免他养成贪吃的习惯。对凯凯同学加餐的这一举措慢慢开始有了效果。"'老师，我已经吃饱了。说了，让我不要吃饱了还继续吃。'凯凯冲我摇摇头。坐在前面的几个孩子一样异口同声地叫道：'对啊老师，吃饱了就不用给他加餐了。'"（摘自王红燕，2017.02.24，田野笔记）凯凯同学能够在已经吃饱的情况下，主动拒绝笔者的加餐。这是他养成良好的饮食习惯的一个开始。

> 给孩子们打完饭后，班主任看见桌子上还有三碗汤，就说："还有谁没上来拿汤的？今天中午是白菜豆腐汤，都很有营养。别光顾着吃饭，你们每个人都要喝。谁没拿汤的现在快点上来拿。"
>
> （摘自王红燕，2017.03.10，田野笔记）

对于培养班上学生喝汤的习惯也是如此。班主任曾和笔者聊到，以前刚接手这个班时，大部分孩子都不爱喝汤，饭也吃得很少。鉴于适当喝汤有利于提高孩子的食欲，便要求孩子们都得喝汤，可多可少。等到四、五年级时，大部分的孩子已经养成了饭前喝汤的习惯，饭量也逐渐增加。

2. 卫生习惯

卫生习惯方面，班主任采取随时督促的形式，每天检查学生的脖子、头发，适时提醒学生洗脸、洗澡、勤换衣物。在这方面，也潜移默化地取得了意想不到的效果。

> 在汇报的时候，班主任提到了一件关于华华的事。她和其他班的老师说："我们班这个小男孩，大家可能都知道。他叫华华，平时也挺爱玩的。但是你们知道吗，我才发现一件事。我总觉得这件事发生在其他小朋友身上都有可能，唯独不可能发生在他身上。我们不是有两套校服嘛。华华每次周一升旗都会穿一套洗干净的校服。周一放学回家就会把它换下，让妈妈洗干净放好。第二天就换上脏校服。这真是让我吃惊！
>
> （摘自王红燕，2017.03.31，田野笔记）

华华是一个非常爱玩的男孩，衣服也总是脏兮兮的。他是平时见老师不在教室，就爱和同学在地上摔跤的"捣蛋鬼"。笔者也经常在下校过程中看到他时常在课上用嘴叼着笔盖或书本。家庭作业也经常是潦草、脏乱。班主任平时经常强调要勤换校服，尤其是每周一的校服必须干净整洁。但发生在华华身上的这件事情出乎她的意料。一方面，她感受到了华华对国旗的敬畏感和爱国心。另一方面，她觉得华华的这一举动也代表了他养成良好卫生习惯的开始。

此外，班主任也在教师大会时讲述了班上另一个孩子自觉保持班级环境整洁的例子。而这个孩子主动摆桌子的行为更令笔者感到惊讶（参见照片4-4）。

> 那天我们班刚好轮到去机房上电脑课，我从办公室出来想去看看教室灯有没有关。没想到我刚走到教室门口，还没进去，就看到我们

照片4-4　正在摆桌子的林林（2017.03.30，班主任提供）

班的林林还在教室里。我就纳闷了，他一个人还在教室里做什么。结果就看见他在挨个排桌子。看到不整齐的桌子，他就跑过去给摆正了。等到摆齐了才离开的教室。当时我可感动了，就马上拿出手机拍了下来。

（摘自王红燕，2017.03.31，田野笔记）

班上的林林是一个特殊的男孩。他一年级刚到班上的时候，有比较严重的自闭症倾向。一学期下来，老师和学生都没有听他发出过声音。别人看他的时候，他眼睛就赶紧躲开，要么就拿本子挡住自己。让他回答问题的时候就钻到桌子底下，抱着桌子腿。五年来，班主任一直没有批评过他，总是鼓励和表扬他，也让周围的人包容和鼓励他。到现在，除了仍旧不和其他任课老师对视以外，他已经能和班主任、班上其他同学正常交流。就是这样一个小男孩，他主动在无人之时保持班级课桌的整洁。可见班主任对班上学生行为习惯的培养取得了潜移默化的成效。

3. 学习习惯

学习习惯方面，班主任一直注重书面整洁、美观。她要求学生做课堂作业时先在草稿纸上写，最后再抄写到作业本上。

看到他们都在练习本上写计算题，我觉得有些奇怪，便问身边的赫赫："你们怎么不直接在作业本上写？"赫赫回答道："老师（笔者注：此处'老师'指班主任）说先让我们在草稿本上写，要是直接在作业本上写，写错了之后再涂改，那作业本就没法看了。我们在草稿纸上写了再给老师看对不对。""那最后再抄到作业本上去吗?"我问他。赫赫点点头:"对,然后看起来就很干净了。"

(摘自王红燕,2017.05.19,田野笔记)

除了对作业格式提出严格的规范要求外,班主任要求学生每次做完课间操都要先洗手再碰书、作业本等。"'你们都洗手了吗?没有洗手的,赶紧给我到卫生间去洗手,快一点!洗完手再回来写作业。难怪每次作业都跟涂鸦似的。'班主任站在教室门口说。"(摘自王红燕,2018.03.16,田野笔记)

4. 品德方面

"诚实守信,礼貌待人"等品德方面,班主任针对班上个别学生进教室、办公室前不爱敲门、不问候老师的做法,也特地定下了相应班规。如今,每次笔者周五早上进入班级时,学生们都会主动问好:"老师早上好!"进出办公室时,学生都会征得老师的同意。令笔者印象深刻的是,2017年5月芳草地国际学校来小武基开展的教辅课。五年级(4)班被排到一节毛猴课。当天下午班主任有事不在班里,嘱咐笔者帮忙照看。

13:30整,上课铃声响了,孩子们个个翘首以待。过了一会儿,一位身材高大的男老师推门进来。我忙上前迎接,说了句:"老师好!"我一说完,班里的孩子竟然全都异口同声地跟着我问好:"老师好!"此时班主任并不在班里,我看到这一幕,心里有些触动。

(摘自王红燕,2017.05.19,田野笔记)

学生们自发的问好举动,于细节处反映了班主任在培养学生文明礼貌的言行方面,已潜移默化地对学生产生了影响。

(二)"东边日出西边雨"——个别收效较微

尽管在班主任的引导力下,良好的班级习惯培养场域普遍对班内学生的行为习惯产生了积极的影响。然而,由于五、六年级学生的身心发展特点,加之其自身主观能动性的发挥程度,家庭等外部环境的影响,班上的个别学生仍然在良好的卫生习惯、学习习惯、道德品质的养成等方面出现滞后现象。

1. 卫生习惯

卫生习惯方面，班上绝大部分学生均能在老师构建的习惯教育场域中养成良好的卫生习惯。令老师们头疼的是，有两位女生因为个人卫生问题遭到了全班同学的排斥。

>班主任立马说："你摸什么？你也不嫌自己脏啊，你还摸人家东西。"她转过头和我说："蕊蕊这个孩子一点都不讲个人卫生，以前头发脏得虱子满地跑，我和她家长说，你把孩子个人卫生搞搞。和家长说了很多次，每次都没有用。这孩子就是臭气熏天的。我让和她家住得近的同学去她家和她爸妈说，结果那孩子还没进她家门，便说家里也是臭气熏天的，冲着家里喊了句，'阿姨，您家好臭啊！'也没敢进去。后来没办法，我就规定不能进教室。她家长没办法，就给带去剪了头发。我真是想尽了一切办法，就差自己给她洗头了。你就说什么样的家庭，真的是带出什么样的孩子。"
>
>（摘自王红燕，2016.10.21，田野笔记）

为了完成眼保健操比赛，班主任曾经让班上的雪雪带蕊蕊去厕所抓头上的虱子。据雪雪同学描述："她头发上有可多虱子了，又大又黑的，超级恶心。"（摘自王红燕，2016.11.25，田野笔记）除了头发上有虱子以外，蕊蕊同学平时也不勤洗澡、勤换衣物，因此身上有着一股难闻的味道。因为个人卫生问题，蕊蕊同学被安排在了靠墙的角落里。她平时话不多，也没有同学爱和她一起玩。笔者刚下校时，甚至会有几个孩子主动跑过来提醒道："老师，她可脏了！头发上都是虱子！我们都不喜欢和她坐一起，你小心点！"（摘自王红燕，2016.10.15，田野笔记）由于蕊蕊家长对于班主任工作的不配合，班主任从开始对蕊蕊个人卫生问题的提醒与督促，到后来的置之不理与批评。虽然蕊蕊妈妈最后还是把蕊蕊带去理发店剪短了头发，但蕊蕊的个人卫生问题仍然没有得到彻底解决。

除了蕊蕊同学外，班上还有另一名被老师和其他同学称为"垃圾大王"的女生——梦梦。

>班主任和大家说："你们看欣欣，弄得多干净、多整洁。"孩子们

都齐刷刷地望向欣欣这边。这时班主任又突然对我说："难为我们小米老师了,坐在梦梦后面。她可臭了!你不知道,梦梦就是我们班的'垃圾大王'。"这么一说,全班都哄堂大笑。班主任接着对欣欣说:"来,欣欣,站前面来。"欣欣乖乖地站到了前面,面向大家。"你们看欣欣,这样子是不是很精神!"欣欣把头发都扎了上去,脸蛋和脖子也白白的,给人一种很清爽的感觉。班主任又对梦梦说:"梦梦,来,你站到前面来。"梦梦迟疑着坐在位子上不肯动。班主任见状,便说:"怎么?还不快过来?别浪费时间!"梦梦听了,低着头蔫蔫地走了过去。老师就对大家说:"你们看看这对比。梦梦就邋里邋遢的,昨天说了让你回家洗澡,你为什么不洗?"梦梦随便扎了一下头发,明显没有梳过。她的衣服也不干净,脸上面无表情。在座的同学都安静下来,不说话。梦梦低着头不敢看我们。最后我看到梦梦面无表情地回来,非常安静地坐在座位上。

(摘自王红燕,2016.11.25,田野笔记)

与蕊蕊同学相类似的是,梦梦同学也因为没有养成勤洗澡、勤换衣物的卫生习惯,她的身上总是散发着一股让周围同学及老师难以忍受的味道。由于一直以来的劝说无效,班主任常把蕊蕊和梦梦在卫生习惯养成方面的滞后表现作为反面教材,督促班上的其他孩子养成良好的卫生习惯。

2. 学习习惯

学习习惯方面,在班主任的频繁督促与检查下,目前班里的学生基本能够做到课堂作业书写得规范与美观。然而不少学生的家庭作业却一直不能按时完成。尤其是班上的几个男孩子,放学回家只顾着玩游戏,第二天上学连作业都没有完成。

"我(班主任)昨天是不是说写作业了?你们为什么没写?还都是坐前面的,你们自己看看!"班主任让没交作业的同学在位子上站了一会儿,和笔者说道:"他们回家就抱着游戏不放。你看,那个涛涛,就坐在前面那个精瘦精瘦的孩子,每天回家就知道打游戏。整个人缩在那,一点精神都没有,眼睛嘛一点神采都没有!"老师当着全班同学的面这样说涛涛，笔者特地看了那个小孩一眼。他只是低着头，漫不经心的样子，嘴角挂着不好意思的笑。"你们啊，看你们以后怎么办。你们爸妈辛辛苦苦供你读书，等他们老了，你们怎么照顾他们。你们几个爱打游戏的，以后你们爸妈要是生病了，躺在医院里，你们就给他们一个鼠标，让他们在病房里打游戏好了。"班主任又补充道。

（摘自王红燕，2016.10.15，田野笔记）

班主任经常为此发脾气，却因为缺乏家长的帮助而收效较微。她曾同笔者提到，"这些家长，给孩子买了手机，说是可以打电话。结果呢，他们都用来打游戏了。我说了好多次了，也不管管。这几个男生每天放学，特别是周末，打游戏打得昏天黑地的"。（摘自王红燕，2016.10.15，田野笔记）

对于班上的个别"懒散患者"而言，即便不打游戏，他们也将作业抛之脑后。

"学习就是一个积累的过程，之前不完成家庭作业，现在能会吗？"班主任说道。我想起她之前也和我说过，曾经给峰峰的家长打电话，告诉他们孩子作业没完成。结果峰峰的家长这么说："没完成吗？我看着他完成的啊。"

（摘自王红燕，2016.11.18，田野笔记）

尽管在学校里，老师们一直让峰峰放学后留下来补完作业再回家。但每次一回到家，家长对孩子完全采取"放养政策"。这很大程度上影响了学生按时完成作业的良好学习习惯的形成。

3. 品德方面

"诚实守信，礼貌待人"等品德方面，尽管班上大部分学生都能做到不说谎，然而仍有个别学生，例如，雪雪同学，仍旧改不了说谎的习惯。

班主任和我说："你别看雪雪，看着挺老实的。你可别被她的模样给欺骗了，她都是装的。她和我撒过不少谎，一点也不诚实。"

"老师，雪雪总是爱撒谎，爱装。你接着装啊！老师，你别听她的，谎话连篇。"茹茹瞟了雪雪一眼，扭头对我说道。赫赫也附和道："老师，茹茹说得对。雪雪总是爱说谎。我们不和她一起玩。"

（摘自王红燕，2017.05.05，田野笔记）

如同"狼来了"的故事一般，雪雪同学因为经常爱撒谎、不诚实的坏习惯，已经丧失了其他同学对她的信任。甚至在后来的一次"丢钱"事件中，也没有人愿意相信她是真的在教室里丢了钱。在老师和同学共同构建的诚信场域里，雪雪同学的言行因为不符合这个场域的运作逻辑而理所当然地遭到了来自班级群体的排斥。

第三章　家庭场域中的行为习惯培养

家庭场域是在家庭层面内，由学生家长及社区构成的学生行为习惯培养的场域。家长的教育观念与家庭生活环境直接影响着这个场域的运作逻辑。笔者在周末、假期时以家访和补课的形式进入班上赫赫、茹茹两位学生的家庭，通过参与观察和访谈的方式获取了该场域中学生行为习惯的培养现状。

一　家长所持教育观念

赫赫一家四口于2012年来京，现从事家庭搬运工作。赫赫妈妈在与笔者的访谈中提到："我们雇了十个工人，在这里包吃包住。我们平时自己也帮着干。"（摘自王红燕，2018.03.31，田野笔记）

赫赫妈妈来自农村，小学毕业，大部分的字词也都认识。笔者同她交流时能明显察觉到她操着地方口音，但交流依旧非常顺畅。她告诉笔者自己在家空闲时会在网上发布帖子招揽生意，临近饭点时再为孩子和工人煮饭。这也使得她有部分空闲时间照管和监督孩子日常学习与生活。当笔者就孩子在家的行为表现展开提问时，赫赫妈妈这样回答：

> 在家表现什么的也就那样吧，不能说好也不能说差。我现在主要是挺担心他的学习。这孩子能不能上个好初中。其他方面也还好，我不太管。现在主要就是让他搞好学习，上个好初中。平时他也都在学校里，有老师督促着。也很认真负责，我挺放心的。
>
> （摘自王红燕，2018.03.31，田野笔记）

在笔者的几次询问之下，赫赫妈妈依然将谈话重点转移到孩子的升学问题。鉴于赫赫这学期就要小学毕业，赫赫妈妈的言语之间流露出她对孩子学习成绩的重视程度很高。相比之下，她对孩子其他方面的行为表现则关注得较少。

茹茹的父母均小学未毕业。一家三口于2010年来京，现从事建筑的拆卸工作。一大早他们就赶去工地上班，晚上茹茹妈妈会赶回家给孩子做饭。繁重且奔波的体力工作让茹茹妈妈没有太多的精力关注孩子日常学习生活。

"这个孩子啊,我平时就得多督促着她。我一不看着她,她成绩就得下降。"茹茹妈妈对笔者说:"上学期期末的时候,有一段时间她的成绩下降得很快啊,也很担心。我后来就给她多留了作业,每天盯着她学习,她的成绩才慢慢上来。"

(摘自王红燕,2018.03.31,田野笔记)

即便如此,面临孩子年级不断升高,到如今即将升入初中的境况,茹茹妈妈对孩子的学习情况也更加关注。茹茹妈妈除了关注孩子学习以外,她还讲到:"晚上我都会赶回来给她做饭。有些家长就不是,孩子随便买点面包吃就得了。再忙,晚饭都是我做的,我觉得饭还是要吃好。有时候周六日他们玩得太疯,我说不行,中午你还是得先吃了饭再出去玩。不吃饭就在那玩,这哪能行。"(摘自王红燕,2018.03.31,田野笔记)茹茹妈妈表示由于自身的工作性质原因,她平时工作太忙,孩子的很多方面都照料不到。但她认为作为家长保障孩子的衣食住行是最基本的。

二 家庭生活环境简探

赫赫家位于小武基村西南角。巷口附近距离赫赫家500米远有小卖部、餐馆、麻将铺等。据赫赫妈妈所说,其家庭月收入在1.5万元至1.8万元之间,近年在老家已盖有一套新楼房。为了让孩子顺利在北京上完小学,赫赫一家依然顶住了小武基村近年来的拆迁压力。图4-1为赫赫家房屋布局平面图。

赫赫家的房屋布局大体分为三块。其中,赫赫父母和赫赫的妹妹共睡一个房间,赫赫则和他的叔叔睡在另一个置有餐桌的房间。两个房间均为水泥地面,加上深处小巷之中,光照不足,屋内显得狭小阴暗。中间过道是露天的,左侧摆放着灶台,上面搭了个小帐篷供雨天煮饭使用。笔者观察后发现,赫赫家里没有厕所,只有一个临时搭建的洗手池(参见图4-1)。

当笔者询问赫赫平时写作业的地方时,赫赫妈妈这样回答:"他平时会在他自己那屋写。我们是给人搬家的嘛,然后平时我就会在网上发布一

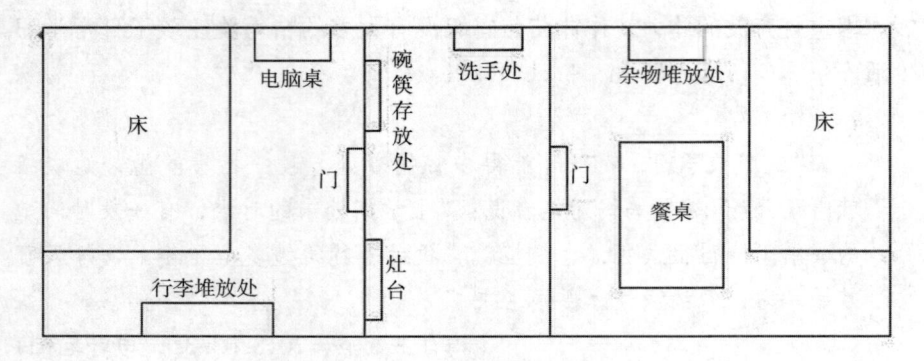

床	电脑桌	碗筷存放处		洗手处		杂物堆放处	床
		门			门	餐桌	
	行李堆放处	灶台					

图4-1 赫赫家房屋布局平面图（笔者绘制）

些帖子啥的。我平时得守着电脑，有活了我们就可以干。不用电脑的时候，他也可以在这电脑桌上写作业。"（摘自王红燕，2018.03.31，田野笔记）随后，笔者查看了赫赫平时写作业的房间，对赫赫平时写作业的环境有些出乎意料。

里面的水泥地脏脏的，中间摆着一张桌子。桌上放着几口盛着咸菜、辣椒油的碗，几个刚用完的一次性纸杯。屋里弥散着让人有些难以忍受的味道。

（摘自王红燕，2018.03.31，田野笔记）

茹茹家位于小武基村东北角。因为附近有坟场，行人相对少许多。距离茹茹家500米左右开始有公共厕所和熟食店。据茹茹妈妈所说，其家庭月收入在1.5万元左右。因为拆迁，两年前茹茹一家刚从小武基村的南部搬进这条小巷。图4-2为茹茹家的房屋布局平面图。

茹茹家的房屋布局同样可分为三块。一进门的小过道里摆放着灶台和洗衣机。相比赫赫家露天的过道，这边受天气的影响更小一些。右侧房间供茹茹父母休息，房间里除了摆有一张圆桌外，堆了些许杂物。左侧房间摆了两张床，一大一小。茹茹平时睡在大床，她的爸爸中午时常会在小床上午睡。屋前有一大块空地，摆着一张已经报废的麻将桌和小沙发，外加一把破旧的躺椅，供茹茹一家及来访客人休憩娱乐。同样茹茹家里也没有厕所和专门的洗手池（参见图4-2）。

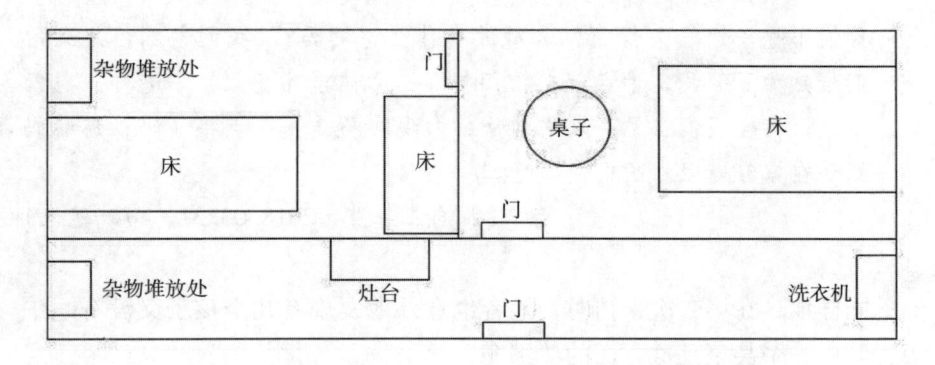

图4-2 茹茹家房屋布局平面图（笔者绘制）

三 家庭场域下的行为呈现

由于笔者在赫赫和茹茹两家家访时，班上的旭旭、丰丰、阳阳三个男孩也全程陪同。因此，家庭场域中孩子的行为呈现这部分将包括上述六名学生的行为表现。在这一部分中，笔者呈现的学生行为习惯将与上文中的饮食、卫生、学习习惯等一一对应，借此比较学校和家庭两个不同场域中学生的行为表现。此外，需要阐释说明的是，由于笔者不是班上的任课教师，日常生活中与孩子的交往关系相对平等。在一年半时间的相处过程中，笔者收获了班上孩子的信任。笔者进入家庭场域时与孩子们的交往，更多地是以"朋友"的身份进行。孩子在笔者面前并不设防，行为表现更为随意、自然。因此，笔者观察到的家庭场域中孩子的言行具有较大的客观真实性。

（一）饮食习惯养成的受限

饮食习惯方面，与学生在校时表现出的"安静、有序、卫生"就餐习惯相比，孩子们在家时的饮食习惯养成却常因家长的工作原因而面临阻碍。

笔者进行第一次家访时，同这几个孩子约在了下午一点半在校门口见面。意料之外的是，这几个孩子上午十点便在校门口等我，甚至没有吃饭。几个孩子表示自己会到附近的小卖部买点吃的充饥。感动之余，我对孩子的家长没有督促他们吃午饭的行为感到有些惊讶。

"那你们中午呢？又跑回家吃饭了？"我（笔者）问他们。"我们没有吃饭啊老师，所以让你请客嘛。"阳阳叫到。旭旭很快拍了他一下，"没，老师，不用你请。反正我们也不饿。""没问题啊我请客，你们不吃午饭怎么行啊！这附近有什么吃的吗？"我问他们，想到他们居然为了等我，十点就在校门口了，心里非常感动。"老师，我们不饿，待会我们自己买点吃的啥的。现在不是快一点半了吗，赫赫妈妈还在家等着呢。咱们快去吧。"

（摘自王红燕，2018.03.31，田野笔记）

同样地，在第二次家访时，笔者也意外地发现有几个孩子又没有吃午饭，其中一个甚至是这方面的"惯犯"。

我（笔者）问旭旭："你妈妈周六日在家做饭给你吃？"他点点头："嗯。""不会让你随便买点东西吃吗？"我接着问。他摇摇头。"那你们上周六中午为什么不吃饭都没事，妈妈不管吗？"我觉得有些奇怪。旭旭回答："周六日没那么严。有时候忙的话，自己去超市买点吃的，零食什么的也是可以的。""丰丰，你呢？"我问对面的丰丰。"我妈给我做好饭，有时候我会吃，有时候不吃。反正都有做好的，我有时候不太想吃，就出来玩了。"丰丰随意地回答。"老师，他周六日经常不吃的，每次来我家找我玩。"赫赫补充道。

（摘自王红燕，2018.04.06，田野笔记）

经过一番询问，几个孩子表示自己周末在外面玩，想吃饭的时候就回家吃饭，不想吃饭时就去小卖部买零食充饥。除了赫赫和茹茹妈妈周末也关注孩子的一日三餐外，其余几个孩子，尤其是丰丰、旭旭他们的家长虽然也给孩子准备了午饭，但由于工作繁忙并没有时间和精力强调孩子的午饭问题。没有了学校里老师的"三令五申"，几个孩子成了周末在家不吃午饭的"惯犯"。

（二）卫生习惯表现的反差

卫生习惯方面，在学校时，由于十分重视学生卫生习惯的培养。班里学生普遍养成了良好的用餐习惯，例如饭前洗手，饭后收拾餐盘，用湿纸巾擦桌子、擦手等基本的饮食习惯。但在学校场域之外，孩子们的行为表现不再同学校里一般受到监督和奖惩。两个场域中的行为表现也出现了强烈的反差。

让我非常惊讶的是，他们就着地面上的水滩开始洗手。我看了一眼，这个水滩应该是茹茹妈妈洗衣服的时候，从屋里水管排出来的。她家门前也不是水泥地，水滩里的水也很浑浊。丰丰和阳阳两个人想也不想地伸进去洗手（参见照片4-5）。在这之前我是想不到的。他们不可能在学校是这个模样。我很快拿出手机想拍下这一幕。没想到他们马上意识到我要拍照，立马逃开了。"老师，你别拍啊。这个你都要拍。"他们两个朝我叫道。过了会儿，茹茹回来了。她吃惊地说："那是我刚才洗完拖把倒的水。"他们几个难以置信地叫出声，但依旧"淡定地"用手抓起一旁的瓜子，边吃边打游戏。

（摘自王红燕，2018.03.31，田野笔记）

照片4-5　丰丰几个人正在洗手（2018.03.31，笔者摄）

他们可以在水坑里洗手，在知道水并不干净之后依然往嘴巴里塞食物。家庭场域里，学校里对学生卫生习惯的要求与规范不再起到紧箍作用。

（三）学习主体意识的薄弱

学习习惯方面，班上大部分学生学习的主体性意识薄弱，缺乏自觉性。在班上，学生人手一部手机的局面开始出现。这很大程度上影响了学生周末在家学习方面的自我监控力。任课老师们时常反映学生家庭作业的完成质量越来越差。据笔者了解，班上的所有男生甚至有几个女生也经常放学回家打游戏。班主任经常在班上批评爱打游戏的学生，却收效甚微。家庭作业本的书面潦草、空白抄袭现象较重。对比之下，班上的学生在学校里完成的课堂作业质量高出许多。

笔者在家访的过程中了解到，班上的几个男生经常放学回家熬夜打游戏，周末更甚。

> "阳阳最爱打游戏了。我们平时上学时晚上八九点就上床睡觉，打游戏再晚也不超过十一二点。他有一次打游戏打到通宵，第二天上学还迟到了！头发都没梳就跑来学校了哈哈！还被罚站，老师还打电话告诉家长了。"赫赫和旭旭笑着告诉我。"就没有不打游戏的？"我问他们。"都打，没有不打游戏的。恩恩和鹏鹏成绩最好，他们也都打游戏的啊！恩恩玩得第二疯！你可别和他说哦。"赫赫补充道。
>
> （摘自王红燕，2018.03.31，田野笔记）

即使是班上成绩较好的学生也逃不出爱打游戏的"魔掌"。对于自制力较差的学生来说，在家时他们更是难以克制不去打游戏。熬夜打游戏的第二天，他们带着草草完成的作业无精打采地来学校，在课堂上打瞌睡。这种现象表明，一旦离开学校和班级构建的学习场域，班上大部分学生处于"教鞭"无法触及的家庭场域时，因为自身学习主体意识的薄弱，外加缺乏家长的督促与监管，仍旧没有养成良好的学习习惯。

（四）不良品德行为的显现

"诚实守信，礼貌待人"等品德方面，离开了老师的督促与引导，学生在家庭场域时，他们的行为表现更加真实、自然，不良的言行举止也得到了显现。

> 因为有了茹茹的加入，他们更加吵闹。阳阳爱和茹茹开玩笑，茹茹每次生气的时候，就马上抬起脚踹他们。
>
> （摘自王红燕，2018.03.31，田野笔记）

> "来呀！"旭旭他们几个又开始摔跤、打闹。不知怎么回事，丰丰和茹茹竟然玩着玩着开始吵起来。茹茹抬起腿就要踢丰丰。丰丰也不甘示弱，转过身就是一脚，速度快得喊都喊不住。不过好在丰丰并没有踢中茹茹。"让你踢人，动不动就打人。"他对茹茹气冲冲地说，

"反正不在学校,老师也看不到。你别想着告状!"

(摘自王红燕,2018.04.06,田野笔记)

在学校时,由于规定学生不能在教室里玩摔跤、追打、吵闹,几个调皮的学生只能趁着不在教室时偷偷摸摸地玩闹。因此班里很少出现吵架、打架的不文明现象。然而在家庭场域下,茹茹几次抬脚踹和她开玩笑的丰丰。丰丰没有忍受茹茹的暴脾气,在和茹茹吵架时采取了还手的举动。没有了在学校时的礼貌言行,孩子们在家庭场域下显现了品德方面的不良行为表现。

第四章　场域视野下的习惯培养

通过呈现学校、班级、家庭三个场域的运作逻辑与个别学生的行为习惯现状，笔者发现学校、班级和家庭三个不同场域为随迁子女的行为习惯培养提供了差异性的实践空间；场域、资本对随迁子女的行为习惯培养起着约束与引导作用。具体表现在以下两个方面：场域为随迁子女行为习惯的养成提供激发环境；资本为随迁子女习惯的养成提供外部推动力。随迁子女主体认知对于习惯培养具有重要作用。最后，随迁子女的习惯培养因场域、资本、主体认知等因素的影响具有长期性和复杂性。

一　三个差异性的实践空间

运用"场域"理论分析不同场域中学生的行为习惯现状可以发现，学校、班级和家庭三个不同场域为随迁子女的行为习惯培养提供了差异性的实践空间。

学校场域下，小武基独特的建校背景和基础设施建设为构建良好的习惯培养场域创造了条件与氛围。其对学生行为习惯培养提出的要求和四大培养途径代表着这一场域的基本实践原则。它直接影响着小武基学生在校的日常行为习惯表现，也决定着五年级（4）班班级场域构建的价值取向。而班级场域则是以班主任的引导力为中心形成的习惯关系网络。班主任对班上学生饮食、卫生、学习等各方面行为习惯的培养体现着五年级（4）班习惯教育场域的价值取向和运作逻辑，它影响着班上学生的言语和行为方式。凯凯主动拒绝加饭、华华的"周一校服"、林林偷偷摆桌子等事例也表明班级场域的构建对学生行为习惯的养成普遍产生了积极影响。与此同时，头发上满是虱子的蕊蕊、"垃圾大王"梦梦、沉迷游戏的涛涛和总是拖欠作业的峰峰等在校的不良行为也体现出他们在行为习惯养成过程中滞后的一面。可以看出，受学生个体的性格、家庭、自身主观能动性等因素的影响，班级场域会对学生个体习惯养成产生不同程度的影响。

此外，尽管学校、班级、家庭三大场域相互联系，相互影响，然而与学校、班级场域二者关系的密切程度相比，家庭场域的构建则呈现出相对独立的状态。它是五年级（4）班每位学生习惯培养场域的基本单元，同时也是最能检验学生行为习惯培养成果的场域。离开了学校和班级的习惯培养场域，家长的教育观念和家庭生活环境很大程度上决定着家庭场域下学生行为习惯的养成。丰丰、旭旭几个孩子周末时随意的饮食作息、在脏水里洗手后继续往嘴里塞东西且毫不在意、经常熬夜打游戏甚至迟到、玩耍时一有矛盾便动起手来等发生在家庭场域中的行为与在学校、班级中的行为形成强烈反差。同一个孩子在不同的习惯培养场域下会表现出差异性的言行举止，这表明家庭场域所特有的相对独立性。离开了学校、班级场域的约束，随迁子女由各自生活环境衍生而来的行为文化在家庭场域中得到最真实的、自身由内而外的展现。这使得学校、班级、家庭三个不同场域下，随迁子女的言行表现出较大的差异性。

二 场域、资本的约束与引导

通过呈现学校、班级、家庭三个场域的运作逻辑与个别学生的行为习惯现状，笔者归纳得出场域、资本很大程度上影响着随迁子女行为习惯的养成，即场域、资本对随迁子女的行为习惯培养起着约束与引导作用。具体表现在以下两方面：场域为随迁子女行为习惯的养成提供激发环境；资本为随迁子女习惯的养成提供外部推动力。

（一）场域为习惯的养成提供激发环境

随迁子女良好行为习惯的培养离不开学校、班级、家庭三个场域的构建。通过分析学生在不同场域中的行为表现可以得到的是，特定场域的构建为随迁子女行为习惯的养成提供了激发环境。学校场域在小武基学校领导提出的基本要求下，引导和保障着整个习惯教育场域构建的逻辑与方向。学校层面的行为习惯教育促使学生在课堂、路队、两操等校内活动中表现出良好的言行举止。班级场域的构建则以班主任的引导力为中心，班主任对学生饮食、卫生、学习、文明礼貌等日常行为习惯做出的要求与规定，为五年级（4）班学生学习生活细节方面的言行提供了具体框架。通过班级场域的构建，五年级（4）班学生总体养成了代表班级整体价值取向的行为习惯。个别学生如头发上长满虱子的蕊蕊、"垃圾大王"梦梦，即便她们尚未养成良好的卫生习惯，其行为表现仍旧受到了班级场域不同程度的影响与激发。家庭场域则受家长的教育观念与生存状态的影响。家庭单元虽小，却承担和影响着随迁子女学习、生活的各个面面。良好的家庭习惯培养场域有利于激发孩子相应的习惯表现。反之，当家庭场域不能创造习惯培养的条件与氛围时，它又会对孩子在三个场域中的习惯养成起阻碍作用。由此可见，学校、班级、家庭三大场域之间在一定程度上既相互独立，又相互影响，共同为随迁子女行为习惯的养成提供激发环境。

（二）资本为习惯的养成提供外部推动力

经济资本、社会资本、文化资本的形成为随迁子女行为习惯的养成提供外部推动力。学校场域中的建校条件与氛围，例如，基础设施建设和习惯培养的四大途径与要求，班级场域中班主任的引导力等，都为随迁子女在校良好习惯的养成提供了充足的经济、文化、社会资本。家庭场域中家长教育观、家庭生活环境等均为影响场域构建的重要资本。家庭生活环境简陋，受教育程度较低，忙于生计，没有足够条件教育孩子的家长，使得家庭在构建习惯培养场域时处于局促与尴尬的境地。被疏忽一日三餐的丰丰；家里没有卫生间、洗手池，没有一张像样书桌的赫赫和茹茹……在养成良好的饮食、卫生、学习习惯的开始，孩子们便由于家庭经济、文化等资本的缺失表现出习惯养成方面的滞后。这表明，合理的学校基础设施建设、班主任班级管理理念的引导、家庭良好氛围的营造都对随迁子女良好习惯的形成起着推动或促进作用。相反，当一所学校忽视学生行为习惯培养，一名班主任的班级管理目标出现偏差，家长片面追求孩子学业成绩，家庭经济困难，连温饱都成问题时，场域构建过程中资本的缺失便对随迁子女良好习惯的养成起着阻碍作用。

三　随迁子女主体认知的重要性

根据学校、班级、家庭三个场域下学生的行为表现可以得出，除了场域、资本的约束与引导外，随迁子女自身对于良好习惯重要性的认知和理解是最为重要且关键的。针对高年级，学校通过阵地育人、活动育人等途径，旨在让学生充分意识到好习惯对成长的重要作用，提高自觉性，养成好的学习行为习惯。班级场域下，班主任对学生饮食、卫生、学习、品德方面提出了具体的要求，使得该场域下学生的言行有了共同的价值准则。拒绝加餐的凯凯、穿上"周一校服"的华华、偷偷摆桌子的林林，他们的言行表现出自身对于良好行为习惯的认同或部分认同。而总是说谎的雪雪、熬夜打游戏的阳阳、用脏水洗手的丰丰等孩子良好的行为表现却依旧离不开学校、班级场域的约束与引导。由此可见学生自身关于良好习惯重要性的认知对他们的习惯养成起着重要的作用。在学校、班级、家庭构建的习惯培养场域下，学生的行为习惯呈现着总体初见成效、局部收效较微的面貌。造成部分学生尚未形成关于良好习惯的主体认知的原因，主要在于五、六年级学生的身心发展正处在半幼稚半成熟的矛盾时期，另一个重要原因则是因为学校、班级、家庭在提升学生关于良好习惯重要性的认知、理解方面还存在较大空间与不足。例如，班主任在培养班级学生良好习惯时，大多数时候只是根据自己制订的一系列规则进行学生习惯的培养与教育，较少花时间和学生阐释某个行为规范的重要性，以及制订的背后原因。这使得随迁子女因为没有彻底形成对良好习惯的认知与理解，他们的行为更多的是外在强制而不是主观认同的结果。

四 习惯养成的长期性与复杂性

受场域、资本、主体认知等因素的影响，随迁子女行为习惯的养成具有长期性和复杂性。在学校时能够遵守行为规范的赫赫、阳阳、茹茹等人，他们在家庭场域中的行为表现却呈现出了较大的差异性。例如，周末不按时吃饭、用脏水洗手后吃东西、认为只要不被发现，便可以还手等不良言行逐渐显现。同一个孩子在不同的习惯培养场域下表现出的言行差异表明，目前不同场域中大多数孩子行为习惯的呈现来自于外在的强制要求，而不是自身由内而外、自觉主动地践行。除了场域、资本等因素的影响外，其根本原因在于学生自身尚未认识到良好的饮食习惯、卫生习惯等对个人健康成长的重要性。这意味着随迁子女习惯培养既离不开学校层面的宏观把控，班级层面班主任的引导，家庭场域中家长的关注，更离不开学生自身对良好行为习惯的认同。在构建学校、班级、家庭场域，统筹经济、文化、社会资本，引导和提高随迁子女自身主体认知的过程中，随迁子女习惯养成也因这三方面因素的影响而具有长期性和复杂性。

结　语

通过上述分析可以得出，场域视野下随迁子女行为习惯的培养需要实现场域、资本的统筹协调，学校、班级、家庭的通力配合。其中，最重要且最为根本的是提升随迁子女自身对良好行为习惯重要性的认知。

第一，场域、资本的统筹协调

通过以上分析，随迁子女行为习惯的养成受到场域、资本等多重影响。学校、班级、家庭场域是培养行为习惯的客观关系网络，对处于场域中的学生的行为习惯养成具有激发作用和引导作用。资本则对随迁子女能否顺利进入习惯教育场域具有重要影响，即影响、约束着学生的言语和行为方式。资本对良好行为习惯的形成具有推动力，但也可能产生阻碍力。因此，有效促进随迁子女良好行为习惯的养成需要学校、班级、家庭三个场域的共同配合。与此同时，更要注重不同场域，尤其是随迁子女家庭场域中经济、文化、社会资本的统筹协调。

第二，学校、家庭的通力配合

实现随迁子女良好行为习惯的养成需要学校、家庭的通力配合，共同构建完善的习惯培养网络。根据布迪厄的场域论，以及家庭场域下随迁子女行为习惯薄弱的现状，要真正使随迁子女良好行为习惯的培养卓有成效，必须做到在构建良好的学校、班级习惯场域的同时，改善家庭场域的习惯培养现状。学校可以利用家长开放日活动、家校委员会等方式，帮助家长树立培养孩子行为习惯的意识。各班班主任通过召开家长会、家访等形式就孩子的行为习惯现状与家长加强沟通与联系。针对随迁子女这一特殊群体，家长在经济、文化等资本客观受限的情况下，应积极配合学校的相关工作，重视日常生活细节对孩子良好习惯的培养，如此才能切实有效地弥补家庭场域中因资本的缺失与不足带来的负面影响。

第三，提升随迁子女自身的主体认知

培养随迁子女的良好行为习惯，最重要且最为根本的是提升随迁子女自身对良好行为习惯重要性的认知。五、六年级学生的身心发展尚未成熟，其行为表现需要家长、老师的督促，在价值观上并没有认识到习惯对于个人成长的重要性。而只有个体自身由内而外形成的价值认同才能为其行为习惯的养成提供内在原动力。因此，提高随迁子女自身对良好行为习惯重要性的认知，充分发挥其在学校、班级、家庭场域中的主观能动性，让学生实现自我教育、自我管理，是随迁子女行为习惯培养的最有效的路径。

参考文献

一　著作类

［法］皮埃尔·布迪厄、［美］华康德：《实践与反思——反思社会学导引》，李猛等译，邓正来校，中央编译出版社 1998 年版。

［法］皮埃尔·布迪厄：《实践理性：关于行为理论》，谭立德译，生活·读书·新知三联 2007 年版。

二　学位论文类

高丽琴：《社会排斥视角下农民工子女社会偏离问题的养成教育对策研究》，硕士学位论文，浙江工业大学，2012 年。

门长蓉：《进城务工人员随迁子女行为习惯的调查及教育对策研究》，硕士学位论文，上海师范大学，2013 年。

李慧慧：《家校合作促进小学低年级学生习惯养成的研究》，硕士学位论文，华东师范大学，2012 年。

李源源：《"场域—惯习"理论视角下待业大学生群体生存状态研究》，硕士学位论文，华东师范大学，2010 年。

吴俊：《"场域—惯习"视角下大学生学习实践研究》，博士学位论文，南开大学，2013 年。

徐正艳：《外来务工人员随迁子女行为习惯调查研究》，硕士学位论文，云南大学，2015 年。

许吉萍：《进城务工人员随迁子女英语学习习惯养成的行动研究》，硕士学位论文，内蒙古师范大学，2017 年。

薛晓鸣：《小学低年级学生学习习惯研究》，硕士学位论文，辽宁师范大学，2012 年。

岳铁男：《中职学前教育专业学生职业习惯养成教育的策略研究》，硕士学位论文，河北师范大学，2017 年。

张慧：《小学阶段农民工子女阅读习惯培养的实践研究》，硕士学位论文，上海师范大学，2013 年。

三 期刊类

陈晓芳、王娟：《社会化视角下的城市农民工子女养成教育问题》，《重庆科技学院学报》（社会科学版）2009 年第 7 期。

韩嘉玲：《北京市流动儿童义务教育状况调查报告》，《青年研究》2001 年第 8 期。

侯静、席婷婷：《打工子弟学校的学生适应和习惯养成教育——以北京市 X 新公民学校为例》，《思想政治课教学》2014 年第 3 期。

李全生：《布迪厄场域理论简析》，《烟台大学学报》（哲学社会科学版）2002 年第 2 期。

罗琳：《习惯养成教育的理念与实施》，《江苏教育》2010 年第 32 期。

石菊红等：《场域——惯习：社会主义核心价值观培育途径探索——"大学生舍风培育工程"为例》，《文教资料》2017 年第 24 期。

孙晓晴：《外来务工人员子女良好学习习惯养成探析》，《教书育人》2017 年第 14 期。

王蒙、陈阳：《农村流动小学生养成教育途径探析——以陕西科技大学"养成教育"实践团为例》，《科教文汇》（下旬刊）2017 年第 2 期。

肖志远、郭凡良：《布迪厄"场域—惯习"视域下社会主义核心价值观的培育路径》，《湖北行政学院学报》2014 年第 6 期。

熊俊：《布迪厄场域—惯习论下的影视剧翻译——以美版〈甄嬛传〉为例》，《外国语文研究》2016 年第 1 期。

杨巧灵：《浅析"家庭文化资本"对城市农民工子女习惯养成的影响——基于布迪厄文化资本理论》，《兰州教育学院学报》2013 年第 8 期。

曾东霞：《惯习与场域：大学生自主学习能力的影响因素——以中南大学为例的实证研究》，《中南大学学报》（社会科学版）2011 年第 3 期。

张旭：《"场域、资本、惯习"理论与体育休闲生活方式的促进》，《河北体育学院学报》2017 年第 5 期。

张阳明：《基于"场域—惯习"理论的大学生生命教育研究》，《牡丹江大学学报》2013 年第 6 期。

郑灵霞：《小学生行为习惯养成教育的策略性思考》，《文教资料》2013 年第 3 期。

家校沟通中随迁子女家长角色扮演困境研究
——基于对北京市安小的田野调查

张宗倩

摘要：20世纪90年代以来，随着工业化与城镇化进程加快，越来越多外来务工人员进入城市，随迁子女也随之出现。随迁子女家长作为其孩子的监护人与终生"教师"，有责任与义务在随迁子女的教育中积极投入自己的时间与精力。学生进入学校场域，并不意味着家长在教育活动中可以脱身，家长应该作为家庭教育的代表，在家校沟通中进行有效的角色扮演，家校之间形成教育合力，以促进学生全面发展。

本文以"家校沟通中随迁子女家长角色扮演困境研究"为题，在北京市朝阳区安小开展田野研究，以三年级（1）班25位随迁子女家长为主要研究对象，运用人类学的田野调查方法，收集并整理第一手资料，描述与分析随迁子女家长在家校沟通中的角色扮演现状与困境。

文章首先对随迁子女家长角色扮演环境及家长本身的特点进行呈现，紧接着描摹了随迁子女家长角色扮演现状，并从现状中总结角色扮演困境。随迁子女家长的角色期望主要来自学校家校沟通工作计划与重要角色他人，即教师与学生；家长的角色领悟主要体现在其对角色责任与角色积极性两方面的思考；最终，随迁子女家长在家校沟通中的行为主要表现为感恩者、配合者、学习者与志愿者。随迁子女家长角色扮演困境主要是家长角色缺位、角色冲突与角色行为不积极，困境产生的原因则离不开传统教育思想的禁锢、学校生活场景的表演与家庭社会资本的限制三大因素。最后，笔者尝试性地提出对家长角色有效扮演的建议：家长进行角色学习与学校拓展家校沟通渠道。

关键词：家校沟通；随迁子女家长；角色扮演；田野调查

绪 论

一 问题提出

著名教育家苏霍姆林斯基说："最完备的教育是学校与家庭的结合。"20世纪90年代以来，随着工业化与城镇化进程加快，越来越多外来务工人员进入城市，随迁子女也随之出现，随迁子女家长作为其监护人与终生"教师"，有责任与义务在随迁子女的教育中积极投入自己的时间与精力。母体子宫是人的"第一子宫"，幼体在其中吸收营养并生存；家长角色伴随着新生命的诞生而出现，此时家庭承担着保护子女的任务，视为"第二子宫"；伴随着个体发展与社会性的需要，家庭无力对子女进行专业的适应社会发展所必需的教育活动，将孩子送入"第三子宫"——学校。家庭的作用不会因为学生进入学校而断裂，而是伴随学校教育同时对学生的发展形成影响，自此，家庭与学校两种场域便产生联系，家长的角色丛[①]便产生新的角色。在学生发展过程中，家庭教育与学校教育的合力对其作用重大，通过家校沟通，家长与教师可以知晓学生在两种场域的表现，去整合评价，再制订方案并实施监督，最终实现个体全面发展。笔者认为这两种力量类似于"矢量力"，"1+1=2"不是定理，其中影响合力的最大因素莫过于两种"施力物体"之间的"夹角"，而这正是家校沟通的有效程度。作为家校沟通的主体之一，家长的角色扮演对家校沟通有举足轻重的影响作用。

"我努力去信任教育当局，而且，是以自己的儿女为赌注来信任的——但是，学校啊，当我把我的孩子交给你，你将给他怎样的教育？"中国台湾作家张晓风的散文《我交给你们一个孩子》，表达的是一位母亲对孩子前途的担忧，以及对教育部门的期望。作为散文，不排除艺术追求，但同时也引发思考，面对教育部门除去期望与担忧，家长是否还能有所作为。笔者通过田野调查对象北京市安小得知，学生在家时间可达在校时间的1.5倍[②]，家

[①] 角色丛，是指人们由于占有某一特殊的社会地位而具有的角色关系的全部。
[②] 北京市安小作息时间：周二、周五：7:30入校，14:50离校；周一、周三、周四：7:30入校，16:30离校。在校时间9小时，在家时间可达15小时。

庭承担的教育责任非常重大，两种教育的内容交接势在必行，学校的围墙并不为将家长隔离而设置。笔者在田野研究中初步发现，随迁子女家长因为忙于生计、工作时间长等原因使得某些学生在放学后一段时间内为"挂钥匙儿童"，无家长在旁边，家校沟通出现"空窗期"，所以随迁子女家校沟通迫切性强，家长在其中的角色扮演显得尤为重要。

基于以上分析与讨论，本研究以"家校沟通中随迁子女家长角色扮演研究"为题，试图回答以下几点问题：

1. 随迁子女家长在家校沟通中的角色扮演现状如何？
2. 随迁子女家长在家校沟通中的角色扮演的问题有哪些？
3. 随迁子女家长在家校沟通中的角色扮演问题出现的原因有哪些？

二 研究意义

随迁子女进入流入地之后，其受教育问题与文化融合问题备受社会与学界关注。家长作为参与随迁子女学习成长过程的重要监护人，对学生学校教育的参加也必不可少。本研究意在田野调查所得的一手资料基础上，从角色期待、角色领悟与角色行为三方面呈现北京市安小家长角色扮演现状，并从中总结困境，分析其产生的原因，再尝试性地对于随迁子女家长在家校沟通中有效角色扮演提出自己的建议。随迁子女家长角色扮演现状的呈现对了解与改善家校沟通具有现实意义。

三 先行研究

(一) 与家长角色扮演相关的政策文本

1. 义务履行者——之于子女

2004年3月14日，第十届全国人民代表大会第二次会议通过的《中华人民共和国宪法修正案》第四十九条规定："父母有抚养教育未成年子女的义务。"[①]

2004年10月25日，全国妇联、教育部对原《家长教育行为规范》进

---

① 法律法规数据库：《中华人民共和国宪法修正案（附2004年修正本）》2004年3月14日，http://search.chinalaw.gov.cn/law/searchTitleDetail? LawID = 398156&Query = % E5% AE% AA% E6% B3% 95&IsEx act = &PageIndex = 8.

行了修改,要求家长要"树立为国教子、以德育人的思想,自觉履行抚养和教育子女的法律责任和道德义务"。①

2015年12月27日,第十二届全国人民代表大会常务委员会第十八次会议通过的《中华人民共和国教育法》(第二次修正)第十九条规定:"适龄儿童、少年的父母或者其他监护人以及有关社会组织和个人有义务使适龄儿童、少年接受并完成规定年限的义务教育。"②

2. 主动配合者——之于学校

2004年修改版的《家长教育行为规范》规定家长要"主动配合学校教育、社会教育,支持子女参加学校活动和社会实践,保持教育的一致性"。③

《中华人民共和国教育法》自1995年3月18日出台以来,2009年8月27日第一次修订,2015年12月27日修订,对于家长在未成人受教育过程中的责任基本未曾做出明确修改。以第十二届全国人民代表大会常务委员会第十八次会议第二次修正版为准,第五十条提出:"未成年人的父母或者其他监护人应当为其未成年子女或者其他被监护人受教育提供必要条件。未成年人的父母或者其他监护人应当配合学校及其他教育机构,对其未成年子女或者其他被监护人进行教育。学校、教师可以对学生家长提供家庭教育指导。"④

3. 参与管理者——之于学校

1993年年初,中共中央国务院颁发了《中国教育改革和发展纲要》,提出教育要"改革办学体制,转变政府包揽办学的格局,逐步建立以政府办学为主体、社会各界共同办学的体制"⑤。转制学校的核心是:不仅让校

---

① 赵东花主编:《2007中国家庭教育年鉴》,中央文献出版社2009年版,第551—552页。
② 法律法规数据库:《全国人民代表大会常务委员会关于修改〈中华人民共和国教育法〉的决定(附2015年修正本)》2015年12月27日,http://search.chinalaw.gov.cn/law/searchTitleDetail? LawID = 333337&Query = % E4% B8% AD% E5% 8D% 8E% E4% BA% BA% E6% B0% 91% E5% 85% B1% E5% 92% 8C% E5% 9B% BD% E6% 95% 99% E8% 82% B2% E6% B3% 95&IsExact = &PageIndex = 4.
③ 赵东花主编:《2007中国家庭教育年鉴》,中央文献出版社2009年版,第551—552页。
④ 教育部:《中华人民共和国教育法》2015年12月27日,http://www.moe.gov.cn/s78/A02/zfs__left/s5911/moe_619/201512/t20151228_226193.html.
⑤ 教育部:《中国教育改革和发展纲要》1993年2月13日,http://www.moe.gov.cn/jyb_sjzl/moe_177/tnull_2484.html.

长、教师、家长和社会共同参与学校自主管理,而且让家长和社会共同参与经费投入。

2004年3月3日,国务院颁布《2003—2007年教育振兴行动计划》,明确提出:"深化学校内部管理体制改革,探索建立现代学校制度,要积极推动社区、学生及家长对学校管理的参与和监督。"[1]

2015年12月27日,第十二届全国人民代表大会常务委员会第十八次会议《中华人民共和国教育法》(第二次修正)第四十七条提出:"企业事业组织、社会团体及其他社会组织和个人,可以通过适当形式,支持学校的建设,参与学校管理。"[2]

4. 积极学习者——之于教育机构

2015年11月30日,教育部《关于加强家庭教育工作的指导意见》提出要"充分发挥学校在家庭教育中的重要作用",具体表现为:"强化学校家庭教育工作指导;丰富学校指导服务内容;发挥好家长委员会作用;共同办好家长学校"。[3]

基于以上梳理,已有政策文本特点如下:一、内容针对性不强:《家长教育行为规范》与《关于加强家庭教育工作的指导意见》为我国目前仅有就家庭教育进行规定的政策,其余相关政策主要出现在未成年人、改革发展等领域,虽涉及家庭教育,但并未有细则;二、无纵向递进变化,义务履行者、主动配合者、参与管理者、积极学习者四类家长角色期待分散在政策文本中,无时间纵向规律。

(二)与家长角色扮演相关的已有研究

笔者将现有的家校沟通中家长角色扮演的研究按照研究内容不同分为以下两种:家长角色扮演类型、角色扮演困境。

1. 家校沟通中家长角色扮演类型的相关研究

家长与教师两者作为两主体,在家校沟通过程中两者之间的关系,众

---

[1] 教育部:《2003—2007年教育振兴行动计划》2004年2月10日,http://www.moe.gov.cn/jyb_sjzl/moe_177/201003/t20100304_2488.html.

[2] 教育部:《中华人民共和国教育法》2015年12月27日,http://www.moe.gov.cn/s78/A02/zfs__left/s5911/moe_619/201512/t20151228_226193.html.

[3] 教育部:《关于加强家庭教育工作的指导意见》2015年10月16日,http://www.moe.edu.cn/srcsite/A06/s7053/201510/t20151020_214366.html.

说纷纭。黄娟娟提到美国学者伍德认为家长与学校主要有两种关系：①生产者与消费者；②合作伙伴，家长和学校在教育学生方面共同承担责任，在教育过程中建立互助合作的关系。① 王山则认为教师与家长之间的关系大多数是属于非对称性相倚型的互动，非对称性相倚是一方以对方的反应作为自己行为的根据，另一方则主要对自己的计划做出反应，这是一种不平等的相倚。一方依自己的计划办事，另一方则看着对方的眼色行事。② 林悦提到英国学者文森特认为家长与公立学校的关系可以看作是公民与社会福利机构的关系，即家长对孩子学校教育的介入是他们应该具备的权利。③

（1）我国家长角色扮演主要类型

吕安认为家长不是"家庭教师"，不要在孩子面前扮演教师的角色，要和孩子回到平等互动的亲子关系中，做"隐形的助学者"。④ 黄娟娟认为家长、社区人员对学校管理有限的职能内容和范围应该是有知情权、管理权、决策权、评价权、监督权。⑤ 杨敏则认为我国中、小学生家长则主要是以学习者和支持者的角色参与学校教育的。⑥ 杨朋朋提到学者陈良益将家长在参与学校事务上所扮演的角色归纳为：旁观者；支持者；协助者；倡议者；决策者。⑦

（2）国外家长角色扮演主要类型

胡琰指出美国教育中家长多扮演以下三种角色：学校的顾客；学校和

---

① 黄娟娟：《家长、社区人员在现代学校管理中角色与职能的研究》，硕士学位论文，上海师范大学，2005年，第49页。

② 王山：《教师与家长合作关系现状及对策研究》，硕士学位论文，山东师范大学，2007年，第15页。

③ 林悦：《国外小学家校合作研究及对我国的启示》，硕士学位论文，辽宁师范大学，2009年，第5—7页。

④ 吕安：《家长角色：隐形的助学者》，《河南教育》2003年第2期，第18页。

⑤ 黄娟娟：《家长、社区人员在现代学校管理中角色与职能的研究》，硕士学位论文，上海师范大学，2005年，第10页。

⑥ 杨敏：《中美两国中小学家长在参与学校教育中的角色比较》，《基础教育参考》2009年第2期，第49页。

⑦ 杨朋朋：《从支持者到行动者》，硕士学位论文，东北师范大学，2014年，第9—10页。

教师的伙伴；学校的主人。① 林悦提到美国学者兰根布伦纳和索恩伯格按家长在家校合作中担任的角色分为如下三类：支持者和学习者；自愿参与者；学校教育决策参与者。② 杨朋朋提到戈登把家校沟通中家长扮演的角色做如下分类：自己子女的老师；课堂教学的志愿者；有偿的专业人员协助者；学习者；决策者；观众。海斯特认为有五种家长参与角色：信息传递者；参与者；学校活动的支持者；学习者；倡导者。③

2. 家校沟通中家长角色扮演困境的相关研究

在对家校沟通中家长角色的评价中，罗维娟认为目前家校沟通中的普遍现象是教师唱独角戏，学校掌握主动权。④ 张勇、许海香均在其对小学家校沟通现状中提到家校沟通参与者的地位存在不平等现象。⑤ 缺乏民主氛围的沟通造成家长对学校教育管理的反感和消极参与，在沟通中家长声音的消失和教师声嘶力竭的呼喊只能让双方僵持于合作的边缘。⑥

在困境产生原因分析上，刘燕认为家长与教师冲突的原因有以下几点：家长作为子女的监护人，既提供生存所必需的物质基础，又承担教育子女的责任；家长与教师双方对学生期望高，学生行为一旦不与期望一致，两者会互相责任推诿；家长与教师的关系越来越明显地呈现出委托与被委托、管理与被管理的趋势。同时也提到家长本身的专业性、教育资本是产生冲突的原因之一。⑦ 杨朋朋在其《从支持者到行动者》中提到凯瑟琳·胡佛认为家长的自我角色建构、效能感与被接受感都会影响其参与学校教育；他还提到爱克勒斯和海弱则研究得到影响家长参与的客观因素：

---

① 胡琰：《透视美国学校教育中的家长角色》，《外国中小学教育》2008年第9期，第33—34页。
② 林悦：《国外小学家校合作研究及对我国的启示》，硕士学位论文，辽宁师范大学，2009年，第5—7页。
③ 杨朋朋：《从支持者到行动者》，硕士学位论文，东北师范大学，2014年，第9—10页。
④ 罗伟娟：《关于家校沟通内容和形式的研究》，硕士学位论文，华东师范大学，2006年，第42—43页。
⑤ 张勇：《从沟通走向合作——形成家校教育合力的必然途径》，《教育科学研究》2011年第3期，第62页。许海香：《小学低年级家校沟通现状、问题及对策研究》，硕士学位论文，辽宁师范大学，2012年，第14—15页。
⑥ 肖川：《教师的幸福人生与专业成长》，新华出版社2008年版，第145页。
⑦ 刘燕：《小学家校合作中家长与教师教育观念冲突研究》，硕士学位论文，西南大学，2015年，第31—39页。

家长的工作机制与经济的状况。①

在解决角色扮演困境的建议上,主观方面,刘燕建议家长通过提高自身素质与沟通技巧来改善家校沟通中冲突的现状;② 客观方面,王绪泽认为从教育政策、教育观念、教育计划与教育考核四个方向改革,推进家长角色教育开展。③

3. 随迁子女家校沟通中家长角色扮演的相关研究

目前有关随迁子女的研究,主要集中在儿童自身的特质、家庭环境、学校环境,以及社区与社会文化等方面独立的影响,忽视了家校合作的作用。④ 随迁子女家庭有其独特的特点,比如,外地生活经验、农村文化影响与迁徙经验等,在对随迁子女家校沟通问题探讨中也出现一些独特的分析。

刘谦等提出家校互动中的教育模式:在农民工随迁子女家校互动中,存在干预性教育行为、非干预性教育行为和情境性教育三种主要实践模式,家长应在三种模式中扮演相应的角色。⑤ 周晓凤认为随迁子女家校沟通不畅的原因有:外来务工人员的文化水平偏低;家长和教师的交流机会过少;对儿童的束缚太强;缺乏法律意识。⑥ 张源源、刘善槐则在客观因素上对其进行分析,认为农民工随迁子女公办校师资与可利用的外部资源的有限性对其影响巨大,同时他们认为农民工随迁子女公办校通常是家校合作的驱动者,这容易使家长产生错觉,认为在合作中家庭处于从属地位,而学校处于主导地位。为此,应让家长意识到家庭和学校处于对等的主体地位,以激发其合作的动力和活力。⑦

---

① 杨朋朋:《从支持者到行动者》,硕士学位论文,东北师范大学,2014 年,第 5—7 页。
② 刘燕:《小学家校合作中家长与教师教育观念冲突研究》,硕士学位论文,西南大学,2015 年,第 31—39 页。
③ 王绪泽:《进行"家长角色"教育 创新德育工作举措》,《华人时刊(校长)》2015 年第 Z1 期,第 120 页。
④ 高一然、边玉芳:《流动儿童家校合作特点及其对儿童发展的影响》,《中国特殊教育》,2014 年第 6 期,第 59 页。
⑤ 刘谦、冯跃、生龙曲珍:《家庭教育与学校教育互动的文化机理初探——基于对北京市农民工随迁子女教育活动的田野观察》,《教育研究》2012 年第 7 期,第 22 页。
⑥ 周晓凤:《外来务工人员随迁子女的家庭教育与学校教育的融合》,《时代教育》2013 年第 4 期,第 158 页。
⑦ 张源源、刘善槐:《农民工随迁子女公办校家校合作:动因、障碍与机制》,《教育理论与实践》2015 年第 20 期,第 12 页。

通过上述文献梳理，家校沟通中存在的主要问题有家长与教师的角色冲突、地位不平等，教师占主权等，而家长的角色意识、教育与经济资本、教育制度等因素是形成问题的主要原因，所以在解决措施上也需要从家长与教育环境两方面入手。我国目前对于家校沟通中家长角色定位问题的研究中，其内容上，多借鉴国外经验对于我国家长角色扮演问题提出意见，部分研究教师与家长角色冲突、家长角色类型、家长角色心理等；在研究方法上，较少采用人类学的长期田野调查的方法；在研究对象上，多集中在中小学家长，以随迁子女家长为例的文献为数不多。根据目前已有的家长角色扮演类型再结合本文研究对象，笔者将从感恩者、学习者、参与者与志愿者四种类型进行对家长角色行为的呈现。另外对文献梳理显示，关于随迁子女家长在家校沟通中的角色扮演研究为数不多，本文也将在以其为主要研究对象，运用人类学长期田野调查方法，基于角色理论进行分析。

四　概念界定

（一）随迁子女

随迁子女是随家长迁移出现的新社会角色，在本文包括进城务工人员随迁子女与城际流动人员随迁子女。进城务工人员随迁子女是指"指户籍登记在外省（区、市）、本省外县（区）的乡村，随务工父母到输入地的地区、镇区（同住）并接受义务教育的适龄儿童少年"①，城际流动人员随迁子女是指外省城镇户口儿童随父母在城镇之间流动，并在流入地接受义务教育的适龄儿童少年。

安小将非京籍儿童分为按京户对待学生、务工农民子女、非农户儿童、无户口学生与外籍学生五种类型。其中进城务工农民子女与非农户儿童为本研究中所指的随迁子女。

（二）家校沟通

心理学曾对"沟通"做出过明确的定义："沟通是指在社会管理中发生的，两个或者两个以上的人或者团体，通过某种联系方式，传递和交换

---

① 教育部：《2014年全国教育事业发展统计公报》，2015年7月30日，http://www.moe.gov.cn/srcsite/A03/s180/moe_633/201508/t20150811_199589.html。

彼此的意见、观念、思想、情感和愿望,进而达到双方的相互了解、相互认识的过程。"①家校沟通是指："在教育活动中,家庭和学校相互支持、共同努力,使学校能在教育学生方面得到更多的来自家庭方面的支持,使家长能在教育子女方面得到更多的来自学校的指导"②,家庭与学校作为两个主体,在家校沟通的开展过程中互通有无,相互配合,以学生的社会性与个性发展为共同目标。

本研究中所指家校沟通不同于家校合作,前者是过程,后者是目标或结果。家校沟通是家校合作的前提,家校合作是有效家校沟通后才能达到的状态。本研究将集中关注家校沟通,呈现与讨论该过程中随迁子女家长的角色扮演。

(三) 家长角色

角色,原是戏剧、电影中的名词,指演员扮演的剧中人物。20世纪20年代初,美国社会学的芝加哥学派开始系统借用这一概念,将它作为研究社会结构的起点。《社会科学新辞典》中将角色定义为"与个人在某一群体或社会情境中所处的特殊地位联系在一起,并围绕着具体的权利和义务构成的行为模式"③,承担着人们对于具有特定身份地位的人的行为期望。

在本研究中,笔者更倾向于将角色看作在既定的社会地位中,当事人因为身份规定与人际互动而引起的社会规则,由情景与权利义务共同作用所构成,是比较中庸的观点。本研究中的家长角色是指陪同在随迁子女身边,关注学生发展的重要亲人,即父母。家长角色扮演指家长在与学校沟通过程中的角色扮演。

五 理论基础

米德(George H. Mead)于1935年首次将"角色"概念引入社会心理学,他所提出的符号互动论为角色理论的发展奠定了基础。角色理论认为社会是大舞台,所有的行为是基于"脚本"的,"脚本"即社会规范,生活即演出。本研究的角色理论基于社会互动理论,社会互动理论认为:

---

① 焦昆、岳丹丹:《家校沟通的有效性研究》,《内蒙古师范大学学报》(教育科学版)2015年第28期,第15页。
② 马忠虎:《基础教育新概念——家校合作》,教育科学出版社1999年版,第155页。
③ 汝信:《社会科学新辞典》,重庆出版社1988年版,第166页。

"所谓互动,也就是角色之间的互动,日常生活中,人际互动之所以能够有条不紊地进行,是因为互动双方都遵循一定的角色规范而进行交往;互动还依赖于人们扮演他人角色的能力,这一能力使人们能够辨别和理解他人使用的交往符号的意义,并从而预知他人的反应。"① 所谓的角色规范包括角色处于社会地位中的责任与义务,和人际互动中重要角色他人的角色期望。"角色扮演"是角色理论的核心,W. 库图区分两种不同类型的角色扮演:角色扮演和扮演角色。前者指个人在生活中实际扮演的角色,后者指暂时扮演某个特定的角色,如演戏。角色扮演的过程分为:角色期望、角色领悟与角色行为三阶段。角色期望是指社会对某一角色的期望和要求,也就是社会对处于一定社会地位上的成员所需要和规定的一套权利义务规范;角色领悟,即角色认知,它是指角色扮演者对自己扮演的角色的理解,是自我对角色的认知形态;角色行为即角色扮演的实际过程,是角色期望和角色领悟的发展。② 角色期望是社会规范与社会对角色的期望,是外在的约束,角色领悟则是角色扮演者内在的理解与约束,角色行为则是实践方面的内容,三者之间如果一致统一,则角色扮演者不会出现内部失调或角色冲突,能获得较好的成就感与社会评价。

在本研究中,随迁子女家长在家校沟通中的角色扮演主要由政策文本、学校家校沟通整体规划与教师对家长角色的期待,家长本身对角色的领悟与家长在实践层面的行为构成。三者既是角色扮演的过程,又是角色扮演的内容,三者之间的一致性决定家长角色扮演的有效性,继而影响家校沟通的质量。

六 研究过程

(一) 研究对象

笔者在北京市安小开展田野调查研究,将三年级(1)班学生家长作为主要研究对象。在本研究中,笔者将随迁子女界定为随父母从外地农村、城镇流入北京或出生在北京的非京籍儿童。安小将非京籍儿童分为按京户对待

---

① 邱德亮:《论社会角色责任与角色道德建设》,博士学位论文,东北师范大学,2007年,第17—18页。
② 邱德亮:《论社会角色责任与角色道德建设》,博士学位论文,东北师范大学,2007年,第15—16页。

学生、随迁子女①、非农户儿童、无户口学生与外籍学生五种类型。

表 5-1 三年级（1）班借读情况（单位：人）

	户籍		按京户对待学生	随迁子女	非农户儿童	无户口学生	外籍学生
	京籍	非京籍					
人数	3	25	0	15	10	0	0
百分比	10.7%	89.3%	0	60%	40%	0	0

数据来源：2016年笔者对三年级（1）班学生情况统计。

如表5-1，三年级（1）班共28位学生，25位为非京籍，其中随迁子女15位，非农户儿童为10位，其家长均可作为本文研究对象。同时笔者在田野调查过程中多次参与该班级家校沟通活动，已成功与部分家长取得联系，可以保证研究资料的收集。

（二）研究内容

本研究以"家校沟通中随迁子女家长角色扮演困境研究"为题，以北京市安小田野笔记为一手资料，从来自规范、学生与教师的角色期待、家长自身的角色领悟，以及家长的角色实践三个方面详细呈现家长角色扮演现状，并对该现状根据角色扮演的三个阶段之间的一致性进行整合，分析困境出现的原因，最后对于随迁子女家长在家校沟通中的有效角色扮演提出尝试性的建议。

（三）研究方法

本研究采用人类学的田野调查方法，通过参与安小学校生活，对该校园生活进行描述记录，并通过对家长、教师的访谈获取资料。

1. 参与观察

笔者自2015年3月起，以每周一次的频率进入安小，对学校发生的家校沟通场景进行参与观察并记录，宏观上包括参与度、活动形式等，微观上包括家长与教师沟通时的行为表现等，获取真实直接的一手资料。

2. 访谈

笔者通过多次对安小校长、各部门领导、班主任与学生等家长角色参

---

① 在安小正式文件中使用"进城务工农民子女"，在内涵上与"随迁子女"一致，为保证概念统一，本研究直接使用"随迁子女"的表达。

考人的访谈，获取他人对家长的角色期待，在对家长进行访谈的过程中总结角色当事人对家长角色的领悟。除参与观察与访谈之外，笔者还通过学校官方网站、班级微信群、微信公众号平台等网络沟通渠道获取资料。

（四）研究进度

1. 田野调查

第一阶段：2015年3月至2015年7月

笔者以参与观察为主要方法，以每周一次的频率进入安小开展田野调查，了解学校基本概况与发展历史，参与观察并记录学校教育教学活动，并逐渐获取学校师生的信任。

第二阶段：2015年9月至2015年12月

在此研究阶段中，笔者的身份实现从"局外人"到"半局内人"过渡，开始逐渐进行干预，参与策划学校德育活动，也通过利用微信公众号平台等新媒体沟通渠道将学校信息呈现给家长，尝试建立学校与家庭之间的信息平台。

第三阶段：2016年2月至2016年5月

这一阶段，笔者开始聚焦"家校沟通中随迁子女的家长角色扮演"问题，对学生、教师与家长开展有目的性的正式与非正式访谈。

2. 文献查阅

第一阶段：2015年3月至2016年2月

收集随迁子女教育已有文献，撰写田野笔记与田野报告。

第二阶段：2016年2月至2016年5月

将收集的与家校沟通中随迁子女家长角色扮演相关的第一手资料与已有研究文献进行梳理。

3. 论文撰写

2016年2月至2016年3月，梳理已有研究，撰写开题报告。

2016年3月至2016年4月，根据田野资料，撰写论文并提交初稿。

2016年4月至2016年5月，修改、完善论文。

第一章 随迁子女家长角色扮演环境

20世纪90年代以来，随着工业化与城镇化进程加快，越来越多外来务工人员进入城市。北京作为首都，其外来人口数量尤为庞大，大量学龄儿童随其父母来到北京。2010年第六次全国人口普查数据显示，北京市常住外来人口为704.5万人，其中，6—14岁的外来学龄儿童为24.9万人，占常住外来人口的3.5%，占全市学龄儿童的28%。与2000年全国人口普查数据相比，外来学龄儿童增加约13.4万人，外来学龄儿童在全市学龄儿童中的比重上升19.1个百分点。从地区分布看，朝阳区是北京外来人口聚集的主要地区之一，朝阳区的外来学龄儿童最多，为4.6万人。[1] 北京市外来学龄儿童数量增长速度较快，朝阳区为外来学龄儿童集中分布区。2016年4月17日，北京晨报报道：今年北京市小学入学政策相对稳定，将继续巩固义务教育入学改革成果，扩大就近入学比例，坚持免试就近入学。非京籍儿童入学，继续坚持严格审核"五证"。[2] 外来学龄儿童比例逐年增加，政策实时出台以保障其群体受教育问题。

一 学校概况

北京市安小建校于1985年10月，是一所历史悠久的公立学校，在朝阳区100所小学中可列第一梯队。安小地处朝阳区安贞里社区，位于西城、东城、朝阳区的交界处。学校背靠安贞医院，在商业大厦与居民楼的隐藏中，远离了本属于三环的繁华。

（一）基本设施

学校现建筑占地面积3287.75平方米，设一栋三层教学楼，教师办公与教学活动的开展都在此进行。校门口两侧分别设LED大屏与门卫室，LED大屏会及时更新学校活动的照片及节日祝福等。操场分为前院、后院，操场北面设紫藤长廊及运动器材，长廊壁画均为传统文化。苏霍姆林

---

[1] 首都之窗：《北京市外来学龄儿童情况分析》，2011年7月6日，http://zhengwu.beijing.gov.cn/tjxx/tjsj/t1176915.htm。

[2] 北京晨报：《2016年北京义务教育入学政策发布 非京籍儿童仍需"五证"》，2016年4月17日，http://www.morningpost.com.cn/2016/0417/1366377.shtml。

斯基说："让每一面墙壁都会说话。"安小每一块墙壁都是教育孩子的阵地，每一块都是孩子展现自我的舞台。学校所有的墙壁均有装饰，主要内容有传统文化、学校特色介绍、优秀作品展览。学校原设置专用教室8个，分别为舞蹈教室、书法教室、音乐教室、科学教室、计算机教室、美术教室、录课教室、多功能厅。现由于学区整合，安小班级增多，录课教室与音乐教室等专用教室已改普通班级教室；计算机教室更新，将教师备课教室的48台计算机转为学生使用，备课教室拆除，暂为乐高机器社团提供场地；图书室一间，正在投入使用；多功能厅一间，单立于教学楼，位于操场北边，鼓队的练习、团体辅导、大型会议等在此开展。因学生离校须带走书包与学具，所以放学后的普通班级教室也可作为社团活动开展的场所，达到了资源的最大化利用。

（二）招收随迁子女的历史

1985年10月，伴随着安贞里社区的扩建，安小成立。当居民社区的规模达到一定程度，教委即规划新建学校。安小初建时为社区学校，主要接收社区的适龄儿童，学校最初设一、二年级，1986年学校规模扩大，设一年级至六年级。2003年1月，古小部分教学班及教师并入安小，学校规模进一步扩大。

建校初期，学校无外地学生，学区办公室也曾设立在该校。随着城市发展，社区老旧，本地出生率下降，以及原有住户搬离、划片学区范围等原因，学校在2000年前后开始出现收生不足的现象。恰逢20世纪90年代，朝阳区作为北京最大且经济发展最迅速的区县，出现大批的外来务工人员，而且逐渐由"单枪匹马"发展成为"举家迁移"，随迁子女的义务教育问题成为社会问题，政府出台一系列政策以保障其群体受教育的权利。随迁子女在以上契机与力量支持中开始逐渐进入公立中、小学就读，安小也从少量接收随迁子女为借读生到为随迁子女彻底打开大门，2009年非京籍学生占比超过京籍学生。越来越多的随迁子女进入学校，京籍学生比例逐年下降。截至2014年，安小全校学生312名，借读生占85%，来自全国20多个省份。

在朝阳区史上最大规模中、小学资源整合的浪潮袭来之际，安小的随迁子女在升学问题上迎来新的契机。2015年4月2日下午，路居一中与华小、安小、二小四所学校合并办学大会在原二小报告厅隆重举行，在此次贯穿教委到基层教师的大型会议中，朝阳区九年一贯制增添新成员——北京师范大学和平街学校（初拟定，在校区整合第一学期内安小校区名称未确定，暂用名路居一中小学低部，① 内设一年级至三年级）。校区整合后，以优质资源为龙头，组建九年一贯制学校，实现区域内学生对口入学，安小学生可直接升学至路居一中中学部。同时，校区整合后，安小的生源比例发生变化，根据 2016 年 4 月学校所提供的数据统计，非京籍学生仅占学校学生总数的 53.7%，京籍学生数量开始回升。

（三）教育理念

办学理念是教育理念的下位概念，是校长基于"办怎么样的学校"和"怎样办好学校"的深层次思考的结晶。从某种意义上说，办学理念是学校生存理由、生存动力、生存期望的有机构成。学校的课程设置、活动开展均基于办学理念。安小于 2015 年 4 月校区整合，2015—2016 学年秋季学期，学校无确定的校名，无确定的校徽，校规与校歌的公示（整合前是以文字装裱的形式悬挂在墙壁上）已撤除，未更新。

表 5-2　安小整合前后教育理念一览

	整合前	整合后
校训	诚实、勇敢、勤学、守纪	润泽、博雅、睿智、平和
办学理念	依托民族传统文化教育，传承民族文化，培养高素质学生	激发兴趣、培养习惯、学会方法、发展能力、打造品质、塑造人格、形成思想
办学宗旨	创"规范+特色"学校，建"德高+业精"教师队伍，育"合格+特长"一代新人	（注：整合后称教育宗旨）办有品位的学校，育有品位的学生，为学生的终身发展奠基，为民族的未来负责
培养目标	充分发挥学校载体之优势，传承民族文化，振兴中华民族，培养中华传人	

校区整合后，安小作为路居一中的小学低部，在办学理念上与其保持一致，但以学校社团的设置、墙壁装饰、文体活动开展，以及学校的宣传工作推断，依然延续"传承民族文化"的办学理念。不论京籍与非京籍，城市与农村，传统文化是民族共同的文化，相较于校区整合之后，笔者认

---

① 因本研究不涉及中学概况，故暂称为安小，特别需要处会注明。

为"传承民族文化"更有利于随迁子女及其家长对于学校办学理念的认可。正如前文所提，办学理念是校长深入思考后的结晶，无家长的思考在其中。在笔者田野调查中发现，部分家长对于学校办学理念有所了解，集中在学生幼升小选择学校时。

> 茗茗妈妈："入学前，对学校有很全面细致的了解，多少人呀，环境怎么样啊，师资力量啊，领导是什么风格呀，教育理念啊，这些我都有去了解，去学校，墙上有贴。现在已经三年过去了，不过像教育理念这种东西改动的还是比较少的吧。"
>
> （摘自张宗倩，2016.04.12，田野笔记）

家长无法在教育理念的形成中出谋划策，但可以作为知情者存在。教育理念是指导学校教育行为最初的规范，如果家长可以对此有很好的理解，家校沟通在理念层次便可以通畅，也不会有当学生背着《弟子规》整齐划一地走出校门口时，家长在微信朋友圈转发着"弟子规是毒害儿童的精神鸦片"等情况发生。

（四）班级概况

安小现为路居一中小学低部，设一年级至三年级，学生由原安小与原二小的一、二年级学生（现为二、三年级），以及新入学一年级学生组成。

安小以户口是否在北京为依据将学生分为正式生与借读生，根据对德育主任的访谈，借读生中基本无按京户对待学生、无户籍学生与外籍学生。根据表5-3所示，安小的借读生数量在学生总数的比例呈逐年下降趋势，六年级借读生比例低于五年级，其中有部分学生转学回老家的因素。根据表5-4所示，二小较之安小学生数量多，且正式生与借读生比例相当。

表5-3 2014—2015学年安小学生人数情况（单位：人）

	一年级	二年级	三年级	四年级	五年级	六年级	总计
正式生	13	11	13	3	2	5	47
借读生	24	71	50	46	41	33	265
总计	37	82	63	49	43	38	312
借读比例	64.9%	86.6%	79.4%	93.9%	95.3%	86.8%	84.9%

数据来源：安小学生学籍信息统计表。

表 5-4　2015—2016 学年安小学生人数情况（单位：人）

年级	学生来源	正式生	借读生	合计	借读生比例
一年级	新入学	79	45	124	36.3%
二年级	原安小	13	59	72	81.9%
	原二小	63	42	105	40.0%
三年级	原安小	11	68	79	86.1%
	原二小	113	109	222	49.1%
合计		279	323	602	53.7%

数据来源：安小学生学籍信息统计表。

学校班级文化建设采取"一班一名"形式，每个班级均有班徽与班名，各有特色，班级文化建设则以此为中心展开。班名各有不同，但多采取团结、集体、睿智等义，如小水滴班，小蜜蜂班，雨燕班等。原二小班级多以科学家命名，校区整合后均使用新班名，并对教室进行相应布置。班名与班规的确定有助于班级文化建设，同时可作为家庭教育的方向与标准。

三年级（1）班，班名为"鸿雁班"，班训为"团结友爱，勇敢坚强"，班徽（参见照片 5-1）由师生与家长在班会中共同商量所定，意在让学生认识到自己是集体的一分子，同时像小鸿雁一样坚强地学会飞翔。

照片 5-1　三年级（1）班班徽（2015.03.13，张宗倩摄）

班主任教龄为24年，现为三年级（1）（2）班语文科任教师，教学与管理班级经验丰富，深受学校领导器重与年轻教师尊敬。

> 班主任："班上一共28位同学，就只有3位是正式的，其余都是借读生。"
>
> （摘自张宗倩，2015.03.13，田野笔记）

这是在笔者第一次进入三年级（1）班课堂时，班主任讲课之余所说。班主任的这种介绍可能只是自己习惯的区分方式，也是她觉得要留给初识者的第一印象。于是笔者明白了，这群孩子，除了年龄、性别之分，还多了一个"借读生"的修饰词，而就这个定语又会使得他们较之其他学生在学习生涯中多几道门槛？

表5-5 三年级（1）班学生情况统计（单位：人）

	户籍		户口性质		年龄		性别		民族	
	京籍	非京籍	农业	非农业	10岁	9岁	男	女	汉族	其他
人数	3	25	15	13	6	22	17	11	28	0
比例	10.7%	89.3%	53.6%	46.4%	21.4%	78.6%	60.7%	39.3%	100%	0

数据来源：2016年4月笔者对三年级（1）班学生情况统计。

三年级（1）班28位同学均有合法的全国学籍号与教育ID。在笔者与学生交流中，他们均可以说标准的普通话，礼貌谦和，从纠正笔者普通话与称笔者为"您"得出。笔者意识到，对于这些孩子来说，在这个城市，他们的户籍是将他们聚在这里的原因，户籍可能限制了他们去选择一个学习环境，但是在进入环境后，他们的个人学习发展似乎与是否有北京户籍相关不大，而家庭在文化、经济与关系上给予他们的支持程度才是影响学生个体成长最重要的因素。

二 随迁子女家长

家长是亲情血缘关系促就而得的先赋角色，而作为随迁子女家长，因为其由于迁移而出现，可以被看作自致角色。通过田野调查发现该学校中的随迁子女家长有如下特征。

(一) 家长教育投入不足

家长教育投入指家长在子女接受教育过程中的经济投入与时间投入，教育投入过程具有长周期性与长效性，基于家庭经济资本之上。安小随迁子女家庭收入整体偏低，如表5-6所示，年收入在5—10万元的家庭占比最高，高达45%；年收入低于5万元的比例有24%，有10%的家庭年收入超过20万元。

表5-6 安小家长家庭年收入统计（单位：元）

家庭年收入	低于5万	5—10万	10—15万	15—20万	高于20万
占比	24%	45%	14%	7%	10%

数据来源：笔者摘自田野资料《朝阳区安小同行教育课题阶段总结》。

同时，《中国流动人口发展报告2015》中指出："流动人口中劳动年龄人口比重不断下降，越来越多流动家庭开始携带老人流动。"[①] 避免了留守儿童与留守老人的出现，却出现儿童与老人随迁到城市时，父母外出工作的现状，隔代教养也从外地随迁到了北京。安小接送学生的家长中不乏年龄比较大的爷爷奶奶，隔代教养也算是教育投入不足的一种体现。

在时间投入方面，《中国流动人口发展报告2012》指出："流动人口的工作时间普遍较长，平均每周工作54.6小时，远超过劳动法规定的每周40小时的工作时间。"[②] 随迁子女家长工作时间越长，则表示其在子女教育中投入的时间越少。笔者在田野调查中发现，安小随迁子女家长工作时间长，与其子女相处时间越少，豪豪妈妈说她一般早上六点出门，等到七点打电话叫醒孩子，她晚上六点半回家的时候孩子已经在写作业或玩游戏。同时，从事零售业、自营企业的随迁子女家长在周末与假期也需要工作。在无法陪同孩子的时间与空间内，家长只能通过手机或电话手表对学生进行"遥控"。

(二) 家长之间差异明显

《中国流动人口发展报告2015》指出："流动人口群体的差异性明显，

[①] 国家卫生和计划生育委员会流动人口司：《国流动人口发展报告2015》，中国人口出版社2015年版，第9页。

[②] 中国网：国家人口计生委发布《中国流动人口发展报告2012》，2012年8月7日，http://www.china.com.cn/renkou/2012-08/07/content_26155072_2.htm。

高学历的流动人口将大幅增长。流动人口群体越来越多元化，有短期外出务工的农民，也有经商成功的企业主，有为实现家庭团聚而随迁的孩子或老人，还有受过研究生教育的追求梦想者。"① 安小随迁子女家长群体中高学历人口增加，从事工作跨度大，家长之间差异明显。

> 德育主任："咱们学校家长的水平这两年还可以，前几年基本上都是低层次的，搞卫生什么的，尽是住地下室的。这两年呢，有一部分家长是大本毕业，研究生毕业。现在的外地家长是两头的多，为什么呢，高专业的是引进人才，跑北京即挣钱，国家又给补助；低的就是务工人员，建筑啊，清洁服务业；中层的，人家本地人就能干啊。"
>
> （摘自张宗倩，2016.05.01，田野笔记）

三年级（1）班家长所从事的工作既有个体户或零工，公司企业上班群体，也有经商成功的创业者，工作性质差异显著。安小学生家长受过初中、高中、专科教育的比例分别占到全校家长的28%、26%与27%，有4%仅接受过小学教育，15%家长接受高等教育，整体水平不高，且主要分散在初中、高中与专科三阶段（参见表5-7）。

表5-7 安小家长学历占比统计

家长学历	小学	初中	高中	专科	大学	研究生
占比	4%	28%	26%	27%	14%	1%

数据来源：笔者摘自田野资料《朝阳区安小同行教育课题阶段总结》。

三年级（1）班随迁子女家长受教育背景如表5-8所示，班主任说："未填写的家长基本都没读多少书。"暂将其估为初中及以下学历。三年级（1）班随迁子女父亲初中及以下学历比例达34%，大专比例达30%，中专与本科占比相当，为13%，高中占比最小，仅9%。在母亲学历统计中也有如上规律，高中占比最少，中专与本科占比较高达20%以上，初中及

---

① 国家卫生和计划生育委员会流动人口司：《中国流动人口发展报告2015》，中国人口出版社2015年版，第11—12页。

以下占总人数34%。三年级（1）班随迁子女家长受教育水平总体一般，个体之间差异性显著。

表5-8 安小三年级（1）班随迁子女家长学历统计（单位：人）

		未填写	初中	中专	高中	大专	本科	合计
父亲学历	人数	4	4	3	2	7	3	23
	占比	17%	17%	13%	9%	30%	13%	100%
母亲学历	人数	5	3	6	1	4	5	24
	占比	21%	13%	25%	4%	17%	21%	100%

数据来源：笔者2016年4月对三年级（1）班家长信息统计。

除文化水平与工作上的差异，随迁子女家庭来自全国各地，语言饮食生活习惯也有所不同，所以随迁子女家庭之间的差异更加明显。

每一个人在限定的范围内究竟怎样角色扮演，取决于他对自己所担角色的熟悉和理解程度，以及由他的经历所形成的扮演技能和才能。[1] 所以，随迁子女家长之间差异明显、教育资本不足与工作时间长等特点将会对其角色领悟与角色行为都有一定的影响，在后续章节将对此呈现与讨论。

---

[1] 李波波：《社会角色理论及其应用》，《桂林市教育学院学报》（综合版）1995年第2期，第41页。

第二章　随迁子女家长角色扮演现状

家庭有两大职责：保护孩子和为孩子的社会化成长做准备。仅停留在家庭中的孩子会是备受呵护的温室"个体"，而非"社会人"，家庭与学校的接轨是必然的。家长是家庭中年长于儿童的上辈成员的称呼，本文中仅指随迁子女父母，随迁子女家长依赖迁徙与学生而出现。随迁子女家长角色扮演的舞台包括学校、家庭与社会，法律、规章制度等形成脚本，家长角色扮演即在其角色环境中，领悟角色脚本，参照其他身份的角色期待，学习与习得家长应有的语言、行为等表现并去实施。

家校沟通为对家长角色扮演具体情境有所限定。家庭与学校沟通，家长为主角，学生与教师是重要的同伴演员，三者不同的社会功能产生互助关系的家校沟通系统。家长角色扮演的评价，依赖于其对所担角色的熟悉与领悟程度，以及其自身经历所形成的扮演技能。随迁子女家长角色扮演的内容包括在家校沟通过程中教师与学生的角色期待、自身的角色领悟及显现的角色行为。

一　家长角色期待

角色承担者在社会系统中必定处于某一种地位，而地位是权利与义务的结合体，所以每一种角色都会得到他人根据其社会地位而提出的对其行为模式的种种要求与期望，即角色期待。学校、教师与学生作为家校沟通中家长角色扮演的重要角色他人，是家长角色期待的主要来源。有调查显示，随迁子女家长文化水平普遍偏低，工作性质一般以体力劳动、服务性工作或个体经营为主，收入水平偏低。[①] 笔者在田野调查中发现，教师与学生因为随迁子女家长以上特性，在学习准备与活动出席等方面有强烈期待，具体讨论如下，但学校的家校沟通整体规划则未因其随迁子女家长的特性而有所出入。

（一）来自学校——家校形成教育合力

为联合学校与家庭教育资源，形成合力，安小积极开展"家校协同教

---

① 栾敬东：《流动人口的社会特征及其收入影响因素分析》，《中国人口科学》2003年第2期，第70—75页。

育",目标旨在"心同在,路同行"①,家校沟通工作具体计划与实施主要有以下五方面。

1. 家长委员会

在班级里调动教育意识比较强、素质比较高的家长,成立家长委员会,采取民主与集中的方式,讨论商定教育孩子的策略,并制订班级公约。2016年3月30日,安小召开家长委员会会议,德育主任向家长汇报上学期工作总结与本学期工作计划,会议为期2小时,家长扮演倾听者与知情者。

2. 家长会

学校在每学期期中考试之后召开家长会,及时与家长交流孩子的发展近况,汇报孩子的成长情况。根据实际情况,与家长商讨孩子在校学习中出现的起落现象,对以后工作做出安排。安小家长会包括课堂展示、领导发言与科任教师奖评学生三部分,家长被期望是知情者与配合者。

3. 家长开放日

家长开放日内容包括课堂、班会、联欢会与文体活动等。适时让家长走进校园,倾听课堂,观察学生在校生活,及时关注学生成长,自动加入到教育的行列中。开放课堂与亲子活动深受家长好评。

4. 家长学校

安小采取专题讲座的形式,邀请学校领导和有关方面的教育专家,向家长讲解习惯养成、儿童心理发展等方面的系统知识,提高家长教育素养,促进家校沟通。2016年4月10日,北京师范大学的专家来安小为家长做讲座,主题为"中西方教育理念与实践",针对群体应为高中生。

5. 通讯联系

学校在线上利用家校通、微信群、电话等开展家校沟通,适合网络时代低年级家长联络习惯;线下利用学生评价手册、家长邀请函与活动通知回执等,让"家长签字"成为教师与家长沟通的常用手段。

以上在对安小家校沟通的呈现中,笔者通过计划与实际开展两方面进行呈现。本研究认为学校对教师的期望应通过实际家校沟通活动来传递,安小家长被期望能够了解学校工作,配合学校安排,共同致力于学生发展。同时在学校家校沟通工作开展过程中,家长缺少话语权、讲座内容未

---

① "心同在,路同行"为笔者摘自田野资料《2015年安小家校协同教育工作总结》中的观点。

针对家长具体需求等问题也比较凸显。学校也会就期待家长能配合的具体内容进行直接说明。

> 主任（校区主管）家长会发言："希望家长配合的有以下五点：一、在家督促、检查学生的学习习惯，不要造成学校教育与家庭教育脱轨；二、关心学生的学习情况，客观认识孩子的学习，全方位的关注孩子；三、加大对孩子的培养力度，多买书，学一些特长，以便可以更好地适应社会；四、让孩子保护眼睛，帮助养成良好的用眼习惯，控制用眼时间，也要控制饮食，防止肥胖；五、及时与学校沟通，学校也只是教育的一部分，教师无法全部做完美，尤其是品德、习惯与性格方面。"
>
> （摘自张宗倩，2015.05.22，田野笔记）

安小家访形式的消失，使得教师对于家长因其生活环境而引起的行为或观念难以理解，不利于家校沟通的开展。除去家访等传统方式退出舞台，安小家校沟通工作开展内容形式多样，包括培训、活动与交流等，能给家长提供随时随地、有针对性的家校沟通机会。家校沟通内容包括：学习与生活习惯的养成；学习情况的关注；道德品格的培养，试图以学生的全面发展为共同目标。但安小并未针对随迁子女家庭组织适合的活动，比如，带有乡土印记的展示等可能会是促进家校沟通的新方向。以家校沟通整体工作计划为准，无论是形式、内容还有时间安排上，学校都带有一定的权威性，学校给家长的角色期待具有一定的"强制性"，比如，安小微信公众号平台作为家长知情与反馈意见的重要途径，搭建与停办，都未与家长有任何沟通。

（二）来自教师——家长配合学习要求

家长承担的角色期待来自不同的群体，教师作为家校沟通的重要主体，其自身专业性与权威性强以及对家校沟通中家长角色扮演的涉入强度大等特性，使得教师对家长的角色期望是影响家长角色扮演的重要因素。

> 三年级（3）班班主任："我觉得家长在家校沟通当中扮演的角色应该还是配合学校的工作，因为毕竟学校跟幼儿园不一样，是习惯养

成和学习知识的环境，那我们老师的教学任务啊，教学内容啊，希望家长在家里边能够配合老师完成，有些需要学生养成的学习习惯啦，也希望家长能够跟学校保持一致，我觉得最重要的还是一个配合。"

（摘自张宗倩，2016.04.10，田野笔记）

教师对于家长的期望是积极的配合者，两方分工合作以完成同一工作任务。配合的前提是相同的目的——促进学生的个性与社会性发展。学校与家庭是学生日常学习与生活的两大重要场域，学校的课程与活动开展都是基于教育规律与学生的心理特点，较为科学合理，在田野调查中，笔者了解到鲜有家庭如学校般去严格制订计划，学生在家的行为是对学校行为的延续、补充，以及准备，随迁子女家长作为监护人，则处于配合学校引导学生在家行为的角色期待中。

1. 准备——学习用具和活动用品

三年级的学生大都处于形象思维阶段，学习用具（以下简称为学具）能辅助他们与抽象事物连接。本文所指的学具还包括工具书与学习器材等。学生依赖学具，没有学具无法开展学习，例如，吹弹空气肯定无法发出如口风琴般的乐声。

安小平日里不要求学生统一着装，仅在为向领导与外人展示整洁的校园或组织文体活动时，有穿校服与佩戴红领巾的要求。学生的自觉性还不能完全支配自己主动穿校服，家长则需要看到通知并提醒学生。

家长会上，数学老师："我从一开学就让买学具（算盘），这学期要认识数，到现在都有没有买。没有，您看这课怎么上？学生的目标练习都已经开了，我们老师不负责把每一本再订起来，（老师拿着一个目标在讲台前演示）像这样拿两张纸条夹在中间，帮自己的孩子都订一下。"

（摘自张宗倩，2015.05.22，田野笔记）

准备是教师对家长最基本的期待。如果在扮演过程中角色行为多次达不到角色期待的标准，可能会以失去角色的方式给予惩罚。但家长角色是一种先赋角色，不会失去，教师便习惯以多次重复的策略来表达自己的期待。

2. 补充——家庭作业

家庭作业是教师指定学生在家中应该完成的作业。笔者在田野调查中发现，在三年级（1）班，在校时间被用于学习的比例极高，课间也偶尔会有教师辅导。但由于课业负担大、放学早等，学生依然无法在学校完成作业，家庭作业则自然包括学生在校未完成的课后练习与课前预习。

> 班主任："学生 7∶50 就都来了，学校规定不能有早自习，给学生留的家庭作业，我们叫家庭作业，实际上就是应该在学校完成的课后练习，但学校根本没有时间完成，只能留到家里了。家庭作业家长不操心，只能由老师来检查，而老师早上唯一的时间就是他们到学校却还没有上课的这段时间了。"
>
> （摘自张宗倩，2015.03.27，田野笔记）

家长疏于监督或提醒，则加重教师负担且占用学校教学时间，学生在学校可用来做课后练习的时间少，无疑教师便把期待再次移位到家长角色上，便会陷入一种恶性循环。家长与教师对彼此的期待都会增加，彼此的期待在得不到回馈时可能会引起角色冲突，这便不利于家校沟通顺利进行。因此教师就学生家庭作业对家长的角色期待至关重要，也是最普遍的、日复一日没有停止过的期待。这种补充期待不似短时间内帮学生准备校服那般简单，而需要家长投入大量的时间配合与长期的坚持。

3. 延续——习惯养成

习惯是人在特定情景下自动化地去进行某种动作的倾向，是学习的结果，是条件反射的建立、巩固并臻至自动化的结果。① 每个人或多或少都是习惯的奴隶，利用长期时间养成习惯，并最终因为习惯受益或受害。习惯的养成贯穿人的一生，小学阶段至关重要，模仿与服从是此阶段学生最大的特性，家长与教师作为权威性成年人对他们的习惯养成都有举足轻重的影响。

笔者在与豪豪聊天的时候，发现他的手有点皲裂，于是挨个询问

---

① 张玉平：《学生不良行为习惯的现状分析及调适策略》，硕士学位论文，内蒙古师范大学，2013 年，第 7 页。

了班里其他学生是否洗脸擦油。全班 28 位同学中只有 1 位同学没洗脸，也就是豪豪，有 7 位同学没有擦油，其中包括 3 位女生。

（摘自张宗倩，2015.10.08，田野笔记）

三年级（1）班教室有洗手液、护手霜、卫生纸与湿纸巾，班主任会提醒学生饭前洗手，饭后擦桌子，养成学生良好的卫生习惯。习惯受情境性制约，在学校形成的习惯，可能在家庭不会表现出来，而在家庭的习惯也不一定会在学校有所表现。所以在习惯养成上，家庭与学校必须形成合力，使得学生在两种情境中达到完整统一，否则学生就会好像每天生活在两种不同规范的社会。

学生在学校使用视力矫正器，教师期望家长能督促学生在家做眼保健操；午餐后学校给同学派发湿纸巾，教师期望家长能注意学生的卫生习惯；学生在学校被要求向陌生人问好，教师期望家长鼓励孩子使用礼貌用语。学习习惯与生活习惯的养成是学校的重点之一，教师所期待的便是家长不要松开这根弦，习惯养成本需要长期坚持，如果因时间与地点发生断裂，则容易让学生产生分裂，无所适从。基于随迁子女家长给学生的陪伴时间较少的问题，班主任说："既可气，又无奈。"于是她会在"理解"的基础之上对随迁子女家长有所要求。

（三）来自学生——家长出席学校活动

学生出现，进而产生家长角色、教师角色，家庭与学校也开始有联系，家校沟通系统形成，且系统的运转皆以学生作为中心与重心。学生对家长的角色期待中包括作为子女在陪伴与保护上的需要，也包括其作为学生在家长参与和评价的需要，学生期待的家长"出席"是内涵广义，不仅包括出席学校家校沟通场景，也包括与教师建立起沟通。

1. 家长会前的"炫耀"

奥奥："小张老师，您来我们班多长时间了？"

笔者："十周了。"

奥奥："啊，那您也可以评价我们的表现了，在家长会上。"

笔者："今天下午家长会啊？"

霜霜："对啊，我妈妈来。"

晨晨："我也是妈妈来。"
娜娜："我爸爸来。"
欣欣："我是奶奶来。"

（摘自张宗倩，2015.05.22，田野笔记）

学生争先奋勇地表达，传递的是对于自己家长可以出席家长会的骄傲。对于小学生来讲，教师与家长作为最具有话语权的两个群体，学生对两者依恋程度都非常高。学生期待两个群体相遇，期待自己在不同场域的表现被评价。甚至仅是被妈妈填过的"成长足迹"也可以成为学生向老师"炫耀"的资本，学生对家长能参与到学校中有强烈的期待。

2. "面子问题"

学生对家长出现在学校场域的期待不仅存在于意识与语言中，更是通过实际行为表达出来。他们是聪明的个体，会去强化父母的行为。

家长会前的公开课。造句的问题，恒恒举手，班主任："来，恒恒试试。"恒恒站起来："梨又大又甜。"班主任指了指白板上的"既……又……"恒恒："既大又甜。"班主任："说完整话。"恒恒："妈妈爸爸买的梨既大又甜。"班主任："真棒。"后来读课文，恒恒再次举手："恒恒，今天表现特别有勇气。"恒恒站起来读完后，班主任："进步特别大，能够完整地读下来了"。

（摘自张宗倩，2015.05.22，田野笔记）

平时的恒恒更愿意伴随着琅琅读书声在座位旁玩空竹，在试卷应该写姓名的地方写上"菜鸟"，被音乐老师叫起来唱歌时惜字如金。第一次看到恒恒主动举手回答问题，笔者认为坐在他旁边的妈妈是他站起来的动力，更是他站起来的动机，用自己小小的"心机"去强化妈妈出席家长会的行为。

家长去学校可以鼓励学生积极参与课堂，学生的表现强化家长出席家长会的行为，相互"撑腰"，家长的缺位会打断良性循环，家长的坚持则会帮助学生树立信心。

涛涛爸爸："我觉得家长主动沟通，用白话讲，就是给孩子撑腰了。实际上孩子很希望自己的家长多跟老师沟通一下。我发现了一个细节，这在学习上肯定对孩子有帮助，还有一点，能树立孩子的信心，这是毫无质疑的，有的孩子家长没去的时候，我们能看出来孩子会有点失落。"

（摘自张宗倩，2016.03.18，田野笔记）

随迁学生对家长的角色期待没有明确的指向某一类角色行为，他们的期待很简单却又很强烈，就是"出席"。学生的期待在家长应该签字的回执中、在需要家长评价的空白格里、在家长会学生座位旁的小凳子上、在领奖台上学生向观众席张望的眼神中。因为父母在日常生活中的较少陪伴，学生幸福指数的评判起点比较低，孩子有依赖家长的本能，他们只期待在学校每一个重要的瞬间都能有家长的见证与陪伴。

然然说："在家我很孤单。"家庭与学校环境氛围之间形成反差，在学校有老师的积极关注，有同辈群体交流，在家庭中面对的可能只是空房间，随迁子女对于家长陪伴的需求有异于其他学生群体，所以他们对家长参与家校沟通非常期待。同时根据柯尔伯格的观点，8—9岁的儿童正处于好孩子定向阶段，[①] 家长与教师对他们的期望会很大程度上引领他们的善恶，从而去"迎合"家长与教师心目中的"好孩子"形象。因为"家访"的形式在学生居住在北京四面八方的现实面前逐渐退出历史的舞台，所以家长来"校访"便深受学生喜欢，他们迫切地想要被评价，想被给予一个"好孩子"定义。

二 家长角色领悟

对于角色扮演者们来说，处在某种地位上，所承受的角色期待基本一致，不同个体之间的角色扮演不尽相同的主要影响因素是角色领悟。角色领悟是指人们对于角色期望理解之后所形成观念中的角色模式的过程，并依据这一模式对角色扮演者的个体思想水平、思维方式等主观能动性加以影响。

随迁子女家长角色领悟受其生活经验与文化背景的影响，会以不同的状态呈现在角色扮演者的思维中，并指引其角色行为。对家校沟通的家长

[①] 张大均主编：《教育心理学》，人民教育出版社2015年第三版，第262页。

角色的理解，笔者认为可以从角色责任内容与角色积极性两点去体现。

（一）角色责任——学生发展 VS 物质条件

角色有对应的社会地位，因此有对应的责任与义务。刘燕认为家长与教师冲突的原因有以下两点：家长作为子女的监护人，既提供生存所必需的物质基础，又承担教育子女的责任。[①] 许多外来务工者由于工作及自身受教育程度的影响，对子女的学习缺乏足够的关心，往往认为父母只要赚钱供子女读书，让孩子吃饱穿暖即可，教育孩子则是学校和老师的责任。[②] 家长责任主要是促进学生发展与提供学习生活物质条件，但对于随迁子女家长来说，两者在时间精力上冲突较大，但由于随迁子女家长来京的契机是外出务工或寻找商机，子女仅是随迁而来，且工作时间的强制性及家长的文化水平有限，家长更倾向舍"学生"而取"工作"。

随迁子女家长会将自己领悟到的角色责任真实地分享给角色他人：教师与随迁子女，并进行角色的反向期待，期待教师与随迁子女在角色扮演的过程中能对自身责任有所弥补。"新的学年又要开始了。一位朋友领着一对夫妻到学校为孩子报名入学。那对夫妻办好孩子的入学手续后，一个劲儿地对我说：'老师，今后我们小孩的教育就全部拜托您了。我俩没什么文化，教育不来，平时做生意又忙，实在也没时间管他，但除了教育之外，我们保证做到让孩子吃好、穿好、用好，一心一意把学习搞好。'"[③] 豪豪妈妈说："当然了，我也会跟他说上学是你自己的事儿，我现在给你提供好的条件，你来好好上学。"家长长时间地将角色责任定位在提供受教育的条件上，不仅会在家校沟通中逐渐退出，也可能会使得家庭教育和亲子关系出现危机。

同时家长保证物质条件，学生交由学校教育，不符合基本的法律要求。2015年12月27日，《中华人民共和国教育法》第五十条提出："未成年人的父母或者其他监护人应当为其未成年子女或者其他被监护人受教育

[①] 刘燕：《小学家校合作中家长与教师教育观念冲突研究》，硕士学位论文，西南大学，2015年，第31—39页。

[②] 沈英：《外来务工家长的责任意识对学生学习成绩影响的调查与分析》，《小学科学》（教师版）2014年第1期，第185页。

[③] 吴方红：《中小学家校沟通障碍分析及对策研究》，硕士学位论文，华南师范大学，2007年，第26页。

提供必要条件。未成年人的父母或者其他监护人应当配合学校及其他教育机构,对其未成年子女或者其他被监护人进行教育。"①

(二) 角色积极性——主动出击 VS 积极防御

角色积极性是指家长在承担角色责任时的积极性与主动性。家校沟通是基于家庭与学校两个平等主体之上,是双向性的,要求家长与教师都具有主动性。

> 涛涛爸爸:"我给自己在家校沟通中的表现打 60 分,主动性不强,跟打仗一样,我属于应对,学校有活动我就被动应战,一定参加,防御工作做得很好,但是缺少主动出击,接下来呢我是想尽量有想法,就得把他说出来,就得去实现它,通过电话微信也好,或者去跟校领导沟通也是可以嘛。今天跟您聊了之后我就发现主动出击不够,想法我早就存在了。"
>
> (摘自张宗倩,2016.03.28,田野笔记)

安小的家校沟通工作中,学校与教师占主导地位,家长的积极主动主要体现在参与学校活动与配合教师要求中。家长在对自己角色行为评价时则表达了其想要"主动出击"的期望,这种期望实际上也是对家长角色的一种领悟。

以上,家长作为角色承担者,对家长角色有基于其自身文化水平与生活经验及角色扮演经验的认识与理解。在角色责任上,他们在提供物质基础与教育子女中思考,对角色承担主动性,又在主动出击与积极防御间徘徊。角色领悟是家长所接受的并归属到角色本身的角色期待,是内部规范,相较于角色期待,更容易影响到角色行为。

三 家长角色行为

角色行为是指实现自己所扮演的角色,并表现为外部行为,是主体适应环境与改造环境的过程。美国学者兰根布伦纳和索恩伯格将家长在家校

---

① 教育部:《中华人民共和国教育法》,2015 年 12 月 27 日,http//www.moe.gov.cn/s78/A02/zfs__left/s5911/moe_619/201512/t20151228_226193.html。

合作中担任的角色分为如下三类：支持者和学习者、自愿参与者、学校教育决策参与者，① 杨敏认为我国中、小学家长则主要是以学习者和支持者的角色参与学校教育的。② 在笔者田野调查的学校中，家长并无作为教育决策者的机会，同时笔者认为配合者相对于支持者来说，更能体现家长的主观能动性。于是基于已有研究，结合田野调查资料，笔者将安小家长在家校沟通中的角色行为总结为以下四种：感恩行为、学习行为、配合行为与志愿行为。

（一）家长对教育机会获得的感恩行为

2016年本市小学入学政策相对稳定，将继续巩固义务教育入学改革成果，扩大就近入学比例，坚持免试就近入学。非京籍儿童入学，继续坚持严格审核"五证"③。看似入学条件依然是"五证"，但是五证背后的材料却"玄机重重"，如图5-1所示④所示，随迁子女为求得受义务教育的机会，可能需要提供二十余种材料，求学路漫漫。

天地君亲师，对教师的感恩像一个亘古不变的话题。对于一般学生来说，家长会觉得"我将孩子送到了学校"，会感恩教师给学生的关怀与教育，而对于随迁子女家长来说，会认为"学校接受了我的孩子"，除以上内容，他们会更感恩这种受教育的机会，以及教师对于自己忙于生计无法及时家校沟通的理解。

> 涛涛爸爸："对安小，我们感觉很庆幸，好学校，老师负责，同学之间相处得好，非常友善团结，校领导也非常关心，这是我的第一感受。"
>
> （摘自张宗倩，2016.03.28，田野笔记）

---

① 林悦：《国外小学家校合作研究及对我国的启示》，硕士学位论文，辽宁师范大学，2009年，第5—7页。

② 杨敏：《中美两国中小学家长在参与学校教育中的角色比较》，《基础教育参考》2009年第2期，第49页。

③ 北京晨报：《2016年北京义务教育入学政策发布非京籍儿童仍需"五证"》，2016年4月17日，http://www.morningpost.com.cn/2016/0417/1366377.shtml.

④ 资料来源：《2016幼升小非京籍入学政策早知道早准备》，2016年4月8日，http://mp.weixin.qq.com/s?__biz=MjM5ODk4OTcxNA==&mid=407307436&idx=1&sn=2a179f58e04424cfcf59ee5f7a4b26dc&3rd=MzA3MDU4NTYzMw==&scene=6.

详细解剖，五证凑齐了得如下十几个材料：
- 父母双方身份证
- 父母双方户口本(完整户口本，带第一页的那种)
- 父母双方暂住证
- 父母结婚证
- 房屋租赁合同
- 房主身份证
- 半年以上租房完税证明
- 流动人口登记证明
- 孩子的医学出生证明
- 父母双方工作证明 (有固定模板,随便写是不可以的)
- 在人力资源或社会保障部门备案的规范劳动合同
- 公司盖章的营业执照复印件
- 户口所在地无人监护证明(有统一的格式要求)

如果你孩子超龄，你开了公司，而且租住了农民房，你还需要：
- 非京籍超龄儿童登记表
- 户口所在地乡镇教育部门出具未在当地上学的证明
- 超龄未上学的原因说明，如幼儿园证明或医院证明
- 户口所在地生育许可证明或缴纳社会抚养费证明(超生罚款单)
- 租住房屋的房屋地契证明
- 租住房屋的建房审批证明
- 村委会开具的，有村长以上职位亲笔签字的房屋情况证明
- 公司法人证明或合股说明书
- 工商营业执照复印件
- 营业场地租赁合同

图 5-1 幼升小非京籍儿童所需材料

娜娜妈妈："总感觉跟班主任特别亲切，说起话来也感觉特别好，就从心眼里觉得班主任对孩子特别关心，特别好。"

（摘自张宗倩，2016.04.12，田野笔记）

笔者在与家长接触的过程中发现，家长对班主任的教学水平、对孩子的关怀、对家长的理解都赞不绝口，这种感谢与崇拜不仅存在于语言上，在行动上也有所表现。感恩节、教师节与三八妇女节等节日，班主任会收到许多鲜花与贺卡，歪歪扭扭的字迹满溢感恩，家长也会让孩子带特产与水果到班级。有时候基于一定的物质基础去建立沟通是一种不错的选择，

家长作为感恩者与学校进行沟通能够营造良好的关系氛围。

（二）家长对教育、交往知识的学习行为

家长角色教育要真正落到实处，离不开考核评价机制的制约，必须把家长角色教育目标的实现纳入对学校进行考核的范围，制订具体可操作的考核细则。① 学者建议，对家长的教育要成为学校教育评价的标准之一，所以家长扮演学习者已经势在必行。学校在家校沟通工作开展中，对有学习期望的家长，会给家长提供学习机会，安小会聘请校外教育专家、学校内领导以学生学习习惯与心理发展规律等主题开展讲座，同时在家长会、教师与家长的沟通中，也该有学习行为的发生。笔者认为家长作为学习者，学习内容可以包括教育学知识与交往礼仪，教育学知识可以通过讲座等被直接教授，后者则通过家长与教师在日常沟通经验中获得。

> 娜娜妈妈："我感觉班主任说完了效果特别好，可管用了，可管用了！班主任给她爸爸说怎么管理，孩子怎么教育，她爸突然变得特别勤奋，说受到了班主任的启发，感觉怎么应该去管理，我就告诉他像你这样的还是多跟老师沟通沟通。"
>
> （摘自张宗倩，2016.04.12，田野笔记）

北京师范大学赵忠心教授曾告诫家长："家教就是教育家长。"在家庭教育中，家长应该放低姿态，像桑代克试验中"饥饿的猫"一样做好学习的准备。相较于随迁子女家长，学校占有更多的教育资源，教师具有较高的教育与心理专业知识水平。家长主动参加家长学校讲座，与教师沟通都是在学习，同时可以通过在家庭教育的实践去判断有效性，但是家长一旦不积极参与家校沟通或者缺席家长学校，则会丧失学习机会，从而因文化资本偏低，在教育活动与交往活动中处于边缘地位。

（三）家长对教师要求的配合行为

苏霍姆林斯基在《帕夫雷什中学》提出："家长与学校相互配合，分工合作才是促进学生勤奋学习的根本途径。家长是否有效的配合学校

---

① 王绪泽：《进行"家长角色"教育 创新德育工作举措》，《华人时刊（校长）》2015年第Z1期，第120页。

对子女进行教育，直接决定着学校教育的效果，缺乏家长参与学校教育是一个严重的威胁。"① 配合者即支持学校教育并对学校要求积极配合。在安小主要体现：家长积极参与学校组织的家长开放日与家长会活动；督促学生的家庭作业，养成良好的学习与生活习惯；了解学校作息与外出时间安排，做好学生交接工作；与教师互通"情报"，调整家庭教育的阶段性目标等。

> 班主任："豪豪一年级就开始不写作业。你作为家长，一年级的时候就应该让他夯实习惯与基础，拼音会，字会，把字写好了，你说一年级就养成这样的习惯，五天有四天不写作业，不是这个作业没写就是那个作业没写。孩子爸爸说让孩子在老家，妈妈不让，说要带在身边督促学习。我说你想带好，你得豁出去，你得管，不要说你又回家晚了，这样你还是没有起到带在身边的作用。还有更什么的，他爸要是周五接走，搁爷爷那儿，他就一个字不写，我告诉他作业是什么，他爸看着他抄的作业，到最后也没写，后来我说这就是极品家长，那能怎么办，你能让家长怎么着。有时间放个小长假，留点作业，看看课外书，写个小日记，做个摘抄啊，他就都不写，问妈妈，就说爸爸给带回老家了。我就说要这样的话就临上学前几天把孩子往回来带。发的表也都不填，一些重要的信息你给他填齐了呀。往往放假返校前两天，哎，找不着人。打电话，您家孩子怎么回事啊，怎么还没有来上学，说哎呀不好意思，忘了开学了，这哪能忘，放假前给每一个孩子都钉了一打假期注意事项，里边就有开学时间，说没看到。这孩子只是放在自己身边也不行啊，得管啊。"
>
> （摘自张宗倩，2015.04.24，田野笔记）

班主任所谓的"极品家长"是指忙于生计，无力无心关注儿童的家长。随迁子女家长以近身教育②与避免隔代抚养的理由将儿童带在身边实施"放养"，在家校沟通中，做不到基本的知情与配合。"极品家长"的称

---

① 朱玉莉：《浅谈教师与家长交流的重要性》，《青年文学家》2011年第17期，第90页。
② 笔者注：近身教育是指父母将孩子带在身边抚育教养。

谓饱含无奈，随迁子女要么流动、要么留守，都需要年长者的积极关注。

（四）家长参与学校活动的志愿行为

在美国，由教师、社区人员与家长自愿组成家长教师协会（简称PTA），致力于营造学校与家庭的合作伙伴关系，协会成员作为志愿者会参与决策、筹措经费、参与教学、丰富教学等。在安小，家长的志愿者作用也有所展现。作为导航员，学校体检时维持纪律秩序；作为安全员，学生外出实践活动时关心交通安全；作为策划员，在演出、比赛中，组织学生、准备车辆；作为班主任协助员，配合班主任工作，管理班级。

> 毕业典礼上一直有一位男士在拍照，包括之前运动会、六一儿童节都有他的身影，而学校并没有男老师，笔者问了班主任才知道是一位六年级学生的爸爸，班主任说他非常支持学校工作，每次大型活动都会参加，而且拍照的时候跑前跑后，能看出来热情。
>
> （摘自张宗倩，2015.07.10，田野笔记）

家长是学校发展与学生成长的宝贵资源，家长委员会会议上，德育主任："好多家长资源还没有被开发出来。"家长以志愿者身份进入学校，已经成为一种潮流，并且深受学生、家长与学校欢迎。笔者在田野调查中发现，家长多次表示"如果有机会（以志愿者身份进入学校），一定会参加"。

四 家长角色扮演困境

成功的角色扮演意味着归属期待的准确性，家长角色扮演困境是阻碍家校沟通的重要因素。笔者认为角色期待是规范，角色领悟是选择，角色行为是执行。家长角色扮演过程就不断根据自己的认知去选择规范，最后通过行为显现出来。社会角色是一个包含着规范性一致的实体。[①] "一致"指角色规范是一种群体标准，所以当角色规范与实际行为不一致时，角色扮演就会出现困境。笔者在田野调查中发现，安小随迁子女家长角色扮演

---

① 比德尔、曾霖生：《角色理论的主要概念和研究》，《现代外国哲学社会科学文摘》1988年第11期，第5页。

困境主要表现在角色行为与角色期待不一致与多角色间的冲突，角色行为不及时。

（一）角色行为与角色期待的不一致

家长角色行为达不到角色期待标准，即角色缺位。这种不一致直接影响家庭与学校教育实践上的一致性，苏霍姆林斯基说："教育的效果如何，取决于学校和家庭影响的一致性，如果没有这种一致性，那么学校的教学和教育的过程就会像纸做的房子一样倒塌下来。"① 通俗来讲，角色缺位泛指家长不参与家校沟通，家长角色缺位不仅无法有效衔接学校教育与家庭教育，更是对学生的心灵产生一定的创伤。缺位包括身体缺位与心理缺位，及日渐凸显的父亲角色缺位。

1. 家长身体缺位

身体缺位是指家长实体未能出现在家校沟通场景，比如，家长不出席家长会。

> 萌萌："班主任，我妈妈来不了，让豪豪的妈妈替我开家长会。"
> 班主任："一个家长怎么能替两个学生开家长会呢？你妈妈呢？"
> 萌萌："我妈妈给我舅舅的孩子开家长会去了。"
> 班主任："哎，这就看你妈妈怎么想了？舅舅的孩子重要，还是你重要？"
>
> （摘自张宗倩，2015.05.22，田野笔记）

安小的家长会以公开课、领导发言与科任教师汇报为主要内容，由于群体性与时间关系，基本无以学生个体为对象的讨论。在教师拥有主导权的家长会中，家长扮演倾听者与观察者。家长想要通过此类家校沟通模式获得与学生发展相关的信息，需要对孩子非常了解，才能有针对性地对孩子进行教育。所以任何"缺席"或"替开"都会使家长会意义流失。

2. 家长心理缺位

心理缺位则是相对于身体缺位而言，指家长虽能出席家校沟通场景，

---

① 董梁、王燕红：《家校合作中家长沉默现象探析》，《教学与管理》2015年第5期，第6页。

但却不能集中注意力去达到家校沟通实质性的目的。

> 去多功能厅的路上看到二年级（4）两位家长（因为学生闹别扭被班主任叫到学校陪读）站在教学楼旁边的阴凉里看手机，二年级（4）班的孩子在操场的另一边上体育课，我向两位家长打招呼："今天是要陪一天吗？"其中一位爸爸回答我："对。"跟我说话的时候两位都把手机收了起来。
>
> （摘自张宗倩，2016.03.30，田野笔记）

笔者认为因为学生出现纪律问题而被要求陪读是一种不公平的家校沟通，家长可以叫作"被惩罚者"，这里充斥着教师权威。但退一步来讲，可以看作变相的"家长开放日"，参与课堂活动，观察孩子的表现，反思教育方式与自己在家校沟通中的表现，而并非被手机牵绊，心理缺位，使得这次被动式的家校沟通只剩下"惩罚"。

3. 父亲角色缺位

在笔者田野调查中发现，学校家校沟通活动中女性出席率远大于男性，安小2016年3月30日召开的家长委员会中，36位家长出席，其中男性仅7位。辰辰爸爸说："孩子四点半到家，我六点上夜班，每天与孩子仅一个半小时的相处时间，而这段时间他基本都在写作业。"《中国家庭发展报告（2015）》指出："父亲在照料和教育儿童的过程当中发挥的作用、扮演的角色比较有限。"[①] 2016年4月，海宁9岁小女孩日记走红网络，"爸爸，你再不陪我，我就长大了"[②] 的呢喃触目惊心。

传统社会性别角色习惯于男性养家糊口，女性相夫教子，以至于父亲在儿童的成长过程中的教育作用逐渐"淡化"，甚至"出局"。父亲角色缺位已是普遍存在的家长角色困境，在随迁子女家长中同样如此。

（二）多角色扮演间的冲突

一个人同时扮演几个不同的角色时，会发生内心的冲突和矛盾，这种

---

① 中国政府网宣传局：《国家卫生计生委例行新闻发布会文字实录》，2015年5月13日，http://www.nhc.gov.cn/xcs/s3574/201505/340be627ab3e45b7b0a45fff8bc137c3.shtml。

② 光明新闻：《"爸爸，你再不陪我，我就长大了"戳痛多少忙碌爸爸的心》，2016年4月11日，http://news.gmw.cn/2016—04/11/content_19661184.htm。

矛盾或冲突就叫作角色冲突①。对于随迁子女家长来说,既扮演外来务工人员,又扮演学生家长,这两种不同的角色对其有不同角色规范要求,前者重在维持生计,后者重在陪伴学生学习与成长。作为角色扮演者,两种角色在时间与精力上的冲突,使其必须做出判断与选择,而学校的存在及随迁子女家长来京初衷会让他们往往牺牲应该陪伴子女的时间去工作,这便使得家校沟通受阻,甚至出现"挂钥匙儿童"。

"挂钥匙儿童"是指在放学后一段时间内学生无成人照顾。② 在笔者田野调查中发现,"挂钥匙儿童"放学后的三种状态:一、校门口背着书包靠着墙站着,偶尔去传达室给家长打电话;二、放学路上与同学一起,站着玩手机;三、回家自己写作业等家长下班。

> 班主任:"我问豪豪妈妈回家那么迟,你回家吃什么,他说不吃东西,等妈妈回来,家里也没有面包牛奶啥的垫吧,我就给他装了几块饼干,让他带回去吃了。"
>
> (摘自张宗倩,2016.03.15,田野笔记)

> 放学后,笔者在去往地铁站的路上,看到了正在玩空竹的然然。她说是在等奶奶接她,奶奶去签到了,一会儿过来。爷爷在当护工,住地下室,有时候不跟她住在一起。奶奶在打扫卫生,爸爸和阿姨在老家。然然说在家她很孤单,没有同学跟她一起玩。爷爷每次都是她起来之后就没了,上班去了,四点多就起床走了。
>
> (摘自张宗倩,2015.04.03,田野笔记)

家长在外来务工人员与随迁子女家长两种角色中倾向于前者的选择,使得两种教育场域未能及时接轨,断轨的时间与空间内学生仅是一个依靠九年生活经验与九岁认知能力独自行动的小孩。"挂钥匙儿童"可以很好地锻炼自理能力,但同时存在的问题有很多,如时间的浪费,安全问题的凸显,上网时间的随意等。"挂钥匙儿童"出现的原因有家长忙于生计,

---

① 丁水木:《略论社会学的角色理论及其实践意义》,《社会学研究》1987年第6期,第101页。
② 汝信:《社会科学新辞典》,重庆出版社1988年版,第473页。

无时间陪伴孩子且未能与学校进行沟通，家长的工作重心在为学生提供良好的生活条件，却忽视了学生在生理与心理上最基本的需求：安全感、归属感与爱。

（三）角色行为的不及时

家校沟通的作用是家庭与学校在学生个性与社会性发展的共同目标上相互沟通配合，形成教育合力。

> 班主任："我还要批评一位同学，就一个书皮，被人家老师追着要那么多天，如果你实在有困难，也可以跟咱们同学和家长们说，让叔叔阿姨帮你一下，我想没有一个家长会因为你没有给他钱而不帮你。有时候家长可能要上班没有时间确实有些困难，所以从上学期开始，我所有的通知给你们所有人都有1—2天的宽限时间，没有逼你们那么紧，然而还是这样。"班主任没有指明是谁，在第二节课间（十点），豪豪妈妈给他送来了一个书皮，之后匆匆离开，班主任之后问豪豪才知道妈妈已经来过，班主任与妈妈并没有见上面。
>
> （摘自张宗倩，2015.09.17，田野笔记）

笔者在田野调查中经常发现家长来学校送学具或签字的场景，家庭与学校两个场域都可以发生"家校沟通"，而以上的"知情与配合"是被期望在家庭发生的行为，但因为家长角色行为未达到角色期待，于是家校沟通的场景移到学校，家长计划被调整，同时教师对家长和学生的信任与期待都会出现波动。家长未利用下班时间配合学校要求，却在上班时间被"请"到学校"补作业"，没有相遇便匆匆离开，使得"访校"① 失去家校沟通的实质性作用。家校沟通的外围作用被扩大，同时因为浪费了上班时间来配合教师要求，家长会有自我感觉良好的角色行为评价，但确未有实质性的家校沟通产生，家长角色扮演陷入"恶性漩涡"。

在本章节的呈现与讨论中，学校与教师对随迁子女家长角色期待并没有因其特点而有特殊要求，仅是期望家校形成教育合力，家长配合学生的学习需求，但学生则由于家长平时陪伴较少，强烈希望家长可以出席家校沟通场景。随迁子女家长的角色领悟出现在其对教育子女与提供物质条

---

① 笔者注：泛指家长来学校，不论何种原因。

件,"主动出击"与"积极防御"的抉择中。笔者将安小随迁子女家长角色行为总结为感恩、学习、配合与志愿行为四部分,家长角色行为的产生要基于学校提供机会的基础之上。在随迁子女家长角色扮演过程中,主要存在角色缺位、角色冲突与角色行为不及时等问题。困境出现的原因,笔者将在第三章展开讨论。

第三章 随迁子女家长角色扮演产生困境的原因

学生每天转辗家庭与学校两种教育场域,家校不沟通,则会出现场域断裂的情况,学生的个性与社会性发展出现断裂,或遭遇两种不同教育观影响,学生将无所适从。在上一章节的呈现与讨论中,家长角色扮演困境多表现为角色缺位,家长无法在角色行为中达到他人的角色期望,本章节将对角色扮演困境原因进行分析。

笔者认为引起安小家长角色扮演困境产生的原因有:一、家长角色领悟各异;二、家长角色行为对环境条件依赖性强。家长角色领悟是基于家长的个人生活经验与文化认识水平的,而角色领悟到角色行为之间的距离又受许多客观因素的影响,比如沟通时间、学校家校沟通安排等。

一 传统教育思想的禁锢

20世纪80年代以来,教师专业化成为世界性教师教育发展的潮流,[1] 教师必须经过专业训练,不断进行知识沉淀,通过培养学生为社会服务。我国1993年颁布的《中华人民共和国教师法》把教师视为履行教育教学工作的专业人员,然而"教育本质上是一种精神性而非专业性的活动"[2],并不会因为教师职业的专业性,而使得教育仅成为教师的工作。但长期以来,教育普遍被当作是教师的专职,没有法律条款与社会规范标准将家长介入教育体系中。

笔者在田野调查中发现,随迁子女家长对教师与学校非常感恩,茗茗妈妈说:"我觉得咱们老师都是万能的。"娜娜妈妈认为班主任提的意见"可管用了,可管用了"。在对于学校家校沟通评价时,大多数家长表示对学校家校沟通满意,期望自己再积极主动一些,涛涛爸爸给自己在家校沟通中的表现打60分,茗茗妈妈给学校家校沟通工作打90分。在家长眼中,教师是受过专业训练的专业教育者,不仅拥有渊博的知识、先进的教育理念,还有丰富的教育经验。在教师的权威性与我国尊师重道传统的双重叠

---

[1] 刘微:《教师专业化:世界教师教育发展的潮流》,2002年1月4日,http://www.edu.cn/20020104/3016343.shtml。

[2] 王建华:《论人类的教育》,《清华大学教育研究》2014年第02期,第27页。

加下，家长在与教师的合作过程中自然而然地将自己处在被动屈从的地位。有研究表明学校课程的设计与活动的开展都是基于学生的认知发展水平与心理特点，家长主动与教师沟通的理想频率较低，从家校沟通影响因素的调查结果可知，担心被批评成为影响家长与教师沟通的主要因素。①在传统教育思想与教育专业性面前，家长因为其自身无教育学背景或学生在校的不良表现等问题，止步向前，与教师沟通时比较自卑，表现为不主动与一味附和，这种"不积极"的沟通会使得家校沟通的双向性减弱。

二　学校生活场景的表演

笔者在田野调查过程中发现，除去三年级（1）班"半日班主任"体验活动，其余家校沟通场景都无法将学生的日常状态真实地呈现出来。根据戈夫曼的戏剧理论，学校日常生活状态由于家长的出现，从而进入表演状态，表演者包括教师与学生，家长作为观众。"穿校服""见陌生人要问好""课间不许追逐打闹"等，学校会在有校外人员进入学校时对学生提出上述要求，力求展示"理想化"的校园生活。

> 辰辰爸爸："学校方面我觉得形式方面的东西还是比较多，哪怕实际活动搞得比较少，有效就行，不见得罗列一下有什么读书活动，有四十多个课外班就比较好。"
>
> （摘自张宗倩，2016.04.12，田野笔记）

德育主任说小学的微信公众号平台被强制停用，理由之一是小学微信公众号平台发布的东西未走高大上路线（笔者自己的理解），因为总部发给小学一些新闻稿模板，主要都是大学学院与医院这样的机构新闻稿。

（摘自张宗倩，2016.03.15，田野笔记）

图 5-2 表明家长需要的不是学校官方文件所下发的承诺与号召，而是学生的日常状态。正如用户"小鹰展翅"建议公布食堂菜单，以便家长了

---

① 许海香：《小学低年级家校沟通现状、问题及对策研究》，硕士学位论文，辽宁师范大学，2012年，第13页。

解学生用餐情况与监督食堂运作，用户"袋鼠爸"说："家长很想看看自己孩子在学校的方方面面，感谢你们提供了这样的机会。"只有在理解和对话的前提下，才会出现真正意义上的沟通，所以老师和家长要彼此理解和信任。[①] 学校日常生活被隐藏在"表演"与"形式化"之后，家长因此不能对学校生活真实深入的接触，学校因不去家访对家庭环境也不了解，所以安小的家校沟通建立在对彼此不完全了解的前提下，不利于教师与家长理解相互的角色行为。

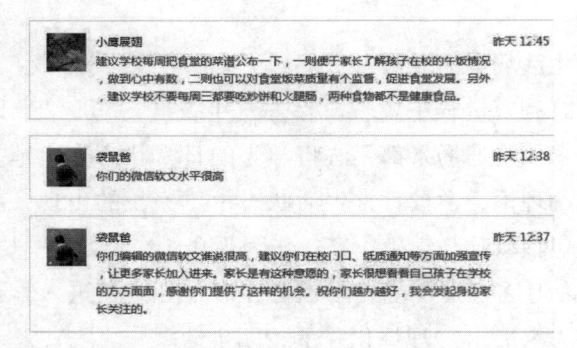

图 5-2　家长与微信公众号后台的互动

三　家庭社会资本的限制

根据布迪厄的资本理论，资本包括经济资本、文化资本与社会资本。现代社会中谁占有的资本越多，在社会互动交往中就越拥有控制权和主动权。家庭社会资本的限制会使得家长在家校沟通的地位较教师低。

（一）文化资本——教育知识与交往礼仪缺失

布迪厄认为文化资本是社会各阶级和个体所拥有的知识、气质和文化背景的总和。[②] 笔者田野调查中发现，在家校沟通中表现出来的家庭文化资本包括交往礼仪与教育观。

1. 文化水平的偏低

享有的独特教育资源和教育的专业性使教师成为家校合作活动的指导

---

①　焦昆、岳丹丹：《家校沟通的有效性研究》，《内蒙古师范大学学报》（教育科学版）2015年第5期，第16页。

②　牛林晓、周永康：《家庭资本对流动儿童家庭教育的影响》，《西南农业大学学报》（社会科学版）2011年第7期，第165页。

者，在教育中掌握了更大的教育权利。正如前文所述，三年级（1）班家长学历统计显示，专科占有最大比例超过总人数的20%，初中与本科比例相当，还有占比4%的父亲为小学毕业。教育背景影响文化水平，家长文化水平偏低影响其与教师交流过程中的自信心，也可能出现如上述新闻般强行将教育孩子的工作全权托付给教师的情况。

为人父母是一种本能，但这种本能仅限于生育与保护，在如何培养孩子的个性与社会性上，家长并没有太多天赋，因此去学习如何抚养孩子是必要且重要的。孩子在学校接受系统的学习，在家面对懒散不科学的培养，这无疑之中使得家庭教育在孩子的教育力量中成为一块短板。

2. 交往礼仪的缺失

家校沟通是一种交往，交往作为能体现家长文化水平与涵养。人与人之间在各自产生思想或经验时，会通过沟通而达到相互理解的状态，交往作为一种社会行为，除去思想交流的作用，交往的主体会根据彼此在交往中的反馈调整自己的交往行为，没有礼仪的交往行为会给对方不想要继续交往的强化。

> 快十一点的时候，二年级班主任英语老师突然喊了副班主任（新入职）一下："你看某某的家长，昨天叫他说来不了，然后说今天十点的时候来找我的，现在都十一点了，还不见人。"副班主任："没跟您说一声？"英语老师："没有，我想拉黑，这微信群里怎么拉黑。"副班主任："这微信群没有拉黑的功能。"英语老师："你说人怎么能这样呢？"副班主任："要我说还是人格有问题，别管了，自己的孩子还不管，随他，咱们也就尽力而为吧。"三年级班主任不知道什么时候出现的，也说："直接拉黑吧！"
>
> （摘自张宗倩，2016.03.15，田野笔记）

这场家校沟通的"流产"源于家长的亲自"谋杀"。"守时，守约，守信"是最基本的社会交往要求。家长的不守信反馈给教师的信息使得教师不愿意再有以后的交往，家校沟通因此被中止。

3. 教育观的冲突

教育观念就是不同的教育主体在一定的教育实践中对教育问题所形成的基本认识和看法。作为一种观念形态，它一方面反映了在主体身上的现实关系，另一方面也展示了主体自身的精神追求。① 教育观念会指引个体在教育儿童中的行为，家长与教师在家校沟通有相同的目标，特别是对于低年级学生来说，家长与教师在教育学生的过程中关注点都不仅限于学习，所以在沟通内容上两个主体的教育观念并没有区别。

> 豪豪妈妈："如果我的孩子在学校学不会什么东西，我认为不是家长的责任而是老师的责任。这就是老师师者传道授业解惑，授业是老师的责任。你不能说在课堂上讲了孩子没学会要回家补这个课，说实话我不这么认为。"
>
> （摘自张宗倩，2016.04.12，田野笔记）

笔者发现教师与家长的教育观冲突主要体现在责任分工上。教育从本质上说是一种需要有高度的责任感、使命感的活动，教育的伦理价值和伦理规范离不开教育责任这一前提条件，因此在教育的伦理前提下，必须对教育责任进行深入的反思。②

（二）关系资本——家长之间沟通偏少

家庭关系资本是指家庭成员中或家庭外与他人建立在信任、规范、制度、责任等基础上的人际关系网络，是一种会对儿童发展产生重要影响的社会资源。③

> 昕昕爸爸："跟安小家长沟通偏少，跟原来的幼儿园与课外班沟通的比较多，原来幼儿园、学前班比较不错，家长共同的想法多一些，交流也多一些，偶尔出去玩，住的不太远。"
>
> （摘自张宗倩，2016.04.12，田野笔记）

笔者认为影响家长角色行为的关系资本，包括家长与儿童、家长与教

---

① 李召存：《关于教育观念的理论思考》，《教育理论与实践》2002年第22期，第7页。
② 田海平：《教育权·教育责任·教育角色——教育伦理的三大课题透析》，《南京化工大学学报》2000年第4期，第7页。
③ 牛林晓、周永康：《家庭资本对流动儿童家庭教育的影响》，《西南农业大学学报》（社会科学版）2011年第7期，第166页。

师、也包括家长之间的沟通。三年级（1）班家长来自全国各地，现从事工作各异，部分家长交流起来稍有语言障碍，家长之间交流机会少。角色理论认为可以通过模仿进行角色扮演学习，而在这里因为关系资本不足而无法开展。

（三）经济资本——忙于生计却依然经济支持不足

家庭经济资本是指家长以物质形式投资在子女教育上的资源。① 家庭作为儿童的供氧基地，有责任与义务去承担学生发展过程中产生的费用。部分随迁子女家长为维持生计而忽略对子女的关注，同样体现在经济支持不足的现状上。

> 课前数学老师进来，对天天说："你的算盘，爸妈给不给买？"天天："给。"数学老师："在我们看来太普通的要求了，对不对啊？"
>
> （摘自张宗倩，2015.05.22，田野笔记）

家庭教育理论认为，拒绝孩子合理要求，或是不针对实际情况满足孩子一切要求的教育方式，都是家庭经济支持不足的表现，因为孩子没有得到真正适合自己需求、用于发展自身的物资资源。② 有一定的经济条件，却未能给学生学习及生活给予保障，也可以视作家庭经济资本的缺失，比如对学生的学具要求不能满足，家庭经济资本不足使得家长在家校沟通中配合的地位都开始"动摇"。

在此章节的讨论中，笔者从传统思想、学校呈现与家庭资本三方面对随迁子女家长角色扮演困境产生原因进行分析。在传统思想的禁锢下，家长认为教育权利与话语权属于学校或者教师，对其有较高的评价，从而在家校沟通中自愿支持与配合学校要求，而积极主动性较弱。在学校生活场景的表演中，家长难以直接接触到真实的学校生活场景，不利于家校沟通的开展。最后，在家庭社会资本的限制下，家长在文化资本、关系资本与经济资本中表现出的不足，会影响教师的情绪体验与家长角色领悟的选择。

---

① 牛林晓、周永康：《家庭资本对流动儿童家庭教育的影响》，《西南农业大学学报》（社会科学版）2011年第7期，第164页。

② 胡玉萍、张亚鹏、于珍珍：《流动人口随迁子女受教育的家庭影响因素分析及相关政策建议》，《求知》2015年第3期，第47页。

结　语

通过上述讨论，安小家校沟通中随迁子女家长角色扮演过程如图 5-3 所示。

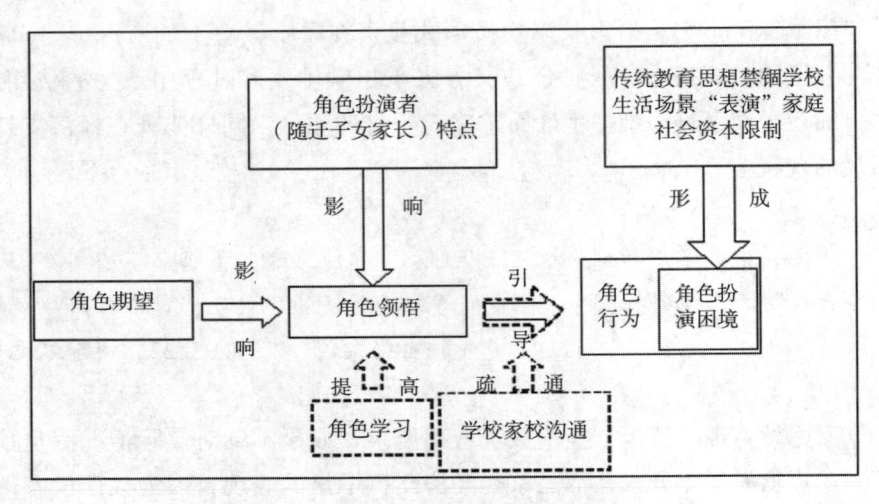

图 5-3　随迁子女家长角色扮演过程

随迁子女家长的角色期望来自社会规范与重要角色他人，家长被期望能与学校共同致力于学生发展，配合学生学习要求，积极参与学校家校沟通场景。随迁子女家长的角色领悟基于角色扮演者自身的文化水平与生活经验，而且受角色期望的影响。本文从角色责任与角色积极性两方面对家长角色领悟进行表述，家长在提供物质基础与教育子女中思考，又在主动出击与积极防御间徘徊，随迁子女家长之间的差异显著，他们自身对家长角色表现出不同的领悟。角色行为被角色期望引导，同时受角色行为发生的环境影响，在家长角色行为的呈现中，笔者将安小家长在家校沟通的行为总结为感恩者、配合者、学习者与志愿者四种类型，最后笔者从家长角色扮演的整体呈现中总结了其中的困境，包括家长角色缺位、角色冲突与角色行为不积极，而困境的形成则离不开传统教育思想的禁锢、学校生活场景的表演与家庭社会资本限制这三大因素。图 5-3 虚线方框部分表示笔者所认为的随迁子女家长角色扮演困境的突破口。通过角色学习，家长能提高角色领悟，对于自己在学生教育中的定位更加明确，学习教育心理学知识与人际交往礼仪等，家长提高角色扮演技能，进而去影响角色行为。拓宽家校沟通渠道则可使家长重拾话语权，使得家校沟通建立在主体平等的前提之下，疏通家长角色领悟与角色行为之间的障碍。

笔者对于随迁子女家长角色扮演困境的建议从家长与学校两个主体出发，对于家长来说，学习有效的家长角色扮演是很重要且必要的，不能中止。角色学习可以让随迁子女家长能对角色进行更好地把握与理解，即提高角色领悟。对于学校来说，因为在家校沟通中已然处于相对"霸权"的位置，因而学校要很好地主导家校沟通，拓展家校沟通渠道，这将为家长在角色领悟指导下的角色行为的良好进行提供环境保障。

第一，随迁子女家长要积极进行角色扮演学习，并进行终身学习

所谓角色学习，是指社会成员掌握社会角色理想性的行为准则、技能，提高角色认知水平，缩短与理想角色的差距的过程。角色学习既是角色扮演的基础，又是个体社会化的重要途径。[①] 角色扮演学习是指将角色扮演看作一种技能，通过总结角色扮演经验，模仿他人角色扮演行为，从而反思自己的角色扮演并进行改变的过程。

在学习内容上，笔者认为随迁子女家长在家校沟通中的角色扮演学习，可以包括人际交往与教育学知识，后者包括学生心理发展规律，习惯养成方法等。但是，有调查显示，家长和儿童对儿童权利及其相关政策法规的了解都相当有限。[②] 对儿童权利的了解和正确认识，是家长尊重和保护儿童权利的前提，也是儿童自我保护的前提，所以法律与政策导向也是家长需要学习的内容；在学习方法上，随迁子女家长可以通过学校提供的家长讲座，或对家校沟通经验积极反思。同时，也可以在日常生活中有效利用新媒体，倾听专家建议，家长之间进行经验分享来提高自己的角色扮演能力。

茗茗妈妈说："如果不是为了孩子，我是不会去接触心理学的，也就没有现在的这份事业。"家长的终身学习，不仅是文化水平的提高，也可能会改变生活方式，使得其在家校沟通中更加自信。家长应该建立一个学

[①] 邱德亮：《论社会角色责任与角色道德建设》，博士学位论文，东北师范大学，2007年，第17—18页。

[②] 邹泓、屈智勇、张秋凌：《中国九城市流动儿童发展与需求调查》，《青年研究》2005年第2期，第5页。

习型家庭，转变传统的家庭教育观，营造良好的家庭学习氛围，在陪伴孩子的有限时间内，积极开展有意义的学习活动。

第二，学校要打造开放的角色扮演环境，打开家校沟通渠道

学校家校沟通环境的开放性与真实性，是影响角色领悟落实到角色行为的重要客观因素。在上述分析中，显然可见学校在家校沟通中依然处于主导地位，所以学校需要将拓展家校沟通渠道纳入工作计划中。

1. 让家访重登家校沟通舞台

家访即家庭访问，是指进行个别家庭教育指导的一种常用的有效方式，主要是解决儿童、青少年的个别的家庭教育问题，具有针对性与具体性。家访能够找到家庭教育和学校教育的衔接点，家访能够找出"问题"学生在成长过程中不良思想品德问题产生的根源，使家庭教育与学校教育的相互沟通。[①] 家访不仅能直接让教师与家长对学生教育问题进行探讨，也可以使得教师对学生在校外生活居住的环境有所了解，进而对学生的学习行为习惯与家长在家校沟通中的表现给予更多的理解。2016 年 4 月 20 日，在课题团队对上海市肖塘中学[②]校长访谈中，校长表示教师家访回来之后对家长理解程度增高，同时，由于教师家访，家长参与家长会的比例也大幅度提升。所以不论是从学校与家庭的相互理解出发，还是考虑家校沟通的有效性，家访都意义重大，有再次纳入学校家校沟通工作的必要性。

2. 增多家长志愿服务机会

安小家校沟通工作形式多样，但是对于家长的角色期望，依然多表现为配合者，学校现阶段在尝试让家长作为志愿者协助开展活动。在家长委员会会议中负责签到的二年级家长说："被学校安排做事情是第一次，如果以后有机会，都会积极参加的。"笔者在田野中发现，家长对作为志愿者协助学校活动积极主动性较高。作为志愿者参与到学校活动中，不仅能提高归属感与参与感，也能加强对学校的了解。学校作为家校沟通的主导者，需要主动多提供志愿服务岗位，比如，放学前维护校门口的家长秩序，协助测量学生体温等。

---

① 高志东：《家访——小学生德育链条中的重要环节》，《现代教育科学》（小学校长）2007 年第 2 期，第 19 页。

② 上海市奉贤区公立示范中学，学校中随迁子女人数在全校学生人数占比远高于沪籍学生。

3. 加大学校信息公开程度

正如前文提到，公文与新闻稿等形式化信息未必受家长好评，学校可通过新媒体推送平台将学生日常学习生活场景展示给家长，也可以作为信息收集渠道让家长发声，从而可以更有针对性地进行信息公开。新媒体的开发有利于家校沟通，在网络虚拟空间，家长与学校相当于平等主体，而且网络的匿名性使得家长更愿意将自己最真实想法表达出来，而且面对的是学校全体教师与学生，而在面对面交流中则更多可能是以学生为主体，属于单线沟通。所以新媒体可以弥补家校在面对面沟通中的缺失，有助于学生平稳地在两种场域过渡。

4. 完善家校沟通评价机制

评价可以起到监控、激励和导向的作用。安小每年所参加的朝阳区家庭教育指导中心年度"我的家庭教育故事"与"好家长"评选，是对家长积极参加家校沟通的激励。同时，笔者认为政府出台考核方案，将家校沟通纳入学校考核与班主任考核的范围，制订具体可操作的考核细则，可以更好地拓宽学校家校沟通渠道。在考核意见收集中，家长作为家校沟通主体，具有话语权，可对学校、班级家校沟通情况进行评价。这样既能监控、保障学校开展家校沟通的质量，也能体现家长在家校沟通中的主体地位。

政策在保障随迁子女的入学，学校在致力于随迁子女的文化融合，家长作为随迁子女出现的根源，有责任与义务在随迁子女的教育中投入自己的精力。学校与教师期待随迁子女家长能配合学校教育，共同致力于学生发展，学生则因为家长日常生活中的陪伴缺失，强烈期望家长能参加学校场景中的家校沟通。随迁子女家长在维持生计与陪伴学生学习发展中举棋不定，在积极防御与主动出击中蠢蠢欲动。打开学校沟通渠道则可使家长能看到更真实的学校运转与学生学习场景，而不仅局限于学校"表演"给家庭的场景。对于随迁子女家长来说，笔者认为最契合实际情况的措施便是角色学习，不仅可以提高家庭文化资本，在仅有的工作之余时间内高效率的进行家校沟通，而且能让家长正视自己在随迁子女成长发展过程中的重要性，在家校沟通中变得积极自信。

昨天，有人要问我是谁
我总不愿回答

因为我怕
我怕被城里的孩子笑话
他们的爸爸妈妈送他们上学
一路鸣着喇叭
不是开着本田就是开着捷达
我们的爸爸妈妈送我们上学
一路都不说话
埋头蹬着板车裤腿沾满泥巴
——摘自2007年央视春晚诗朗诵《心里话》

或许，随迁子女怕的不是爸爸妈妈没法开着本田捷达，而是埋头蹬车一路不说话。

参考文献

一 著作类：

汝信：《社会科学新辞典》，重庆出版社 1988 年版。

马忠虎：《基础教育新概念——家校合作》，教育科学出版社 1999 年版。

肖川：《教师的幸福人生与专业成长》，新华出版社 2008 年版。

国家卫生和计划生育委员会流动人口司：《中国流动人口发展报告 2015》，中国人口出版社 2015 年版。

张大均主编：《教育心理学》，人民教育出版社 2015 年第三版。

二 学位论文类：

黄娟娟：《家长、社区人员在现代学校管理中角色与职能的研究》，硕士学位论文，上海师范大学，2005 年。

罗伟娟：《关于家校沟通内容和形式的研究》，硕士学位论文，华东师范大学，2006 年。

邱德亮：《论社会角色责任与角色道德建设》，博士学位论文，东北师范大学，2007 年。

王山：《教师与家长合作关系现状及对策研究》，硕士学位论文，山东师范大学，2007 年。

吴方红：《中小学家校沟通障碍分析及对策研究》，硕士学位论文，华南师范大学，2007 年。

林悦：《国外小学家校合作研究及对我国的启示》，硕士学位论文，辽宁师范大学，2009 年。

许海香：《小学低年级家校沟通现状、问题及对策研究》，硕士学位论文，辽宁师范大学，2012 年。

张玉平：《小学生不良行为习惯的现状分析及调适策略》，硕士学位论文，内蒙古师范大学，2013 年。

杨朋朋：《从支持者到行动者》，硕士学位论文，东北师范大学，

2014 年。

龙雨：《小学家校沟通现状调查研究》，硕士学位论文，重庆师范大学，2015 年。

刘燕：《小学家校合作中家长与教师教育观念冲突研究》，硕士学位论文，西南大学，2015 年。

三 期刊类：

丁水木：《略论社会学的角色理论及其实践意义》，《社会学研究》1987 年第 6 期。

比德尔、曾霖生：《角色理论的主要概念和研究》，《现代外国哲学社会科学文摘》1988 年第 11 期。

李波波：《社会角色理论及其应用》，《桂林市教育学院学报》（综合版）1995 年第 2 期。

田海平：《教育权 & 教育责任 & 教育角色——教育伦理的三大课题透析》，《南京化工大学学报》2000 年第 4 期。

殷晓清：《农民工就业模式对就业迁移的影响》，《人口研究》2001 年第 3 期。

李召存：《关于教育观念的理论思考》，《教育理论与实践》2002 年第 22 期。

吕安：《家长角色：隐形的助学者》，《河南教育》2003 年第 2 期。

栾敬东：《流动人口的社会特征及其收入影响因素分析》，《中国人口科学》2003 年第 2 期。

邹泓、屈智勇、张秋凌：《中国九城市流动儿童发展与需求调查》，《青年研究》2005 年第 2 期。

刘翠兰：《影响家校合作的因素分析与对策研究》，《当代教育科学》2006 年第 20 期。

胡琰：《透视美国学校教育中的家长角色》，《外国中小学教育》2008 年第 9 期。

石文：《山东省农村家庭教育投资的成本收益分析——基于农民工的角度》，《甘肃农业》2008 年第 11 期。

杨敏：《中美两国中小学家长在参与学校教育中的角色比较》，《基础教育参考》2009 年第 2 期。

张勇：《从沟通走向合作——形成家校教育合力的必然途径》，《教育科学研究》2011 年第 3 期。

朱玉莉：《浅谈教师与家长交流的重要性》，《青年文学家》2011 年第 17 期。

牛林晓、周永康：《家庭资本对流动儿童家庭教育的影响》，《西南农业大学学报》（社会科学版）2011 年第 7 期。

刘谦、冯跃、生龙曲珍：《家庭教育与学校教育互动的文化机理初探——基于对北京市农民工随迁子女教育活动的田野观察》，《教育研究》2012 年第 7 期。

周晓凤：《外来务工人员随迁子女的家庭教育与学校教育的融合》，《时代教育》2013 年第 4 期。

王建华：《论人类的教育》，《清华大学教育研究》2014 年第 2 期。

高一然、边玉芳：《流动儿童家校合作特点及其对儿童发展的影响》，《中国特殊教育》2014 年第 6 期。

沈英：《外来务工家长的责任意识对学生学习成绩影响的调查与分析》，《小学科学（教师版）》2014 年第 1 期。

张杨波：《西方角色理论研究的社会学传统——以罗伯特·默顿为例》，《国外理论动态》2014 年第 9 期。

王绪泽：《进行"家长角色"教育创新德育工作举措》，《华人时刊（校长）》2015 年，第 Z1 期。

张源源、刘善槐：《农民工随迁子女公办校家校合作：动因、障碍与机制》，《教育理论与实践》2015 年第 20 期。

董梁、王燕红：《家校合作中家长沉默现象探析》，《教学与管理》2015 年第 5 期。

焦昆、岳丹丹：《家校沟通的有效性研究》，《内蒙古师范大学学报》（教育科学版）2015 年第 5 期。

胡玉萍、张亚鹏、于珍珍：《流动人口随迁子女受教育的家庭影响因素分析及相关政策建议》，《求知》2015 年第 3 期。

抗逆力视角下的随迁子女家校合作研究

——基于北京市利民学校的田野调查

吴玉楠

摘要：20世纪90年代以来，越来越多的随迁子女跟随其父母进入大城市并在此接受教育。对于随迁子女这一特殊群体来说，他们所接受的学校教育和家庭教育都和城市的孩子有所差异。这种情况下的家校合作也是教育过程中不可或缺的一部分。

本文采用人类学的田野调查方法，以北京市利民学校为研究对象，通过长期的田野调查，获取第一手资料。描摹该校的家校合作情况，对其进行展现，并运用抗逆力的视角对该校的家校合作情况进行分析。本文主要分为以下几个部分。首先，对学校和家庭的初步概述。第二，分别描述了学校中的家校合作情况和家庭中的家校合作情况。第三，运用抗逆力的理论分析了家校合作下的逆境突破。最后，提出了对于随迁子女家校合作的尝试性建议：统筹协调资本、多方面培养与发展抗逆力。

关键词：抗逆力；随迁子女；家校合作；田野调查

绪　　论

一　问题提出

随着改革开放的脚步,我国的经济与社会发生了翻天覆地的变化。在城市化的进程当中,逐步得到发展的城市急需大量的劳动力,同时农村的农业发展进步也让农村剩余劳动力变多,从而使得农民工进入城市,不仅解决了城市发展的务工人力资源来源问题,也解决了农村剩余劳动力的问题。但是随着时间的推移,越来越多的农民工携带子女一同来到城市,一边务工一边照顾孩子,这些孩子便成为随迁子女。随迁子女的数量在义务教育阶段适龄儿童中占据一定的比重,根据《中国流动儿童教育发展报告（2016）》显示,截至2015年年底,北京市常住人口2170.5万人,其中常住外来人口（流动人口）822.6万人,占常住人口总数的37.9%,其中0—14周岁流动儿童68.7万人,占当年流动人口总数的8.4%,0—19周岁流动儿童和青少年合计93.3万人,占当年流动人口总数的11.3%。① 根据《北京市统计年鉴2018》显示,2016年北京市小学教育阶段在校生人数为868417人,其中非本市户籍学生数为332090人,占比38.2%;2017年北京市小学在校生人数为875849人,其中非本市户籍学生数达到300387人,占比34.3%。② 出于政策等原因,整体数量持续性有所下降,根据《北京市2018年国民经济和社会发展统计公报》显示,2018年年末全市常住人口2154.2万人,其中常住外来人口764.6万人,占常住人口的比重为35.5%。③ 以北京为例。2013年以前,北京市持续面临人口调控的压力,但是流动人口规模和随迁子女入读公办学校的比例依然持续上升。2014年以后,在严控特大城市人口规模的背景下,北京市人口调控的力度持续上升,义务教育阶段非

---

① 魏佳羽、赵晗:《中国流动儿童教育发展报告（2016）》,社会科学文献出版社2017年版,第106页。

② 北京市统计局、国家统计局北京调查总队编:《北京统计年鉴2018》,2018年12月,http://tjj.beijing.gov.cn/nj/main/2018-tjnj/zk/indexch.htm。

③ 北京市统计局、国家统计局北京调查总队编:《北京市2018年国民经济和社会发展统计公报》2019年3月20日,http://tjj.beijing.gov.cn/bwtt/201903/t20190320_418995.html。非

京籍学生入学"五证"门槛不断提高,小学阶段非京籍学生招生人数持续大幅下降。然而在这个大背景下,依旧有一些随迁子女还在"大城市的边缘"区域读着书,他们所在的学校的教育质量值得重视。与此同时,家庭中家长对于子女的教育也是教育环节中不可或缺的一部分,对于这些进城务工人员的子女来说,和家长团聚的时间相比于城市中的孩子要少很多,他们接受的家庭教育的程度也值得受到重视。著名教育家苏霍姆林斯基（Васи́лий Алекса́ндрович Сухомли́нский，1918—1970）曾说:"教育的效果取决于学校和家庭的教育影响的一致性。如果没有这种一致性,那么学校的教学和教育过程就会像纸做的房子一样倒塌下来。"① 教育不只是学校教师的职责,家长也需要承担一定的责任,家庭教育与学校教育二者缺一不可,那么对于随迁子女这一特殊群里来说,他们的家庭教育与学校的教育之间的合作又会有怎样的结果呢?

　　2017年9月初,笔者进入了田野调查地点,北京市C区大福乡董家村的利民学校。② 在这个民办的学校里,来自不同地域的学生聚在一起,接受着相同的教育。然而在这一年多的田野调查的过程当中,笔者发现在这所学校里,充斥着各种各样的"特色"的现象:代课教师在这所学校里过于常见,这些努力留在大城市上学的学生们缺乏一定的必要师资,一个老师同时教几个年级,或者是一个老师教两门以上的课的现象也有发生,而在"减负"的背景之下仅有的教师依旧在以极高的标准要求着学生,带领他们前进的同时却时不时抱怨着家长不配合;随迁子女的家长也在忙碌的同时努力抽出时间来参加着学校的各种活动,在这期间甚至有家长抱着家中无人照看的小宝宝一起进入校园开家长会,然而也有家长对学生的教育完全不上心,甚至是与老师"唱反调"……笔者想要去探究的主要问题如下:

　　第一,在这样的大环境下,在这城市边缘学校中家校合作是怎样展开的?

　　第二,围绕着学生展开的学校教育、家庭教育之间有着怎样的内在联系?

---

　　① ［苏联］瓦·阿·苏霍姆林斯基:《给教师的建议》,杜殿坤编译,教育科学出版社1981年版,第539页。

　　② 出于研究伦理,本文中出现的人名、地名、学校的名称均以化名的形式出现。

第三，家庭教育是怎样影响学校教育的？

第四，在家校合作的过程中，抗逆力是如何为学生的学习生活提供支持，使得学生能够走出学习困境，达成学习目标的？

因此，笔者确定了此研究选题，试图在此基础上能够使随迁子女学校的学生们在家校合作环节之中受益。

二 研究意义

理论意义方面，家校合作的研究并不少见，在知网上搜索家校共育的关键词可以搜索出1600余篇论文，类似的关键字如"家校共育"也有一百余篇；同时对于随迁子女的研究也不少见，"随迁子女"加上"流动儿童"的同类替换称呼加起来约有4000余篇。然而对于随迁子女这一特定群体，且从教育人类学角度，运用人类学田野调查法研究随迁子女家校合作的并不多。本研究基于对利民学校董家村校区一年多的田野调查，在此过程中与随迁子女接触和观察体验，对其在学校和家庭有着一定熟悉的基础上，对随迁子女所在学校的家校合作进行分析，也为我国当前的家校共育问题的解决提供新的理论视角。

现实意义方面，目前就家校共育问题的解决方案对于随迁子女这一特殊的群体缺乏一定的针对性，随迁子女群体存在的特殊性使得这类学校的家校合作与普通公立学校提倡的家校共育有着一定的差异与差距，如果生搬硬套公立学校家校合作的思路则缺乏一定的可操作性，并不能切实保障随迁子女的相关利益。笔者试图从学校和家庭两个方面分析现状，并在此基础上进一步提出改进建议，从而促进家校合作工作的更好开展，避免家校合作过程中的冲突，使其更适合随迁子女，帮助其走出学习困境，实现学习目标。

三 先行研究

（一）国内外关于家校合作的研究

1. 关于随迁子女家校合作的研究

现有关于家校合作的研究涵盖范围较广，涉及从课程设置到心理辅导各个领域的研究与调查，学生分类从义务教育到高中、大学、职业学校均有涉及，然而专门论述随迁子女相关研究的较少，主要是针对家庭教育和学校教育为主。因此，笔者将对国内外现有文献资料中的家校合作的部分进行梳理、分析。

我国在民国时期就有了家校合作的初步思想，朱庆澜在他的《家庭教育》一书中提出教育是学校老师和家长共同的事，父母要给孩子"做个样子"，家长同学校对待孩子的教育要站在统一战线上。① 现代教育史上，教育家陈鹤琴在《家庭教育》一书中分析了家庭教育的思想和方法，指出一个家庭中如果父母的知识素养高，可以带给孩子良好的家庭教育，再结合学校教育，相互影响下自然就相得益彰。强调了家庭与学校合作对儿童个体成长发育的重要性，与此同时进一步说明了家庭教育应该遵循的原则。② 最早研究家校合作的马忠虎出版了《基础教育新概念——家校合作》一书，他认为对孩子成长影响最大最深的社会组织就是家庭与学校，这两者一同针对学生进行各种教育工作，"在教育活动中家庭和学校相互支持、共同努力，不仅能使学校在教育学生方面得到更多的来自家庭方面的支持，也能使家长在教育子女方面得到更多的来自学校的指导"。③ 钱扑认为，家校合作不光有利于学生的发展，同时为"教师的社会化"提供了有效的帮助。④ 陈明龙等人认为家长进入学校与教师一起教育，也促进了学校和教师不断学习并改进自身的教育水平。⑤ 张健卫在《家长参与：家校协同的心理学研究》中从心理学的角度分析了家校合作的重要性，认为家长的认知和情感参与影响儿童的学业成就。⑥

国外研究则更偏重于按照家校合作的方式进行分类，主要有以下几种分类方式。早期的研究中，美国的戴维斯（Davies. D，1976）将合作方式分为四种，一是与家长见面、成立各种委员会，解决教育实践中的问题；二是对家长的教育进行干预指导、学校对家长开放，鼓励家长加强对孩子的教育；三是参观校外一些具有教育意义的基地、博物馆作为学校所缺乏的教育资源的补充；四是以家委会、家长教师会等方式加强家长投入到学

---

① 赵忠心：《中国家教之道》，广西科学技术出版社 1998 版，第 315 页。
② 陈鹤琴：《家庭教育》，华东师范大学出版社 2006 年版，第 455 页。
③ 马忠虎：《基础教育新概念——家校合作》，教育科学出版社 1999 年版，第 155 页。
④ 钱扑：《教育社会学的理论与实践》，广西教育出版社 2001 年版，第 179 页。
⑤ 陈明龙、傅敏：《家校合作——教师专业成长的新视角》，《教育科学论坛》2010 年第 4 期，第 42 页。
⑥ 张健卫：《家长参与：家校协同的心理学研究》，首都师范大学出版社 2012 版，第 46 页。

校的教育比重。① 英国学者摩根（V. Morgan，1992）将家校合作方式划分为两种。一种为家校合作方式中家长只有参与权（如家长会和联系卡），这种参与使家长和老师没有起到真正的共育作用，另一种的共育方式中家长能够进入学校，对学校的教学运作有一定的决定权（例如，家访政策制定，学校财政收入的利用等）。② 美国的爱泼斯坦（L. Epstein，2002）等人将家校合作划分了六种方式，分别是家长与孩子互动、家校间交流共育、主动参加学校活动、（在家）学习科学育儿相关技能、参与学校的相关决策、利用社区资源交流合作。③

2. 我国家校合作的相关法律法规

为了保障家校合作的合理开展，我国制定了相关的法律。最早是在1952年3月中央颁布的《小学暂时规程》中提出了相关要求，在小学教学中应加入家长的力量，成立家长委员会，由家长、学校老师、教育管理者共同组成，定期向委员会提出家长要求，对学校的教学工作进行监督与协助。④ 20世纪80年代起，政府通过制定政策法规，加快家校共建的进程，1988年12月颁布的《关于改革和加强中小学德育工作的通知》提出中小学生的和谐茁壮成关于进一步加强和改进未成年人思想道德建设的若干意见长是家长、学校和全社会的责任，要把他们团结在一起，形成团结的教育力量与风气。⑤ 1998年3月教育委员会颁布了《全国家长学校工作指导意见》（试行）的政策，该意见明确地规定了家长学校在办学目标和准则等多方面的要求，指出家长学校在对孩子的共育方面的意义与作用并提出该方式有利于帮助家长提升其教育素养。⑥ 在2010年5月5日的

---

① Davies D., "Making Citizen Participation Work", *National Elementary Principal*, 1976, pp. 20—29.

② Morgan V. and Fraser G., "Parental Involvement in Education: How Do Parents Want to Become Involved?" *Education Studies*, Vol. 18, No. 1, 1992, pp. 11—20.

③ Joyce L. Epstein, ets., *School, Family and Community Partnerships: Your Handbook for Action* (2nd ed.), Thousand Oaks, CA: Corwin Press, 2002, p. 162.

④ 中央教育部：《小学暂时规程》1952年3月18日颁布，广州文史网，2008年8月16日，http://www.gzzxws.gov.cn/gzws/gzws/ml/32/200808/t20080816_1140.htm.

⑤ 中共中央：《关于改革和加强中小学德育工作的通知》，1988年12月25日颁布，中国网_中国国情，http://www.china.com.cn/guoqing/2012—09/14/content_26747842.htm，2012年9月14日。

⑥ 中华人民共和国教育部：《全国家长学校工作指导意见》（试行），东城文库，http://www.bjdcfy.com/qita/zxjcyj/2015—12/492714.html，2015年12月24日。

国务院《国家中长期教育改革和发展规划纲要（2010—2020 年）》中，认为家长在儿童成长发展道路上有着无法估量的作用。[1] 显而易见，我国对于家庭教育的要求越来越高，且从法律的角度越发强调了家庭教育的重要性。

（二）国内外关于抗逆力的研究

抗逆力（Resilience），作为一个物理学术用语，其原意为弹力、弹性，是指物体受外力作用发生形变后，若撤去外力，物体能回复原来形状的力。[2] 我国学者对于 Resilience 的翻译各有不同，比如一些学者将其译作"心理弹性"；[3] 另一些学者则译为"抗逆力"。[4] 还有一些学者将其翻译为了"心理韧性"；[5] 中国台湾的学者译作"复原力"，以强调遭受创伤或苦难后的自我恢复[6]等。对于压力的研究从物理学过渡到心理学，最早的研究起始于汉斯·薛利（Hans Selye，1950）对于压力症候群的观念提出，在 20 世纪 50 年代，压力被系统地研究。[7] 对于抗逆力的研究最早起源于美国，根据美国心理学会（American Psychological Association）的定义，抗逆力是"面对逆境、创伤、灾难、威胁或其他巨大的压力比如家庭和关系上的问题、严重的健康问题或工作、经济上的压力之时能够良好适应的过程，意味着面对生活压力时具有良好的'反弹能力'"。[8] 对于这种"反弹能力"，我国部分学者将其定义为个体所具有的潜能，指"个体认知或情感的心理特

---

[1] 中华人民共和国中央人民政府：《国家中长期教育改革和发展规划纲要（2010—2020年）》，http://www.gov.cn/jrzg/2010—07/29/content_ 1667143.htm，2010 年 7 月 29 日

[2] 田国秀：《抗逆力研究——运用于学校与青少年社会工作》，社会科学文献出版社 2013 年版，第 16 页。

[3] 席居哲、桑标、左志宏：《心理弹性（Resilience）研究的回顾与展望》，《心理科学》2008 年第 4 期，第 995 页。

[4] 沈之菲：《心理弹性：抗逆力的本质》，《思想理论教育》2010 年第 22 期，第 59 页。

[5] 于肖楠、张建新：《自我韧性量表与 Connor—Davidson 韧性量表的应用比较》，《心理科学》2007 年第 5 期，第 1169 页。

[6] 田国秀：《抗逆力研究——运用于学校与青少年社会工作》，社会科学文献出版社 2013 年版，第 18 页。

[7] Arthur Grollman, "The Physiology and Pathology of Exposure to Stress", *Science*, Vol. 113, April 1951, pp. 462—463.

[8] American Psychology Association Help Center, "The Road to Resilience: What is Resilience?" http://www.apa.org/helpcenter/road—resilience.aspx, February 1, 2020.

质，包含人格特质和自我观念"，① 这种能力来源于处于消极状态（如压力过大）的背景下。当个体暴露于消极环境下时，抵消困境影响的资源或者优势的出现，展示积极的适应结果，因此其本质是指"个体在逆境中克服困难，展示积极适应结果的能力"②。抗逆力的发生在"逆境"的先决条件下，即"个体遭遇逆境"同时"个体在逆境中获得了良好适应"，③ 其中对于"良好适应"的反应也体现在"能发展出健康的应对策略"的能力上。④

区别于个体的抗逆力，以家庭为单位的家庭抗逆力指的是家庭运用自己的资源来回应逆境中的困难的能力。⑤ 家庭抗逆力也被认为是家庭进行自我修复的能力。⑥ 在家庭面临危机的时候，家庭抗逆力表现为家庭的适应与家庭成员之间的平衡能力。⑦ 如果家庭成员在家庭生活中能够进行良好沟通、分享彼此的经验、显示出相互的关爱和支持、承担彼此的责任、体验一起的感受，这样的家庭互动关系就可以帮助家庭成员克服逆境，且帮助家庭成员健康地发展。⑧ 由于个人与家庭之间关系的复杂性，界定家庭抗逆力的内涵出现了两种常见的方式：一种是围绕着家庭考察家庭对孩子抗逆力发展的影响；另一种是把家庭作为独立的考察对象，分析家庭抗逆力本身的特征。⑨ 把研究焦点从个体抗逆力转向家庭抗逆力的重要代表

---

① 陶欢欢：《复原力（Resilience）研究的回顾》，《襄樊技术学院学报》2009 年第 9 期，第 81 页。

② 刘玉兰：《西方抗逆力理论：转型、演进、争辩和发展》，《国外社会科学》2011 年第 6 期，第 68 页。

③ Greene R., *Resiliency: An Integrated Approach to Practice, Policy, and Research*, Washington, DC: NASW Press, 2001, p. 38.

④ 田国秀、李宏鹤：《中学生抗逆力表现的过渡层次及其分析——基于问卷与访谈的混合研究》，《中国青年研究》2013 年第 6 期，第 76 页。

⑤ Donald Collins, Catheleen Jordan, Heather Coleman, *An Introduction to Family Social Work*, Cengage Learning, 2012, p. 149.

⑥ Walsh F., "The Concept of Family Resilience: Crisis and Challenge", *Family Process*, Vol. 35, September 1996, pp. 261—281.

⑦ Cowan. P. A., Cowan C. P. & Schulz M. S. "Thinking about Risk and Resilience in Families", in E. M. Hetherington & E. Blechman, eds., *Stress, Coping, and Resiliency in Children and Families*, Advances in Family Research, 1996, Vol. 5, pp. 1—38.

⑧ Silberberg S., "Searching for Family Resilience", *Australia Institute of Family Studies*, 2001, Vol. 58, pp. 52—57.

⑨ 童敏：《流动儿童应对学习逆境的过程研究：一项抗逆力视角下的扎根理论分析》，中国社会科学出版社 2011 版，第 181—182 页。

是马克宾夫妇（Mc Cubbin）和华许（Walsh）。马克宾夫妇提出了家庭的图式（Family Schema）的概念，并认为家庭图示才是评估整个家庭危机处境、形成应对行为和策略的关键，[1] 并且强调这是家庭所拥有的处理家庭成员与外部环境信息的重要信念。[2] 对家庭抗逆力的概念界定，马克宾夫妇提出了五个基本假设：家庭在其生命当中必然经历各种压力；家庭拥有保护和支撑自身从消极的经历中康复的力量；家庭可从社区当中的关系网获利，且对该关系网有一定贡献；家庭寻求对消极经历的意义探索并发展共同的理解；家庭面对危机寻求秩序的恢复并平衡其生活。[3] 华许认为家庭抗逆力是指以家庭为单位，发挥适应功能的过程。家庭如何面对与处理破坏性的经验，缓冲压力，有效地组织并继续前进，都会影响到每个家庭成员的即时应变与长期适应方式，以及该家族的生存和福祉。[4]

（三）现有研究的贡献与不足

同已有的关于"家校合作"的研究相比，从教育人类学视角专门论及"随迁子女的家校合作"的相关研究相对较少。目前关于"家校合作"的研究虽然数量众多，但主要以理论性研究为主，实践性的研究不足。

此外，由于我国的随迁子女属于流动人口中的一个特殊群体，具有其特殊性。国内现有文献资料中从教育人类学角度，运用人类学田野调查法探究家校合作问题的研究非常少。

四 概念界定

（一）随迁子女

随迁子女，全称是进城务工人员随迁子女。随迁子女通常也被称为"打工子弟"或者是"流动儿童"，对其并没有一个统一的称呼，同时也没

---

[1] Mc Cubbin, H. Mc Cubbin, M. & Thompson, "A Resiliency in Families, The Role of Family Schema and Appraisal in Family Adaptation to Crisis", In T. H. Brubaker, eds., *Family Relations: Challenges for the Future*, Newbury Park CA: Sage Publications, 1993, pp. 153—177.

[2] Mc Cubbin, M. A. & Mc Cubbin, H. I. "Family Coping with Crises: The Resiliency Model of Family Stress, Adjustment, and Adaptation", In C. Danielson, B. Hamel—Bissell & P. Winstead—Fry. eds., *Families, Health, and Illness*, New York: Mosby, 1993, pp. 21—63.

[3] Orthner D., Jones— Sanpei H. & Williamson S.: *The Resilience and Strengths of Low—income Families*, Family Relations, 2004, p. 159.

[4] Walsh F., *Strengthening Family Resilience*, 2nd, New York: Guilford, 2006, p. 15.

有完全明确的定义。最早的政策上对流动儿童的定义来源于1998年3月2日国家教委颁发的《流动儿童少年就学暂行办法》，其中第二条规定："流动儿童是指6至14周岁（或者7至15周岁）随父母或其他监护人在流入地暂时居住半年以上有学习能力的儿童少年。"① 本文中的随迁子女指的是处于小学阶段，跟随作为来京务工人的父母一起来到北京学习生活的学生们。

（二）抗逆力

对于抗逆力的研究最早起源于美国，根据美国心理学会（American Psychological association）的定义，抗逆力是"面对逆境、创伤、灾难、威胁或其他巨大的压力比如家庭和关系上的问题、严重的健康问题或工作、经济上的压力之时能够良好适应的过程，意味着面对生活压力时具有良好的'反弹能力'"。② 本文中的抗逆力指的是来自学校、家庭和社会，以及学生自身的，帮助学生摆脱学习困境、达到学习目标的能力。

（三）家校合作

"家校合作"是一个宽泛的概念，英语中的表达方式有 home—school cooperation（家校合作），educational intervention（教育介入），parental involvement/parent involving（家长参与），parent participation（家长参与决策），parent—teacher collaboration（家长—教师配合）等。在中文表达里也被写作"家校共育""家校协作"等。通常指的家长和老师针对儿童的教育问题互相交流与合作，共同努力，家长积极主动的加入学生的教学中，老师同样指导家庭教育，联合施教以促进学生的健康和谐成长。

五　研究过程

本研究主要采用教育人类学的田野调查方法对利民学校三年级（2）班[现与原三年级（1）班合班升入四年级（1）班]进行田野调查。笔者通过田野调查过程中与该班级的师生长期密切的接触互动，了解学校与家庭在合作共育基础上如何运用抗逆力帮助随迁子女的学生摆脱学习困境，达到学习

---

① 教育部，《流动儿童少年就学暂行办法》，1998年3月2日，http://www.moe.gov.cn/s78/A02/zfs__left/s5911/moe_621/201001/t20100129_3192.html.

② American Psychology Association Help Center," The Road to Resilience：What is Resilience?" February 1, 2020, http://www.apa.org/helpcenter/road—resilience.aspx.

目标。在对参与观察与访谈中获得的第一手资料进行整理的基础上，试图描述以还原家校合作过程中出现的问题，从而提出合理的改进建议。

（一）研究对象

笔者以利民学校董家村校区内三年级（2）班［现与原三年级（1）班合班升入四年级（1）班］的班级授课教师、学生及其家长为主要研究对象。利民学校董家村校区坐落于北京市C区大福乡董家村，建立于2011年，是一所民办公助校；是利民教育集团所属的12个校区之一。近年随着附近公园的修建，利民小学董家村校区逐渐被这个公园所包围，通往外界的道路是一条2017年秋季刚刚完工的水泥路。利民学校董家村校区2017学年度因为一年级招生人数不够而取消了一年级。截至2018年6月，共有班级8个，其中二年级1个班，三年级2个班，四年级2个班，五年级1个班，六年级2个班。全校共计183人，全部为随迁子女。笔者的研究对象三年级（2）班［现与原三年级（1）班合班升入四年级（1）班］在2017年秋季学期开学时共有学生30人，全部没有在京学籍。2018年春季学期开学时仅剩下23人，6月底又有一名学生回老家，因此截至2018年6月底仅剩下学生22人。其中男生13人，女生9人。名单及基本状况参见表6-1。班中学生中18人为非独生子女，仅有2人是家中长子长女，此外其他学生均为家中幼子幼女。以下为该班学生的基本情况：

表6-1 三年级（2）班学生基本情况（2018年6月笔者统计）

姓名	性别	出生年月	户口所在地	是否为独生子女
梅梅	女	2008.12	河北	否，有一个哥哥和一个姐姐
婧婧	女	2008.12	河南	否，有一个哥哥
骏骏	男	2009.07	山东	是
祺祺	男	2008.10	河南	否，有一个姐姐
锦锦	女	2009.05	河南	否，有两个哥哥
博博	男	2008.09	河南	否，有一个妹妹
祥祥	男	2009.04	四川	否，有一个哥哥
宁宁	男	2008.09	甘肃	否，有一个姐姐
婷婷	女	2008.04	甘肃	否，有一个弟弟
曾曾	男	2009.06	河南	否，有一个姐姐

续表

姓名	性别	出生年月	户口所在地	是否为独生子女
思思	女	2009.06	安徽	否,有一个姐姐
阳阳	男	2009.01	河南	否,有一个姐姐
佩佩	男	2008.09	河南	否,有两个姐姐
辰辰	男	2009.02	河南	否,有三个姐姐
浩浩	男	2009.04	山东	否,有一个哥哥
诗诗	女	2009.04	山东	否,有一个哥哥
方方	男	2009.02	河北	否,有一个姐姐
凡凡	女	2008.10	河南	否,有一个哥哥
京京	女	2008.10	河南	否,有一个哥哥和一个姐姐
欣欣	女	2009.07	河南	是
哲哲	男	2009.07	河南	是
文文	男	2009.05	河南	是

2018年9月新学期伊始,因暑假又有部分学生返回老家后选择在老家继续读书,继而9月开学的时候原三年级的两个班级合并升入四年级(1)班,现四年级(1)班共有学生33人(包括9月新入学的学生1人),原三年级(2)班的学生还剩下19人。

利民学校董家村校区在2017年秋季学期开学时有包括校长在内18位老师。其中校长不参与课堂教学,其他领导层人员参与课堂教学。2018年春季学期开学后一个月内两位老师离职,截至2018年6月,只剩下16位老师,也没有新招老师进入该董家村校区。截至2018年11月(秋季学期期中),包括新招的英语老师和不参与课堂教学的校长在内,只剩下11位老师。

(二)研究内容

本研究以利民学校董家村校区该校的随迁子女们在家校合作的活动为例,运用抗逆力的相关理论,展现学校与家庭中随迁子女的抗逆力的作用情况,并在此基础上为促进发展适合于家校合作活动提供建议。

随迁子女家校合作的过程是在以摆脱学习逆境、达到学习预期目标的基础上进行的。由此,本文的第一章将介绍家校合作培养学生的境况,笔者将呈现参与观察和访谈收集的相关资料,包括学校概况、家庭概况,同时介绍家校合作的理念等。第二章主要介绍学校教育的情况，笔者以在校期间观察体现出的家校合作为基础，以此细致描绘家校合作的理念是如何帮助学生应对学习逆境的。第三章主要介绍家庭教育的情况，展示在家庭中抗逆力视角下家校合作的作用和结果。第四章为抗逆力视角下的家校合作，通过扩展家庭抗逆力使得两者相互影响从而达成家校共育的合理结果。结语部分将在此基础上为随迁子女在家校合作的过程中出现的问题提出对策建议。

（三）研究方法

1. 参与观察

参与观察法主要是通过参与者直接参加到所观察的对象群体和活动中去了解研究对象的思维、行为及组织互动模式。① 笔者利用每周 1—2 天的时间，深入参与到利民学校董家村校区三年级（2）班［现与原三年级（1）班合班升入四年级（1）班］学生和老师的学校生活，并且跟随特定学生进入其家庭深入了解其家庭情况。除了日常教育教学活动，笔者还参与了其他各种由学校和校外机构组织的校内外活动，尽可能做到深入教师与学生的学习生活之中。

2. 访谈法

访谈法中主要运用的是半结构访谈。半结构访谈中，笔者作为研究者事先准备好一份按照指标体系划分而形成的访谈提纲。提纲只作为提示使用，访谈采用个人访谈的方式，在访谈过程中，提问者根据被访者的回答随时挖掘信息以便更好地了解被访者，同时一定程度上访谈提纲只作为访谈问题的基本依据而并非完整版的访谈提问，通过受访者所讲述的内容进行整理。访谈对象为三年级（2）班［现与原三年级（1）班合班升入四年级（1）班］老师、学生及其家长，了解他们对于家校合作过程中的所作所为，以及对家校合作的态度和看法，挖掘抗逆力在其中的作用。在学生中，选择个别在学习成绩上有代表性的作为研究对象，进一步深入研究。笔者作为研究者将访谈内容及时整理，当天收集的访谈资料在当天内转换成为田野笔记的一部分以保证即时性，之后对其内容进行提炼整合与分析，进而丰富访谈的内容，对于欠缺之处及时进行进一步的收集。

---

① 庄孔韶：《人类学概论》，中国人民大学出版社 2015 版，第 128 页。

(四) 研究进程

1. 文献研究

笔者于 2017 年 9 月至今，通过查阅相关文献资料，逐步了解家校互动及随迁子女相关的问题及其影响。

2. 田野调查

第一阶段：2017 年 9 月 11 日至 2018 年 1 月 17 日（每周两次）

此阶段为笔者第一学期进入利民学校董家村校区的初期阶段。这个学期中，笔者秉着真诚待人的原则，逐渐与班主任和任课教师建立了良好关系，并取得了学生们的信任，在取得接受的过程中逐步融入该班级的学习氛围之中，完成了从"局外人"到"半局内人"的转变。同时进入家庭，取得家长的信任，逐渐看到了学生在学校之外的家庭中不一样的一面，为学校的学习生活做了补充。

第二阶段：2018 年 2 月 26 日至 2018 年 6 月 15 日（每周一次）

此阶段笔者从"半局内人"过渡到"相对局内人"，使得笔者的田野调查进入了新的阶段。在这过程之中，笔者的参与观察以课堂为主，家庭为辅进一步延伸到了学校开展的各类实践活动。同时也更加深入地进入了家庭之中，包括和家长一同上班更加深入了解随迁子女家庭背后的事情。在这一阶段中，笔者逐渐取得了班主任与任课教师的理解和信任，与学生的关系也更近了一层，并进一步得到了家长的理解和信任。在这个过程中笔者能够在田野调查的过程中进一步了解教师、学生及家长内心的真实想法，使得田野调查变得更加顺畅，尽可能地搜集到较为详尽的内容。

第三阶段：2018 年 11 月 23 日至 2019 年 11 月（不定期进入学校及家庭）

此阶段笔者的田野调查将围绕研究的重点"家校合作"逐步展开，必要时辅以访谈等其他形式以进一步收集资料。与家长和老师保持长期的线上联系，不定期进行联络，了解学校内的教育教学情况，完善现今已有的田野资料，对不足的信息进行及时的补充。截至 2019 年 11 月，笔者已完成 42 篇田野笔记，近 35 万字，并且积累了大量照片及视频的资料。

3. 论文撰写

第一阶段：2018 年 9 月至 2019 年 1 月初

整理田野笔记，结合自身研究兴趣点，针对初步拟定的题目开始进行相关文献的阅读和梳理。

第二阶段：2019年1月初至2019年2月中旬

初步确定研究内容与框架，撰写并修改开题报告。

第三阶段：2019年2月底至2019年3月中旬

持续不定期进入田野调查现场，在已有资料的基础上进一步进行整合分析，着手进行学位论文的撰写。

第四阶段：2019年3月中至2019年4月底

根据所搜集的资料及相关文献，撰写并完善学位论文，定稿。

第一章　城市边缘的学校与家庭

一　敲开学校的大门

（一）"花园里的学校"

利民教育集团成立于2003年，目前有12个校区，占地73190.63平方米，126个教学班，近3500名在校学生，近300名教职员工。分散在北京市C区的9个乡和2个街道办事处。董家村校区作为利民学校分校，建校于2011年9月，位于北京市C区东五环的大福乡董家村。近年随着校外公园的修建，利民小学董家村校区逐渐被该公园所包围，通往外界的道路是一条2017年秋季刚刚完工的水泥路。该校区占地面积7532.94平方米，建筑面积1731.48平方米，操场面积2000平方米，跑道长200米。教学区域一共六排平房，全校共用一座平房的洗手间（参见图6-1）。食堂仅对教师开放，学生中午的午餐是由送餐公司配送盒饭，学生在班里吃午餐。

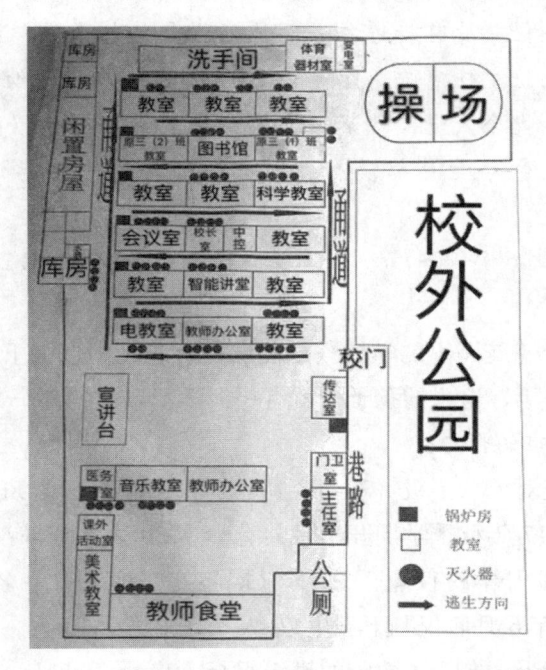

图6-1　利民学校平面示意图（2019.03.12，吴玉楠绘制）

  由于随迁子女学校的特殊性，利民学校董家村校区也曾多次处于关门的边缘，然而直到本文撰写时，还依旧存在着。随时可能关门也导致学生家长多少有些不安，流传的各种谣言也让"被关门"了好几次。家长问起，学校也让老师给了家长吃定心丸，只要学生还在北京，利民学校就让他们有学可上——"可能是有的家长就是说，老师你们下学期会不会拆啊，我们孩子上学怎么办啊，或者有的家长说我们都没有住的地了我们孩子要走，这都给大家带来了困难。但是我可以告诉你的是，咱们学校是不会拆的，这个呢，你就安心在这儿上学。你就是有处找房住，那孩子在这儿上学是没问题的。"（摘自吴玉楠2017.09.22，田野笔记）

  利民学校董家村校区2017学年度因为一年级招生人数不够而取消了一年级。截至2018年6月，共有班级8个，其中二年级1个班，三年级2个班，四年级2个班，五年级一个班，六年级两个班。全校共计183人，全部为随迁子女。2018年秋季学期重新招了一年级。然而这个新的一年级人数少得可怜。

  教学主任并没有告诉我一年级班里具体的人数，因此我只好回班之后去问班主任老师。她笑着跟我说："人少得跟幼儿园似的——也就那么八九个人吧，他们班人可少了。去年要是招生了哪有这么多事儿啊？今年估计都没有什么人报了，谁叫去年没让开班，没办法。"

（摘自吴玉楠2018.11.23，田野笔记）

  不知道这个"花园里的学校"还能在校外花园的包围下挣扎着存活多久，但是存活一天，这里的孩子们就有一天学上。

  （二）和馨班的师与生

  笔者的研究对象三年级（2）班［现与原三年级（1）班合班升入四年级（1）班］2017年秋季学期开学时共有学生30人，全部没有北京学籍。2018年春季学期开学时仅剩下23人，同年6月底又有一名学生回老家，因此截至2018年6月底仅剩下学生22人。其中男生13人，女生9人。

  在班级管理上，制订了清晰的班级目标、口号、班风、班训并将这些贴到了班中的展板上以激励学生。在该校区"和美少年"的德育环境中，该班被授予了"和馨班"的称号。班级目标是"让每一棵小树苗茁壮成长",班级口号是"健康向上,文明守纪",班风是"学会学习,学会生活,学会做人",班训是"团结、积极、文明、守纪"。

该班为包班制,即班主任老师同时教语文和数学两个学科。现任的班主任是一位四十多岁的女老师。印象中的她的身高只有一米六出头,却有着不输一米八的气场。总是扎着高高的马尾辫,精神中透着干练。在班里大声喊着让学生们安静看书学习,跟着学生参加各种活动,课间操比赛、萨克斯练习样样不落,是家长心中公认的认真负责的班主任。她是从二年级接管这个班级的,原来一年级时候的班主任老师离职了。这位刚接班一年的班主任相对于之前的老师要严厉一些。笔者在与其接触过程中了解到,她是河北承德人,来北京快有十年了。夫妇两个人带着一个女儿和一个儿子,女儿已经上了大学,有北京市学籍的儿子原先在该校她的班上,后来进了北京市的一所排名中等的公立初中,在严格教育之下现在在班里的成绩也是名列前茅。她的孩子们也算是随迁子女,所以这位班主任和该班的家长们是很有共鸣的,把他们当成长自己的孩子一样看待。对于随迁子女的学生因为各种原因离开学校回到老家,班主任习以为常的同时又觉得心情有些复杂得无法形容。

"天气都特别冷,现在地几乎晚上都不扫,都不用墩,也挺辛苦的。接孩子晚的家长尽量早点来接,把孩子冻坏了怎么办啊。我就经常跟我们班孩子说,咱们就是一家人。老师不希望你们任何一个学生走,有什么尽量反映,就是说好好的这座空了,我看着也挺那什么的。"

(摘自吴玉楠2017.12.15,田野笔记)

在学校里的学习任务自然是首要的,利民学校给三年级的学生安排了语文、数学、英语、体育、美术、音乐、劳技、品德等学科来学习(参见表6-2、表6-3)。由于学校的条件有限,校本课程和专题课主要由班主任来安排上语文或者数学,机房的条件限制也导致了本应隔周上的信息课被劳技课代替。

表6-2 利民学校三年级（2）班秋季学期课表（2017年9月）

三年级二班秋季学期课表

星期一	星期二	星期三	星期四	星期五
语文	数学	语文	语文	语文
数学	语文	英语	语文	写字
体育	体活	数学	英语	数学
英语	音乐	品德	综合实践	品德
科学	体育	美术	专题	劳技
班会	美术	劳技	科学	音乐
		校本课程		

表6-3 利民学校三年级（2）班春季学期课表（2018年2月）

三年级二班春季学期课表

星期一	星期二	星期三	星期四	星期五
语文	英语	语文	语文	语文
数学	语文	英语	语文	学科实践
体育	数学	数学	数学	外语
科学	音乐	体育	科学	美术
品德	体育	专题教育	品德	校本课程
班会	美术	劳技/信息	学科实践	音乐

除了学习之外各种活动也让这个和馨班的大家庭里的成员过得很充实，周二、周三的课后是乐队排练的时间，周四、周五中午，会有美术和英语的兴趣班，班里也有学生参加校内的足球队，不定期参加训练。

二 繁华中的破落小房

对本文的研究对象，该班23名学生均为随迁子女，没有北京户籍，其家长均为来京务工人员。在田野调查的过程当中，笔者对其中的两个学生的家庭进行了较为深入的研究。

笔者以志愿者的身份，进入到宁宁和凡凡两个学生的家庭中为其补课。通过参与观察和访谈，了解他们在家中平时的学习生活现状，以及学生在家庭当中的家校合作的情况。同时对于家长的教育方式有了一定的了解。

两位学生的家均在距离利民学校约 20 分钟车程的地方，均没有超过 20 平方米。相对于学校更加靠近城区。然而他们的房子在 2018 年的针对清退来京务工人员的"找房风波"当中，均有受到一定波及，但最终没有搬家。随迁子女家庭在城市之中的房子也是隐藏在城市的边缘，进入其住宅区，颇有一种被迫着"大隐隐于市"的感觉，他们住的地方更像是城市的一个夹层——能在相对繁华的高楼林立的北京四环路边上租到一个月租金 1500 元左右的房子安置一家老小，也是非常不容易了。

家庭抗逆力的作用的发挥，需要其家庭自身有着一定的潜在力量，有着突破逆境的意愿。抗逆力本身在抵御逆境的过程中则是起到了以资本为基础，把这样的潜在力量发挥出来的推动力的作用。因而在选择随迁子女家庭的时候，笔者考虑到了家庭的特殊情况，找了宁宁和凡凡两个具有一定代表性的家庭进入其中，方便观察其在家校合作的过程中是接受了怎样的家庭教育来与学校教育相互协调的；以及在抗逆力的干预过程中，家长所提供的家庭抗逆力又是如何发挥作用的；多方面的抗逆力协调作用下，逆境中的随迁子女，又是如何强大自身，提升自身抗逆力水平达到最终冲破逆境的目的的。

（一）宁宁家的小档案

宁宁是班里的班长，学习成绩名列前茅，是个古灵精怪的男孩子，活泼开朗，圆乎乎的脸上总带着笑容。他有很多新想法，在学校是老师的好助手，干活麻利就是偶尔有点小马虎。笔者刚进入宁宁家里的时候他还有些矜持，后来逐渐熟悉起来让笔者看到了他不同于学校的活泼开朗甚至有些"人来疯"的另一面——年纪虽小却十分懂事，一些小事让笔者颇为感动（例如，在晚上笔者回家前往笔者包里偷偷放橘子让笔者路上吃）。他还有个 14 岁姐姐在老家上学，姐姐因为身体原因在 2018 年 6 月的时候还在上五年级，现在也刚进入了毕业班。

宁宁平常上下学是由不同人负责的。他家楼下住着同班的小姑娘婷婷一家，婷婷的爸爸和宁宁的爸爸是从小玩到大的好哥们，两个人现在都是做着一样的外卖送餐员工作。早上婷婷的妈妈会带两个孩子坐公交车上学，晚上则由宁宁的爸爸骑着送外卖的摩托车接两个孩子放学。升入四年级之后，两家一合计让两个孩子自己坐公交车回家，这样也能让宁宁的爸爸多一些时间接单。婷婷的听力天生不好，做了人工耳蜗之后依旧有一边听不见声音，宁宁也承担起了一部分护送小姑娘回家的任务，颇有"小骑士"的风范。

宁宁家靠近一个交通枢纽的地区，在一个老旧小区的内圈中。宁宁家一家三口居住在这个处于二楼的小屋中，有独立的厨房和洗手间，洗手间中设有淋浴喷头可供日常洗澡使用（参见图6-2）。宁宁的父亲是一名外卖送餐员，母亲则在一家大型商场的某品牌下当售货员，和他家住在同一个楼层的大多数都是外卖员。宁宁的小姨在楼下和其姨夫住在一个小单间里，主要负责外卖小站，几乎和全楼的外卖员都有业务上的联系。小姨夫妇没有带自己的三个孩子一起来北京，他们和宁宁的姐姐一起留在了老家上学，宁宁有时候放学之后会去小姨家吃饭，之后返回自己家里写作业。宁宁的舅舅则在附近一个商业区的KTV上班，宁宁有时候也和家人一起去舅舅上班的KTV唱歌玩耍。

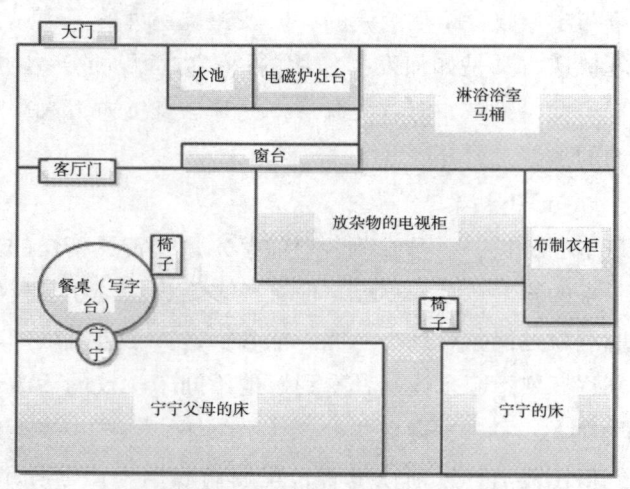

图6-2 宁宁家的平面示意图（2019.03.12，吴玉楠绘制）

之所以选择宁宁作为观察对象，首先是因为宁宁的成绩在班中数一数二，其家长也很配合学校的活动，而且这样的宁宁也处于学习逆境之中——他承受着家长过高的期望，背负着一定的学习压力。宁宁的姐姐留在老家，是典型的留守儿童，对比被父母带在身边的宁宁，也更容易观察其父母对其在学习生活上的影响。特别是在对于宁宁学习生活上、目标上的定位上，他们有着过高的期望，这种"用心良苦"也导致了宁宁陷入学习逆境，这在其他学习成绩较好的随迁子女身上并不常见。在笔者进入其学校和家庭环境中发现，宁宁身上有着巨大的潜力，通过抗逆力的干预作用可以帮助宁宁打破学习逆境。在多方面的努力之下，笔者也看到了宁宁家长对其的目标定位改变，使得宁宁逐渐脱离了家长为其量身定做的学习逆境，继续平稳地学习生活。

（二）凡凡家的小档案

凡凡则是班里的中等生，考好的时候偶尔能成为前五名。她是个安静的女孩子，很少和同学一起闹腾，课间也是安静在位子上和同学聊天、画画，很少在院子里活动。她一开始有点怕生，熟悉之后发现是个很可爱的小姑娘，笑起来眼睛亮亮的像有星星，心思细腻，在笔者结束田野调查前夕因为不舍与笔者分离而主动要抱抱，是个有些黏人的小可爱。她家里还有一个哥哥，同样没有北京的学籍，但是赶在了政策收紧前进入了某名校附中的分校就读，因此还留在北京，现在在上初二。

凡凡通常是由妈妈骑电动自行车接送上下学，当妈妈没空的时候这个工作就落在了凡凡的爸爸头上。

两个人碰巧都不在家的话，凡凡就只能出门坐公交车了，然而这种情况极少发生。

凡凡家开有一个小卖部，其父亲的工作主要是负责酒水饮料批发及相关配送，他的母亲则是通过打零工的方式来挣钱，通常是在餐饮或保洁行业做小时工。凡凡家开的小卖部本身和凡凡一家的居住区合二为一，另外一间房主要作为库房使用，房间内留下的床铺给了凡凡的姥爷。凡凡家没有独立的厨房和卫生间。厨房的锅灶也放置在姥爷居住的库房里，自来水则是凡凡家所在的小杂院中接出来的管子供院子里的各家公用（参见图6-3）。没有独立的洗手间，凡凡平日和家人都需要去附近的公共卫生间，离家最近的卫生间卫生状况堪忧，依旧保持着旱厕的形式，于是她家更多使用的是需要从家出发走五分钟才能到的一个相对干净的公共卫生间。凡凡妈妈的表姐及其丈夫在2018年秋季也来到了北京，做着保洁小时工的工作，租住在凡凡家旁边很近的地方。凡凡的这位表姨家有独立的卫生间，之后凡凡及家人通常来这里上洗手间。但是凡凡表姨家也没有单独的淋浴设备，两家人都需要去路程五分钟外的公共浴室洗澡，这也使得凡凡家在冬天并不是每天都可以洗澡。

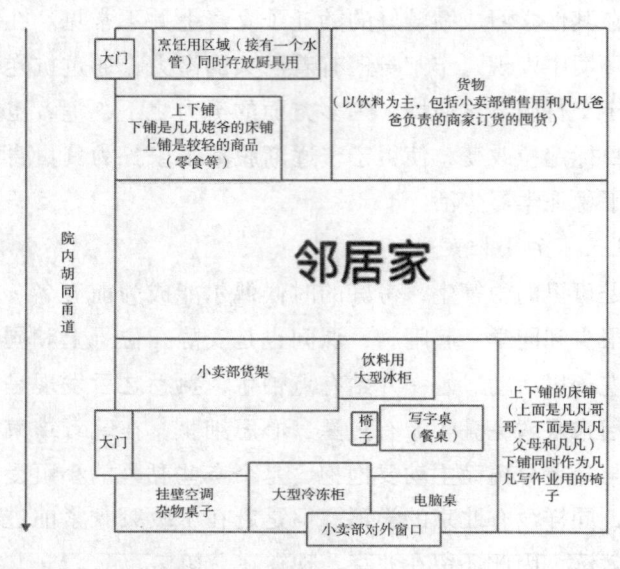

```
                    ┌─────┬──────────────┬─────────────────────┐
                    │大门 │烹饪用区域（接 │                     │
                    │     │有一个水管）同 │      货物           │
                    ├─────┤时存放厨具用   │（以饮料为主，包括   │
                    │上下铺│              │小卖部销售用和凡凡爸 │
                    │下铺是凡凡姥爷的床铺│爸负责的商家订货的囤货）│
    院              │上铺是较轻的商品    │                     │
    内              │（零食等）          │                     │
    胡              ├────────────────────┴─────────────────────┤
    同              │                                          │
    甬              │                 邻居家                   │
    道              │                                          │
                    │                                          │
                    ├──────────┬──────────┬────────────────────┤
                    │          │饮料用    │                    │
                    │小卖部货架│大型冰柜  │                    │
                    │          │          │  上下铺的床铺      │
                    ├─────┐    ├──┬───────┤（上面是凡凡哥      │
                    │大门 │    │椅│写字桌 │哥，下面是凡凡      │
                    │     │    │子│（餐桌）│父母和凡凡）        │
                    ├─────┴────┼──┴───────┤下铺同时作为凡      │
                    │挂壁空调  │大型冷冻柜│凡写作业用的椅      │
                    │杂物桌子  ├──────────┤子                  │
                    │          │小卖部对外窗口│电脑桌          │
                    └──────────┴──────────┴────────────────────┘
```

图 6-3 凡凡家的平面示意图（2019.03.12，吴玉楠绘制）

之所以选择凡凡作为观察对象，是因为学习成绩中等的凡凡本身在学习上有一定的困难。她的家庭是非常典型的随迁子女家庭，父母在京多年有着自己的小生意，同时也在外打工补贴家用。凡凡的家里有个哥哥，因为政策上的原因从小在非随迁子女的学校读书上学，这和在利民学校上学的凡凡形成了鲜明对比。从其家长对于凡凡哥哥和凡凡学校的态度中可以看出其家庭教育对于学校教育的定位，更方便笔者家校合作过程中观察其家庭教育对于学校教育的弥补作用，在家庭抗逆力上有着巨大的潜力。在抗逆力的干预之下，笔者也看到了最终通过多方面的努力，凡凡也逐渐强大了自身，通过各方面的抗逆力的共同作用，她逐渐走出了学习上的逆境，成绩有了很大的提升。

第二章 送你背起书包上学堂

一 岌岌可危的学校

利民学校董家村校区的地址原先在一处居民区里,随着近两年的城市规划与改革,外围区域逐渐变成一个大型的校外公园。在笔者田野调查的这一年里,校外的环境也发生了极大的变化。笔者还记得第一次来到该校的时候,水泥路还没有完全修好,黄土路尘土飞扬,坑坑洼洼,"停车之后看到一大片施工的蓝色遮挡牌的时候我还在想这个学校比地图上看到的似乎要大一些,然而顺着刚铺好的尘土飞扬的水泥路七拐八拐之后终于找到了学校大门,整体规模并不大。一进门就是久违了的升国旗奏国歌的声音"(摘自吴玉楠2017.09.11,田野笔记)。

在之后的田野调查的过程中碰上了下雨,不平的水泥路上的土和雨水混成了泥,更是让人不得不一脚深一脚浅地艰难前行(参见照片6-1)。

照片6-1 全是水坑和泥的水泥路上,因下雨而迟到的学生和送他的家长(2018.05.11,笔者摄)

然而这条水泥路是进入学校的唯一通道，当水泥路两侧施工的蓝色挡板全都卸下之后，校外公园便建成了。在这样的一个新修建的大型公园中坐落的利民学校，多少看起来有些老旧。2017年9月开学的时候，一年级已经因为人数原因招不上来了，这个招生的结果可以说是把学校推向了岌岌可危的边缘，随时有着被关停的风险。那个时候的校长眼里多少有些落寞。

  路上见到了德育主任简单打了招呼，随后去了校长室见了校长。简单介绍之后校长说了一年级取消的原因，"人太少了，不让招了"。"不让招了"这四个字重复了两遍。

（摘自吴玉楠，2017.09.11，田野笔记）

本来一年级是有学生来报名的，然而人数太少，根据利民集团的要求，过于小规模的班级无法开设，继而将这些来报名的学生分给了附近的其他校区。

这样一个在校舍规模和学生数量上都很"袖珍"的利民学校董家村校区，在校外公园的包裹之下，给了随迁子女们一个上学的机会，从学校里传来了朗朗的读书声。在随迁子女学校越来越少的当下，这读书声显得弥足珍贵，同时也价格不菲。

  班主任："前两天那个诗诗她妈，过来给她交学费，她插班生啊，都六千多块了，挣钱咱说这也不容易着呢。"
  笔者："六千？一学期？我们这大学一学年才五千。"
  班主任："是，你们那还是一年呢，这一学期就六千多，一年上万。她不是插班的吗？插班的贵，其他孩子都是一千多。"

（摘自吴玉楠，2018.03.09，田野笔记）

然而冲着难得的能在北京读书的机会，家长们还是想了各种办法能将孩子送进更好的学校，利民学校更多的是作为一个退居二位的备选项来保底，确保随迁子女能够在北京有书可读。在这点上，学校的存在也是个让家长能够觉得安心的因素了。

宁宁妈妈："我去年9月份辞的职嘛，10月让我走的，然后我就来这边了。这边离家近，我们搬家也是为宁宁上学嘛，搬过来了就在这边找（工作）了。"

笔者："我记得您之前是搬过家？"

宁宁妈妈："搬过，原来不是在小西天那边吗。"

（摘自吴玉楠，2018.04.14，田野笔记）

宁宁爸爸说之前他们家在小西天附近，办了各种证明就是家访没过。"那会儿住半地下室，就这个没过没让上，跑了好多趟，最后就到这个小学来了，想着那边条件也能好点，好歹也是公立的。"搬到酒仙桥这边来纯粹是为了宁宁上学方便。"这边也拆上了，之前房租八百，现在涨到一千五了。"

（摘自吴玉楠，2017.09.22，田野笔记）

这所学校将他们的办学理念写在了一进门能看到的主席台两侧的展板上——"让学生快乐地学习，让老师幸福地工作，让校园和谐地发展"。同时将"和美少年"当作德育理念。将写有"一训三风"的牌子立在了进门的入口处，校训是"健康、聪慧、高尚、快乐"，校风是"民主、和谐、积极、向上"，教风是"踏实、严谨、创新、进取"，学风是"乐学、静思、自主、合作"。对于学生的爱校教育也渗透进了每一个角落，甚至是上操前整队的口号中。

接近一点二十的时候体委阳阳拿着班牌整队带了出去，原地踏步之后接了一个口号，学生喊了两三次我才听清楚，内容是"爱我利民，从我做起，诚实守信，自立自强"。

（摘自吴玉楠，2017.09.22，田野笔记）

（一）"课表？我们班主任都没课表"

师资缺乏是该校当前面临的最大问题，继而引发了排课问题上出现的一系列混乱。在2017年秋季学期开学时有包括校长在内18位老师。其中校长并不参与课堂教学，其他领导层人员参与课堂教学。其中领导层主要是以德育主任和教学主任两个人为主。该所学校的教师均为外地户籍。因此对随迁子女的处境多少有些感同身受，在家长会上笔者所在的三年级（2）班的班主任老师曾说出过"我也理解，毕竟咱们都是外地人，现在给咱们撵的也是，像逃荒一样。"（摘自吴玉楠，2017.12.15，田野笔记）的话。2018年春季学期开学后一个月内两位老师离职，截至2018年6月，只剩下16位老师，也没有再招老师进入该校区。包括笔者所在的三年级（2）班在内的部分班级为"包班制"，即班主任老师同时任教语文和数学两科。教师人数不足，导致部分副科课程出现被占课现象，或者由其他科老师代课。教师"身兼数职"的情况时有发生，有些老师一人教三科仿佛铁人三项一般，还有老师是哪里不够补哪里。"三年级（1）班的班主任问之前教三年级（2）班英语的老师：'你还代着谁的科学课呢？''都代着呢，那几个班的，科学老师不在就我给上呗。'"（摘自吴玉楠，2017.11.17，田野笔记）因此出现"我们班主任都没课表"这种让人颇为震惊的话语也不足为奇，在笔者2018年秋季再次进入学校的时候，该班级已经彻底架空了原先沿用的课表，变成了无课表状态。

　　笔者："诶对了，宁宁你这儿有课表吗？给我一份。"
　　宁宁："课表？我们班主任都没课表。"
　　笔者："那你们怎么知道上什么课呀？"
　　宁宁："看老师安排了，现在基本上都是班主任上。"
　　　　　　　　　　　　（摘自吴玉楠，2018.11.23，田野笔记）

　　包班制下班主任自然是吃不消的，每天都过得仿佛"打仗"。在课表还存在的情况下，班主任自动把这节课没做完的事情拖到了下节"无人认领"的课上。

　　　　卷子直到下课还有人没做完。课表上写着的下节课是英语了，我问班主任没写完的咋办？"接着写，下节课写完了该改错改错。"我心里冒了一连串的问号，上次凡凡说教英语的老师还教品德，这次不是品德就是英语了怎么又是班主任的课，我询问班主任老师，英语老师不给上课吗，班主任表示英语老师现在忙，"她孩子小，就把课都调了也不怎么上了，昨周四有一节。""那现在品德和英语都是她？""都是她，劳技也是，但是都没怎么上就给我了——我这一上午四节课又跟打仗似的。"

（摘自吴玉楠，2017.11.17，田野笔记）

更多的时候是教学上造成一定的混乱，比如，让教师过量工作写教案，和让学生做本来就超纲的题或是自行判作业应付检查。这样的大环境使得学生和教师都有些"逆反心态"，"上有政策下有对策"的应付方式也会使教学质量大打折扣。

> 果不其然，教学主任在我走到后面还没坐下的时候，就进了班。
> 教学主任："下午别开新课啊，下午，检查作业。"
> 班主任："作业？寒假作业啊？"
> 教学主任："总校来人说让检查寒假作业。"
> 班主任："啥时候要啊？"
> 教学主任："今天放学之前都弄齐了，都批了。"
> 班主任："现在批哪来得及呀？这么多孩子，还有没来的啊今儿。"
> 教学主任："你让孩子们对着互相改改。"
> 班主任："我都不知道答案啊，这假期留的作业我都没看，我怎么给他们讲啊？"
> 教学主任："你让他们对着批批，先甭讲了，先把这都判出来。"
> 班主任："那这孩子哪知道对错呀？"
> 教学主任："让他们对着答案先批出来，总校说要呢没办法。"
> 班主任："那也不能一本两本批得那么仔细啊，也不能都看吧，就几本改出来成吗？这人都不齐……"
> 教学主任："最上面的几本认真改改，下面的让他们互相批，总校要呢，下午别干别的，就干这个。"教学主任说完就走了，班主任依旧坐在前面写着她的备课笔记，完全没有理这事儿的意思，我飘到前面，问了一句："这啥情况？"
> 班主任："能啥情况啊？没看着吗，这教学主任又开始拿总校压人了。"

（摘自吴玉楠，2018.02.26，田野笔记）

类似的现象在这里的教师群体中很常见。笔者所在班级的班主任也是受害者之一，根据她的揭露，有老师长期因此不满而辞职。学校留不住师资也为之后的教学埋下了极大的隐患。

后来班主任回来了，把前面的凳子搬到了后面的办公区域，坐下来开始写教案。我趁着这个时间过去问了问班主任今天教学主任（讲话）是什么意思，"教学主任这是来巡逻啦？"

班主任："哼，还巡逻呢，他就是找事。"我听她这是一肚子的不乐意，小声问了句："啥情况？"班主任："没情况，他就会说总校，总校谁理他啊——说课堂巡查，每天不知道什么时间，他就冒出来了。每天都有，你说要是固定着上午或者下午什么时候查也好，有个准备，谁能保证每节课上课干的都是跟着教案一模一样的啊，有个调整他就不乐意……诶我跟你说这就这教案，他就够没意思的了。"班主任说着把教案的本子往前翻了翻给我看，写得满满当当的，"他寒假的时候吧，让我们备课。也没说备多少、什么要求都没提。这开了学，他就开始找事儿。就前两天开会，这语文，除了三（1）班他们的班主任备完了，全校我最多，38页，数学我也二十多（页）呢。结果呢？他给人家那都写完了呢给了个8分，基本上完全写完的呢，给了个7分。是我这种的，他数学竟然给了我6.5。我就说他'教学主任你觉得你合适吗？这么干没意思了吧？之前你也没提要求啊，这次凭什么就给我这么点分啊？'后来可能也是我把他说着了，他有跟我说，是他有问题。谁吃他那套啊？我这来气……"

笔者："那他也应该提前说说啊要备多少什么的您也好做。"

班主任："他不啊！不伺候了，他爱上哪告我让他上哪告我，就他事多。"

笔者："别的老师也得有意见吧。"

班主任："呵，意见？又走俩，人家不干了。"

（摘自吴玉楠，2018.03.09，田野笔记）

尽管被学校的工作压力整得身心俱疲，然而三年级（2）班的班主任老师依旧保持着应有的认真负责，这在家长中也是有目共睹的，包班制的她做到了带领了三年级（2）班在总校举办的各校区的比赛中取得了极好的名次。除了学习，对于学生的其他方面也很关心，比如，在锻炼身体的跑操和广播操以及保护视力的眼保健操上。

  "班主任和配好的任课教师到后面就位，我们过一遍。"德育主任下了命令，这次要让校长和教学主任一起在台上看。三年级（2）班的班主任站在了班级的右后侧，班级最后站着的是上周见过的那位音乐老师。其他几个班的老师并没有都跟着做，班主任穿着目测有7—8厘米的坡跟鞋，除了跳跃运动之外基本全程跟了下来，我突然明白了早上在班里做的时候为什么她看着比部分学生还要熟练，尤其是她着重提的击掌部分，很好地合了拍。对学生面面俱到的关心大概也体现在了与他们一起做事上，学生所要做的事情都亲自参与是一个很好的过程，能够直接对学生进行切身体会的教导。

（摘自吴玉楠，2017.09.22，田野笔记）

  在眼保健操的时间里，班主任虽然依旧在前面忙，同时也时不时提醒学生们，让他们好好做操。之前的眼保健操比赛，班里也获得了不错的成绩，拿到了第二名。同时眼保健操也是能让学生们保护视力的重要保障之一，老师对此很是上心。

（摘自吴玉楠，2018.05.04，田野笔记）

对于班里相对特殊的孩子，比如天生听力不佳的婷婷，班主任也是在用自己的爱心帮助着她，并且告诉班里的同学们也要一起来帮助她，营造了一个很好的互助氛围。

  班主任在前面判作业，我在后面负责给同学们改错。当我叫到耳朵不太好的婷婷过来改错的时候，她没有听见，我叫了她第二次，她的同桌伦伦过来拿了，"老师我给她拿过去吧，她没听见。"我下课之后去问伦伦，是班主任要求他平常帮婷婷的吗，他说是，"老师说她耳朵不好有时候听不见，我们就帮帮她呗。"我注意到一直以来有一个细节，无论怎么换座位，婷婷的位置永远是第一排靠中间的位置，也是为了照顾耳朵不太好的她保证能正常听讲。班主任对她相当上心，之前负责每天送两个孩子回家的宁宁爸爸没来，我负责送两个孩子回家的时候，她还特意叮嘱我，让我多拉着点婷婷。

（摘自吴玉楠，2018.06.08，田野笔记）

然而有时候班主任的努力也是得不到家长的理解的。老师课后讲题本来并不是强制性的，住在通州的班主任何尝不想早点回家。然而碰上了不配合的家长，认为班主任是故意留她家孩子还产生了小摩擦，对此班主任满是无奈。

>班主任："就上次有个孩子题我看他不会，放学给他讲，不能因为他我这一队的学生就都不放了啊，我就让他在教室等我，我先给别人放学去，结果在校门口碰上他妈问说孩子咋还不出来，我就说他不会回头给他讲，一会儿就给领出来。他妈就着急了说这眼见着下雨了着急带孩子走，这老师咋的还不放了啊。我就说这哪有雨啊大晴天的——你说这就是家长问题啊，你孩子一百我那么多工资，孩子零蛋我还那么多，我跟你着这急呢，回头家长孩子的还都有意见。"

（摘自吴玉楠，2017.09.22，田野笔记）

在这样师资力量并不充足的情况下，利民学校的其他老师们也面临和三年级（2）班班主任相似的、来自高层的压力。教育教学上的混乱不可忽视，但与此同时，利民学校的这些老师们也在竭尽全力为在这里上学的随迁子女们提供着力所能及的最好的教学水平，用爱与知识缩小着随迁子女与这个大城市中其他学生的差距，帮助他们更好地在这个大城市里学习生活下去。

（二）资源不够，资助来凑

学校也在努力为学生们提供力所能及的课外活动资源。例如，建立了自己的足球队，举办了广播操在内的各类比赛来让学生们多方面发展。在课后也为学生安排了乐高之类的活动课作为一天的结束。"科学老师进了班，跟同学们说今天这节课接着玩乐高，并随机挑选了四五个学生去科学教室拿乐高。最后几个学生抱回来了几个，并不是很小的箱子里面全都是乐高的插片，还有一些其他的科学益智类的玩具。在之后，科学老师要求按照星期一一样的分组，把桌椅摆好。女生们分成了两组，剩下的男生们也分成了两组。（参见照片6-2）"（摘自吴玉楠，2018.05.11，田野笔记）

照片6-2　学生们在活动课上玩乐高（2018.05.11，笔者摄）

除此之外，作为随迁子女学校的董家村校区也获得了不少社会关注，其中不乏一些著名的集团来投资，有些是送物品，例如，三星集团之前给该校的学生送来了过冬的棉衣，质量还不错。

我看见凡凡把身后的外套又穿上了，我说你穿得倒不少，凡凡妈妈说她手凉脚凉就多穿了点，我看她那件橘色的衣服不错就问是新买的吗，凡凡妈妈说不是，"这学校发的。""发的？""嗯，他们这学校还老有赞助——这衣服，衣服上还有个三星那个，是三星吧？就那个的标（是三星，在左侧袖子上）。""这周发的？""不是，早了，一年级那会儿吧，大，就没穿，这才差不多，我看能穿了就给她翻出来了。""这啥情况？都有还是？""都有，都给了，这小孩还有穿的他们那，啥色都有，蓝的绿的，我看他们有孩子穿得还挺脏的了。""您这是勤快，凡凡的衣服都挺干净。""也不是勤快，原来穿的也是人家给的，后来就揉了（大概是穿旧了的意思）就不要了。她没上学那会儿，就是现在比她大点的那孩子家长，我听人家说，学校还给发了那个耐克的鞋，一人一双，可好了那个。"

（摘自吴玉楠，2017.12.23，田野笔记）

有的则是来送参加活动的机会，这也都成了学校教育中的一个亮点。在这些活动顺利举办的背后，也是和家长的支持分不开的。笔者所在的三年级（2）班，非常有幸被选中成为奔驰集团扶植的乐队特长班，乐队的教学分为打击乐器和吹奏乐器两种。笔者进入的两个家庭的孩子都属于吹奏乐器中的萨克斯班。之后这个班级还参加了免费参观大剧院的活动。在参观前夕，班主任在家长会上公布了相关事宜，在学校尽其所能保证学生安全的情况下希望家长可以尽力配合。

> 班主任："之前也让孩子跟家长都说了，有几个没给我反馈的，这事我也不好在群里说，就是这么几个人定下来去国家大剧院，元月十二，一月十二号去国家大剧院，奔驰公司给的机会，以参观完为主，包车去，包车回，在前门那边住一宿，周五下午就走了周六十点多就完了，能不能上台还得再看。他们萨克斯老师也挺着急的，让带着练呢，咱们班是宁宁（带着）。"主要说了在外住宿的一宿的要求，因为是两个孩子一个房间，学校不让孩子洗澡怕出现安全问题。班主任和德育主任都会过去，每个房间两个房卡，班主任会拿一张为了方便查房和叫早。

（摘自吴玉楠，2017.12.15，田野笔记）

像这样参与国家大剧院的活动，学校与随迁子女的家庭都很难直接有机会接触到，而学校外资助办活动的方式，弥补了学校与家庭在经济资本上不足的同时也弥补了文化资本上的不足。这些随迁子女的家长也与学校尽力配合着，让自己的孩子能够有机会接触到大城市独有的文化，帮助这些随迁子女增长知识、开阔视野，缩小着与城市孩子之间的差距，使他们能够更好地在这个大城市中生活与学习。

二　欢迎家长来校

由于随迁子女家长大多工作繁忙，来校机会自然是少之又少。学校在家校合作上举办了校园开放日的活动和家长会，主要以此为契机让家长进入学校，了解学生们在校的情况。这个在家长口中随时可能会被关闭的学校，在力所能及地展示着自己最好的一面，让他们知道自己的孩子在这所学校里上学是能够让他们安心的。

（一）家长会

家长会主要有两种形式，一种是给后进生的家长单独开的小型家长会，另一种则是给全体家长开的每学期一次的集体家长会。

第一种家长会并未取得什么效果，根据校长的描述，这类家长会不会开很多次，很多后进生的家长也不配合，只是单纯当成一个学校派下来的不得不去的任务，甚至派出了家里大字不识的老一辈来开家长会，让家长会的作用大打折扣。

> 对于上学期考试的后进生们，校长特意说明"现在不能说差生了，得说后进生"，后15名叫家长单独开会。两次开会之后有的有效果，然而有的孩子父母太忙所以让大字不识的爷爷来开会，这想来也是没有什么效果的。
>
> （摘自吴玉楠，2017.09.11，田野笔记）

全体家长会则是每学期一次，但是之前也有过因为学期安排问题没开成家长会的现象出现。这个类型的家长会要求所有学生家长参加，通常为下午半天的时间。不过依旧有家长请假不来。在学校的教学之外还有额外的诸如消防安全讲座之类的活动，不过通常家长对这些更是敷衍了事。由于随迁子女家庭多子的特殊性，一些家长因为幼年子女无人照顾而将其带到学校一并参加家长会，期间还要分出精力安抚幼子，这样家长会的有效性也令人质疑。

> 讲座过程中，我一直在观察因为迟到而坐在班主任放的塑料凳子加座上的那两个抱孩子的家长，她们的注意力基本上都在孩子身上，

一开始似乎是想让两个孩子一起玩，毕竟消防安全知识还是很重要的。然而其中一个孩子在开场十分钟之后就被教员播放的火灾片段里的声音吓得哇哇大哭，家长哄了哄没什么效果，于是就赶紧抱孩子出去了。另一个家长的孩子也有些躁动但是没有哭出来，也开始用较大的音量叫着妈妈，他的妈妈就给他拿了帽子转移注意力，小声说着"帽帽"什么的哄着孩子，示意他安静下来。

（摘自吴玉楠，2017.12.15，田野笔记）

这个会依旧是校长在念稿子很形式化地夸了家长的贡献，之后他讲了讲利民学校近几年发生的安全事故，描述得很可怕，包括煤气中毒和掉冰窟窿的死亡案例。总之就是要家长提升觉悟。可能因为太没有意思了，宁宁妈妈和其他家长都是时不时在看手机，旁边坐着的孩子们则在发呆或者在小声聊天。

（摘自吴玉楠，2017.12.15，田野笔记）

家长会总体来看可以说是名存实亡，失去了家长和学校沟通的本质意义，两方都有例行公事下敷衍了事的嫌疑。缺乏对于学生问题有针对性的家长会，从形式和内容两方面均有待改善。

（二）校园开放日

比较于家长会，更为灵活的校园开放日中家长的参与度反而会更高一些。校园开放日的活动主要是分为两种。第一种是部分家长不定期来参加升旗仪式的活动，以此为契机进入校园。这个机会是由各班的班主任来联系家长，根据家长的时间来安排进入校园参加活动的时间。这是一个双向的选择关系，并非所有家长都有机会被轮上，也并非被班主任选择的家长都有时间来参加。有时候这种相对小型的活动只有1—2个家长参加，在来校机会方面，大多数是成绩比较好，或者是老师眼里比较聪明的学生，这类学生的家长一般也会同意来参加活动，相对比较配合老师的工作。

9：10的时候，班主任的手机响了，说了句"您到了？那我出去接您"就出门了。想必是哪位家长过来了，在校门口保安不让进，需要老师出去接吧。结果一直到下课她才回来。我问她刚才是去接谁了,她跟我说伦伦他妈来了,"今天不是有活动吗?那个演讲比赛,叫了一帮家长过来当评委。""有点意思,谁演讲谁家长过来?""也不是,有的人家长有事来不了的,但是有的是爸妈都来了,你看着吧刚布置完,一会儿就操场集合这就开讲了。"

(摘自吴玉楠,2018.03.30,田野笔记)

宁宁妈妈:"有老师就问,'谁家长会化妆呀',我儿子就直接举手,'老师我妈会我妈会!我妈每天都化妆!'我这化妆这是我们这儿要求,没办法。平常没事谁化啊。结果人家老师就把我给叫过去了。"

笔者:"这叫您过去是啥意思?"

宁宁妈妈:"他们不是有六一儿童节表演吗?班主任让我给登台的孩子化妆,也就瞎化,都涂个红脸蛋儿就上去了。"

(摘自吴玉楠,2018.04.14,田野笔记)

第二种则是在特定的时间,如儿童节,全体学生的家长都能受邀进入到学校之中来观看学校师生准备好的汇报表演(参见照片6-3),感受日常的学习生活氛围。在这种机会下,学校在努力展示自己的各种成果。从课内到课外,拿出全部家当来尽力展现自身优势,安排了各种类型的表演活动,让家长们更好地了解自己的孩子在校情况。

照片6-3 萨克斯社团展示 后面的绿字是"萨克斯社团"
(2018.06.01,笔者摄)

最后一个节目是大合唱，《明天会更好》这是之前宁宁和凡凡被选中去排练的曲目。最后一段是全校大合唱，这个合唱结束了今天的艺术节表演。德育主任最后上台宣布了结束："后面有展示区域，欢迎各位领导和家长参观，我们的小讲解员在后面等大家。"后面是各个社团的展示，有些社团我之前从来没听说过比如口风琴，我溜达着问了一句在阴凉处玩手机的科学老师："咱们这社团还挺多啊。""有的就最近弄的。""原来有口风琴这种东西吗？完全没印象诶。""库里有，就拿出来了。"最后这句话基本上是耳语的音量。这次真是把能找出来的所有东西都放出来了。今天在开头领导介绍的时候，总校的校长也来了，想必这次董家村校区是把各种意义上的压箱底的都拿出来了。

（摘自吴玉楠，2018.06.01，田野笔记）

　　对于自身的特色，董家村校区也是没有落下。和其他同一教育集团的不同，该校区的萨克斯也是特色，在这次儿童节的活动中充分展示了出来，受到了家长的好评。

　　我走到后面跟凡凡妈妈打了个招呼聊起来演出的事。
　　凡凡妈妈："他们这个看着还挺不错的。"
　　笔者："是，之前一直排练呢，奔驰公司给的福利，就之前那个大剧院的那个。"
　　凡凡妈妈："奔驰的啊——我们一个朋友他们家孩子也在利民，就酒仙桥那边那个校区，啥活动都没有，那天还说呢，'你闺女学校怎么还有乐团啊交钱吗？'我还说不交，老师没说让交，她都有点不信呢。"

（摘自吴玉楠，2018.06.01，田野笔记）

　　学校在校园开放日中向家长展示着他们的孩子在学校中学习生活的状态——学校在投入经济、文化资本，尽力缩小着与这个大城市的学生的差距，避免学生陷入学习逆境的同时也弥补着由于随迁子女特殊性所带来的家庭教育上的缺失。这使得这些工作忙碌的随迁子女家长能够减少对于自己孩子学习生活上的担心，更安心地继续将子女放在身边的这所学校里。

第三章　做你的"港湾"与"后盾"

处于城市边缘随迁子女家庭相对缺乏教育投入所需要的经济资本和文化资本。通过调查，笔者所在的利民学校三年级（2）班中的家长大多数从事的以自营生意和帮工为主，工作占据了生活的很大比重，他们大多都是起早贪黑，辛苦工作为生计奔波。经济条件相对不是很理想，一家居住在狭小的空间内。在北京"清退"的背景下，不少学生家长因为找不到合适的可租住的房子等原因而被迫让子女转学回了老家。然而在这种条件下，家长依旧怀有让子女可以在有限的条件下获取更好学习资源的希望。在家校合作的过程中，家庭起到了重要的作用，一定程度上弥补了随迁子女所在学校在教育上的不足。但是与此同时，家庭教育中也存在一定的问题。

一　我们想把你留下来

"留下来"通常是随迁子女家长的第一等要求。作为来京务工人员，已经在北京这个大城市里工作了许久，他们希望自己的孩子也能在大城市中学习生活，而不是留在老家被家里的老人带着成为"留守儿童"。然而这样的愿望实现起来的过程是坎坷的。从住房、政策等不同方面限制着来京务工人员子女留下来的可能性。

首先是住房条件，随迁子女家庭中普遍居住在城市的边缘地带，家中环境并不是很好，家中地方很小，一家几口人挤在狭小的空间当中，家中基础设施也并不完善，例如，没有独立的卫浴，洗澡需要出去洗或是在家中自行烧水。

例如，笔者调查的凡凡家，她家没有独立的洗手间和浴室，因此都要去外面的公共卫生间和浴室解决，这在冬天是非常冷的，所以每次洗澡都要耗费相当长的时间在公共浴室里，那里相对暖和一些。

笔者："你们平常多少天洗一次啊？"
凡凡："两三天？"
笔者："也是，冬天还挺冷的。远么？"

> 凡凡:"不远啊,就在那个卖馒头的地方(步行距离约三分钟),再往那边(手势是继续往西)走就到了。"
>
> 笔者:"哦那还可以,走多久啊,五分钟?"
>
> 凡凡:"一共也就走五分钟。"
>
> 笔者:"你知道(一次)多少钱吗?"
>
> 凡凡:"现在一个人十五了,原来十块。"
>
> 笔者:"原来是啥时候啊,去年吗?刚过完年就涨钱的节奏吗?"
>
> 凡凡:"不是啊,我们还住在那边没搬过来的时候(附近商场的另一侧),那会儿是十块,现在是十五了。"
>
> 笔者:"有时间限制吗?还是就是按人收费?"
>
> 凡凡:"我妈跟我去啊,就十五一人。"
>
> 笔者:"那你哥平常就是跟姥爷一起吗?你爸呢?"
>
> 凡凡:"我爸……不知道,他不一定,我哥就跟我位爷(音,意思是姥爷)去。"
>
> 笔者:"那你们得洗多长时间啊,你妈跟你。"
>
> 凡凡:"两个小时?不知道反正,就挺长的,洗完暖和啊。"
>
> (摘自吴玉楠,2018.01.06,田野笔记)

而且凡凡家里并没有电暖气等取暖设备,只有一个老旧的空调,冬天的时候家里的温度并不高,而且在凡凡老家河南的所在地区被分在了"暖气分界线"的南边,并没有集中供暖。在老家的火盆在北京行不通了,也就是用在室内多穿一些的方式来让自己暖和起来。

> 笔者:"你们家空调一直都是这个温度吗?"
>
> 凡凡:"我不知道,我看看是不是开的有点儿低呀。"说完了之后,她从抽屉里拿出了空调遥控器,遥控器上显示的温度是30度。我凑近了空调,站在底下伸手,发现只有极其微弱的风。"这空调好几年了。"在屋里蹦跶了有五分钟之后,凡凡的爸爸回来了。我跟凡凡爸爸问了好,他看我有点冷就说出去烧热水。我问了他空调的事情,"没办法,我们这个地方也不让烧个电暖气啥的,这些都不成。然后也没有集中供暖,就一直用着空调,好长时间了,可能缺点氟了吧,不太懂,回头等

她妈回来再弄吧，有一阵子了，就一直是这个温度。"

笔者："您在家里觉得冷吗？"

凡凡爸爸："我们这还成，都习惯了，我们老家那边也没有烧暖气的，不像你们北京城里的都是有集中供暖，你们家肯定热吧？"我跟他大概说了一下，我们家已经烧得快变成夏天了，又问了他一下，为什么河南不属于集中供暖的地方，我记得之前我有一个同学考到了洛阳，她说那边是有暖气的。凡凡爸爸解释说各个地方有差异，至少他们那里是不供暖的。"南北方分界线嘛，我们正好被分到了南方，就我们那块儿就没有供暖了。"

笔者："那在老家的时候冷的话怎么取暖呢？"

凡凡爸爸："我们平常也不是觉得特冷，我们那儿的气候没有北京这么干冷干冷的，还好吧，就是最多烧个火盆什么的，烤烤火也就够了。这边不能烧，多穿点吧屋里还是凉。"

（摘自吴玉楠，2018.11.23，田野笔记）

已有的设施也可能会出现不完善的情况，比如家中停电。宁宁家就曾有过这样的情况，导致在爬楼梯的他不慎"挂了彩"。

"天黑，楼梯蹭了一下（伤了）。"宁宁家的楼梯很陡，眼神不好的我每次上下都是抓着扶手侧着下去，"你在楼梯上跑来着？"毕竟这个位置还是很危险的。"我没跑，就是没踩着（台阶）。"宁宁家晚上的时候楼梯上方只有一个小灯泡，亮度还可以，我提醒他以后注意，他抿着嘴说因为"停电了我就没看清"。我问他最近是一直在停电吗，他说偶尔会。"都是晚上，突然就停了。"

（摘自 2017.10.21，田野笔记）

在这样的资本不足的情况下，随迁子女的家长依旧在为了不让自己的孩子回老家变成"留守儿童"而努力着，尽可能给子女提供着最好的经济、文化资本，比起两地相隔，让子女留在自己身边多少也是一种安心感。这个过程中来自家庭的抗逆力发挥着作用，帮助这些随迁子女更好地在大城市中留在父母身边学习生活。

（一）"清退"风波中的家庭

在"清退"的背景之下，有些随迁子女家庭居住的出租房被认定为安全不合格，随时面临着搬迁的可能。现在的居住地也存在一定问题，私搭电线导致诸如停电等事件也会有所发生，甚至在被警察入户调查"查封"了之后依旧住在原先的地方，很显然住在这样的地方是有安全隐患的。

如笔者调查的宁宁家，上楼梯的入口处已经被焊死，仅能够依靠踩着凳子翻越楼梯的扶手攀爬上楼（参见照片6-4），从外面看完全是一片已经封住的场景，然而他们家和楼上的其他住户却依旧住在原地没有搬走。听来的信息也是一天一个变化，今天说拆明天说不拆。这些随迁子女的家长们也是做好了搬家的打算。四处找房的同时没有放弃自己现在的房子，得住且住着。

照片6-4　正在从楼梯侧面往下爬的宁宁（2018.05.04，笔者摄）

我问宁宁楼下的麻辣烫店怎么拆了，他说前两天拆的。"那边停车场也给拆了，原来关着的门现在拆了。"这个我还真没看见。

笔者:"怎么你们周围拆这么多啊突然。"

宁宁:"我们这儿可能也要拆了。"

笔者:"啊?昨天你还没说呢啊。"

宁宁:"对啊,昨天晚上回来才知道的。"

笔者:"什么情况啊……"

宁宁:"就是说,我们二层那个瓦,说容易着(火),然后还有人来检查,张爷爷说不让住了快。"

笔者:"张爷爷?"

宁宁:"房东啊,他跟我爸说二楼可能要拆。"

笔者:"那你小姨那呢,一层没事吧。"

宁宁:"一层没事,就是二楼,可能就(拆)没了。"

笔者:"那你妈找地方了吗?"

宁宁:"找了,她说有个什么小区的。"

笔者:"附近的?电子城小区?"

宁宁:"不知道应该是吧,好像两千三元。"

(摘自吴玉楠,2017.12.16,田野笔记)

笔者:"您这边房子没说拆吧?"

宁宁妈妈:"说了,一会儿拆一会儿不拆的……"

笔者:"这片看着还没啥事啊。"

宁宁妈妈:"哪啊,楼下,就我们那个房东,老头盖了个棚子,前一阵子就给推了。"

笔者:"诶?麻辣烫那个?"

宁宁妈妈:"不是,那个早拆了,是另外一个,就楼下,三四平米的,给拆了。"

笔者:"您这楼上不是搭出来的没事吧?"

宁宁妈妈:"不知道呢,原本我们这个,没有外面这个现在这个,这个做饭的地方,还有那个厕所,也没有,都是后来才弄的。"

笔者:"那原来就这个屋子?"

宁宁妈妈:"对,那会儿也便宜,这不是他(房东)为了多赚钱吗,那会儿一个月800元,就是没地方做饭,我们还得支一个那个台子，在屋里做。"

笔者："那厕所呢？"

宁宁妈妈："楼下，楼下那拐角那，有一个。"

笔者："现在房租一千多？"

宁宁妈妈："一千五，本来是一千三，加上水电的二百元，一千五。"

（摘自吴玉楠，2017.12.27，田野笔记）

    我这才明白，之前宁宁爸爸跟我说的旁边又加了一块板子是什么意思，其实相当于把楼梯扶手上侧面的都封住了。旁边有一个小凳子，我单脚踩了一下，那个凳子也并不是很稳。相当于现在往上爬的话，除了之前那个封死的铁板之外，侧面也并没有下脚的地方了。宁宁妈妈站在楼梯上，先是把宁宁的包递了下来，之后又扶着宁宁踩凳子下来了，再之后跟我说："我跟你们过去。"自己也扒着楼梯边下来了。下来的时候她后脚踩空了，好在凳子不是很高，也扒住了楼梯边上，没有发生危险。

（摘自吴玉楠，2018.05.04，田野笔记）

    宁宁家在这场"清退风波"之中受到了不小的波及，好在最后留了下来，这也让宁宁一家松了口气。然而有些学生就没有这么幸运了，之前的住房被封掉，因为找不到合适的房子，这些随迁子女的家长只好把孩子送回老家，有些自己也跟着回去了，有些则继续回来打工，把孩子从"随迁子女"变成了"留守儿童"。

凡凡妈妈："就他们那个同学——你们那个谁又走了来着？"

凡凡："小豪，他周五上完课就走了。"

凡凡妈妈："我就说这都快学期末了，还不让孩子上完这就走了，怎么的也得把这学期上完啊。"

笔者："他是没找着房？"

凡凡妈妈："是，这一片哪哪都拆了，外地人有几个能在北京买房的啊，可不就走了嘛……我就觉得这家长再找不着房，哪怕住酒店呢，钱是多点咱也得让孩子上完学啊，这学期的，放假再回去也别给耽误了啊。"

（摘自吴玉楠，2017.12.23，田野笔记）

然而在"清退"的大背景下，这些随迁子女的家庭在"隐居"的过程中一些存在安全隐患的生活电器和设备受到限制使用。

笔者："您这一片还行吧最近？"

凡凡妈妈："还行，没说要拆呢。"

笔者："我看着门口有个什么通知说清理电动车，您这没事吧？"

凡凡妈妈："没事是没事，就是有检查的，说不让在家充电，怕着火，这就给放院子里了，找地放。"凡凡家的电动车是接送凡凡上下学的重要交通工具，虽然之前据凡凡说经常没电导致他们走回家。

（摘自吴玉楠，2017.12.23，田野笔记）

相比于凡凡家只是挪了个地方接着用，宁宁家的电暖气藏得就比较有"游击战"的意味了，房东来检查的时候，电暖气就不能用了需要藏在床底下。

笔者："现在这么冷了你们家的电暖器开开了吗？"

宁宁："现在还行，有时候会开。一般都是我妈开。"

笔者："（电暖气）塞哪了？"

宁宁："床底下。不能让张爷爷看见。"

笔者："房东张爷爷吗？"

宁宁："对，他前几天还来了，给我带了那个（看了一下是一个过年装饰的小饰品，挂在了墙上）。"

（摘自吴玉楠，2017.11.23，田野笔记）

这样的"游击战"频频发生，"清退"风波之中，给随迁子女家庭的日常生活带来了很大的影响，不同于在老家的安稳，这也是他们在北京这个大城市里生活的一个缩影。

(二) 愿你拥有更好的教育和生活

这些随迁子女的家长有些很早就来到了北京，深知北京这样的大城市能够给予孩子的资源非老家可比，因此即使是在这样艰苦的家庭条件之下，依旧为了能让孩子享受到大城市带来的学习生活上的福利而坚守在这里，在城市的夹缝中努力生活着，坚持着他们"留下来"的信念。

在老家，子女可能面临着没有人管的困境，远离父母意味着缺乏学习和生活上的辅助，这是最让这些随迁子女的家长不愿意将他们的孩子变为留守儿童的根本原因。

当孩子回到老家，离开父母在身边的管教，可能就会立即进入"散养"模式，在大城市中养成的良好习惯也会付之东流。

> 趁着宁宁默写语文两首古诗的时候，我问宁宁妈妈给宁宁剪头发的情况。因为北京这边有说法是正月里如果剪头发的话会对舅舅不太好，于是我问了是不是宁宁老家没有这个说法。"有，也有。这不是老人不在这边嘛，所以也没有什么人管。我跟你说，我都快气死了，他这回来我实在看不下去了给他拉楼下给剪了。"笔者："咋了这是？"
>
> 宁宁妈妈："在这边的时候，我每天晚上都会让他好好洗完脸，刷完牙洗个澡啊再睡。我们上夜班不在他也知道自己洗，回老家没人管了，成天跟他姐疯去，都不着家。人家十几天没刷牙，我问他你不难受啊，他说不难受没牙刷就没刷。脸也没洗，你看他黑吗？"
>
> 笔者："还行，就是有点红，纬度高晒的？"
>
> 宁宁妈妈："晒也晒了，整天疯跑晒着，我们老家那边都暖和起来了最近，他回来的时候脸都黑的，我这给他洗澡脸上一搓都是泥。我看他这头发这样，也给他剪了。"
>
> （摘自吴玉楠，2018.03.09，田野笔记）

除此之外，在学习方面，回到老家的随迁子女也因为缺乏必要的学习资源和监督辅导而耽误了学习。这点上在同一家庭中当着"随迁子女"的孩子和"留守儿童"的孩子身上对比尤其明显。前者回到老家想要学习连一个能请教的人都没有，长辈多是撒手不管或是口头上教育几句好好读书学习，使这些回到老家的随迁子女自然而然落下了功课。

  宁宁："我就写完作业出去玩的时候，八点多回来睡觉，她就说我让我干这干那的，真麻烦。"
  笔者："她让你干活吗？"
  宁宁："也不是干活吧。就是她上晚班的时候，回来做饭，我写作业然后我下去玩再上来睡觉，她就说我。"
  笔者："老家呢？"
  宁宁："老家没人说我。"
  后来我问了之后他在老家学习的事情："你英语学的怎么样了？"
  宁宁："不怎么样，没人管我。"
  笔者："你姐姐呢？"
  宁宁："我姐姐也是学困生，她语文数学，就考三十多分，英语还可以。我堂姐英语也不好，她也不会。"宁宁的姐姐14岁了，但是还在上五年级。我问了他堂姐多大，他说10岁，"我堂姐也不会，他们没学。"
  笔者："那你在家你姑姑什么的呢？"
  宁宁："我姑姑字都不会写一个。"
  笔者："那你舅舅呢？他不是送你回去的吗？"
  宁宁："他也不管啊。还有我爷爷奶奶，他们就是说让我写作业，说一句'你去写作业去'，就不管了。"

（摘自吴玉楠，2018.03.23，田野笔记）

  与此同时，在与大城市的接触融合的过程中，随迁子女能见到一些在老家无缘见到的新鲜事物，由此可以尽可能拓宽他们的视野。

  我过去的时候，凡凡正在敲马林巴琴，看到我来了也依旧没有停手。我问她玩得怎么样，"这东西好玩吗？""好玩儿啊，老师后面还有鼓呢！""你之前见过这个吗？"我问的是马林巴琴，在学校的时候应该是没有见过这个乐器的。"没见过啊。"
  宁宁看上去非常兴奋，甚至可以说是很亢奋。我问他对这里的感觉怎么样，他说感觉可好玩儿了。"你觉得都啥好玩啊？""鼓啊，还有那边那个琴，也好玩。""原来见过这种琴吗？""没有，但是那个架子鼓我之前见过。"

（摘自吴玉楠，2018.01.12，田野笔记）

新事物能够帮助他们打破自身局限于随迁子女所生活的城市边缘区域的限制，进入大城市的中心，了解之前没见过的事物。

从酒店去大剧院的路上，路过了前门。孩子们看着前门城楼，很是兴奋。车厢前面有孩子叫着天安门，跟车的工作人员说不是，那是前门。我问旁边的凡凡："你来过前门吗？""没有，这是哪呀。"

（摘自吴玉楠，2018.01.12，田野笔记）

对于大城市中见到的新鲜事物，随迁子女表现出了很强的求知欲，在自行摸索了解的过程里也是一种自主学习，这在他们的老家，是无缘体验到的。

看着老师们都出去了，凡凡和婧婧两个人开始研究起桌子上的东西，酒店给准备了茶叶咖啡等，这两个人开始商量要怎么沏这个东西。"没有热水诶……"凡凡看了看矿泉水瓶转头看了看我，我继续假装玩手机，没理她，婧婧发现了桌子上的电热水壶说："这个能用么？"凡凡说不知道。后来两个孩子没找到接线也就作罢了，我也松了一口气，怕她们电着。这个时候我突然发现房间的电视是开着的，只是处于静音，我问电视是谁开的，凡凡回答说是刚才进门的时候婧婧开的。"德育主任说让他放下（遥控器），后来不知道怎么就没声了。""那你们两个准备看电视吗？""看呗，但是老师这个没声怎么办啊？""遥控器在哪儿的，你们看看。"凡凡拿了遥控器折腾了好一会儿终于有了声音，然而可惜了她们播的是英语的台（cctv—news），开了声音也完全听不懂，两个孩子一脸憎地看着我。"你们这是准备今天晚上做一宿听力吗？"我问了一句。结果婧婧看了看凡凡，"找不到动画片啊，那还是关了吧。"凡凡也说关了吧，"我不想看了。"

最后回到了洗手间，凡凡在架子上发现了包装好的牙刷，这让她很是高兴，给我展示着她的战利品牙刷。密封好的包装里有一小管牙膏,凡凡挤了好半天才把牙膏挤在牙刷上,"这个好难用啊。""你在家里是你自己挤吗?""是啊,但是我们家那个大这个太小了……我留点,明天带回去。""你带它干吗呀?明天早上没准就用完了呢?""我妈也没见过这么小的呀,给她看看。"凡凡说完这句话之后,婧婧也表示自己也准备把这个带回去,"那我也拿回去。"……我问了她们是第一次住这种酒店吗,她们说是。怪不得看着很多东西都很好奇。

(摘自吴玉楠,2018.01.12,田野笔记)

除了这些新鲜事物,还有一些经历是之前所体会不到的。在大剧院的活动中安排了随迁子女的学生给表演的艺术家们献花,参加音乐会本来就是第一次,加上献花(参见照片6-5),从这些随迁子女的行为上,不难看出内心是激动中透着紧张。

照片6-5 在大剧院活动中准备上台献花的凡凡(2018.01.12,笔者摄)

我绕了一圈儿去了凡凡那边。简单地采访了一下她给艺术家献花的心情。"吴老师我可紧张了。""我看着你还不错呀,紧张啥呀?""我上午鞠躬的时候,德育主任还说我鞠得不对。""哪儿不对呀?"

"她说我弯得不够——吴老师，你看我这次弯得够吗？"

（摘自吴玉楠，2018.01.12，田野笔记）

在大城市当中，这些随迁子女也和他们的家长一道用大城市提供的良好的社会资源弥补着自身资源上的不足，例如，社会公共区域的合理使用，帮助他们在这个城市更好地学习生活下去。

对于随迁子女来说，家里的活动空间并不大，甚至放不下多余的椅子用来写作业，宁宁和凡凡都是坐在床上写作业的。在凡凡家，凡凡的哥哥也在北京，两个人只能共用餐桌的两端来写作业，颇有不便。至于休息的地方就更少了，凡凡曾经和笔者说过自己睡觉的地方极小。

笔者："（凡凡）你还睡上面（上铺）呢？"

凡凡："没啊，哥哥睡上面了。"哥哥说是，他现在住上面了，我问凡凡你现在和妈妈睡下面吗？她说和爸爸妈妈一起睡下面，"就剩下这么一点地给我了。"凡凡放下手里柚子给我比了一个大概有一尺左右的宽度，"可挤了。"

笔者："那你爷爷（方言，即姥爷，下同）自己住那屋呢？"

凡凡："对啊。"之后她的哥哥接了个茬，"那屋原来俩床，现在就一个了，都堆货了。"

笔者："你爸的？"

凡凡："嗯。"凡凡爸爸的工作是给外面送水，今天又没看见他，想必是去忙了，问了一下也确实是这样。

（摘自吴玉楠，2017.12.09，田野笔记）

在这样的状况下，公共的活动区域就成了随迁子女活动区域的一个延伸。公共区域的利用，一定程度上也成为对家庭环境不足的一种弥补，如在特殊情况下，风吹不着雨打不着且光电充足的商场内部不失为一个好的选择，在停电或家里太冷的情况下给了随迁子女一定的学习保障。

宁宁和凡凡家附近有一个大型商场。地下的美食城（参见照片6-6）和肯德基都有不少空位，据两个孩子说，他们经常来这里学习玩耍。

照片6-6 在商场下面的美食广场的餐桌上写作业的宁宁
（2017.10.21，笔者摄）

我问宁宁平常还有去过别的地方吗，他说之前去肯德基写过作业。"停电的时候我妈就让我背书包出来，带着过去写，然后逛逛再回去就睡了。"

（摘自吴玉楠，2017.10.21，田野笔记）

笔者："你家现在冷不？"以我之前去凡凡家的经验，就算是开了空调也还是挺冷的。
凡凡："还行。"
笔者："你假期在家里写作业的时候冷吗？"
凡凡："还行，但是我不在家写作业啊。"
笔者："那你去哪写呀？"
凡凡："商场啊，那里面暖和，我们家有时候开着空调还是有点儿冷，我妈就带我们去那里写作业。"
笔者："那你写作业你妈在边上干吗？坐着吗？"

凡凡："不啊，她去替我姥爷上班啊。"

笔者："那她不替你姥爷上班的时候，你也去那写？"

凡凡："有时候去，我哥带我去。一般都是我妈带我过去，然后下午再回来。"

笔者："那你中午饭呢？回家吃饺子？"

凡凡："在边上买吃的啊。"

笔者："你在商场哪写啊？"

凡凡："地下，有个卖吃的地方，那边有椅子，坐那写啊。"

笔者："超市边上？"

凡凡："对。"

她说的这个地方应该就是之前宁宁带我去写作业的地方，宁宁也说过他和他的朋友经常去。

（摘自吴玉楠，2018.02.26，田野笔记）

这些看似不起眼的小地方在随迁子女的生活中也频繁"被打卡"着，发挥着它们的功效，为随迁子女"留下来"的目标悄悄添砖加瓦。

二 来，我们跟你一起学

该标题中的"我们"指的是随迁子女的父母们，笔者所在的董家村校区的随迁子女家长学历普遍不高，很多都是初高中毕业就出来打工了，也有部分因为家庭原因考上大学却并没有上。在他们的工作中，普遍不需要太多的文化知识。然而在家庭中教育文化资本相对薄弱的情况下，很多家长也是尽自己所能为孩子提供最好的帮助，同时伴随着也有相对较高的教育目标定位，希望孩子的学历能超过自己等。

对于随迁子女所在的学校教育，家长认为并不好，师资等问题不容忽视，不稳定的师资造成的三年级（2）班的英语老师频繁更换这种严重的教学事故。学生的英语成绩因此非常不理想，老师则停留在反复的抄写中，完全忽略了英语学习本身。家长对于英语老师的频繁更换和不作为也很有意见。

我上次去的时候看思想品德还是德育主任教，就赶紧问怎么回事，凡凡回答说："现在英语老师回来了，她教品德。"我问她："那英语呢？正常上课？"凡凡："没有，一星期四节，有的时候她就不给我们上，就上品德。她没有德育主任教得好，还有时候就是让班主任做几个题就不上了。"我有点震惊没说话，凡凡妈妈继续接着说："就她们那个英语，之前那个老师，也不行。"之前宁宁那边的经验告诉我是代课的科学老师，我就说："英语老师之前怀孕了休产假去了，有个老师代课，科学老师"。凡凡妈妈："不行的，再之前，一、二年级那个，那个也不行，我都没见着她教字母，我这问作业判了吗啥都没有……这跟我们这大的（凡凡哥哥）学校里老师要是这样早让家长投诉走了。"我问利民这边有人说过吗，凡凡妈妈哼了一声："没有，谁说啊，老师再对孩子有什么看法不就更不好了。"

（摘自吴玉楠，2017.11.11，田野笔记）

在提供了基本的经济上的支撑之后，随迁子女的家长们也在努力用自身可提供的文化资本来弥补着学校教育的不足。这便诞生了"我们给你一起学"的家庭教育。

家庭教育是多种多样的，陪在孩子身边一起学、留作业让孩子自学和送孩子出去补习找人带着学。简单来说主要是"我来教你"和"我来找人教你"两种类型。这些都是这些随迁子女的家长在自身可承担的范围之内的备选项，也是这些随迁子女的家长参与子女教育的重要过程。

（一）我们来教你

由于工作原因，随迁子女的家长陪伴孩子的时间并不多，有时候学生放学到家和家长到家之间有很长一段时间，有些随迁子女的家长会提前给学生留好额外的作业，自己回到家再来检查。

今天的作业也就算是完成了。我问宁宁你妈妈有没有留额外的，"她上晚班的话一般不留，就让我写写书法。"书法是在外面报的周日一早的课，我问他学到哪了，他说最近在学柳公权的体，"我妈就坐边上看（kān）着我抄。"我问他一般是不是只有妈妈盯着他，他说爸爸只有中午和晚上回来，休息日就是做饭给他，平常晚上会给他弄好饭，通常都是中午妈妈做好剩下的。我问他今天还有什么任务，"我妈让我背诗。"然后站在滑板上晃着转了个身拿起床上一本书，小学生必背古诗。

（摘自吴玉楠，2017.09.29，田野笔记）

对于自己课内没有教会的基础部分，例如，英语的字母写法，家长则是自己先学会之后再教给孩子，不然会影响他们之后的学习。

我问宁宁学音标了吗，宁宁愣了一秒问我音标是啥，宁宁妈妈直接告诉我"这些都不教"，甚至"26个字母都是我大小写的查完了教他的"。我之前翻宁宁的英语书，三年级的人教版书才开始教26个字母的写法，不知道他们之前都干什么去了。想起来我午休的时候翻他们放在后面的英语四线的作业本上字体的放飞程度，大概明白了其中的缘由——还是要从最基本的讲起啊。

（摘自吴玉楠，2017.10.13，田野笔记）

然而对于一些特殊问题，家长有时候也是束手无策的。比如，方言影响下的口音。宁宁的老家在甘肃，方言说出来笔者基本能听懂一半剩下的只能靠猜。这也一定程度上影响了语文的学习。学校的老师多少也有些口音，说让家长来指导这些随迁子女的普通话纠音，家长也不能保证自己说的就是对的。

宁宁妈妈想到了什么似的突然说："你觉得宁宁平常说话口音重吗？"我说能听出来不是华北的，她说他们老家方言问题："前后鼻音我们不太分，他也有点，学校老师之前说让我们家长跟他们说普通话，我们这也不标准啊。"我问了一句这个老师是现在的班主任吗，她说不是，是一年级的时候那个班主任。我又问除了这个还有别的吗，"还有那个 l 和 n 不怎么分吧……"在讲语文阅读的时候，"东西南北"就被宁宁发音成了"东西 lán 北"。我说这个词读的有问题，宁宁又重新说了两遍，第一遍还是"lán""你好好跟老师读……"宁宁妈妈的提醒之下宁宁第二遍放慢了语速，说对了。

（摘自吴玉楠，2017.10.13，田野笔记）

不光是课内的语数英这几门,对待学校的活动类的学习家长也很是上心。2016年春季的艺术节,需要家长和学生一起动手做手工并上交给学校展览。在展览室里,班里的孩子们都迫不及待拉着笔者展示着自己和家长合作的成果。

> 凡凡又给我看了她的画和手工,跟我说手工是她爸爸跟她一起做的,是用光盘和铁丝做成的自行车(参见照片6-7)。"我爸爸可厉害了,他就在电脑上查了一下之后,看了两眼图,就自己带着我做了之后都没再看图。""你爸爸晚上下班陪你做的?""嗯,他吃完饭就陪我做了。"之后我又看到了好几个婷婷做的纸蛋糕,她跟我说那些是她妈妈晚上陪她一起做的。在听到这些孩子们跟我说,他们和家长一起做手工的时候,我看到了他们脸上满是开心和骄傲。
>
> (摘自吴玉楠,2018.06.08,田野笔记)

照片6-7 学生们和家长一同完成的手工作品(2018.06.08,笔者摄)

这样的亲子活动有效增进了家长与随迁子女间的沟通交流,学习之余的陪伴也是家庭教育中不可或缺的组成部分，通过这些沟通交流的活动，随迁子女在学习和心理上都获得了一定的支持，特别是在心理上意识到了家长对自己的关心。这要是重要的抗逆力来源，家长们亲力亲为以知识和爱为后盾，提供的家庭抗逆力为随迁子女冲破学习逆境提供了重要的推动力。

（二）我们来找人教你

在亲自来教育孩子不行的情况下，随迁子女的家长选择了另一个方法，找人来教他们的孩子。相比于自己来教，在精力上虽减轻负担，而需要付出更多的金钱——部分随迁子女家长选择耗费一笔不小的开支用于学生的课外学习中，对于这笔已然超过房租的费用，家长并没有吝啬，与此同时在课外班的学习上也会更加上心，除了课内课程的补课之外，还有一定的兴趣培养。这也是家长亲自辅导所鲜有涉及的。

凡凡妈妈："我周末给凡凡又报了个班儿，还挺便宜的。"

笔者："哪啊？"

凡凡妈妈："少年之家那。就在酒仙桥那边上。"

笔者："是之前宁宁上书法那个吗？"

凡凡妈妈："对，他们好多孩子都跟那报的。"

笔者："那您报啥了？"

凡凡妈妈："报了个美术，450元能上20节课真挺便宜的，我想着她就是啥都学就坐在那，那多少也能学着点儿，省得周末也没什么事情干，就想着小女孩儿嘛，画个画也挺好的。"

笔者："就这一个？"

凡凡妈妈："还有个播音主持，那个贵，凡凡你拿那个课的那个出来给老师看看，老师普通话好。"凡凡在桌子边上翻了翻，然后找出来一张纸。上面写着"朗励少儿汉语播音主持艺术启蒙教育精品班"。她读得还不错几乎没有什么口音，我表扬完她又问凡凡妈妈这个多少钱，凡凡妈妈说："这个贵。一节课就120元呢，孩子也不少。"

笔者："按理说这么贵还是应该少啊？不是小班教学吗？"

凡凡妈妈："二十多人呢。"

笔者："那这是每节课收费的？"

凡凡妈妈："买了十五节课，先上着吧，她也喜欢就让她去学学，能提升一下语文也不错。"

（摘自吴玉楠，2018.03.16，田野笔记）

除此之外一些教辅的学习用品也是这些家长的得力帮手，在家长无力教孩子的时候，这些随迁子女也能够自主进行学习。

"之前她爸手机给她弄了个（学英语的 app），她爸也不在家，我就说再注册一个也没法弄要什么老师手机号，问了也不说说都说过还是怎么的，反正也没人查我就没再管……给她弄了个这个让她先学着。"这么说着拿出一个类似于 iPad 大小的东西，"凡凡你给老师打开让老师看看。我给她买了个学习机，跟着查查词什么的，也就是外面杰睿报了个课，一学期要将近两千。这大的（孩子）那个上的数学什么的，新东方，更贵，一学期 15 回就要两千多，这家长这点钱全搁那里头了。"

（摘自吴玉楠，2017.11.11，田野笔记）

此外，来自于社会上的志愿团体的力量也为随迁子女的学习生活提供了一定的帮助。拿到了高中英语教师资格证的笔者有幸作为其中的一员，在进行田野调查的过程中利用所学对凡凡和宁宁两个孩子进行了从音标开始的较为系统的英语辅导，这两个学生也取得了不错的成果，开始有意识地利用讲过的知识来温故知新。

我给俩孩子默了写，之前说好了要默五单元的单词，前面的也会捎带着一起默写复习。宁宁满分，我说我拍一张给你妈汇报，他当即拿起默写纸摆了个 pose 比了个剪刀手，还不忘嘱咐我："你把我拍帅点。"凡凡的默写纸我也拍了一张，十个错了仨。下次还给她问这几个错的加深一下印象。值得我开心的一点是她在拼五单元的 bread 这个词的时候是念叨着读音自己拼出来的，还拼对了，这个是我没讲过的单词，但是这个单词的音标都是讲过的。看来她也有对着音标自己拼新的单词。

（摘自吴玉楠，2017.12.02，田野笔记）

此外,他们在英语考试中也取得了较为理想的成绩,第一个学期的期末,凡凡拿了英语的满分,而宁宁也取得了 96 分的好成绩。在笔者结束田野调查之后,也了解到还有其他大学的田野工作者干着同样的事情,弥补着学校和家庭教育中的不足。

> 笔者:"那你们现在英语谁上呢?"从上个学年开始,英语老师在我跟着的这一年里一共换了三个人。
> 宁宁:"英语是来学校的姐姐上,有些时候三天上一次、有的两天上一次。"
> 笔者:"哪来的姐姐?新招的老师?"
> 宁宁:"不是,是跟你一样来的,人大的姐姐。"
> （摘自吴玉楠,2018.11.23,田野笔记）

在教学过程中笔者所做的事情主要是发现学校教育和家庭教育都没有涉及的"盲区",然后填补这一部分的知识空白。像是音标之类的教学本身并不只是一个单纯的知识点,而是一个"授人以渔"的过程。利用自身所学的知识培养这些随迁子女自主学习的能力,也是帮助他们提升自身抗逆力的一个过程。在家校合作未能提供的抗逆力盲区中,随迁子女自身的努力也是突破逆境的重要力量,这个时候像笔者一样来自社会的抗逆力支持力量也就发挥了一定的作用,帮助他们自身逐渐强大起来。

（三）你要考第一

随迁子女的家长对于孩子的期待首先体现在"留下来"的目标上,留在北京这样的大城市,以接触到更好的教育资源,走上在老家可能没有机会走上的人生道路。

部分家长对于孩子的目标和理想是一步到位直接进大学,要求孩子朝清华、北大进发,因而给孩子制订了考试必须考第一的目标,甚至以自己对于孩子的付出为筹码,以送回老家为威胁。这也让成绩已经名列前茅的孩子陷入了量身定做的专属逆境,达不成目标就会有失落感,害怕被家长责骂。久而久之对于他们的发展是不好的。

> （数学卷子超纲）最后宁宁蒙了两个就交了。他这次很明显考砸了。

教学主任进来问什么情况，班主任直接说："我们这好学生，每次一百分的，没写完让他写完。"教学主任看着最上面宁宁的卷子回了句："是么，错不少啊。"就被班主任拉出去了。我转过身看宁宁的时候，他趴在桌子上，脸埋在臂弯里。旁边的骏骏小声跟我说："吴老师，他哭了。"我赶紧蹲下来拍拍他，告诉他这次不是他的问题，题目有超纲，大家都没做完。他的后背起伏了好一会儿才稍微平静下来，侧了一下点点头，眼睛红红的看着我："我妈妈看到分会说我的。"

（摘自吴玉楠，2018.10.13，田野笔记）

语文期末考试结束后宁宁向监考的笔者询问自己的错题情况，听完后宁宁嘟了个嘴。

笔者："咋着？我说的不告诉你（错题情况）吧你还问。"

宁宁："那我这回就拿不了一百了。"

笔者："你妈这次有没有跟你说让你必须拿一百之类的呀？"

宁宁："我妈跟我说让我考第一名！但是我爸也跟我说了，他没说考第一名，他说就九十几分就行。"

笔者："那你准备听谁的呀？"

宁宁："我觉得我爸说得对。"

笔者："为什么呀？你觉得你妈说得太严了吗？"

宁宁："我爸说上清华的也不一定都是第一才能上，上了700分，还是800分，就能上。"

笔者："总分应该就是七百多，你想上哪儿上800分？"

宁宁："那就是700分——反正我觉得我爸说得对。"

笔者："那你妈没反驳他吗？还是分开说的啊？"

宁宁："我妈就说必须让我得第一，不然她平常给我吃那些吃的，管我的，都白费了。"

笔者："怎么就白费了呢？你不是也挺好的吗？"

宁宁："那不行，她说就得第一。"

笔者："你万一还真不是第一咋办啊？"

宁宁："那也没办法了呗。我妈还说不好好学就给我送回老家去呢。"

（摘自吴玉楠，2018.01.17，田野笔记）

与此同时，更有甚者直接升级为家暴（参见照片6-8），从棍棒底下出孝子直接转为棍棒底下出好学生。仅因为孩子没有完成自己预期的目标就加以棍棒教育，把孩子打得青一块紫一块。

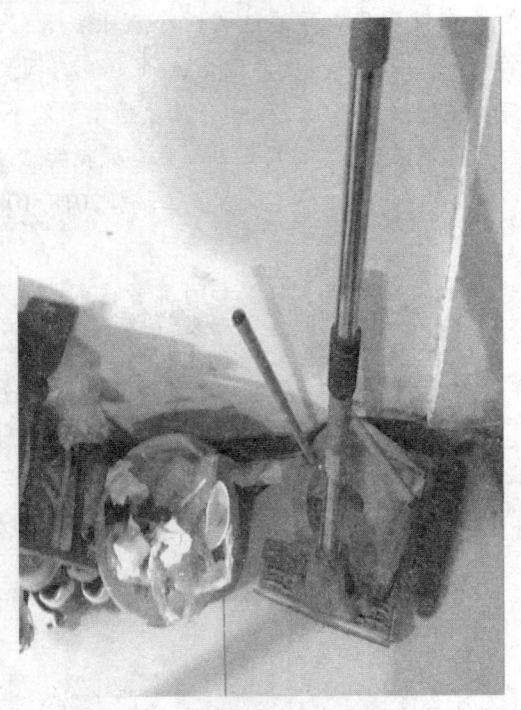

照片6-8　宁宁家的扫把，半截的蓝色扫把是宁宁妈妈打宁宁打折的（2017.10.28，笔者摄）

宁宁妈妈每周末都会给他留作业，我问他这周末的作业是什么，宁宁起身去旁边的椅子上拿了另一个蓝色的书包，"我妈给我买的那三科的卷子——她让我擦了重做"。重做？想起来这周一看微信朋友圈的时候，宁宁妈妈的更新里有一个宁宁认真坐在桌子边上写书法的小视频，底下有一条她的回复是"认真什么，昨天刚揍了一顿，今天才发现好几处青一块紫一块的"，我也不好问他是怎么挨揍的，就问他你是犯了什么错误了吗。他说是的，"上周作业没写完，就你走了之后我没写作业我玩来着，我妈第二天看我没写新的就打了我——然后她让我把原来做的仨单元的题都擦了重做"。我听着感觉很是心疼，问他打得重吗还疼不疼，他说不疼了，"但是有个印在这儿"。说着掀起来右侧的卫衣指着肚脐往右大概一寸的距离上褐色的一片痕迹说,"就这儿,不疼了——还有屁股,那个老师我就不给你看了"。最后一句话说得我心疼之外有点哭笑不得,这孩子真实诚啊。我问他:"妈妈拿什么打的?""那个扫把。"听着就好疼,我想着是那种扫床用的小扫把,就问他是不是,宁宁有点不好意思地回答:"不是,是扫地的那个大的,是铁的,我妈还给打折了!老师我给你看,不过她应该折了就扔了……啊没扔(在)这呢!"他扒开门口的帘子给我指一进门右手边靠在墙上的扫把——已经换了新的,宁宁挨揍用的那个杆子已经断了被扔了,还剩一个带毛的头放在地上。看着断裂的地方我不禁觉得宁宁妈妈这顿打实在是狠了点。

(摘自吴玉楠,2017.10.28,田野笔记)

因为对家长惩罚的畏惧,宁宁将自己的成绩看得过重,本来名列前茅的他学习压力倍增,掉进了家长为他量身定订的学习逆境中,这样的逆境在其他优秀的学生身上并没有如此明显。这样不良的教育方式也是对于孩子身心严重的伤害,不但没能让其真正意识到自己学习上的问题,反而将其推入了更深的逆境之中。

第四章 逆境之中点燃的光芒

通过呈现不同视角下的随迁子女生活学习的现状,家校合作在其中起到了一定的相互作用,弥补自身不足的同时共同为随迁子女摆脱逆境做着努力,这是一个多方位因素相互作用的漫长过程。

"当抗逆力的研究转向个人在逆境中的发展成果的探索时,必须要运用社会生态系统的模式以探寻个人和环境之间的动力关系以及潜在的多层机制。"[①] 家校合作下的随迁子女生活在社会当中,学校与家庭都是其主要生活的场域,学校教师和随迁子女家庭中的家长都是随迁子女作为学生的重要的学习资源。学校、家庭和随迁子女自身是三角形的关系,稳定地结构使得其相互影响,任何两者间的作用都涉及第三方作用的发挥。逆境中的流动儿童在克服困难与挑战的过程中所呈现出来的抗逆力并非是单方向的,而是自身抗逆力和外界抗逆力的相互作用的结果。

因而生活在其中的随迁子女自身发挥的抗逆力与其所生活的环境所提供的抗逆力是无法割开来看的。来自身边人的帮助为随迁子女很好的提供了抗逆力,在他们深陷逆境之中的时候,这样的抗逆力无非是一种光芒,即使很微弱,也足以划破逆境中的黑暗,让他们看到未来学习生活的希望。

抗逆力的实施主要是经过以下几个方式,首先是运用抗逆力打破逆境,将逆境中的随迁子女解救出来;继而重构其所生活的环境,平衡各方面力量,以避免随迁子女再次陷入逆境。单凭外界的帮助是不够的,且在此过程中逐渐培养并强化随迁子女自身的抗逆力,令其有着越发强大的自身力量来避免再次进入逆境之中。

在抗逆力视角下,作为外界重要力量的家校合作的力量不容忽视,打破家校合作的困境势在必行,要求学校家庭的共同努力来携手帮助学生摆脱学习困境,这个过程也同时是对于学生学习生活的一种干预机制,为了更有效帮助学生摆脱逆境,也需要多方面来支持与平衡,继而可以点燃更亮的光芒照亮他们在学习生活中前行的道路。

---

① Johnson, J. L. & Wiechelt, S. A., "Introduction to the Special Issue on Resilience", *Substance Use & Misuse*, Vol. 39, No. 5, April 2004, pp. 657—670.

一　家长角色与家庭抗逆力的培养

在家庭当中，家长所扮演的角色尤为重要。家长作为随迁子女克服学习逆境的重要支持者，在帮助其克服逆境、发挥抗逆力的过程中起着极为重要的作用。

由于随迁子女家庭的特殊性，相对来讲家长可能并没有足够的经济、文化资本来投入孩子的教育当中。一些在家庭教育方面的欠缺也是造成孩子学习逆境的主要原因之一。

培养家长以正确的方式来进行家庭教育以弥补学校教育的不足，是帮助随迁子女的家庭为其子女提供抗逆力的重要方式，培养并发挥家庭抗逆力，帮助其子女摆脱逆境，这个过程需要家长的参与，包括家长的合理分工来帮助子女更好地学习生活，肯定其子女的成绩与进步，设定合理的学习任务和学习目标等。这个培养家庭的抗逆力过程中需要学校和校外的社会工作者等一起协力参与进行干预，以有效的让家长能够加深对于逆境中的随迁子女的了解。

首先是家庭内部的分工。经济资本不足的境况下，家长的分工合作尤为重要，家庭中父母各自扮演着不同的角色，为随迁子女的学习生活提供一定的保障。如在接送方面，宁宁家实行的单一家长的接送方式，和凡凡家两位家长轮番上阵的轮班制都是很好的例子。在上下学的路上为子女保驾护航，保证其能安全按时去接受学校的教育。

至于对子女成绩的肯定与学习任务目标上，家庭教育也应该给予其正确的定位，避免家长给其子女量身定订逆境并使其无法打破逆境的局限。如前章所述，名列前茅的宁宁依旧背负着极大的期望，考进清华、北大的目标导致其现在就被要求必须每次都考第一名。一旦考不好就会有巨大的心理落差，担心家长对自己失望，害怕令其失望所带来的惩罚乃至家暴的后果，陷入逆境之中。"我做对了是应该的，我做错了她就说我，'这都能做错'根本都不把我高看。"（摘自吴玉楠，2018.03.23，田野笔记）对于宁宁的好成绩，宁宁妈妈并没有给予一定的肯定，这让宁宁也很是伤心，久而久之可能会造成一定的心理问题。这样的逆境本身是可以避免的，宁宁妈妈家暴行为中透露出来的"恨铁不成钢"之外还有对宁宁的无限期待，她没有意识到考第二名并不意味着放弃"考清华、北大"的目标，而把眼下的目标定位在"第一名"上,这无异于是对于宁宁发展的禁锢。这样的期望成了一种巨大的压力,让宁宁深陷逆境之中。而打破逆境的方式则是其父母需要摆正心态,看到并肯定子女现状的成绩与进步,制订合理的小目标,才能一步步达成最终目标。在学校和志愿者有意识地将宁宁的进步呈现在其家长面前,让他们能够了解到宁宁现在的成绩,使得现在的宁宁已经很少再有被家暴的情况了。宁宁的妈妈也意识到了身边人对于宁宁的肯定,这一定程度上也影响了宁宁妈妈对于宁宁的评价,不再像以往一样吝啬对于宁宁的夸奖,在考好了之后也会有之前没有的奖励,如一两块钱零食补助费。"有时候我妈也会给我两块钱什么的,买点儿吃的——就是我妈看我考得不错,心情好,就给我点。""她不怎么打我了,我现在做得好她就会夸我棒,考得好了也给奖励。"(摘自吴玉楠,2018.11.23,田野笔记)宁宁在跟笔者进行描述时言语里的自豪与开心让笔者不免觉得家长在培养子女方式上一点一滴的进步都是让孩子摆脱逆境的重要推动力。现在的宁宁已经不再是那个害怕挨揍的"小哭包"了。这样的干预下培养出的家庭抗逆力就会成为帮助学生摆脱逆境的有效因素。

二 教师角色与家庭抗逆力延伸

在随迁子女的家校合作的过程中另一个主要的角色就是学校的教育。在学校教育过程中,教师的教育方式又是影响学生所受的学校教育的主要因素。除了日常的教学活动之外,随迁子女的教师需要一定的能力来应对随迁子女学生的学习逆境,为其提供一定的帮助,这对于教师自身的教学经验和教学态度提出了较高的要求。这个要求特别是针对在校与学生相处时间最长的班主任。

学校教师与学习逆境中的学生的交流有着强烈的情感成分存在,需要教师针对学生的逆境给予有针对性的支持与鼓励。如对于深陷学习逆境中的宁宁,班主任老师采取的措施是努力发现宁宁的优秀之处,让他成为老师得力的小助手,让他意识到自己的优秀之处。在田野调查的过程中,经常能听到班主任表扬宁宁"很聪明",给予他一定的肯定,并且要他担任班长的职务,培养其管理能力,班里其他学生对这个班长也是心服口服,在班主任不在的时候宁宁也能独当一面管理班级。"(班里秩序混乱)我看见宁宁在举手,我走过去他还没说话,他旁边的骏骏跟我说,宁宁是班长可以帮你管纪律。"（摘自吴玉楠，2017.09.29，田野笔记）班主任很好地挖掘了宁宁的潜能，也培养了他作为班级领导者的意识，赋予权力的过程也让宁宁感受到了自己的价值。班主任的这些行为也很好体现了家校合作中学校教育弥补的家庭教育中的不足之处，对于宁宁这样在家庭中的得不到表扬的学生不吝惜自己的褒奖，将重要的工作分配给他们，让他们能够意识到自己的重要性。提升自我意识也是发展自身抗逆力的关键一环，有着强大的自身继而才能有效提升随迁子女自身的抗逆力来配合外界的抗逆力一同作用，以应对出现的逆境，并得以摆脱逆境。

此外，在家校合作的过程中，学校教育与家庭教育并非是分开的两个个体，家庭抗逆力的延伸也影响着学校教育和家校合作下的抗逆力的作用。这是一个协同的过程，需要两方面的配合。教师除了在校的教育教学任务之外，还应该利用家校合作的平台关心学生的家庭学习，给予家长正确的指导，家长在家庭中辅助学校完成教学工作，如督促学生完成作业，培养学生独立自主的预习复习能力，甚至日常生活中的习惯培养，保证在家在校都能有良好的生活习惯。同时家长需要面对学校教育的不足，随迁子女学校的特殊性使得其教育资源并不足以满足学生的教育需求，这也会使学生进入学习逆境。这就更要求发挥抗逆力的多方进行良好的配合，在此情况下能够尽可能发挥自身优势，通力配合弥补不足，为随迁子女提供力所能及的支持。随迁子女与学校、家庭保持三位一体的形式应对面临的逆境，而三者在面对逆境时的应对过程各不相同。随迁子女的学校和家长在利用资本的合理分配与另外两者相互交流合作，保持着相互支持的关系，提供有效的学习指导，发挥作为外部抗逆力的作用帮助随迁子女应对学习逆境；而随迁子女在此过程中则是利用资本来应对学习上的挑战和改善学习状况，提升自身的学习能力使得自身的抗逆力变得更强。三者在资本的使用上需要统筹规划，各取所需并共同作用，力求发挥的抗逆力能够做到最大化的延伸，有效应对学习逆境。

三 生成抗逆力的社会支持力量

在家校合作的过程中，随迁子女的特殊性使得家长和学校的交流沟通不足。此时需要一定的第三方力量介入补充，在家校合作中都没有涉及的"盲区"进行查缺补漏的工作。与此同时成为家校交流沟通的桥梁，将随迁子女在家在校的情况更好呈现给另一方，让学校和家长了解到孩子在另一个场域中的学习、生活情况以帮助家校合作更好开展，共同应对随迁子女面临的逆境挑战。

　　结合笔者自身经历，学校教育与家庭教育中并未触及的部分"无意识"的空白也是需要来自社会第三方的支持。诸如在学校的英语学习上，由于代课的现象严重，师资匮乏，导致英语教学出现了严重问题。部分家长给学生在外面报班来弥补空白，但仅是保证学生能够跟上学校要求的学习进度而已。笔者在田野调查的过程中发现，对于学生最根本的问题是英语基础教学缺失。没有字母的写法教学，学生们在作业本上画符一样的放飞着自我，然而更深层的音标学习的缺失则导致拼读成了最大的困难，死记硬背但发音并不对的英语单词也为日后的英语学习埋下了隐患。然而对于这一点学校教育完全没有涉及，家庭教育中家长也并未意识到这一点，对于"音标"这陌生的字眼，在和随迁子女的沟通中更是看到了他们一脸闻所未闻的表情。"我问宁宁学音标了吗，宁宁愣了一秒问我音标是啥，宁宁妈妈直接告诉我'这些都不教'，甚至'26个字母都是我大小写的查完了教他的'"。（摘自吴玉楠，2017.10.13，田野笔记）笔者主动承担了来教他们音标的工作，凭借着相关的专业知识为田野调查的两个家庭的学生进行了系统性的音标教学。在此过程中也培养了学生利用学到的知识来自主探索新知识的能力，有意识地开始利用字典查音标。并将所学的音标已然成为工具开始了拼读的学习道路。"我看凡凡把要背的那页课文上，标了一个'æ'，这是我之前教给她的音标。我小声问了一句这是啥意思，'有个单词我查是这个音，我就写了一遍。'"（摘自吴玉楠，2018.11.25，田野笔记）这样的工作虽然只能教到两个学生，但是也成功地使得这两个孩子有了一定的提升。一个人的作用显然是不够的，像笔者这样的来自社会第三方的支持力量更多要做的是一个"授人以渔"的事情，即并不是简单的授予知识弥补知识点上的空白而是要挖掘、培养学生自身的能力。在进入学习逆境中的学生家庭发现问题，针对随迁子女所遇到的学习逆境，作为学校与家庭之间沟通的桥梁，注重两者间的互动，与各方保持联络与沟通。社会工作者需要与儿童个人和学校中的教师，家庭中的家长面对面的交流，开展各项有针对性的服务工作，培养三者相互作用，共同发挥抗逆力的能力。因此作为来自社会的第三方力量，应当在和随迁子女接触过程中主动融入他们的学习生活，以便发现学校教育与家庭教育的交互点与不足之处，进入到家校合作内部的形式来有效提升随迁子女家校合作的效率，为随迁子女外部环境所提供的抗逆力提供一定的保证，从而达到共同应对和冲破学习逆境的目标。

因此，来自多方面的更为专业的第三方社会支持必不可少。除此之外，对于一些经济资本的捐助，学校也可以开发其背后的文化资本加以利用。诸如参观国家大剧院的活动，本来是集团捐助的经济资本补充，在这个过程中也让学生们了解了大剧院的历史文化，欣赏到了之前从未接触过的音乐会，也是一种文化资本的补充。

家校合作在现有的基础性上开发新的形式，例如，更有针对性的线上一对一交流，发挥为随迁子女提供量身定制的抗逆力，提升其个人抗逆力，以突破达到最终突破逆境的目的。

参考文献

一 著作类

赵忠心：《中国家教之道》，广西科学技术出版社 1998 年版。

陈鹤琴：《家庭教育》，华东师范大学出版社 2006 年版。

马忠虎：《基础教育新概念——家校合作》，教育科学出版社 1999 年版。

钱扑：《教育社会学的理论与实践》，广西教育出版社 2001 年版。

张健卫：《家长参与：家校协同的心理学研究》，首都师范大学出版社 2012 年版。

田国秀：《抗逆力研究——运用于学校与青少年社会工作》，社会科学文献出版社 2013 年版。

童敏：《流动儿童应对学习逆境的过程研究：一项抗逆力视角下的扎根理论分析》，中国社会科学出版社 2011 年版。

瓦·阿·苏霍姆林斯基：《给教师的一百条建议》，杜殿坤编译，北京教育科学出版社 1981 年版。

魏佳羽、赵晗：《中国流动儿童教育发展报告（2016）》，社会科学文献出版社 2017 年版。

赵忠心：《中国家教之道》，广西科学技术出版社 1998 年版。

庄孔韶：《人类学概论》，中国人民大学出版社 2015 年版。

二 期刊类：

陈明龙、傅敏：《家校合作——教师专业成长的新视角》，《教育科学论坛》2010 年第 4 期。

席居哲、桑标、左志宏：《心理弹性（Resilience）研究的回顾与展望》，《心理科学》，2008 年第 4 期。

刘玉兰：《西方抗逆力理论：转型、演进、争辩和发展》，《国外社会科学》2011 年第 6 期。

沈之菲：《心理弹性：抗逆力的本质》，《思想理论教育》，2010 年第

22期。

陶欢欢:《复原力(Resilience)研究的回顾》,《襄樊技术学院学报》2009年第9期。

田国秀:《中学生抗逆力表现的过渡层次及其分析——基于问卷与访谈的混合研究》,《中国青年研究》2013年第6期。

于肖楠、张建新:《自我韧性量表与Connor——Davidson韧性量表的应用比较》,《心理科学》2007年第5期。

三 外文文献类:

Arthur Grollman, "The Physiology and Pathology of Exposure to Stress. Hans Selye. Montreal, Canada: Acta Endoerinologica", *Science*, Vol. 113. April 1951.

C. Cowan P. A., Cowan. C P. & Schulz M. S., "Thinking about Risk and Resilience in Families", in E. M. Hetherington & E. Blechman, eds., Stress, Coping, and Resiliency in Children and Families, *Advances in Family Research*, 1996, Vol. 5.

Davies D., "Making Citizen Participation Work", National Elementary Principal, 1976.

Donald Collins, Catheleen Jordan, Heather Coleman: An Introduction to Family Social Work, *Cengage Learning*, 2012.

Greene R., Resiliency: An Integrated Approach to Practice, *Policy, and Research*, Washington, D. C.: NASW Press, 2001.

Johnson, J. L. & Wiechelt, S. A., "Introduction to the Special Issue on Resilience", *Substance Use & Misuse*, Vol. 39, No. 5, 2004.

Joyce L. Epstein, ets., *School, Family and Community Partnerships: Your Handbook for Action* (2nd ed.), Thousand Oaks, CA: Corwin Press, 2002.

McCubbin, H. McCubbin, M. & Thompson, A., *Resiliency in Families, The Role of Family Schema and Appraisal in Family Adaptation to Crisis*, In T. H. Brubaker, eds., *Family Relations: Challenges for the Future.*, Newbury Park CA: Sage Publications, 1993.

McCubbin, M. A. & McCubbin, H. I., "Family Coping with Crises: The Resiliency Model of Family Stress, Adjustment, and Adaptation", In C. Danielson, B. Hamel—Bissell & P. Winstead— Fry eds. , *Families, Health, and Illness*, New York: Mosby. 1993.

Morgan V. and Fraser G. , "Parental Involvement in Education: How Do Parents Want to Become Involved?" *Education Studies*, Vol. 18, No. 1, 1992.

Orthner D. , Jones—Sanpei H. & Williamson S. , The Resilience and Strengths of Low—income Families, *Family Relations*, 2004.

Walsh F. , "The Concept of Family Resilience: Crisis and Challenge", *Family Process*, Vol. 35, September 1996.

Walsh F. , *Strengthening Family Resilience*, 2nd, New York: Guilford, 2006.

望子成才
——基于对随迁子女家庭教育实践的田野调查

蔡 艳

提要：20世纪90年代以来，城市化进程加快，进城务工人员的数量显著增加，举家迁移的现象越来越普遍，大量的随迁子女跟随父母在务工城市生活。家庭是孩子成长的第一所学校，父母是孩子的第一任老师，家庭教育在培养孩子成长成才方面起着举足轻重的作用。目前，全社会对不同群体的家庭教育关注度日益提高，随迁子女家庭教育问题的研究也占有一席之地。

本文运用教育人类学田野调查的研究方法，收集随迁子女家庭教育的一手资料，重点关注研究对象淇淇的家庭生活，聚焦随迁子女的家庭教育。以叙事方式对研究对象的家庭教育进行细致描述，首先，描摹其难以满足生活学习所需的整体环境；其次，以望子成才的教育期待为核心，展现随迁子女家庭教育中读书升学的中心地位、道德教育和闲暇教育的边缘状态，使家长的教育观念和教育行为贯穿其中；最后，对随迁子女家庭教育困境进行理论分析，在整体文化环境、政策条件，以及家庭资源条件的限制下，随迁子女家庭教育的力量单薄，除家长主观努力之外，还需要外界的多方助力才能实现望子成才的教育期待。

关键词：望子成才；随迁子女；家庭教育；田野调查

绪　　论

一　选题背景与问题提出

改革开放以来，我国发达地区的城市化进程加快，使得进城务工人员的数量攀升，并且逐渐出现了举家迁移进城的现象，越来越多的进城务工父母选择让孩子跟随自己生活在务工所在城市。根据《流动儿童蓝皮书：中国流动儿童发展报告（2016）》统计，我国留守儿童和随迁子女两者总数超过一亿人，教育部门一般将跟随父母到城市生活，处于义务教育阶段的流动儿童称为随迁子女，其中户籍为农村的流动儿童被统计为"进城务工人员随迁子女"[①]。教育部 2019 年 7 月发布了《2018 年全国教育事业发展统计公报》，公报显示，全国义务教育阶段在校生中进城务工人员随迁子女共有 1424.04 万人。其中，在小学就读 1048.39 万人，在初中就读 375.65 万人[②]。由此可见，小学阶段的随迁子女占据了义务教育阶段进城务工人员随迁子女的大多数，社会各界对随迁子女教育关注的重点集中在小学教育阶段，对其小学教育的研究日益丰富。

北京是一座特大城市，吸纳了大量的外来人口，根据北京市统计局、国家统计局北京调查总队发布的《北京统计年鉴 2019》，截至 2018 年年底，北京市的常住人口为 2154.2 万人，其中，常住外来人口为 764.6 万人，约占常住人口的 35.5%[③]。但是自 2014 年北京市政府出台了义务教育阶段非京籍儿童入学要凭借"五证"及大量的打工子弟学校被关停之后，义务教育阶段在京上学的儿童大量减少，义务教育阶段非京籍儿童的数量约为 34.2 万人，相较于 2013 年减少了约 13 万人，其中入读公办学校的比例是 88.1%，不过值得注意的是，年鉴中的统计数据并不包括民办学校中没有在京学籍的儿童和少数没有办学资格的打工子弟学校，所以仍有一部

---

① 皮书数据库：《流动儿童蓝皮书：中国流动儿童发展报告 2016》，2017 年 1 月 1 日，https://www.pishu.com.cn/skwx_ps/bookdetail? SiteID=14&ID=8097370#。

② 教育部：《2018 年全国教育事业发展统计公报》，2019 年 7 月 25 日，http://www.moe.gov.cn/jyb_xwfb/s5147/201907/t20190725_392195.html。

③ 北京市统计局、国家统计局北京调查总队：《北京统计年鉴 2019》，2019 年 9 月，http://nj.tjj.beijing.gov.cn/nj/main/2019—tjnj/zk/indexch.htm。

分在京上学的非京籍儿童没有纳入到统计范围①。可以初步得知，在京的随迁子女仍然是一个较为庞大的群体，再加上入学门槛限制，他们的学校教育状态受到学者们的关注。

社会是一个共同体，家庭是其中的基本单位。家庭是孩子的第一所学校，父母是孩子的第一任老师，家庭教育在促进孩子全面发展的过程中起着不可替代的作用，更是塑造道德品质的重要场所。近年来，家庭教育从私人领域逐渐向社会开放，家庭教育不仅是家长关心的热点，也日益成为研究者们关注的方向，家庭教育的质量不仅关系到每个家庭的长远发展，也密切关系到一个国家和民族的未来。对进城务工人员随迁子女而言，很多随迁家庭的教育观念和教育方式没有随着空间的转移而调整，所以，随迁子女的家庭教育值得关注。

2018年秋季，笔者进入一所招收随迁子女的民办公助校进行田野调查。在田野调查过程中，笔者有幸能进入随迁子女家庭深入观察。通过长达一年多的田野调查，笔者发现由于受到主客观条件的限制，随迁子女家长对孩子教育的参与程度各有不同。那么对于随迁子女家长对孩子的教育持有什么样的观念？家长是如何进行家庭教育实践，他们的教育行为方式是什么？随迁子女家庭教育问题背后的阻力和动力是什么？笔者对这些问题产生了兴趣。

二 概念界定

（一）随迁子女

随迁子女指的是进城务工人员随迁子女，是指户籍登记在外省（区、市）、本省外县（区）的乡村，随务工父母到输入地的城区、镇区（同住）并接受义务教育的适龄儿童少年②。本文随迁子女概念的定义指的是，跟随务工父母到城市生活、没有输入地户籍的儿童，它有三个层面的含义：父母作为进城务工的人员，不具备优越的经济实力；其子女随迁进入城市，没有城市户籍；有比较明显的聚居区域；在义务教育阶段，教育问

---

① 北京市统计局、国家统计局北京调查总队：《北京统计年鉴2019》，2019年9月，http://nj.tjj.beijing.gov.cn/nj/main/2019—tjnj/zk/indexch.htm.

② 教育部：《2018年全国教育事业发展统计公报》，2019年7月24日，http://www.moe.gov.cn/jyb_sjzl/sjzl_fztjgb/201907/t20190724_392041.html.

题凸显的学生群体①。

（二）家庭教育

家庭教育与学校教育的显著区别在于家庭教育不具备制度规章的明文规定和结果考核，且与日常生活高度融合。狭义上的家庭教育是先辈对晚辈的教育行为，广义的家庭教育是指家庭中每个成员对其他成员所施加的具有教育意义的行为和这种行为带来的影响，包括同代人之间的互相影响和隔代人之间的互相影响②。主要包括四个方面的含义：一是家庭成员之间相互影响，二是家庭教育有自觉的直接教育形式和非自觉的间接性潜移默化形式，三是家庭教育以家庭为主要场所，涵盖人的全面发展和终身发展，四是家庭教育是学校教育和社会教育的基础。

本文采用《教育大辞典》对家庭教育概念的界定：家庭教育是指家庭成员之间的相互教育，通常多指父母或其他年长者对儿女辈进行的教育。主要任务是：儿童入学前，使他们在身心健康发展方面奠定初步基础，为接受学校教育做好准备；在儿童入学后，紧密配合学校，督促他们完成学校规定的学习任务，继续关心他们的身体健康，发展正当的兴趣爱好，培养良好的道德品质。③

三　文献综述

（一）家庭教育进入公众视野

从表面上看，家庭教育是一个家庭的"家务事"，但它却逐渐成为不能被规避的社会问题。早在 2010 年 2 月 8 日，教育部等七个部门发布了关于印发《全国家庭教育指导大纲》的通知，对不同年龄阶段儿童的家庭教育提出了提纲挈领的指导性建议，并让各部做好保障性措施④；同样，2016 年 11 月 14 日，为了推动我国家庭教育的进一步发展，全国妇联联合教育部等七个部门印发了《关于指导推进家庭教育的五年规划（2016—

---

① 刘谦：《迟疑的"大学梦"》，《教育研究》2015 年第 1 期，第 41 页。
② 张进峰：《家庭教育重要性的哲学新论》，《教育理论与实践》2005 年第 1 期，第 25 页。
③ 陈建翔：《新家庭教育论纲：从问题反思到概念迁变》，《教育理论与实践》2017 年第 4 期，第 4 页。
④ 教育部：《关于印发全国家庭教育指导大纲的通知》，2010 年 2 月 8 日，http://www.moe.gov.cn/jyb_xxgk/moe_1777/moe_1779/201007/t20100714_92936.html。

2020)》,截至2020年我国将会建成适应社会需要的家庭教育指导服务体系①;2018年9月10日,习近平总书记在全国教育大会上指出了家庭教育的重要性,希望举社会之力重视家庭教育对孩子成长成才的作用,重视家庭、家风建设②;2019年6月20日教育部办公厅、全国妇联办公厅发布了《关于开展全国家庭教育主题宣传活动的通知》,全面加强家庭教育工作,贯彻落实立德树人的根本任务,形成协同育人的有效机制。③ 可见,社会对家庭教育的重视程度已经提到了一定的高度,足够引起全体社会成员的重视。

家庭教育在人的发展过程中扮演了不可磨灭的重要角色,逐渐从家庭内部的事务过渡到可以向社会开放,国家和社会都对家庭教育文化建设给予了较高的期待和要求,并确定了建立现代化的家庭教育服务目标和指导,通过政府力量把家庭教育引入到了公众面前,目前学界对家庭教育的研究也日益丰富。

(二)家庭教育研究多元视角

学校教育、家庭教育和社会教育共同塑造了人的个性特征,缺一不可,存在于私人领域的家庭教育被引入到了更深层的研究领域,目前对家庭教育的研究广泛,根据时空划分的标准,可以简单地划分为两类,一是横向研究,如以不同地域、民族、不同阶层和著名学者的家庭教育思想为主,二是纵向研究,如以学前到大学的成长发展阶段、我国的不同朝代家庭教育理论及其贡献为主;另外,根据家庭教育本身的组成逻辑,大致可以包含对家庭教育的定义讨论、家庭教育的主要内容、重要意义、运行中出现的常见问题、对所出现问题影响因素的分析,以及对应问题的解决策略。以下从家庭教育研究对象分类、家庭教育的内容研究、家庭教育视角和方法进行综述。

1. 家庭教育研究的对象分类

查阅文献发现,目前我国家庭教育研究对象不是简单笼统地提出孩子或

---

① 教育部:《关于印发关于指导推进家庭教育的五年规划(2016—2020年)的通知》,2016年第39号,http://www.moe.gov.cn/jyb_xxgk/moe_1777/moe_1779/201702/t20170220_296761.html.

② 教育部:《全国教育大会》,2018年9月12日,http://www.moe.gov.cn/jyb_xwfb/xw_zt/moe_357/jyzt_2018n/2018_zt18/.

③ 教育部:《关于开展全国家庭教育主题宣传活动的通知》,2019年6月20日,http://www.moe.gov.cn/srcsite/A06/s3325/201907/t20190702_388675.html.

者学生的家庭教育,而是分门别类地进行了细化归类,以"家庭教育"为关键词在知网检索,收集到了812篇期刊论文。按照是否留守可以分为农村留守儿童的家庭教育和进城务工人员随迁子女的家庭教育;按不同的地域的家庭教育实践可以包括国内和国外,城市和农村;按照时代顺序也有从汉到明清的家庭教育思想研究。研究对象呈现出了多元化的特点,研究的范围不断扩大,囊括了古今中外,但是仍然以农村留守儿童的家庭教育和进城务工人员随迁子女的家庭教育为主要研究对象,从论文发布的时间和数量可以看出,留守儿童和随迁子女教育问题一直是研究领域的热点。

2. 家庭教育的内容透视

家庭教育到底应该以什么为内容?家庭教育的内容有较为宽泛的议题,不论是针对哪一群体而言,主要集中在以下几个方面:

虽然家庭承担了孩子的全面发展之责任,但"立德树人"是家庭教育关注的中心,对孩子道德信仰的养成离不开家长的示范。徐萍萍、王介君对青少年自律道德的家庭教育环境进行了分析,以示父母应该为孩子的道德教育肩负更大的责任,我国学者仍普遍认为,家庭的首要任务在于育德。[①] 家庭教育不仅需要呈现新时代的价值观念,也应该把传统文化的传承纳入其中,向瑞、张俊豪人提出尤其是在少数民族地区,家庭对少数民族文化的传承具有平衡性、隔代性、适应性、选择性,家庭教育中的文化烙印对文化传承起着举足轻重的作用,民族文化也应该成为家庭教育的内容。[②] 徐东明确教育成功之处在于帮助孩子养成良好习惯,好习惯是孩子成长的资本,习惯包括基本的日常生活习惯、学习看书习惯、待人接物的习惯,孩童时期是习惯养成的重要时期,家庭中对良好习惯的培养和对坏习惯的纠正是这一时期的重要任务。[③] 另外,情感教育、专业教育、财商教育、心理健康教育、政治教育、安全教育在家庭教育的内容中也有涉及,所以,家庭教育的内容极其广泛,再加上由于人才培养的特殊性,教育时时刻刻在每一个人们活动的角落发生,家庭教育基本上没有和其他教

[①] 徐萍萍、王介君:《家庭环境对青少年自律道德发展的影响研究》,《中国教育学刊》2014年第6期,第97页。

[②] 向瑞、张俊豪:《湘西苗族传统文化在家庭教育中的传承特性》,《民族教育研究》2014年第2期,第99页。

[③] 徐东:《家庭中幼儿良好生活习惯的培养》,《兰州学刊》2008年第4期,第22页。

育类型划清边界，可以说家庭教育是能引导人全面发展的教育，与学校、社会教育共同发力促进人的成长。

3. 家庭教育研究的视角和方法

现有的家庭教育研究视角和方法主要来自于不同交叉学科，不同学科的研究方法和专业方向为家庭教育研究提供了多样化的研究成果。

从教育学视角研究家庭教育的学者较多，李定开认为，家庭教育也应该因材施教，尊重儿童的身心发展规律，尤其是儿童的发展本能是父母施教的基础，根据儿童的特点因势利导发展儿童的素质。[①] 骆风对拔尖人才的家庭教育给予关注，总结了数十位北京大学学生家庭教育实践的方法，认为家长对教育的身体力行是教育成才的根本原因。[②] 李洁认为，"官二代"违反社会规则的行为应该更多归因到家庭教育，家庭中的父母作为孩子的模仿对象，应该注重对孩子的言传身教、以身作则，为孩子的成长打造良好的家庭教育环境，并给予子女的学习行为争取及时的评价和纠正。[③] 孙俊三、孙松竹从教育观念出发，为了在理论和实践上认清家庭教育，把家庭教育定义为影响终身的社会活动，提出家庭教育和终身教育并行，家庭教育既是学校和社会的基础教育，也是终身教育。[④]

从心理学视角研究家庭教育的成果颇多，众多的心理学者运用各种心理学流派的研究成果和实验方法对儿童的不同发展阶段进行剖析，研究了心理学中家庭教育应该具备的内容、方法和影响因素，并建立模型。心理学领域研究亲子关系的文章非常丰富，雷厉等抓住了家庭教育中亲子关系的重要性，提出了亲子沟通四阶段说，并在实证调查的基础上对亲子沟通和儿童的心理活动进行理论探讨，对家庭教育的改善提出了新的思路。[⑤] 李红浪从心理学关怀的角度对单亲隔代家庭的家庭教育进行了研究，厘清单亲儿童的心理状况和祖辈老人的教养方式，主张帮助具有心理问题的单亲儿童进行

[①] 李定开：《父母教子应依据儿童本能发展其基础素质》，《学前教育研究》1997年第6期，第16页。
[②] 骆风：《北大学生的家庭教育》，《中国人才》2002年第8期，第57—58页。
[③] 李洁：《教育学视角中的"官二代"》，《青少年犯罪问题》2011年第1期，第22页。
[④] 孙俊三、孙松竹：《家庭教育是基础教育，也是终身教育》，《湖南师范大学教育科学学报》2016年第15期，第103页。
[⑤] 雷厉、王争艳、李宏利：《亲子关系与亲子沟通》，《教育研究》2001年第6期，第49—50页。

心理疏导，家庭、学校和社会共同创造良好的教育环境。① 吴杰、郭本禹依靠人本主义等著名的心理学流派评价了效能父母系统训练课程，该课程对于提高一般父母的家庭教养能力具有明显的作用，能够有效改善家庭间的亲子关系，不失为一种有效的教育手段。② 孙岩等把儿童的气质纳入到家庭教养方式的研究中，认为家庭教育中父母的教育方式对儿童的人格形成受到儿童自身携带的气质影响，并且构建了三种影响儿童发展的中介模型。③

社会学视角对家庭教育的研究范围包括了家庭中的基本人伦关系、家庭中长辈尤其是父母的教育观念、父母的教育方式和行为等问题，尤其是对家庭教育的理论分析和调查分析较为擅长。潘允康认为家庭教育千差万别，但始终需要把握其本质和规律，他把家庭的本质定位在家庭关系，家庭最主要的关系是亲子关系和夫妻关系，而家庭教育就是要从这两重家庭关系中去把握，家庭教育的研究不能仅局限在家庭内部，而应该具备社会学的整体观，综合运用冲突论、符号论、结构功能论等具体的研究理论，这是他对家庭教育研究所提出的建议思考。④ 一大批中外家庭教育比较研究也较为突出，对中日、中美的家庭教育观念、教育方式有较早的分析，如唐若水介绍了美国家庭教育中家长是如何应对子女青春期叛逆心理，袁振国调查了中日家庭教育，对两国家庭教育的观念和方式做了对比研究，同时，随着时代的发展，对家庭教育的研究也逐渐关注更多的社会现实问题，不论从观念还是方式都有发展的可能。⑤

目前，教育学、社会学和心理学是研究家庭教育的主要视角，但其他学科也是家庭教育研究的重要力量，人类学对家庭教育的研究也已进入公众视野，如以刘谦等为代表的人类学研究者通过田野调查结合问卷调查的

---

① 李红浪：《单亲家庭隔代教育的心理学思考》，《南昌大学学报》（人文社会科学版）2006年第6期，第66页。
② 吴杰、郭本禹：《效能父母系统训练课程：基础、观点与实效研究》，《全球教育展望》2015年第2期，第30页。
③ 孙岩、马亚楠、杨丽珠：《父母教育价值观对儿童人格的影响：有调解的中介模型》，《心理发展与教育》2015年第5期，第523页。
④ 潘允康：《用社会学理论揭示家庭教育的本质——评家庭教育社会学》，《理论与现代化》2015年第2期，第129页。
⑤ 骆风：《当代中国家庭教育研究成果的多学科分析》，《河北师范大学学报》（教育科学版）2008年第2期，第11页。

方式对家庭教育和学校教育的互动的文化机理进行了探讨,研究指出家庭教育的三种实践模式,分别是干预性教育行为、非干预性教育行为和情境性教育行为,彰显了社会文化因素对随迁子女家庭教育文化的影响。① 秦中应以人类学视角研究了苗族的家庭教育对传统文化传承的影响,发现青年一代对本民族文化的认同不足,主张以家庭教育为主要渠道继承苗族文化。② 学科之间的交叉研究是解决复杂问题的必然趋势,不同学科的交叉融合是研究家庭教育的发展方向。

(三) 随迁子女家庭教育的困境

随迁子女的教育发展与社会发展息息相关,随迁子女家庭教育作为家庭教育研究领域和随迁子女教育研究领域的一个分支,近年来也引起了高度关注,梳理相关的研究成果,关于随迁子女的家庭教育问题主要包括以下几个方面。

研究发现,随迁子女家庭教育问题重重,影响因素复杂,从事这类研究的社会学和教育学研究者探索了问题原委。李伟梁总结了问题的四大成因,社会化过程中断、基本物质条件不足、城市化的复杂条件和挑战、教育方式与选择迷航。③ 除此之外,苍翠还在研究中提出了农民工家庭教育资源缺乏,如缺少良好的教育环境,缺少必要的学习材料和积极的业余生活,家庭教养方式落后,以专制型和放任型为主,多言教少身教,缺乏对孩子生活的关注等问题因素。④ 魏亦军、高智军通过问卷调查的形式对不同群体子女进行比较,发现农民工随迁子女的心理健康总体水平和具体的心理症状上与正常子女家庭存在显著差异,研究分析发现,家庭教育状况是影响子女心理健康水平的重要因素,农民工子女的家庭教育处于一种缺失的状态。⑤ 随

---

① 刘谦、冯跃、生龙曲珍:《家庭教育与学校教育互动的文化机理初探——基于对北京市农民工随迁子女教育活动的田野考察》,《教育研究》2012年第7期,第22页。

② 秦中应:《人类学视野下的家庭教育与苗族传统文化传承——以湘西苗族为例》,《湖北民族学院学报》(哲学社会科学版)2012年第2期,第57—58页。

③ 李伟梁:《试论流动人口子女家庭教育问题的成因及特点》,《中南民族大学学报》(人文社会科学版)2005年第2期,第137—138页。

④ 苍翠:《当前农民工家庭学前教育存在的问题及其政策思考》,《学前教育研究》2010年第1期,第23—24页。

⑤ 魏亦军、高智军:《农民工子女心理健康与家庭教育状况研究》,《中国教育学刊》2014年第7期,第19—21页。

迁子女城市融合需要长期努力，龚继红、钟涨宝从城市融合角度出发，对比分析学业成绩，进而探究家庭教育在城市化进程中随迁子女能实现有效融合的途径，阻断城乡差距的代际传递。[①] 为了解决该问题，研究者们也提出了相应的解决办法，调动家庭、学校和社会资源，寻求政府的政策支持、家校合作、社会支持等，为家庭教育保驾护航。

从教育人类学出发，对进城务工人员随迁子女的家庭教育研究已经浮现，刘谦等提出了三种家庭教育与学校教育互动的实践模式，为随迁子女家庭教育研究建构了基本的理论框架。[②] 生龙曲珍、栾殿飞从文化资本的角度深入挖掘了农民工子女家庭教育囿于物化文化资本、内化文化资本和制度文化资本所出现的教育困境。[③]

（四）小结

根据已有文献，家庭教育相关的研究者们从各个视角对家庭教育进行了全方位式挖掘。近年来，对进城务工人员随迁子女的相关研究，尤其是教育研究集中在对学校教育的宏观、定量分析，对该群体的家庭教育研究有很大局限，没有突破书斋式的研究，缺乏田野调查的第一手材料的充分具体分析。本文将通过田野调查的形式收集一手资料，探讨进城务工人员随迁子女家庭教育实践的内容、问题和教育影响因素，为认识随迁家庭教育提供一个新的样式。

四 研究意义

父母对孩子的教育拥有天然的权利，随迁子女父母对子女毫无例外地给予着较高的期待，但同时也在接受家庭教育不足的质问。本文采用田野调查的方式，深入随迁子女的家庭生活和学校生活，在与研究对象的共同生活中收集真实可靠的一手田野资料，把理论和具体调查实践相结合，以此展示随迁子女家庭教育的全景，对随迁子女家庭教育中家庭成员们习以为常的言行

---

① 龚继红、钟涨宝：《融合与差异：城市化背景下家庭教育与流动儿童学业表现》，《学习与实践》2016年第6期，第151页。
② 刘谦、冯跃、生龙曲珍：《家庭教育与学校教育互动的文化机理初探——基于对北京市农民工随迁子女教育活动的田野考察》，《教育研究》2012年第7期，第22页。
③ 生龙曲珍、栾殿飞：《农民工子女的教育人类学研究》，《西南民族大学学报》（人文社会科学版）2014年第2期，第29—31页。

进行归因和理论解读，明确细致地表现出随迁子女家庭教育的问题和施教困境，把握其真正的教育需求，为改进随迁子女家庭教育问题提供可参考的建议和干预措施，同时也能为随迁子女家庭教育发声，辩证看待随迁子女的家庭教育观念和行为，对理解和改进随迁子女家庭教育具有现实意义，以便促进随迁儿童具备更加舒适的家庭成长环境和宽容的社会成长环境。

五 研究过程

（一）研究对象

研究以北京市朝阳区安民学校小武基校区（以下简称，小武基）的田野调查为例，该校区创建于2013年8月8日，是一所民办公助校。2018年9月，笔者进入该校，学校有6个年级，共13个教学班，其中一年级4个班，二年级3个班，三年级3个班，四年级1个班，五年级1个班，六年级1个班。笔者主要观察五年级（1）班，该班学生16人，其中男生10人，女生6人；2019年9月，该班升为六年级（1）班，班级学生13人，男生8人，女生5人，截至2020年春季开学，班级人数为11人，全部为非京籍。笔者以进入时的五年级（1）班作为研究对象，一直参与他们的学校生活，并跟随班级里一名叫淇淇的女生，进入该生家庭，探究其家庭生活及家庭教育。

淇淇是笔者持续进行家庭田野调查的一名女生，今年12岁，家中独生女，户籍在江苏，出生于北京，从幼儿园开始一直在北京上学，学习成绩在班级名列前茅，曾考过班级第一。母亲祖籍江苏省淮安市，37岁，家庭主妇，初中学历；父亲祖籍安徽省芜湖市，45岁，建筑工人，20世纪90年代初到北京务工，小学学历。一家三口居住在朝阳区小武基村一间约十五平方米的出租屋。

（二）研究内容

本研究以随迁子女的家庭教育为核心，以淇淇的家庭教育为个案集中探讨。首先，在田野调查的基础上，以叙事方式尽可能还原淇淇的家庭生活环境和父母信息；其次，对淇淇家庭教育中读书成才、道德教育、闲暇教育三方面展开叙述，其间融入其家庭教育观念、教育选择和教育行为的具体表现，重点反映家长在家庭教育中的干预行为，兼顾叙述不干预的行为；最后，本文用文化资本理论对所呈现的家庭教育问题进行理论分析，发现随迁子女家庭教育存在的制度、家庭资源和文化困境，希冀引发社会对随迁子女家庭教育的广泛关注。

（三）研究方法

研究采用教育人类学的田野调查方法，通过参与观察的方式长期参与小武基的学校生活，在密切的接触和直接体验中观察被研究者的言行，并深入淇淇的家庭生活，通过体验其家庭生活和与其家庭成员的日常交流收集真实可靠的一手资料。

自2018年9月17日开始，笔者以每周一次的形式进入小武基五年级（1）班，除了参与他们日常的教学生活，也参与了非日常生活，诸如运动会、节日联欢、家长会、春秋游等学校活动，全方位记录学生的在校生活，在学校的一些大型活动中笔者有机会与到场的家长交流，进行半结构性的访谈，同时获取教师们关于学生家庭教育评价的信息，对观察资料进行补充。2019年4月21日，笔者以志愿者身份每周一次护送淇淇放学回家，进入她的家庭，无偿为淇淇补习功课，帮助其解决学业上的疑惑，同时也开启了我对淇淇家庭生活的田野观察。除此之外，还参与淇淇的同学聚会，观察其家庭的日常互动交流，从而收集淇淇的家庭教育实践资料。

除了观察和访谈之外，当笔者不在场时，还通过网络的形式与研究对象沟通交流，了解他们的生活动态，并依靠网络阅读与研究相关的文献作为参考。

（四）研究进程

第一阶段：2018年9月至2019年4月（周一或者周五）

自2018年9月开始，笔者以每周一次的频率进入小武基，主要跟随五年级（1）班的日常学习生活，尽所能帮助教师进行教学活动，获取学校师生的信任，建立研究者与被研究者之间的良好互动关系，并在此期间了解学校的总体发展情况，全面收集学校、教师和学生的基本信息。

第二阶段：2019年4月至2019年12月（每周一次）

通过前一阶段对五年级（1）班［该班2019年9月升为六年级（1）班］学校生活的参与，笔者逐渐取得了部分家长的认可，有机会进入该班淇淇的家庭进行参与观察（同时也在学校跟班观察），深入了解班级学生的家庭教育状况，并且把研究逐渐聚焦到随迁子女的家庭教育，有针对性地收集家庭教育的资料。

第三阶段：2020 年 1 月至 2020 年 5 月

开始阅读整理有关于家庭教育研究和随迁子女研究的文献，撰写随迁子女家庭教育实践的开题报告，并阅读结合已有的约 40 万字田野笔记撰写本文。

第一章 挤占一角的三口之家

春暖花开，北京的四月已经逐渐暖和起来了。淇淇和妈妈一起走在放学回家的路上，像很多家长一样，淇淇妈帮孩子背着沉重的书包，好让学习了一天的淇淇得到休息放松，淇淇书包里装满了一天的家庭作业、课本和水杯，还有她在学校省下来的午餐苹果或酸奶，那是她带给妈妈的零食。但是在特殊情况下，淇淇妈没时间接她放学，淇淇放学之后会自己背着书回家（参见照片7-1）。

照片7-1　淇淇放学背着书包回家（2019.10.25，笔者摄）

淇淇是家里的小棉袄，有着一头乌黑亮丽的长发和一双水灵的大眼睛，瘦瘦高高的身材。这个年纪正是长身体的时候，今年她长高了不少，已经比妈妈高出几厘米了，淇淇妈对此颇感自豪，因为这得益于淇淇妈无微不至的照顾。为了能更好地照顾孩子的生活和学习，淇淇妈没有把孩子放在老家留守，因为家里就这么一个孩子，实在是难分难舍，再加上老家的老人已是70岁高龄，照顾孩子并不是很方便，所以淇淇很幸运，能一直待在爸爸妈妈身边成长。自从孩子出生之后淇淇妈就基本没有再找工作，加上居住的周围也没什么工厂，去离家较远的地方上班也不方便接送孩子，所以就决定一门心思专门在家"伺候"淇淇，经营好这个三口之家，为的是能让孩子好好学习，将来比他们更有出息，不用再像父母一样辛苦。

用淇淇的话说，妈妈很精明，因为她很会持家，做事情很麻利，性格豪爽开朗，而且妈妈是目前家里学历最高的人。淇淇妈来自江苏淮安，她向人介绍自己的家乡时会自豪地说那是周总理的故乡。妈妈初中毕业就到北京打工，进了好几个加工包装厂，最后工作的一个包装厂距离现在租的房子不到一百米，但已经被拆了好几年了。淇淇妈今年36岁，算起来也出门在外打拼了近二十年了，在北京打工期间认识了比自己大8岁的淇淇爸。淇淇爸是安徽芜湖的，小学毕业，常年在建筑工地干活，装修房子，在北京打拼二十几年，积累了一定的工作人际关系，经常和同样来自外省的工友们在工作上相互照应，但囿于自己有限的文化水平，一直处于岗位低层而没有得到提升，现在，淇淇爸已经在建筑领域扎根了，他不会考虑其他的工作类型，因为转行需要极大的成本和工作经验，目前这份工作让他能够维持家里的开支，主客观条件的限制让他妥协。"算了吧，累点就累点吧，没办法。"① 目前，淇淇爸的工资是家里唯一的收入来源，靠着自己的工资养家糊口，是家里的顶梁柱。所以，家里的分工十分明确，男主外，女主内，孩子负责读书。

跟着淇淇轻快的步伐，出了校门靠左行走，很快离开主干道，向左转向一片房屋拆迁后改建的公园小道，公园还在建设当中，一部分房屋的残骸还搁置在空地上无人问津，立在路边未搬迁的坟冢石碑也格外醒目，刚种下的青草寥寥可数，没能掩盖住新翻出来泥土，一大片空地被绿沙网盖住以免尘土扬起，周围停满了外地车牌号的私家车和搬家用的大货车。公园东边有一条横穿南北的河渠与公园接壤，涓涓细流并不作为生活用水，河渠对面是一个小市场，常有饭菜飘香刺激路人的味蕾，很多外来人口在这里租一间小作坊营业谋生，卖包子面条的小商铺极大方便了村子周围居民的日常生活需要，这里的店家和淇淇家都很熟悉了，妈妈经常光顾周围的小餐馆和菜市场，而且觉得很多店卖得实惠，味道也不错。一户做牛肉面生意的山西人家在路边一间出租屋里工作好几年了，他家的两个孩子也

---

① 本文中出现的楷体内容均出自笔者的田野笔记。

在安民学校上学,这学期刚转过来不久,淇淇妈每次路过都会热情地跟店家打声招呼,常年如此。

在回家途中,淇淇向远处欢乐谷的方向望去,站在原地驻足几秒,幸运的话能看到飞快在高耸假山上闪过的过山车,她有些激动地叫旁边的妈妈抓住时机欣赏,但是妈妈总是"嘲笑"她胆小,以前放假期间妈妈花钱带着淇淇去了欢乐谷一趟,也买了过山车的门票,想让淇淇锻炼一下,但是由于胆子小,最终还是浪费了那次体验坐过山车的机会,自此之后,淇淇就再也没去过欢乐谷玩耍了,不过夏季常常会去欢乐谷附近散步,让妈妈给自己拍照。

淇淇和妈妈东窜西走地进入一片低矮的平房区,这块区域的很多平房在拆迁过程中逃过一劫,而被推倒的房屋砖头到处堆着,边角落地带杂草丛生,要是赶上大风天气,周围细沙随风肆起,造成小范围的沙尘暴。因为拆迁地还没来得及被人收拾利落,也没有被圈定进行规划,流动的菜摊主乘机占领了一席之地,因为摊点距离淇淇家近,菜也相对便宜,淇淇妈就是那位菜农的常客,常常去照顾摊主的生意(参见照片7-2)。

照片7-2 淇淇上学之路(2019.11.03,笔者摄)

回家窜巷子是必经之路,巷子里也别有一番天地,这里的一花一草都记载着人们的日常生活,每家每户都在书写故事。虽然刚过完冬季,但是贴在墙皮上的小广告还存在,广告上面手写着"有单间出租,没有暖气",然后附上房主的联系电话,有的甚至直接在墙上用白粉笔歪歪斜斜地写着找租客的广告,这种非正规的出租方式可能会成功,一旦成功就能让房主"免税",而租客也能享受到比较低廉的租金,算得上是"一举两得",淇淇家就是靠这样的招租信息找到住处的。虽然回家步行只需要十几分钟,但是一路上由妈妈背着书包"护送",妈妈对孩子的安全问题非常重视,因为"周围小巷太多,人又太杂,不放心,要是男孩子会稍微好点",这也是她不让淇淇一人上下学的原因(参见照片7-3)。

照片7-3　回家的小巷(2019.10.27,笔者摄)

淇淇对放学回家的路再熟悉不过了,她可以绕着弯走也不迷路,因为她只要抬头看见一颗秃了头的树就能确定家的位置,那棵树就在她家院子旁边,那是定位的标志。回家路上,每次进入集中居住区后,她都会一头扎进约一米宽的一条小巷,低头往前走,一路上会经过很多户同样来自外省的人家,家门口摆放的家具和花草占据了半道,无人看管的宠物狗躺在地上惬意地晒着太阳,在经过巷道时还会穿过一米宽左右的铁门,不熟悉路径的还以为这是误闯进别人家里了,不过,淇淇是不会走错的,因为她从出生开始就在这里生活,现在已经是第12年了,但是能玩耍的朋友却十分稀少。淇淇的邻居换了一拨又一拨,距离最近的一个朋友是来自安徽的老乡妹妹,两家人在生活中经常相互帮衬,淇淇和老乡妹妹在同一所学校上学,老乡妹妹上三年级,由于居住的院子很近,淇淇妈也会经常把妹妹捎回家,省了老乡家接孩子的麻烦。他们周末也会相约玩耍,妹妹通常会主动跑到淇淇家里玩，除了淇淇辅导妹妹的作业之外，最平常的娱乐项目是画画，这样既能完成学校老师要求的手抄报任务，又能聚在一起聊聊天。

淇淇家周围约 500 米左右的公共设施算不上完善，但只要走出一小段距离就会明显感受到城市的气息，高架桥、绿地公园和高耸的写字楼点缀其间。在离家不到 300 米的地方有两处公共厕所，东、西方向分别一个，虽然外表看起来没有什么差别，但淇淇放学之后决不会去东边的一处上厕所，因为那里面早已堵得不成样子，没有自来水冲厕所，周围也在施工，好像无人管理，只有西边的那一处时常保持干净，供这些家里没有卫生间的周围居民使用。淇淇放学回家进门之前就会先去一趟厕所，然后再进家门，因为租的房子没有卫生间不是很方便，尤其是寒冷冬季，出门去卫生间对她来说是一大挑战，淇淇妈索性就在家里准备了一个简易马桶。

往一条巷子深处走 50 米左右就到了淇淇家院子门口，这是一座类似北京传统四合院打造的院子，看样子年代已久，部分墙体脱落了一层外皮，房顶用铁皮覆盖着。在院外，人们为了方便和节省空间，搭建了许多的私家灶台，几块简单的木板搭成一平方米的小空间就成了自家厨房，沾满油烟的墙壁板子为整体点缀了些许烟火气。被撬了锁的几辆黄色共享单车随便倒在路边，看样子是被占为己有了。正值春天，温暖和煦，草木发芽，院子外面有一棵碗口粗的椿树发出了一朵朵的嫩芽，香气诱人，一位中年的邻居叔叔爬在树杈上用钩子摘嫩芽，淇淇仰头跟叔叔打了声招呼后右转进了院子。

淇淇家就在这个院子的一个角落，位置比较隐蔽，在这所大城市，父母为她撑起了不到 15 平方米的家庭生活空间，这一角落的地盘相比于安徽或江苏的房子可小得多，但正是在这小小的空间里透露出了一家人的温馨和对未来美好生活的愿景。

通过一扇只能一人前行的锈迹斑驳的铁门，就进入了一所比较拥挤的小院子，这座院子承载着外来务工者的生活，成为他们在北京的栖息地，能在此地拥有安居之地是很多人的心愿和幸运，放置的各种生活用品和使用痕迹让整个院子别有一番生活气息。

淇淇掀开自家门帘，把校服脱了换成居家衣服，坐在门口的小板凳上摆弄妈妈种的几株花草，此时，她可以独自享受这份安静。虽然这座不大的院子里一共住了 8 户人家，一间一户，其中有 7 户来自湖北十堰，从事搬运建筑的工作，但现在却极其安静，因为务工者们还没下班回家。一棵两人才能围抱住的榆钱树静静站在院子里的一个角落，树的枝叶向上伸展着，茂密的树叶遮挡住了院子上方的半边天空，树下拥挤地放满了各种生活器具杂物，无人理会，上面积了厚厚的一层灰，树上还挂着打鱼用的竹篓，但好像已经废弃好久了。坐在在院子里时不时能听见小鸟欢快地叽叽喳喳鸣叫，淇淇猜测树上可能藏有很多鸟窝，她很喜欢这棵大树，在春天它开出一串串小花，即使到了秋天，有很多黄叶飘在屋顶上，也很漂亮（参见照片7-4）。

照片7-4　院子一角（2019.05.25，笔者摄）

　　从家门口抬头向上望去，能看到距离淇淇家一百来米的小树林里有一排高高的白杨树树尖，淇淇依靠这些树的动态判断是否有好天气，因为每次出门看看那些树尖就知道今天是不是刮大风了。而且每次做完作业之后，淇淇站在家门口就能望望那些绿色的树叶，以此作为自己放松眼睛的方法。院子中间堆挤着各家的自行车和摩托车，基本没有多余的空隙，院子里斜拉着几根铁丝作为公共的衣物晾晒处，上面经常有几家人晾晒的衣服被褥。屋檐下的电线上结着厚厚的灰尘，唯一一个水龙头在院子中间杵着，它供给了院里的每户用水，每家的厨房也均都在室外，在房间靠墙旁边简单的搭建露天灶台，还挺省事儿，只要有一个煤气罐和小柜子到哪儿都是厨房，这样的灵活设施会让搬家轻松一些。在这里，每间房的面积均不超过15平方米，外墙墙面老旧，蛛网和灰尘附着不少，但房间的里墙被租客们重新刷过白漆，不过有的租客也能将就使用未经粉刷打理的房间。这些出租屋转手租过很多人，淇淇隔壁家就换了好几波租客，隐约能看见墙和门上刻着曾经在此居住过的小孩名字。淇淇很喜欢自己家这个小院子，虽然中途因为拆迁搬过一次家，但也都住在这个院子附近，所以也算是从小在这里成长了（参见照片7-5）。

照片7-5　淇淇在院子洗头（2019.05.30，笔者摄）

以前淇淇隔壁家住着一位叔叔，是班上同学宇宇的亲戚，他性格开朗，常常会和邻居分享美食，不过他因为家里孩子上学的缘故已经回老家了，淇淇至今还很怀念叔叔做的美食，夸赞叔叔的手艺，只要一说起这位邻居，她脸上就洋溢出强烈的满足感和幸福感，闭着眼睛，砸吧砸吧嘴，享受着当时愉快的场景。最让她记忆深刻的是那叔叔经常烤羊肉串，就在这院子的一块狭小空间搭上简易的铁丝网，准备好自家弄的调料，很香，而且每次做的烤串都会送给院子里面的人一起尝尝，这种在一起分享的氛围非常和谐,大家同样是外来务工者,有的是老乡,在一起也有共同语言,只可惜淇淇爸不会烤,也没时间做。

谈到自己从小住到大的小院子,淇淇不禁感叹:"我觉得住这儿好幸福啊!"这应该是她发自肺腑的感叹。淇淇妈对孩子的赞叹感同身受,她常常说自己很喜欢住这种小院子,因为大家住久了都互相认识,下班之后还会聊聊天,而且要真有什么事,人多也好有个照应,记得有一次,一个邻居出门买菜,忘记关火,锅也被烧煳了,淇淇妈察觉后及时帮人家把火关上了,像住那些楼房的就没有这样方便,开门都互相不认识,住着没意思。

每天一到下班时间,淇淇就能见着回到院子的邻居们,整个院子就开始热闹起来,大家尽可能利用好空间,把院里的东西归置好后能腾出能摆放一张折叠餐桌的空间,下了班的叔叔们就开始围聚在桌子旁边打扑克牌,三四人组成一队,他们以此实现下班之后的消遣放松,而没有参与打牌的其他租客们则开始做自家的晚餐,此时,赢牌的笑声和输牌的叹息声、锅碗瓢盆的响声与煤气的呼呼声交杂充斥着整个院子,随着夜幕的降临,院子里逐渐恢复平静。在这所院子,租户都是外来务工的人员,出于在外生活的需要,常常认为多一个朋友总是好的,所以大家的邻里关系处理得比较好,虽然居住的地方空间狭小,但相互之间交流很方便,经常会分享一些市场信息和新闻。

一块粉色门帘后面是淇淇和爸爸妈妈的安居之所,透过门洞的细缝,能看见洒在院子里的阳光。屋内空间不大,兼做客厅、卧室和厨房,靠墙壁摆放了一张单人床和一张双人床,床下塞着箱子、盆、凳子等其他生活用品(参见照片7-6),有半截墙壁是淇淇爸刚刷白的,泡沫板把床沿和墙壁隔开,墙上挂着一对大大的中国结,格外醒目。淇淇的小床靠着一扇面向院内的窗户,但是窗户用塑料膜封严实了,模模糊糊看不清楚外面,因为窗外刚好是几家人煤气灶烧饭的地方,封住可以防止窗外做饭的油烟进屋。家里的家具不多,一目了然,但已经够用,衣柜、碗柜和床架子还挺结实,都是别人搬家时带不走送的,比较大型的电器是挂墙上的一台空调和角落的一台小冰箱。租的房间和院子没有盥洗室,淇淇每周都在妈妈的陪同下去两公里外的公共澡堂洗澡,那是居住在这里的很多同学都会去的地方,洗一次15元,不过,遇到天冷时,妈妈会在家里搭一个简单的塑料浴罩解决洗澡问题,从床底下抽出洗衣服的大红盆,盖上塑料罩,把门一关，泡上艾叶，人在里面像汗蒸一般，既能洗得舒服，又能节省 15 元。由于地理位置比较隐僻，屋内夏天十分凉快，而冬天家里没有暖气就十分寒冷，这是写作业最难熬的时期，人坐在桌子前，脚底水泥地的寒气直往上蹿，淇淇和妈妈往往会整天窝在床上避寒，直到最寒冷的时候空调才会派上用场，因为家里的房租每个月需要 950 元，如果开了空调，电费就会上涨，尽量能节省就节省，淇淇爸一个人赚钱不容易。

照片 7-6　室内环境（2019.11.29，笔者摄）

淇淇妈作为家里的主妇，每天当孩子和淇淇爸出门后，都要把家里打扫得干干净净的，简直是一尘不染，碗柜里的盆钵被擦得锃亮，摆放得整整齐齐，柜子上的篮筐里偶尔还会囤积一点孩子爱吃的饼干和水果，当然也放着淇淇妈闲着没事儿时嗑的白瓜子和"老奶奶"牌花生。为孩子洗衣做饭是淇淇妈每天的任务，只要是天晴，家里的被子总会拿出去晒一晒防潮，然后再整理好床单被褥，淇淇妈不允许孩子穿上脏衣服上学，用她的话说就是为了保持家的温馨，家人穿着干净代表着她的脸面。

人创造环境，环境也创造着人。家庭的居住环境对孩子的成长有重要影响，这构成了成长的物质前提，中国古代有"千金买邻"的先例和"孟母三迁"的佳话，这些为选择居住环境做出的选择早已让人耳熟能详，环境不是个人成长的绝对影响因素，但对人的成长却十分重要，人们除了依靠个人长期的努力之外，对居住环境的打造也至关重要，在今天可以说学区房的概念与之有些相似。好的成长环境不容易定义，但限制人发展的环境却很容易通过对比出的差距被人察觉。

第二章　为读书的进与退

淇淇所在班级进行了单元考试，这是学校老师每单元都会安排这样的阶段性小测试，老师们改卷很快，再加上班上人少，大家放学时就能知道考试成绩。

淇淇回到家，刚把书包放下，淇淇妈就在班级群看见了老师发的数学家庭作业——改正今天的考试卷子。淇淇妈对自己孩子的考试向来是非常自信的，因为她考试的成绩总是在班级前五名，偶尔单科成绩还会考第一，始终发挥得比较稳定，没有令人担心的大起大落情况发生，语数外考 90 分以上已经是家常便饭（参见照片 7－7）。看到淇淇没有回家主动汇报

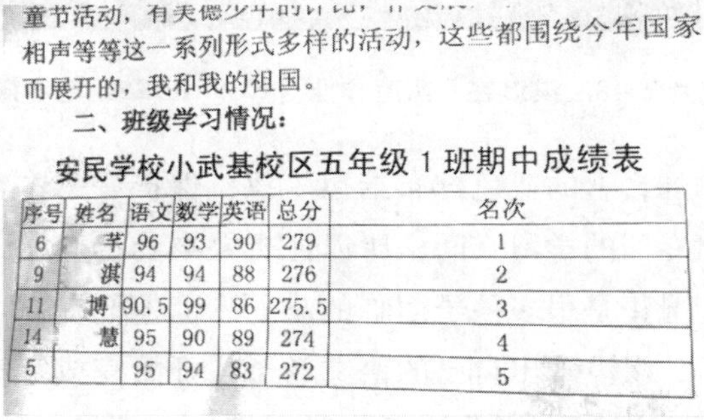
童节活动，

相声等等这一系列形式多样的活动，这些都围绕今年国家而展开的，我和我的祖国。

二、班级学习情况：

安民学校小武基校区五年级 1 班期中成绩表

序号	姓名	语文	数学	英语	总分	名次
6	芊	96	93	90	279	1
9	淇	94	94	88	276	2
11	搏	90.5	99	86	275.5	3
14	慧	95	90	89	274	4
5		95	94	83	272	5

照片 7－7　淇淇成绩排名（2019.05.17，**笔者摄**）

自己的分数，淇淇妈随意又简单地问：“今天你考多少？”淇淇迟疑了两秒钟才说：“79。”并且理直气壮地及时做了补充：“我们班最高分也才八十几分。”淇淇妈只对自己孩子的分数敏感，对于班级的整体分数并没有做比较，看到淇淇坐在床沿，还正准备打开手机，妈妈严肃又有些着急地说：“赶紧把作业拿出来，不要磨叽，你整天学啥玩意儿啊，考这么点儿。”淇淇苦着脸抱怨：“太难了。”但是被妈妈的一句“再难也得学”给稍微震慑住了，淇淇还是想接着解释自己今天的分数，想要为自己的考试能力辩解：“那个卷子分值特别的高，错一道题就是 5 分。”淇淇妈话锋一转，带些许质问的口气：“你记得今天的作业吗。”淇淇看见妈妈脸色缓和了，又撒起了娇：“记得，记在脑子里了。”淇淇妈提醒：“你别记错了，看你那么慢，快要把我急死了。”

淇淇慢吞吞地打开一张靠在墙角的折叠桌，因为屋里光线不好，桌子就被放在门口亮光处，再对着门摆上小板凳（参见照片7-8）。由于桌子兼做吃饭用，淇淇用食指顺溜地抹了一下桌面，检查出墨色的桌面有油

照片7-8　淇淇在写家庭作业（2019.10.25，笔者摄）

渍，于是伸手拿灶台上的蓝色抹布给擦了擦，保护好书本整洁。家里没有能力为孩子腾出专门的学习空间，所以让折叠桌物尽其用，类似没有独立的学习空间的情况正是很多孩子面临的难题，但他们在努力克服困境。准备工作做好之后，淇淇拿出自己的语文卷子，开始完成家庭作业，淇淇妈则坐在床沿上看电视剧，戴着耳机，偶尔探出身子盯一盯孩子的作业进度，虽然对答案的对错无法衡量，但总能直观上对孩子的书写字迹做要求，指着作业本上的一个"体"字开始唠叨："你看你这个字，歪瓜裂枣的""要在学校敢这么写，我要是老师，我天天给你撕了，让你抄100遍""你还不如你爸，你爸小学三年级的字写得都比你的字好看。"在被妈妈唠叨一番之后，淇淇有一些放慢写字的速度，确实写得更加规矩了一些。过了一会儿，淇淇妈再次语重心长地叮嘱她："你不好好写以后回老家了怎么办，一点特长都没有，再加上写字不好看，你要自己对自己负责呀！"淇淇妈为改善淇淇的字想了一个办法，觉得："字都是慢慢练起来的，以后买字帖，在家天天练。"说完又忙着去追剧了，淇淇不会的字都拿自己的手机在百度上查，她觉得比查字典方便，但是淇淇妈过了好些天也没买回字帖，可见练字只是当时场景下的一种期待而已，并没有付诸实际行动。

淇淇做事情有些磨叽，班级里有同学给她取了一个外号叫"一慢"，她自己也非常认可这个称号，感觉非常符合自己的性格，在语文课堂上，尤其是遇到抄写字词的作业时，老师总是以她为参考，只要淇淇在作业本上抄完了，则全班肯定都抄完了，在家做作业也如出一辙，周末放假时，她总是把作业拖到晚上十点才写，淇淇的拖延或是对自己学习安排不当，这一直是让她父母担心的坏习惯，与她妈妈火急火燎的性格形成了鲜明的对比。

　　淇淇妈曾经为了能让孩子独立在学校读书，扮演了"虎妈"式的狠心角色。她清楚地记得淇淇刚上幼儿园的情形，第一天爸爸妈妈一起送她去学校，去的路上她可高兴了，到了幼儿园也能乖乖地看小画书，不哭也不闹，非常开心。看到孩子在学校能快乐地待下去，父母两人就放心地回了家。可是第二天淇淇"死"也不进学校，最后淇淇妈干脆一脚给她踹进操场了，淇淇倒在地上哭得泣不成声，眼巴巴地看着铁门外的父母离开。因为这件事，园长还特别"佩服"淇淇妈妈的果断，不像有的家长，只要是孩子一哭一闹就把孩子领回家。淇淇妈认为自己这样的方式奏效了，自那以后，淇淇早上到校，下午放学回家，再也没有因为去上学而哭闹过。淇淇妈觉得自己现在狠心是为了孩子以后更好，因为要是第二天她一哭就给她带回家，那第三天她又哭又得给她带回家，这样一直恶性循环，上学就没有用，既然花了钱，踏进了校门，就必须养成上学的习惯，妈妈送她上学也是风雨无阻。只有一脚给她踹进学校，后来上学才能向好，不然迟早都得踹，要是不给孩子送到学校，就长不了知识。淇淇妈对学校的认识符合大多数人的认知，那是一个传授知识的地方，因为把孩子关在家里面学不到书本上的东西，跟老师在一块儿才能学到考试的知识。此外，她认为在学校中的集体生活很重要，有学习的氛围，如果班上一个孩子写得好，老师给贴上几个小红花，别的孩子就自觉的也能写得好，在家里始终是一个人，是没有竞争对手的地方，这构成了淇淇妈送孩子去学校学习的部分原因。淇淇妈用了一个比喻来形容上学的益处，她说："狼如果不狠的话它就吃不了肉，只能吃菜，这就跟把孩子放出去要狠一点，让她自己体会、自己学东西一个道理，要是搁在我这儿啥都学不到，也是耽误了她，还不如一脚把她给踹出去。"

　　后来，淇淇每天从幼儿园放学回家都有一篇作业，有的家长就没要求孩子写家庭作业，但是淇淇妈就让淇淇必须天天写，哪怕是写数字1也要给写一张纸上交，以此培养完成家庭作业的好习惯。她时常感慨，虽然自己的文化水平不高，但是希望孩子能学习成绩好，将来努力读书，能读到什么程度就是什么程度，父母就算是砸锅卖铁也会供她上学。

淇淇听妈妈谈起这件事情，坐在小板凳上把自己笑抽了，在小马扎上没坐稳，一下摔到了地上，还让妈妈多给她讲讲小时候上学的事情，猜想自己当时肯定不是喜欢上学，而是怕再被妈妈踹。妈妈对自己踹出去的那一脚至今记忆犹新，她现在回想起来，觉得那时候的确太狠了，刚上幼儿园的孩子就三岁多一点，但是妈妈对那一次的狠心不后悔，认为要是自己不狠一点的话，淇淇现在的学习成绩一定是垫底，所以要求淇淇"你要记得妈妈踹你的那一脚"，这算做是对淇淇学习的忠告，也是对她成长的殷切希望。

从幼儿园开始，爸爸妈妈就把孩子成才的希望寄托于学校教育，并且相信学校老师的教学管理应该与自己的管理方式出入不大。淇淇妈对孩子的学校生活看得紧，只要是学校有活动她就去参加，每年她都参加学校的春、秋社会实践活动、家长会、各种节日联欢，她说："就算是有天大的工程也要放下，跑去学校给孩子开会。"而在这方面爸爸基本上没有什么发言权，因为"爸爸只管挣钱"，每逢元旦联欢时学校更是指定只要会包饺子的母亲参加而不要父亲参加，所以爸爸们对孩子的学校状况了解甚少，淇淇妈成为家里最了解孩子学习的人，对科任老师的教学风格也有自己的看法。

六年级（1）班的英语老师是一位年轻的女老师，河北人，在该校任职三年了，但是今年已经离职，谈起她，淇淇妈觉得，英语老师上公开课挺活泼，但平时听大家说她非常严厉，显得有些"冷"，学生们都畏她三分，每天踩着高跟鞋哐当哐当，让人听着就害怕，所以，英语老师几乎能管得住每一个班，有那种威慑力的感觉。现在她们班的数学老师平时说话也挺大声的，感觉跟大声吼一样，就是很豪迈的性格，典型的东北人性格，我就喜欢这种人，不喜欢小家子气的人，数学老师走路也是那种风风火火的感觉，看着特得劲，只有这样，她们班的成绩才好。六（1）班不仅英语数学成绩好，每次考试的平均分也很不错，是全校最能拿得出手的一个班。淇淇妈认可老师们的教学管理，觉得主要是淇淇所在班的学习基础好，一年级的时候的班主任管她们管得好，那时候一年级两个班，把她们两个班带得真好，但最后那位班主任也回老家了，那时候老师有那个精神头，有那个干劲，有时候题再难，也让孩子自己琢磨着弄出来，这种老师我挺喜欢。但是五年级时候的语文老师还是太年轻了，拿不住她们，说话就跟对牛弹琴似的，不得劲，老师说话太柔，没有那一股狠劲，虽然有时候讲话大声，但是她那个脸面看起来就拿不住她们，之前她们班有个音乐老师，比语文老师看上去还要柔，教了一年之后走人了，有的人就说是被学生给气走的，这我们也不确定是不是这样，但他们肯定是要老师狠一点才能有管得住的。在学校，老师们该打就打，该骂就骂，做家长的也不必太去计较，因为家长在家不也打孩子吗？在家能打，为什么在学校老师不能打？孩子是跟家长学得多还是跟老师学得多？家长一家人管一个孩子，老师一个人管那么多孩子，凭什么不能打，只要不打坏了，不磕了碰了，不流血就行。有的老师就说我这个家长好说话，我说就是换位思考，我以前跟学校教学主任也这么说，虽然我文化低，但我懂得这个道理，只要不流血，不残不废，不傻就行，人家严师出高徒是怎么出来的，不就是管出来的嘛！现在这些小王八蛋不打不行，孩子在家里不听话，所以在学校调皮了老师就该打他们。但是淇淇是班上的"五朵金花"之一，相比于班上调皮的男孩子而言，几乎没有受到过老师的批评和打骂。

这次，淇淇需要完成一篇小作文，是语文家庭作业，作文内容是写"自己的拿手好戏"，这让她苦恼了好久，坐在板凳上冥思苦想，实在不知道自己有什么拿手好戏，淇淇妈正好在屋外准备晚饭，笑话淇淇的拿手好戏是"会吃"，淇淇倒是想让自己的拿手好戏变成吃东西，因为那样的话能把各地的美食尝个遍，成为一个名副其实的"吃货"。玩笑过后，淇淇一本正经地对自己的特长做了一番审视，坚信自己就是没啥特长，仅有的一点手工和唱歌技能还是学校在举行活动的时候学的，算不上拿手好戏，所以就非常羡慕那些有特长的同学，比如班上星星会弹古筝，其他年级的很多同学会跳舞，虽然自己也会跳舞，但是柔韧性还没有妈妈的柔韧性强，经过一番比较，她的情绪中带有些许失落，对自己的外在表现力不够自信。她这样描述自己："我感觉我就像是一个正方形，非常均匀，正正方方的都没有一块凸出来，再看看人家，人家都是不规则图形，总有一个凸出来的地方。"除了与同学比较，她觉得跟她朝夕相处的妈妈都比自己优秀，顿时按捺不住心中的喜悦和淡淡忧伤："我妈怎么那么优秀呢，上得了厅堂，下得了厨房，我就是上不了厅堂也下不了厨房，我想写我妈的拿手好戏，不想写我的拿手好戏。我写我妈的拿手好戏，我可以写2000字的作文，说我妈的优点，我说三天三夜都说不完，缺点少的不能再少，屈指可数，而我就是很均匀很均匀。"经过一番自我认知的较量，淇淇勉强认为在校的学习表现是自己的唯一拿手好戏，除此之外，别无其他。

学习成为淇淇唯一值得自己肯定的特长，这与家庭的培养方式密不可分，正好符合淇淇妈对她的期待——只要学习好就行。学校体育老师曾透露：在校孩子基本没上过补习班，有特长的更是少之又少，学特长全指望着学校的社团。淇淇心中也有一个愿望，希望能学习三种乐器，一种是笛子，第二种是箫，第三种是葫芦丝，她就喜欢这种类型乐器，但却无缘尝试。保证学习成绩是淇淇需要完成的头等大事，在家里，她有专职妈妈伺候着，不用操心自己的生活起居，淇淇妈包揽了除学习之外的一切事务，为的就是能让孩子安心学习，心无旁骛。至于兴趣班，家里是有心无力，培养孩子的兴趣固然重要，但是成绩才是升学的硬指标，再加上家里的经济不足以支撑这笔费用，因为目前家里的生活开支已经让父母感觉到压力很大，所以，除了在校上课学习之外，淇淇在家看书学习成为放学后的首选活动。

孩子自己在家看书是最简单的教育方式，家长不必费神，有时候淇淇妈一个人在家，玩手机之余从百度上搜了些小学生必读书目，网上推荐的五花八门的书目让淇淇妈眼花缭乱，于是打折后的价格"凑单"成为选择书目的依据，依靠便利的网络，淇淇妈更喜欢在网上购买课外书和学习资料，在京东上购买课外书省去了去书店和图书馆的"麻烦"，截至六年级秋季学期，淇淇的书柜里整整齐齐地摆放了64本课外书（参见照片7-9），其中大多数是妈妈从网上购买的，也有她最喜欢的作家杨红樱的作品，淇淇每两天就能看一本，这些作品她看了很多遍，总是看不厌。书柜最里面是淇淇妈凑单时买下的初中版课外书，淇淇想等到上初中之后再看，另外还有淇淇妈重复下单的书，尚未开封。在家看书已经成了淇淇学习的常态，虽然在天气好的情况下，淇淇妈偶尔会陪着她乘坐公交车到首都图书馆去看书，但淇淇妈觉得图书馆的环境不好，在里面非常闷得慌，坐公交也麻烦，所以就很少去，索性就圈着孩子在家学习，不用跑来跑去，这样更方便些。

照片 7-9 淇淇的书架（2019.06.28，笔者摄）

淇淇妈想让孩子静心读书，从心理上想要为孩子做一个读书的榜样，在淇淇六年级上半学期时，淇淇妈从网上购买了一套林徽因的作品集，打折后很便宜，只花了 30 块钱左右，一共有 3 本，每本 200 多页，封皮清新素雅，淇淇妈把它们立在床头柜上，心想着没事儿的时候可以看一看，但是一个学期过去了，几本书"岿然不动"，里里外外都还是崭新的，淇淇"嘲笑"妈妈把书当成摆设，一共就读了 3 页，还是刚买回来的时候看的，淇淇妈倒是让淇淇管好自己就行了，淇淇妈坦白自己一看书就昏昏欲睡，看不下去，为了让买回来的书不浪费，就把原本给自己买的书送淇淇阅读，因为"看啥书都好"（参见照片 7-10）。淇淇妈希望她多读读充满诗意的句子，以后写作文用得上，但淇淇对她的推荐不感兴趣，更喜欢叙事读本。

淇淇的同学杰杰和芊芊也是爱看书的孩子，两人都长得胖乎乎的，戴着四五百度的眼镜，不爱运动。杰杰妈也为杰杰买了很多课外书，还经常带他去首都图书馆看书。杰杰是班级里最博学的人，尤其对历史地理方面

照片 7-10　淇淇妈的书（2019.12.01，笔者摄）

的书籍感兴趣。相比之下，芊芊的图书资源要更丰富一些，芊芊妈在一家文化创意公司上班，旁边有一座免费公共图书馆，距离家约有十分钟步行路程，里面有很多儿童书籍，可供芊芊自由阅读，每次周末或放假芊芊就会泡在图书馆满足自己的求知欲，这也让她的写作水平超越了班级里的其他同学，获得老师赞誉。她和淇淇十分相似，看书成了唯一的骄傲和爱好，但是却十分不在意自己的卫生习惯，芊芊总是趿拉着一双单鞋，顶着一头凌乱的长发，脚踝和脖子上积存了几个月的黑印子看上去非常明显，学习之余忘记整理自己的仪容仪表，芊芊妈也会随着她去。

与大多数随迁子女一样，淇淇也面临着回乡上学的困境，尽管义务教育阶段她有机会在北京上初中，但是门槛高，为了高考升学，淇淇别无选择。看着班级的学生人数越来越少，每学期都有转回原籍的同学，淇淇妈更加坚信回去才是正确的选择，并且很赞同孩子早点回去，这样能早一些适应老家的生活："即使淇淇在安民学校有学籍，到时候六年级毕业能按片划分初中，但是也不想继续在北京上初中，高考是最重要的考试，学了这么多年就是为了最后那一次考试，能上大学，在北京上初中之后考不了大学就白读了。"所以，他们面临的是高考的压力，希望"能让孩子多读点书，将来多挣点"。

但是，对于从小生活在北京的淇淇而言，回乡读书是一项巨大的挑战，淇淇爸非常担心淇淇回乡之后的学业，担心她跟不上家乡的教学节奏，于是淇淇妈早已为她做好回乡的准备，等她回江苏上初中时，淇淇妈会回乡陪读，像在北京一样"伺候"她的生活，父母含辛茹苦的付出只为了让孩子懂得珍惜学习的机会，淇淇妈总是对她进行言语上的提醒，如果不读书，等于将来没有出路："你要是不好好学习，将来能干什么，只能以后回家种大白菜，家里还有几亩地。"淇淇爸为了能让淇淇有危机感，吓唬女儿："再过几年连保安都当不上了，全都是机器了，再不好好学习自己都养不活。"并且对她承诺"只要你能读书，就是砸锅卖铁也要送，当父母的辛苦一点也没关系"，不知道年少的淇淇是否能真正懂得父母的良苦用心。

读书虽然不是为未来的生活上保险，但毕竟是大多数人都会向往的道路。"万般皆下品，唯有读书高"，受到中国古代科举制度的影响，人们传统地把读书赋予了很大的期待，信仰知识改变命运，尤其是对很多处于社会较低层的人而言，读书虽然不能确保改变自身命运，但这却是超越现有生活最受欢迎的方式之一。因此，在家庭教育中，父母希望孩子读书成才，把学习摆在首要位置，并且表示完全支持孩子读书，给予必要的经济支撑，更是赞同"内化"的动力，期盼孩子能"自己努力"，做家长的也只能点拨一下，最后还得把孩子自己的命运交给她自己掌握。

第三章　润物无声亦有声

　　夏季傍晚，夕阳西下，淇淇拉着妈妈出门散步，出门几分钟后才发现自己还没有换下校服，后悔穿着校服出门，淇淇害怕因为自己在校外的一个不恰当言行会让学校抹黑，她想"怕万一做了什么不好的事情给学校丢脸了，作为学校的一分子，不能因为我一个人破坏学校的荣誉"，于是淇淇想了一个办法遮住校徽，双手挡在胸前，不让校徽曝光，这样别人就不知道自己来自哪个学校，她的行为激起了妈妈的反感，觉得不成体统，说服她："只要行得正、坐得端就不怕给学校抹黑，只要你做好事就行了啊。"淇淇突然觉得好像是这个道理，爽快地放下双手，大大方方地走路，不再对自己的校服遮遮掩掩。

　　回家之后，两人不约而同地拿起了手机，淇淇妈在购物软件上开了一个网店，建立了一个微信群，每天都会往群里面发一些促销商品和小红包，并且及时回复群里的消息，所以不定时地盯着手机群，回复买家消息，互联网时代足不出户就能赚到钱，这样的赚钱方式让淇淇妈乐于经营自己的小店，虽然一个月赚的钱不多，从起初一个月两千块钱下滑到一个月几十块钱，这些收入对整个家庭的开支可以说是杯水车薪，但多少能补贴家用。淇淇知道家里的收入来源全是靠父亲一人，懂得在生活上节俭，也在干着一项靠互联网赚钱的事儿，她点开手机上一个叫作"趣头条"的软件，看推荐视频新闻，然后账号会收到一定的金币，只要金币攒得足够多，就能兑换零钱到微信，这叫作金币提现。淇淇提现一次零钱需要几个星期的努力，现在，她已经有了一次成功提现两块钱的经验，妈妈有时会阻止她，带着埋怨和心疼的口气："谁要你挣钱了，就你挣的那几个钱还不够你买个作业本呢。"可是淇淇有理由反驳："反正有时候也没事，就看看视频还能赚点金币不好吗？"淇淇表面上虽然没有花费成本，但却投入了不少的时间，对于这来之不易的两块钱，再加上有一次卖废纸的两块钱，淇淇非常珍惜。每到黄昏，小巷里流动三轮车叫卖安徽板鸭的声音很是响亮，这熟悉的声音传到了淇淇的耳朵里，勾起了她的食欲，妈妈看出了淇淇的心思，给了她20块钱，让她自己去买，淇淇以前买过大叔的菜，知道大叔的鸭子20块钱1斤。为了不吃亏，淇淇和大叔讨价还价，来回打了几个价格拉锯战，最后，淇淇认为自己取得了胜利，20块钱的东西硬是只花了15块钱，而且还多拿了一块豆干和一个鸭胗，骄傲地说："哼，想多赚我1块钱。"淇淇非常珍惜自己的劳动成果，知道家里的生活资源来之不易，养成了节俭的好习惯，从小懂得"克俭于家"，她会让妈妈把自己穿不了的好衣服洗干净后送给老家的弟弟妹妹穿，会从垃圾桶捡起老师扔掉的书，会把漂亮的纸盒子存起来送给朋友当礼物，会把午餐馒头用纸包着揣兜里等放学后饿了再吃，也会把自己在学校省下的水果酸奶带回家给妈妈尝尝，还会体谅父母的辛苦并在生日当天节省下买蛋糕的钱，但今年的生日与往年不一样。

淇淇期待已久的生日会终于到了，以前从未正儿八经地请伙伴们给自己过生日，每次生日都是家人陪着，独享一块杯大的小蛋糕，但是这次不一样，这是她在小学期间的最后一次生日，趁着这次生日聚会的契机，淇淇请求妈妈给她订一个大大的巧克力蛋糕。淇淇的好朋友慧慧在一个月前过完了生日，而且请了班上的好朋友一起吃饭，生日会上的黑森林巧克力蛋糕深受孩子们喜爱，所以这次淇淇指定也要买那样漂亮的生日蛋糕，期盼和伙伴们好好分享。刚开始淇淇妈有很多顾虑，并不打算让同学们到家里来，一是天气逐渐变冷，孩子们住得也不是很近，家长也很忙，孩子们出门让人不放心，二是孩子来过生日肯定会给淇淇带礼物，同学们还要问父母要钱，觉得有些破费。但是淇淇妈觉得既然淇淇明年就回老家了，很可能再也见不到小学同学了，同学们也已经说好了要到家里来，不好失信拒绝，就让淇淇和同学好好聚聚，最后也就答应她宴请同学，以保持小学友谊。

家庭是孩子的第一所学校，当然也是孩子最早接受礼仪教育熏陶的重要场所，家长在其中起着引导作用，为孩子将来进入社会打下基础，所以，家长要留心为孩子创造礼仪实践的机会，那么家中来客就是很好的学习机会，让孩子不仅是听课堂上的道理，还能把礼仪学习落到实处，类似如何向人问好，待人接物的礼貌。

生日当天，来者是客，淇淇在妈妈的帮助下表现了东道主之仪，亲身体验待人接客需具备的礼貌言行，淇淇的同学们陆续到了家里，并排坐在床沿聊天，除了同学，陪同的3位家长也来了，大家说说笑笑，房间里充满了欢乐，淇淇却显得有些局促，在一旁静静地站着，因为这房间从来没有一次来过这么多人。淇淇妈让女儿倒茶招待客人，家里没有现成的开水，只能靠小水壶慢慢烧，淇淇在案板上小心准备好茶水，挨个把茶水端到同学和家长手里。怕大家闲着无聊，淇淇还从柜子里搜罗出一袋小零食，给每个人分上几块，一番熟络之后，孩子们不顾大人在场，撒开了欢，为抢糖吃打成一片。芊芊同学不请自到，还给淇淇带了一本课外书《淘气包马小跳》作为生日礼物，这是芊芊自己看过的，她很确信书的内容不错，专程找了一个袋子装上送给淇淇，谁知淇淇直话直说，但童言无忌，并无恶意，她天真地告诉芊芊自己已经在学校看过这本书了，并执意让芊芊带回去。自己的礼物好像被人"嫌弃"了，芊芊有些尴尬，默默地把书放回了书包。饭间，大家一起到一家徽菜馆用餐，由于大家都是同学，孩子们可以无拘无束，放开了吃，对上来的第一道肉菜一扫而光，纷纷向自己的碗里囤货，就着果汁可乐送美味下肚，几位家长看着孩子们吃得很香，不好动筷，也不与之"争抢"，只是微笑地看着孩子们享受美食。芊芊餐桌前的残渣堆得比碗高，扔了一大堆自己不喜欢吃的蔬菜，着实浪费不少，但淇淇妈觉得只要孩子们吃得高兴，就由着他们浪费一些不喜欢吃的东西也没关系。饭后，同学们离开时，淇淇妈还给大家准备了回礼，这份回礼也是精挑细选后确定的，她特地提前在附近超市买了约十沓酸奶，不但价格适中，吃起来健康，还非常受小朋友们的欢迎，淇淇妈给到来的小朋友们一人一份，毕竟同学们都送了淇淇礼物，不能让人家空着手回去，并且对淇淇说这叫"礼尚往来"。等把所有人都送走之后，淇淇妈一进家门，还没来得及坐下，就拿淇淇拒收芊芊礼物这件小事给孩子讲道理，淇淇妈想让她知道，虽然这算不上犯错，但是要注意朋友间的礼貌。"人家芊芊给你送礼物，你应该感到高兴，还要谢谢人家，不能说你看过了就不要人家的书，这样没有礼貌，都说礼轻情意重嘛！"淇淇起初没想到自己的行为欠妥，经妈妈点拨之后决定要给芊芊的生日好好准备一份礼物。令人意外的是，淇淇在生日当天还收到了博博的祝福，博博平常不善言语，但在学校淇淇拿他当朋友，经常给博博借学习用品，淇淇向妈妈吐槽博博的思维不同于常人，不仅平时说话让人听不懂，还不爱干净，所以大家都不跟他玩，班上没人跟他做朋友。淇淇妈开家长会的时候对博博有所了解，知道他的遭遇，并且告诉淇淇："金无足赤人无完人，要懂得以欣赏的眼光看待别人，不要在背后议论他人，把自己管好就行了。""静坐常思己过,闲谈莫论人非",淇淇妈教育孩子不能在背后议论同伴是非,虽然茶前饭后的点拨不像学校教育那样正式,但足以让淇淇记住:他人是非背后莫议。重要的是让淇淇不疏远博博,看到博博"天才"的那一面。

家长应该是孩子的榜样,需要以身作则遵守社会的运行规则,但家长的行为有时候却"无声"地影响着孩子,孩子可以是家长的影子。淇淇妈在家里养了几盆绿植,定时浇水,长势很好,一盆绿萝郁郁葱葱的,发了很多芽,栽花的几个小小盆钵都是别人送的,淇淇妈把它们完全利用了起来,种了多肉植物。这些花草成了淇淇的玩伴,天气好的时候,淇淇会把它们一一搬到家门口晒天阳,看着它们成长开花,尤其是看到一棵快要枯了的小树苗有死而复活的趋势,淇淇更是欣喜地把它"供奉"到床头特殊对待。家里有两盆淇淇也不知道名称的花长得正旺,白色的花骨朵眼看就要开花了。原来,这花是淇淇妈有一天散步回家后从公园把它移栽到盆里的,因为觉得它开小黄花挺好看,就扯回家种上了(参见照片7-12)。淇淇肯定这不是野花,而是公园里为了绿化草地而专门种的一大片。起初,淇淇妈只种了一盆,后来发现这花好养,于是又种上了第二盆,从而变公为私。因为城乡文明的差异,淇淇妈并没有觉得这花是公共物品,加上园里花苗的数量很多,更加没在意自己扯走的区区两根花苗,但是这一行为却和淇淇在学校学习的爱护公物大相径庭,而淇淇也没有对妈妈的行为提出异议。

照片7-12 淇淇家的绿植(2019.5.25,笔者摄)

此外,在淇淇同学身上也反映出家长道德教育时而有所缺失。我们常把"曾子杀猪"作为家长守信的典例来读,这是"言必行,行必果"的佳话，而从学校孩子们的口中可以听到很多为人父母者失信的例子。杰杰的学习成绩很好，多次总分第一，妈妈曾经为了激励他读书，答应给他金钱奖励，告诉他只要考试得了第一名，就给他一百块钱，这话杰杰从小听到大，但是杰杰妈从来没有实现过，杰杰再也不会相信妈妈会奖励自己一百块钱的许诺。无独有偶，芊芊妈同样是用物质奖励激励孩子上进，妈妈曾经答应她，不管什么考试，只要得了第一名，就带着她去大吃一顿，而芊芊从一年级到六年级考了很多次第一，偶尔也会抱怨妈妈只带她吃过一次韩国烤肉。家长让孩子努力学习的事实是真，但却因为工作或经济原因对孩子们的许诺未能实现，这让家长的话语在孩子心中没有绝对的可信度。古人云："其身正，不令而行，其身不正，虽令不从。"守信的品质可贵，讲就一诺千金、一言九鼎，而很多家长在孩子面前爽约，一次次上演狼来了的谎言，将诺言轻易抛诸脑后，这会让孩子对家长的信任度下降，势必会激发孩子对父母的拷问，如果不能很好发挥家长的垂范榜样作用，处于少年期的孩子可能会模仿，简单地复制粘贴家长的行为，这应该敲响警钟，否则就不应该轻易许诺。

另外，家长对孩子语言教育存在盲区，很多孩子往往表达出非主流的社会性语言，这些话语与学校教育的文明言语格格不入，但是家长并没有意识到孩子的社会性学习行为，也没有及时地加以纠正和制止。淇淇班上就有一位这样的同学程程，程程总是以强者的姿态在班级横行，一次自习课老师不在场，程程因为不守纪律被芊芊同学斥责了两句，程程为了不失面子，使用了诸如"老娘们儿""干她""嘴贱""母老虎"等带有恶意的词对芊芊进行了语言攻击，程程妈对孩子的放肆行为并不知道，结果任其自然发展，更是完全指望把孩子的教育托付给学校老师，很长一段时间，程程放学之后都不回家，而是待在老师办公室玩游戏，程程妈在工地打工，工作时间长，来不及照顾程程，如此对学校的托付似乎减少了程程妈妈的责任。程程在学校和校外的不良表现构成了程程父母管理的盲区，这索性让程程父母干脆撒手不管。

教之道德为先，家庭中的道德教育从来都是如春风化雨般滋润着孩子的心灵，家长对孩子的道德教育通常不如学习一个知识点那样显而易见，但却实实在在的存在，甚至比考试的知识点更重要。

第四章 闲暇时的放与管

每到放学时间,程程和班级的几位男同学常常相约打游戏,地点常常是小博和宇宇的家,因为小博和宇宇家里相对宽敞,关键是还有畅通的无线网。这几位同学的家长工作很忙,他们有的在工地做建筑工人,有的在超市做导购,有的在外跑滴滴快车,这类工作看似不坐班,但需要投入较长时间,工作时间越长,工资越高,很多家长根本没有周末,平时也是两班倒,早上上班早,晚上下班晚。小博妈在超市打工,经常上夜班,小博爸跑滴滴,家里人没时间给孩子做饭,所以,小博常常是早上一杯八宝粥果腹,或者干脆不吃,中午就等着在学校改善伙食,晚餐就在家一碗泡面解决温饱。小博身边的朋友也常常是家长管不着的状态,他们一伙儿常常自由安排课余生活,真可谓"无拘无束",周五放学早,这让他们比平时有更多时间"开黑、吃鸡"。

周五,下午3点放学,比平时早两小时,小博放学后的计划是和班上几位同学组团打游戏,大家最喜欢玩"王者荣耀"与"和平精英"这两款游戏,通常在一起玩到晚上六七点钟,同学们饿了就用自己带的零钱到附近小卖部买零食吃,或者在小博家里烧开水泡面,孩子们兜里几块到十块不等的零花钱都是家长给的日常伙食费。宇宇是游戏团队里最能熬夜的,深得小博佩服,难怪老师们常说他上课总是无精打采的样子。宇宇有几次用自己的手机看游戏直播持续到了深夜一两点,因为宇宇和爸妈不住在一间屋子,所以他父母根本看不到孩子熬夜打游戏的伤身行为,不仅熬夜玩手机,宇宇和程程还一起充钱买"游戏皮肤",一套皮肤两三百,两人花了好几千,宇宇花的游戏币钱还是爸爸赞助的,有一位豪气的爸爸也让班上同学羡慕不已。几位爱打游戏的同学是小博家里的常客,小博父母和已经成年的姐姐都知道小博带同学到家里打游戏,但忙于上班管不着他们。

为了打游戏,不完成作业是常有的事,小博经常在父母下班后骗他们家庭作业已经完成了。可是第二天班级群的通告让小博妈知道了他又在偷懒,致使妈妈常常随手拿起衣架或皮带就打小博,家里的一条皮带已经被打断了,小博妈准备再买一条新的放着。小博隔三岔五就会挨打,但是对挨打已经不以为然,以前被打完之后还觉得疼,现在已经不怕了,况且被打完后过不了多久身上就不疼了，他还自嘲可能是家里皮带质量不好，没打几次就坏了。起初，小博被妈妈打完了能管两天，他就是抄也要把作业抄完，但最后破罐子破摔，干脆不写作业了，虽然也怕挨打，但是小博也不知道怎么办，手机游戏太好玩儿，使他对游戏完全没有抵抗力。家长对孩子空余时间没有很好管理，让孩子自己安排，那就没有什么能比网络游戏和视频更有吸引力了。博博从小跟爷爷奶奶一起长大，不爱运动，胖胖的，有些不爱说话，也没有什么说得上话的朋友，完全是用手机陪伴自己的业余生活，跟他交流着实需要费一番功夫。他计算了从放学到睡觉期间玩手机的时间，一般可以达到5小时，周末更是长达12小时，除了看视频，博博没有其他活动，他靠手机培养自己对音乐的兴趣，爱听钢琴曲。博博常常抱怨奶奶不懂手机里的知识，看不懂"00后"的娱乐，双方在家简直无法沟通，只要博博一说起手机里好玩的东西，奶奶就苦口婆心地叮嘱他"少玩手机"，可是，不看手机就等于没有娱乐，再加上一家人在家里没事儿都看手机、看电视，家长想让博博不看手机都难。

  手机本身作为一种工具，承载的搞笑视频和网络游戏对学生们具有强大的吸引力。目前，使用智能手机的现象在随迁子女家庭比较常见，淇淇所在班级的一半学生拥有自己的手机。

  对手机的管理实在令家长头疼，淇淇把爸爸淘汰的智能机当作与外界交流的工具，她认为：自己不看有趣的视频或新闻就会与外界隔离，在学校就会对朋友们说的新鲜事物一无所知。为了保持朋友间的共同语言，淇淇爱上了手机。淇淇父母起初愿意给她手机是想方便她查资料，但是淇淇除了会用百度查答案之外，其他的学习软件都不知道。尤其是在周六日，淇淇喜欢赖在床上玩手机，不做作业，总是爱把作业拖到晚上十点，淇淇爸替她着急，总是催她先把作业写完，写完了再玩手机，做到两不误，可是等大人一转眼，淇淇又拿起了手机，更可气的是还用手机查答案。淇淇爸觉得像女儿这么大的时候还不敢使劲地吼，就靠言语点拨一下，要是她自己不听大人的话也没办法，凡事都要靠自觉，靠别人说根本不管用。

  淇淇放假的时间安排比在学校松弛不少，很少出门，一天都穿着睡衣，早上可以十点起床，睡到自然醒，然后勉强写写作业，再到院子里望望远处，随处溜达溜达，中午和妈妈一起吃午饭，午饭后继续午休，直到父亲下班，等父亲回家后一起坐外面吹凉风，让睡了一天的脑子清醒之后，一家人开始享用妈妈精心准备的晚饭，吃饱喝足后一家人开始休息，但是淇淇却睡不着，开始用手机聊天和看剧来打发时间。

淇淇妈因为出门在外不认识路，很容易坐错车，没有一个人带着淇淇坐过地铁，更不放心淇淇不在自己的视野之内，所以，淇淇妈从来不自己一个人带着淇淇坐车出门。淇淇老是憋在家里，在妈妈眼皮子底下玩耍，有时候淇淇妈忙于追剧，不爱和淇淇聊天，使淇淇感觉在家待着非常无聊，做着作业也要和妈妈搭话，但更想和同学们一起在户外跑跑闹闹。淇淇的好伙伴都住得比较远，一个人也不能出门，所以只能天天在家待着。唯一一个班上的同学宇宇住得比较近，但是淇淇妈不想让女儿跟那些男孩子玩，觉得那些男孩子太调皮，一天到晚不知道跑哪儿去，上次宇宇妈下班后挨家挨户打听孩子的去处，都快找疯了，所以为了淇淇的安全，还是老老实实在家待着更好。

淇淇为了改善假期生活，让自己的假期变得丰富些，在学校早早地与好朋友新新约好了一起周末看电影，淇淇把自己的计划告诉了妈妈，想要征求妈妈的同意，但是淇淇妈保护心很强，驳回了淇淇的请求。淇淇妈觉得天气冷了，还不如窝在家里，为了打消淇淇出门的念头，淇淇妈赶紧找了一条天气预报，专门念给淇淇听："这周末有雨，要降温。"然后有些得意地看着淇淇，只差一句：这周末别想出去了。淇淇不相信妈妈找的借口，迫不及待地拿起自己的手机查天气预报，翻了好一会儿终于翻出了周末天气，高兴地拿着手机向妈妈证明："你看，这周末天气多好，写着适合出行，就是有一点多云而已。"淇淇妈想继续阻止她，言语有些严肃："你跟新新天天在学校见面还不够啊？你要是想看电影我给你充个爱奇艺会员，你窝在被窝里，拿着手机看不是也一样嘛，非要大冬天的出去瞎逛，你在家给我把作业好好写完了。"淇淇嘟着嘴，一脸不高兴，眼巴巴地期待爸爸能为自己争取主动权，而爸爸在一旁并没发言，只顾玩手机，干脆站到门外去了。淇淇和新新计划了好久的一次放松活动只好在妈妈的干预下被迫放弃了。

淇淇妈不喜欢孩子跑到外面"野"，但赞同伙伴到家里找淇淇玩，新新是淇淇家的常客，平时很安静，深受家长们的喜欢，新新和芊芊在淇淇生日那天最后离开，陪着淇淇斗地主，大家不像成年人那样输钱，纯粹只是娱乐，三人组成一桌。本来慧慧妈希望她能够在伙伴之间变得更开朗一些，让慧慧和他们一起玩牌，学一学斗地主，但是慧慧爸开车提前把她们接回家了，慧慧非常文静，学习成绩总是名列前茅，是五年级秋季学期才转到安民学校的，她因优秀的表现常常得到家长和老师们的称赞，所以，淇淇妈鼓励他们几个女生在一起玩耍。新新发牌技术特别熟练，在家里经常和大人们玩，牌技也不错，新新妈还在旁边当上了出牌的技术指导，大家对斗地主很投入，因输赢而引起的尖叫声不断，几局斗地主之后，大家又尝试新的扑克游戏，名字叫作"七王五四三二一和猪八戒"，主要是看手里牌的大小和谁伸出手的速度最快，游戏逐渐升级，看着孩子们满脸的笑容，淇淇妈觉得只要能让孩子开心就好，假期能有这样放松的时候太不容易了，允许孩子们多玩一会儿再写家庭作业。

淇淇的同学可不像她一样被家长牢牢拴在家里，周六放假期间，天气刚好不冷不热，六年级（1）班几位同学在聊天群发牢骚："太无聊了，不知道做什么，也没什么可玩的。"于是相约下午两点一起玩耍，地点定在学校周边的一个在建小公园。小博很是积极，起床后早午饭一起吃完，然后滑着姐姐的滑板车提前到公园等大家，小博家里人都在上班，自己可以随时确定出门时间。可是，等同学们一一聚集了，大家集体陷入迷茫，坐在公园长凳上，不知道做什么来打发无聊的时间，庆庆和小博只好掏出手机，看看手机里的视频，随便划一划，在户外没有网，手机也没有足够流量，所以能看的视频有限，更不能联机打游戏，一阵阵无聊的叹息在他们之间传开："太无聊了，还不如在家刷抖音。"无聊时间催生了集体游戏，在星星的提议下，大家在校门口找块空地一起玩踩脚游戏，但是几轮游戏所产生的愉悦感不足以消解孩子们的无聊情绪，再加上学校保安不让孩子们在学校旁边聚集，怕出安全事故，所以一行人受到了"驱逐"，干脆不欢而散。宇宇和恒恒出门时带着学校训练用的独轮车当作代步工具，在大马路上来来回回骑着玩，看上去技术不错，然而，安排训练的体育老师本来是想让大家在放假期间找安全的地方练习骑车技术，可是孩子们却打着骑车的幌子到处游荡。宇宇和恒恒不想回家，商量着骑车去小卖部买零食和水，小博和庆庆也加入其中，在离学校不远的公园草坪上等着骑车的两人"凯旋"，宇宇和恒恒骑车速度很快，不一会儿就见他们晃晃悠悠地回到了集合地，只见宇宇拎着一大壶冰红茶，恒恒拿着一摞一次性塑料杯，恒恒一下车就像向大家汇报这次的开支，这次一共花了10块钱，买东西的人各付了一半。恒恒行动利索,撕开杯子的包装,在地上给每人放了一个杯子,挨个倒满,四个男孩子还很豪气地说:"来,干杯!"于是你一杯我一杯,咕噜咕噜地喝得很痛快,恒恒还为大家增添欢快的气氛,打开电子手表的音乐模式,大声地放着他熟悉的流行音乐。几杯凉水下肚之后,大家喝水的战斗力明显下降,唉声叹气地喊撑着了,但是为了把一壶水喝完,大家就一边喝一边让水往地上漏(参见照片7-13),最后,干脆把喝了一半的水直接倒给公园的小树苗,而且找一个正经的理由:"给小树苗浇一点水。"把水喝完之后,大家随意地把杯子扔在路边,又开始寻找新的乐趣。宇宇看着天还没黑,向大家宣布,接下来该轮到小博和庆庆买零食,小博很爽快地答应了,让大家直接去他家玩,还提议:"你们去连上我家WiFi,一起玩游戏。"恒恒迫不及待,跳上独轮车,右手一挥,号召大家:"走,他们家有吃的,去他家开party。"一行人径直奔向小博家,直到晚上七点宇宇才回家。

照片7-13 小宇和同伴在公园玩耍(2019.12.08,笔者摄)

可见,很多孩子一旦放假就进入了"没有谁管"的状态,任由孩子们在外放养,课余生活没有被安排上恰当的学习或者兴趣活动,家长面临着想管却管不着的困境。

第五章　可怜天下父母心

　　行到此处，有必要对全文做一个梳理。本文以随迁子女家长的家庭教育实践为主题，以望子成才为一个核心内容，围绕成长环境、读书升学、道德教育、闲暇教育四方面内容展开，呈现家庭教育中的偏倚，并将教育方式和教育内容夹杂叙述，在此运用经济资本和文化资本理论进行分析。

　　"望子成才"的本质是家长对子女教育期待的整体概括，与谚语"望子成龙、望女成凤"所体现的心理寄托相似，反映家长对子女未来成长的展望，符合中国传统家庭教育的定位。"成才"包含读书升大学、培养良好道德品质、塑造健康人格和养成好的行为习惯等，核心落脚点是读书上大学的高学业成就，这是很多随迁子女家长的诉求，也是家庭教育的重心，牵动着家庭生活其他方面的变化，但同时也会受到家庭运行条件支撑不足的反噬。本文叙述时把家庭教育的行为简单划分成"为"与"不为"，虽然两类行为皆有体现，但叙述重心在"为"，兼顾"不为"。所谓的"为"是指随迁子女父母对孩子教育的干预，包括直接干预和间接干预，是在行动上做出选择和表现出来的教育方式，是家长有意识采取的干预行为，是家长为达到预设的期待而对子女教育进行的促进和限制性行为，能明显地表现出家长的主体观念，展现随迁子女家长的教育价值观；相反地，所谓的"不为"则指的是随迁子女父母对孩子教育的不干预，造成家长不干预的原因是综合性的，比如家庭经济条件不足、家庭整体文化水平限制、社会资本匮乏以及整体政策环境不利等因素，放大了随迁子女家长在实现子女教育期待过程中的"不能为""难为"的窘境，从而造成家庭教育的盲区。

　　读书考学是望子成才的核心，这自有其渊源。起源于隋唐时期的科举制度在中国延续了两千多年，以选官制度作为诱因，使人们奉行"学而优则仕"的传统，读书不仅代表有学问，受人尊敬，且读书与功名利禄直接挂钩。古代诗词描写了当时人们对登科考试的追捧，有夸大读书地位的"万般皆下品，唯有读书高"，还有读书改变底层人命运的"朝为田舍郎，暮登天子堂"，一代代流传的文化记忆塑造出读书的"前景"。如今，高考在一定程度上起到了为社会选拔人才和促进阶层流动的作用，不论个体的社会经济地位如何,均可以通过考试这一渠道参加统一选拔,有机会接受不同水平的高等教育,这与科举制度所起到的作用相似,给予了多数人读书→考试→升学→挣钱的期待。对于大多数处于社会较低层的随迁子女家长而言,送子女上学变得功利,希望孩子将来"多读点(书),将来多挣点(钱)",读书挣钱的目的很明确,"求学为谷"成为激励的常态。

随迁子女家庭的经济资本并不能够满足其较高的学业期待,淇淇家里的经济支柱只有淇淇爸一个,淇淇妈没有收入,所以在生活上比较节俭,淇淇妈常会在网上购买打折的低价书籍,不舍得花钱送孩子去校外学习,也没有能力供养淇淇去发展自己的爱好,家庭经济资本的缺乏,往往会限制父母对孩子教育经费的付出。随迁子女家长往往是因为户籍所在地的经济欠发达才流入大城市打工挣钱,从事的职业时间成本高,常年在外务工的家长同时尝到了在家务农与在外经历风霜雨雪的苦楚,所以把改变命运的希望寄托在孩子身上,尤其是像淇淇这样的独生子女,所承载的家庭希望更是集中,为了让孩子脱离目前的阶层,追求更加满意的生活,实现人生超越,家长时常鼓励孩子通过读书打赢这场"翻身仗"是最受欢迎的选择。尽管读书这条路并不是一条坦途,也不是改变命运的保险,但淇淇父母总是告诫孩子"千万不要像父母一样吃了没有文化的亏",也不能"回家丢父母的老脸",否则进入社会后连保安都当不了,只能回老家种纯天然的大白菜、在菜市场吆喝着卖猪肉,即意味着"过苦日子",这种威胁式的提醒让孩子意识里滋生职业不平等观念,且很容易对底层服务行业产生偏见,从而孩子下意识听从父母的话,听从父母为自己做的读书规划,努力逃离现有的阶层,不再延续父辈的命运,而要用力产生向上生长的动力。此外,淇淇父母常常会警告"不能让辛苦赚来的钱白花""天天在家被伺候着,不能白受了这样的待遇",时而发自肺腑地感叹"不希望她有多大富大贵,只求比我们过得好",家长以此让淇淇明白父母为她读书做出的牺牲和高期待。淇淇作为家里的独生女,独自享受着这份期待和爱,但也带有一份微弱的恐惧,害怕要是学习不好会对不起妈妈每天做的饭和爸爸辛苦挣的钱,担心"不给父母争气"。

20世纪90年代以来,大学扩招,大学生数量庞大,甚至多到被调侃为"烂大街",但社会各个岗位对学历和文凭的认可度仍然很高,一些企业点名要非一般的高校毕业生，这也成为家长想要让孩子要上大学的催化剂，家长们普遍认同文凭就是孩子将来找工作的"敲门砖"，就算是高等职业学校也不能与任何本科大学相提并论，以北京市为例，尽管高等职业学校已经向满足报名条件的随迁子女敞开，但这并不构成对随迁子女的吸引力，家长仍然认为"职业学校没用"，而始终保持着对上本科大学的执着。随迁子女们试图通过读书把孩子打造成才，用文凭证明长期投资教育的成功，并且坚信"寒门也能出贵子"，期待"鲤鱼跃龙门"成为现实。

但是，家长们主观努力的过程中，也显现出随迁子女家庭经济资本储备量的差异。芊芊因为妈妈工作的福利，可以去免费图书馆看书，还可以享受健身游泳，她的课余生活相对丰富。慧慧父母在北京打工十几年，积累了一定的资本，想为孩子读书创造良好条件，慧慧妈四处打听，花钱托人办事，打算让慧慧把学籍迁到北京，然后插班进入公立学校，当这条路行不通后，慧慧妈妈经人介绍，听说在天津高考本科录取分数线低，也有办理相关证明的机构，她考虑花 200 多万在天津落户，为孩子争取在天津高考的资格，但是因为价格不合适也没能成功，最后，慧慧妈又打听北京的国际学校，如果不能在北京参加本科高考，就送孩子到国外留学。新新妈是保险公司的经理，事业正红，看着新新马上升初中，北京的升学政策也迟迟不更新，以防万一，新新妈暑假时在易教空间给她报了一个补习班，每天三小时，不打折一次七百多，一共补习了八天，目的是学方法，让她不管到哪儿上学都具备好的学习能力。在家长们看来，回老家高考对慧慧和新新都是最不利的选择，总是想"再等等""走一步看一步"，期待着全国统考政策成为现实，如果孩子等不到政策放宽，高中可以进国际学校。对于他们而言，家庭经济能力有显著优势，上学的选择渠道虽然拓宽了，但仍然没有政策通道为升学让路，异地高考并非易事。

尽管父母在家庭教育中维持着对子女更好未来的期待，怀揣着望子成才的愿望，但更多是"为"的局限与"不能为"的无奈。家庭文化资本包括物化的文化资本、内化的文化资本以及制度化的文化资本，囿于家长自身的文化水平，随迁子女家长能为子女提供的文化教育极其有限。北大才女刘媛媛的励志演讲视频一度在网络转载，她和很多贫困学子一样，通过刻苦学习、参加高考、进入名校的官方传统流程改变了命运，这样的事例让知识改变命运从来都不是神话。但是，随迁子女家长在家庭教育中给孩子找的对比参照主体不是与自己不沾边的人，而是就近选择，以自家人为核心，向有亲戚关系的人扩展，然后延伸到其他社会关系中的个人。小博的学习成绩不好，因常常不完成家庭作业，考试不及格也屡教不改，被老师评价"患上了懒癌"，他常常"得意"自己是家里文凭最高的人，因为父母小学没毕业，尽管小博母亲对小博不好好学习的表现总是拳脚相加，但小博最后却是无动于衷；淇淇妈总是把家里亲戚孩子得到的奖状给淇淇"暗示"，念叨家里舅舅的小孩得了奖状，英语考试得了一百分，希望淇淇不能比亲戚家孩子的学习差，回家后"不要丢脸"，还与村子里的一位留守姑娘相比，淇淇爸说那孩子"父母都不在家，但是学习很好，还照样考上大学了"，言外之意就是希望淇淇能"对得起"母亲天天对她无微不至的照顾，淇淇妈也因为自己不认识路，几乎不独自带着淇淇出门学习，行动范围只在社区周围，父母除了知道学历的本科层次之外，对更高层次的了解不多，淇淇妈坦言，以后淇淇的高考志愿都是靠自己，父母没有能力为她提供任何帮助。从教育学来讲，每个孩子都有其独特性和闪光点，不能要求把每个孩子都打造得一样，讲究因材施教，而随迁子女家长们只是先尝试着把孩子送往高等教育，不管孩子将来学习什么专业，也不会为孩子发展特长投入更多时间和金钱，这都是囿于家庭资本的限制所形成的困境。

家庭的经济资本不满足以及家长自身的文化资本不够使得子女发展勉为其难。通常随迁子女的家庭生活环境比较嘈杂，社区卫生质量较差，没有合适的学习环境，居住条件不满足发展所需，除了在学校学习之外，很少有购买和利用其他的学习资源，家庭的经济条件使得生存占据重心。另外，随迁子女家长因为工作时间长，不与学校作息时间一致，对子女生活上的照顾存在极大疏忽，亲子交流不够，尤其是放假期间的放养状态令人担忧。淇淇父母的在校学习经历不够，没有达到义务教育水平，淇淇妈即使每天陪伴在淇淇身边，对孩子的作业帮不上忙，反而使用简单命令似的语言一个劲催促孩子写作业，她专注于手机的时间要多于和淇淇交流的时间，加上不识路和经济的限制，不能充分利用北京的公共教育资源，使淇淇假期在家感到非常无聊。淇淇爸就更不用说，身上背负的经济压力很大，每天早出晚归的工作让他对孩子的学校生活非常不了解，长期以来没有给淇淇开过家长会，虽然对孩子上大学有着很执着的追求,但是也没有时间和能力了解异地考试政策,对政府出台的政策话语不理解,只得埋怨不能在异地参加高考。何颖的田野研究认为,生存目标与经济优先仍然是大多数家庭的价值导向,"在维系生存的阶段,家长们即使重视教育,也没有条件将其置于首位""因为时间精力和相应的能力上的限制,他们吸收学习文化知识的主动性较差,这种境况造成了家庭文化资本的薄弱,家长们没有能力也没有充分的精力,甚至没有足够的意识为孩子提供文化支持"。[1] 家庭文化资本的薄弱阻碍了随迁子女实现较高的教育期待。

随迁子女家庭经济资本匮乏、文化资本不足的现象无法实现短期弥补,但淇淇所在学校曾经为此做出过努力,比如每学期为孩子们组织外出的活动,为学生开办兴趣社团,以此弥补家长没有利用公共资源的不足和减轻家庭的经济压力;并且邀请家长代表面向全校师生分享家庭教育经验,在公众号发布育儿教育理念的推送,可这还不能抓住随迁子女家庭教育的痛点。因此,在期待整体政策环境改善前提下,需要外界增加基本公共服务,发挥家校社共同的优势,加强家校社合作,丰富学生的课外生活,互通育人经验,实现教育资源共享,纠正家长错误的"为",分担家长"难为"和"不能为"的困扰,实现儿童的多元化发展,助力更多随迁子女家长"望子成才"的愿望成真,实现教育期待。

---

[1] 何颖:《惯习区隔与政策壁垒——北京市公立学校随迁子女文化融合困境的人类学分析》,《广西民族研究》2016年第4期,第22页。

参考文献

一 著作类：

［英］保罗·威利斯：《学做工：工人阶级子弟为何继承父业》，秘舒、凌旻华译，译林出版社 2013 年版。

樊秀丽：《芳年华月 草生木长：芳草地国际学校教育发展史志（1956—2016）》，首都师范大学出版社 2017 年版。

林耀华：《金翼：一个中国家族的史记》，庄孔韶、方静文译，生活书店出版有限公司 2015 年版。

二 学位论文：

尚丽芳：《农民工随迁子女低学业成绩的教育人类学研究——基于对北京市昌平区南七家村实验学校的田野调查》，硕士学位论文，首都师范大学，2013 年。

王红丽：《公办农民工随迁子女学校的文化融合研究——对北京市石景山区蓝天第二中学教育活动的田野调查》，硕士学位论文，首都师范大学，2014 年。

三 期刊类：

苍翠：《当前农民工家庭学前教育存在的问题及其政策思考》，《学前教育研究》2010 年第 1 期。

陈建翔：《新家庭教育论纲：从问题反思到概念迁变》，《教育理论与实践》2017 年第 4 期。

程猛、陈娴：《"读书的料"及其文化意蕴》，《基础教育》2018 年第 4 期。

陈学金：《家庭文化中幼儿成长的民族志探究》，《全球教育展望》2018 年第 1 期。

樊秀丽、吕莘：《城市中流动的贫困儿童与教育——学校能做什么？》，《广西民族研究》2016 年第 4 期。

龚继红、钟涨宝：《融合与差异：城市化背景下家庭教育与流动儿童学业表现》，《学习与实践》2016年第6期。

何颖：《惯习区隔与政策壁垒——北京市公立学校随迁子女文化融合困境的人类学分析》，《广西民族研究》2016年第3期。

李定开：《父母教子应依据儿童本能发展其素质》，《学前教育研究》1997年第6期。

骆风：《北大学生的家庭教育》，《中国人才》2002年第8期。

骆风：《当代中国家庭教育研究成果的多学科分析》，《河北师范大学学报》（教育科学版）2008年第2期。

李红浪：《单亲家庭隔代教育的心理学思考》，《南昌大学学报》（人文社会科学版）2006年第6期。

李洁：《教育学视角中的"官二代"》，《青少年犯罪问题》2011年第1期。

雷厉、王争艳、李宏利：《亲子关系与亲子沟通》，《教育研究》2001年第6期。

李伟梁：《试论流动人口子女家庭教育问题的成因及特点》，《中南民族大学学报》（人文社会科学版）2005年第2期。

刘谦、冯跃、生龙曲珍：《家庭教育与学校教育互动的文化机理初探——基于对北京市农民工随迁子女教育活动的田野考察》，《教育研究》2012年第7期。

刘谦：《迟疑的"大学梦"》，《教育研究》2015年第1期。

潘允康：《用社会学理论揭示家庭教育的本质——评家庭教育社会学》，《理论与现代化》2015年第2期。

秦中应：《人类学视野下的家庭教育与苗族传统文化传承——以湘西苗族为例》，《湖北民族学院学报》（哲学社会科学版）2012年第2期。

孙俊三、孙松竹：《家庭教育是基础教育 也是终身教育》，《湖南师范大学教育科学学报》2016年第5期。

生龙曲珍、栾殿飞：《农民工子女的教育人类学研究》，《西南民族大学学报》（人文社会科学版）2014年第2期。

孙岩、马亚楠、杨丽珠：《父母教育价值观对儿童人格的影响：有调解的中介模型》，《心理发展与教育》2015年第5期。

吴杰、郭本禹：《效能父母系统训练课程：基础、观点与实效研究》，

《全球教育展望》2015年第2期。

　　魏亦军、高智军：《农民工子女心理健康与家庭教育状况研究》，《中国教育学刊》2014年第7期。

　　徐东：《家庭中幼儿良好生活习惯的培养》，《兰州学刊》2008年第4期。

　　徐萍萍、王介君：《家庭环境对青少年自律道德发展的影响研究》，《中国教育学刊》2014年第6期。

　　向瑞、张俊豪：《湘西苗族传统文化在家庭教育中的传承特性》，《民族教育研究》2014年第2期。

　　张进峰：《家庭教育重要性的哲学新论》，《教育理论与实践》2005年第1期。

　　赵旭东：《家庭、教育与分离的技术》，《民族教育研究》2014年第4期。

守望成长

樊秀丽

  2020年的初夏，我接到首都师范大学教育学院的教学秘书胡玮老师的电话说："为了进一步推动专业成果建设，学院希望出版一些专业课程的优秀论文，考虑到近几年做教育人类学方向获优秀毕业论文的学生人数较多，想优先支持您这门课程。"听到这则消息，我的喜悦无以言表，赶紧把这一喜讯告知同学们。她们的毕业论文能出版，是她们一直以来的梦想。尽管，她们的作品读起来有些稚嫩和青涩，但我们还是可以感受到同学们在整个"田野"过程中脚踏实地的付出以及不懈的努力与追求；还是可以读出她们在田野实践中的独特体会与感悟，理解她们在田野"在场"的心路历程及学术研究素养和价值——见证她们在田野研究中成长的历程。

  这部作品即将付梓，此时此刻，我感慨万千。清楚地记得在2013年秋季学期，是我第一次为首都师范大学教育学院教育班的本科生开设"教育人类学"这门专业选修课程。因课程的性质需要，在第一节课上我和同学们都各自做了自我介绍。我介绍了自己留学日本时的学术研究经历以及回国后的学术研究情况。下课后，吕莘同学向我表达了她也想进入学校做田野调查的心愿，并且请我做她的本科生导师。就这样我开启了指导本科生田野调查及本科生毕业论文撰写的工作。此后，每年不间断地都会有本科生找我做导师。我指导她们进入不同类型的学校，进行田野调查，撰写毕业论文。在长达一至两年的田野调查中，她们收获满满，收获了她们人生中宝贵的财富。如今，她们有的已经走上了社会，成了一线教师；有的在国内继续深造，攻读硕士、博士学位；有的准备出国继续深造。虽然每个人之后走的路都不同，但毫无疑问，共同的一点是她们在本科期间的田野经历对她们之后的人生产生了无法取代的重要影响。

在作品即将付梓前夕，她们各自讲述了自己的田野感受与收获，借此机会与读者分享。

吕莘，来自浙江省金华。2011级首都师范大学教育学院本科生，2015年6月毕业，获首都师范大学教育学学士学位；2015年9月，被保研至北京大学教育学院，攻读高等教育学专业，2018年6月获北京大学硕士学位；2018年8月入职清华大学附属小学至今。

吕莘自述：

在2013年的那个秋天，还在首师大读本科的我，当时抱着好奇的心态走进了"教育人类学"的课堂。因为樊老师那一抹明亮和煦的微笑和对人类学研究的好奇，我在2013年10月走进古二分学校，开启了田野调查。

刚入大学时的我，是懵懂而自我的。从小到大的家庭氛围和教育惯性更多让我更习惯于关注如何在环境中获得竞争优势，在绩点和活动的算分系统中脱颖而出，在升学成功的目标感驱使下"汲汲营营"，把优秀变成自己的一种习惯。而远方人们的困顿和挣扎，是现象，是问题，是新闻，却不是有血有肉活生生在我生命中的人。因为田野，我走进了几十个孩子的生命里。这份馈赠的意义不在于完成了我的本科和硕士论文，而是我与一群人的相遇：一乐就会露出两颗大门牙的小禹，妈妈做生意时趴在摊位一旁认真写作业的萱萱，一见到我就会送上大大拥抱的话痨静静……他们让我开始意识到抽象的流动儿童政策制度与现实中一张张笑脸的实际关联是什么，一个班级的组织架构设计如何影响了一个班级的文化……

保研到北大后，我继续扎根田野点，把孩子们的故事在国际会议交流中传递到世界上更远的地方，这种穿梭在理论的书斋和实践的田野中的经历，也让我更深刻地感受到现实世界的复杂性和严谨治学的重要性。

硕士毕业后，我也把田野的实践变成了生活的实践，选择成为一名小学老师。工作后，我更加意识到田野带给我的局外人反思意识是多么的宝贵，也更深刻地体察到了处于实践场域中学校、教师、家长的不易，以至于时常会愧疚地想，当时论文中用轻巧笔触的宏大理论分析，对于实实在在生活中的个体是否公允——田野调查不仅使我得以拥有窥见他者生活的社会视角，更重要的是，有了一颗对待复杂世界小心轻放的谦卑之心。

  七年以后回望，那些每周一次穿越城市的探寻，给我的人生轨迹带来的影响，实在是太深太深。感谢首师大在我青春年少的时候，能有机会和缘分与教育人类学相遇，与樊老师相遇，与同门相遇，与田野的伙伴们相遇。这些经历赋予我的内心的丰富，让我有足够的勇气，去探寻更大的世界，去创造更充盈的未来！

张宗倩，来自甘肃省白银市，2012 级首都师范大学教育学院本科生，2016 年 6 月本科毕业，获首都师范大学教育学专业学士学位；2016 年 9 月，被保送至东北师范大学中国农村教育发展研究院，攻读农村教育专业硕士研究生；2018 年，获硕博连读资格，继续留在中国农村教育发展研究院攻读农村教育专业博士研究生。

张宗倩自述：

  本科阶段在首都师范大学教育学院所设的"教育人类学"课程以及在樊秀丽老师团队所获得的严谨规范的研究方法、钻研求真的学术态度、根植并回馈于现实的学术理想始终支撑与指引着我的学术之路。在首都师范大学教育学院本科生导师制下，2014 年末我进入了樊师门，并于 2015 年 3 月至 2016 年 6 月进入北京市朝阳区安小展开田野调查。为期一年多的田野调查给予我很多惊奇与感动，惊奇于曾经囿于自我想当然而直接忽视的田野真实，感动于成为局内人后在田野调查中挖掘到隐于现象背后的多主体的积极行动。在攻读硕士与博士研究生期间，这种惊奇与感动也是我一直在追求的，目前正在进行博士毕业论文数据收集，同样将保持着这种学术追求进入到家庭田野现场，挖掘与分析在农村学生教育之路上的家庭教育决策的产生机制。

王正阳，来自北京市延庆区，2013 级首都师范大学教育学院本科生，2017 年 6 月毕业，获首都师范大学教育学专业学士学位；2017 年 9 月，被保送至北京师范大学教育学部攻读学前教育专业的硕士学位，2019 年 6 月，获北京师范大学硕士学位；2020 年 9 月，考入中国人民大学社会与人口学院，攻读人类学博士学位。

王正阳自述：

  本科时期的田野调查经历和论文写作不仅很大程度上激发了我对于研究的兴趣，同时也为我打下了非常坚实的研究基础。在樊老师的指导和帮助下，我阅读了很多教育人类学的著作，拓宽了自身原有的思维领域。人类学学科的理论知识、研究方法和人文关怀使我认识到教育、文化之于人的重要意义。同时，在研究方法的训练上，我经历了田野调查方法的学习和亲身实践，在经过为期一年半的田野调查后，我深知其中无数的辛苦与莫大的收获。而这些都对我在后期进行的有关学前教育的研究中大有裨益。在北京师范大学习期间，我因循人类学的研究方法，继续深入农村幼儿园开展相关研究，收获颇丰。

  2020 年 9 月，我有幸考入中国人民大学社会与人口学院人类学研究所，继续攻读人类学博士学位。通过前期的铺垫和积累，我拿到了人类学博士学位的入场券，但之前所学远不足以支撑我以一名真正的人类学研究者的身份完成博士期间的科研任务。因此，我继续大量阅读和思考，进行相关的田野工作。

  未来还有很长的一段路要走，但是我也从此长长久久地与人类学结缘。我在这个学科中体会着思想的魅力、灵魂的洗礼、智识的产生和情感的丰盈。而这些，都源自于本科时期在教育人类学课程上埋下的一粒种子。因此，我十分感谢首都师范大学开设这门课程，更加感念我在这门课上遇到了樊秀丽老师。是那段弥足珍贵时光让我成为现在的我。

王红燕，来自浙江省台州，2014 级首都师范大学教育学院本科生，2018 年 6 月毕业，获首都师范大学教育学专业学士学位；2018 年 9 月，被保送至北京师范大学教育学部攻读教师教育专业的硕士研究生。

王红燕自述：

本科期间的田野调查是一个无止境的学习和提升的过程，这其中的感悟是道不尽、说不完的，也绝想不到它对我产生了这样重要的影响。当我静下心来回想自己曾经下校的点点滴滴，曾经每一个下校的清晨，我在空荡的地铁车厢里昏昏欲睡，却默默期待即将到来的收获。我为自己的坚持倍感骄傲。正是这段经历让我明白，我们从书中获得的理论知识，要经过实践才能真正化为己有，而这才是学术的真正价值和魅力所在。

走出书斋，我们就已身在田野之中。

吴玉楠，来自北京市东城区，2014级首都师范大学教育学院本科生，中间因出国留学而休学一年，转为2015级本科生，2019年6月毕业，获首都师范大学教育学专业学士学位。

吴玉楠自述：

2016年秋季学期，去荷兰的格罗宁根大学留学。2017年年初从荷兰回国之后更加明确了自己"想要去实地做些什么"的想法，也正是那时候的教育人类学的课程让我和我的导师樊秀丽老师相遇。在学习了一些人类学知识之后，2017年的9月11日，我正式开始了下校的田野调查，这一做就一直到2019年6月毕业。甚至在毕业之后的2019年底也有去学生家里做回访。这期间一共积累下了35万余字的田野笔记，也成了我珍贵的财富。从首都师范大学本科毕业之后，寻找着未来方向的同时我一直在为自己感兴趣的事物努力着。之前的留学经历也督促着我考回欧洲心仪的学校继续学习，所以也在一直为之做着相应的准备。疫情阻挡之下我现在暂时留在国内按照自己的节奏进行着新的外语的学习。

过去的田野调查教会了我从观察身边的事物着手去寻找自己感兴趣的点，并尝试去从中挖掘出无限的可能性。

田野的魅力对于我来说不止于田野本身，那些额外的"附赠品"才是田野真正给我留下的宝物，融入了我的生活，变成了习惯的一部分。比如待人接物的方法和一些思考方式上的转变，又像是从"局外人"到融入其中的转变是一个很漫长的过程，接触到的东西也是完全都是新的。最有意思的是并不知道将要发生什么，在一个完全没有"剧透"的状态下摸索着自己要怎么前行下去，需要反复的思考然后付诸实践。整理田野笔记也是一个自我剖析的过程，在电脑前把一整天发生的事情描述出来，整理语言的过程就会看到自己有哪些不足——比如和师生之间的交流的方式有什么做得不到位的地方，下一次的田野需要注重什么事件，哪一个点要怎样才能询问清楚从而梳理出一个完整的线索之类的。除此之外就是会对一些发生在身边的事情保持敏感度，把随身带着笔纸或用手机备忘录去及时记录一些事情和当时想法作为习惯保留下来，而这些看似零零碎碎的东西有时候也会带来意想不到的帮助。

一路走过来转身去看，这些田野带给我的经验就像是点点星光，汇聚在一起发出光芒，照亮着我继续前行的路。

满益慧，来自贵州省都匀，2016级首都师范大学教育学院本科生，2020年6月毕业，获首都师范大学教育学专业学士学位；获保研资格，2020年9月，继续在首都师范大学教育学院作为研究生攻读教育经济与管理专业的硕士学位。

满益慧自述：

我作为一名首都师范大学教育学院的本科生，能拥有自己的导师，是一件幸福的事情。我的导师樊秀丽老师对我持续地学习引导与生活关怀，让我少走了很多弯路，导师严谨的学术风格和待人以真、以善的品格，也让我受益匪浅。导师制还提供给了我们一个朋辈学习的平台，它对我的影响也是不容忽视的。2018年3月，我进入了导师的师门之后，有幸和许多优秀的师兄师姐以及同学共读一本书、共商一篇论文的修改等等，整个过程，我们是互相学习，相互促进的。

跟随了樊老师学习之后，我了解、掌握、热爱并运用了人类学的田野研究的方法。2018年9月，在导师的安排下我进入了古二分，用近一年半的时间在教育的真实现场慢慢地发现、聚焦教育的"真问题"。我最大的感受就是，在人类学的视角下，没有任何预设，长期地做一件自己喜欢的事情，观察真实的教育现场，我发现田野是有魅力的，教育是有温度的，有生命的。我的收获不局限于那厚厚的一本大约四十万字的田野笔记，更多的是和小学生、科任老师以及校领导的真情交互。研究之内，你信任我，我信任你，他们毫无保留地展示真实的自己，而我如实地进行田野笔记的记录，研究之外，我们像知心朋友一般，吐露心声、互相帮助。此外，每周五早六点出发，全天不停歇地观察记录，田野结束后至少十小时的整理，整个过程是对我意志力的磨炼，相信这对我往后的学术研究奠定了一个坚实的基础。

有幸来到古二分，进行了我人生中的一次重要的教育实践，此刻闭上眼睛，思考古二分给我留下了什么印象？"温暖"两字浮现在眼前，原因全在前文的字里行间。

蔡艳，来自湖北省恩施，2016级首都师范大学教育学院本科生，2020年6月毕业，获首都师范大学教育学专业学士学位；获保研资格，2020年9月，继续在首都师范大学教育学院作为研究生攻读教育人类学专业的硕士学位。

蔡艳自述：

在本科就读期间，我很幸运地与教育人类学这门专业课程结缘，被樊老师所做的人类学研究所吸引，于是大三在确定导师时坚持了自己内心的指向，选择了樊老师作为自己的指导老师，从此慢慢地走进人类学研究领域。2018年秋季开学之后不久，我以一所小学作为田野调查的基点，并且走进了一个随迁子女的家庭，真正走出书斋，开始了自己的田野调查，结识了田野中的人物，也切实体验了田野调查是教育研究的事实来源，也正是长期田野调查的积累让我在防疫最严格的时期能从容地完成毕业论文。虽然我所在的小学环境相当不错，但是，做田野也并非想象的那样"好玩"，其中充满了各种不可预知的挑战。刚开始走进田野我发现，自己并不是一块很好的做田野的料，做田野的能力亟待提高。撰写田野笔记是我的一大痛点，是困扰我已久的难题，直到最后关头才有所长进。但是感谢樊老师的耐心和包容，让我一步一步地摸索，改变和提高着自己，可以有机会再做下去，在研究生期间继续坚持最初选择的方向，现在想想，这于我而言就是最好的安排。这篇本科毕业论文是在樊老师的指导和鼓励之下完成的田野初尝之作，也算是我本科毕业的答卷，如今能有机会出版实感荣幸之至，希望自己能在这片"田野"中继续努力，在硕士毕业时不负众望。

听到她们的讲述，真心地为她们骄傲。她们在田野研究中的人生收获与成长，是其他教育方式不可取代的。我看到了同学们对"教育人类学"这门学科从未知到有识的过程；看到了同学们对这门学科的兴趣生成与行动付诸；看到了同学们在田野调查中竭能尽智地克服所遇困难和障碍，且辛勤耕作出硕果。我相信在今后的学习与工作中，同学们会更加努力，更加勤奋，也会取得更加丰硕的收获。守望成长，未来可期！

在同学们成长的过程中，伴随着感动。尤其感动同学们在田野调查期间，无论是严冬寒风刺骨的早晨还是盛夏的狂风暴雨之中，同学们都从未间断、放弃下校；感动她们即使生病，还仍然带病坚持田野调查。她们的坚韧与责任令我敬佩！

感谢首都师范大学教育学院给我提供了这个平台，让我有机会在教学实践中更深刻地体会建立"教育人类学"这门学科的重要意义；感谢同学们对我的信赖和支持，是你们给了我信心，让我坚定这门学科一定会发展起来的信念，而且会发展得越来越好。感谢田野学校的领导、老师们、小同学及其家长给予我们最大的支持和帮助。

感谢我的文化人类学同仁、中国人民大学人类学研究所的刘谦教授。她多年来参与指导我们学生的田野笔记；当学生在田野调查的过程中遇到困难时；及时与田野学校的校长、老师及学生家长沟通解决；给予我们最大限度的帮助和支持。并在百忙之中通读文稿，给出修改建议。我们还一起讨论书名，互相激发灵感的情形依然历历在目，感怀于心。

感谢我的团队学生王志燕、张可煜等为本书提供的帮助。感谢首都师范大学教育学院教学秘书胡玮老师的各种帮助！

感谢吕莘同学为书的封面提供珍贵的照片；感谢摄影师王宏为书的封面照片修正调色！

还要感谢我国著名人类学家、中国人民大学庄孔韶教授和首都师范大学教育学院院长蔡春教授为本书作序，为此书增添许多光彩。衷心感谢德高望重的人类学界前辈的赞誉！

  这本书得到了北京市社会科学基金项目"农民工流动子女社会文化融合的人类学研究——对北京市农民工子女教育活动的田野调查"（13SHB004）、国家社科基金项目"农民工随迁子女文化融合教育的人类学研究"（15BSH062）的田野调查资助，以及首都师范大学教育学院的出版资助，在此一并表示感谢！

2021 年 5 月吉日